老子道德经
儒释道三家注按

［春秋］老　子　著

［宋］林希逸
［明］释德清　注
［清］黄元吉

　　　　胡不群　编按
　周　银　盛　诺　整理

学苑出版社

图书在版编目（CIP）数据

老子道德经儒释道三家注按/（春秋）老子著；（宋）林希逸，（明）释德清，（清）黄元吉注；胡不群编按；周银，盛诺整理．—北京：学苑出版社，2020.3
ISBN 978－7－5077－5902－0

Ⅰ．①老…　Ⅱ．①老…②林…③释…④黄…⑤胡…⑥周…⑦盛…
Ⅲ．①道家 ②《道德经》-注释　Ⅳ．①B223.12
中国版本图书馆 CIP 数据核字（2020）第 017506 号

责任编辑：黄小龙
出版发行：学苑出版社
社　　　址：北京市丰台区南方庄 2 号院 1 号楼
邮政编码：100079
网　　　址：www.book001.com
电子邮箱：xueyuanpress@163.com
销售电话：010－67601101（销售部）、010－67603091（总编室）
印　刷　厂：天津联城印刷有限公司
开本尺寸：710mm×1000mm　1/16
印　　　张：21
字　　　数：344 千字
版　　　次：2020 年 3 月第 1 版
印　　　次：2020 年 3 月第 1 次印刷
定　　　价：108.00 元

序

《老子道德经儒释道三家注按》（简称《道德经三家注按》），为长沙古开福寺国学班讲座系列之一"《道德经》讲座"的讲稿。开福寺国学班开讲至今已12年，每周日下午开讲一次，除寒暑假外，长年不断。我在此班先后开讲过《论语》《黄帝内经》《老子道德经》，诸讲座根据讲授的基本观点和教案，整理成书。其中，《黄帝内经理法秘要》由中国中医药出版社于2013年1月出版发行，《论语中道观》将由学苑出版社于2020年出版发行。

开福寺国学班在开福寺方丈大和尚和大知客的支持下，由一群热爱传统文化的人自觉组成。除以上课程外，还有喻当老师的《三字经》《孟子》，饶宗伟老师的《易经》。

《老子道德经》不好讲，其不仅为道教的根本经典，涵盖道教的本体论、方法论和修道、证道的功夫论，还是一部甚深的哲学经典。此书所包含的哲学思想，现今的哲学史家们，研究来研究去，仍没有研究出一个大家都能接受的结论，如《老子道德经》的思想基石，到底是所谓的朴素唯物主义还是唯心主义，都各说各话，莫衷一是。更甚的是，同一个哲学家，对《老子道德经》思想基石的看法，亦是摇摆不定，如任继愈（详见本书第一章《综按》）。所以，如何讲好《老子道德经》还真是颇费周章的事。我沉思数月，沉思、沉思、再沉思，终于决定，与其参考古字书（如《说文解字》《康熙字典》之类）和古今《老子道德经》的各种注释，逐章逐句讲解其义理，还不如甄选几位在历史上有代表性的注家来讲。经过考察，开始决定讲王弼、林希逸、释德清和黄元吉四大有代表性的注家，王弼代表玄学家，林希逸代表儒家，释德清代表佛家，黄元吉代表道家。最后，还是放弃了玄学家王弼，因为王弼的注释流通最多，研究注释讲读的学者亦最多，人们学习研究王弼老子注，甚是容易，甚是方便，所以我只讲儒释道三家,谁知这一讲,就讲了6年。

　　6年的时间说长不长,说短也不短。6年里,很多的人和事,都令我非常感动,尤其是这6年来风雨无阻地一直坚持着听课的朋友们,更是深深地感动了我。这是一种什么样的内驱力,什么样的精神,令他们如此坚毅。坚持听讲座的朋友们,感谢你们,是你们的坚持,震撼了我,同时也鼓舞了我,令我能坚持讲完这部最为深奥难懂的道家原典。在讲授的过程中,最大的受益者,其实是我。

　　最后,请允许我在这里向你们深深地一揖,感谢你们,感恩你们!是你们让我对这部原典有了些初步的认识和坚定的信心,令我深信这部经典所讲的理、法皆是至理、妙法,皆深合生命的真实。依之而行,精神皆会富有,心神皆会宁静,心情皆会愉悦,心性皆会豁达,心灵皆会洞彻,皆能走向解脱,皆能做到"利而不害,为而不争",皆能达到"既以为人己愈有,既以与人己愈多"!

　　关于本书,有些问题需要在这里先予说明。

　　首先是版本问题。《老子道德经》的版本甚多,归纳起来,有河上公与王弼两个系统:由河上公本流传而为龙兴观碑本、遂州碑本、敦煌本、严遵本等,由王弼本流传而为傅奕本、范应元本、御注本等。在众多版本中,据严可均、朱谦之二先生考证,以景龙二年龙兴观碑本为最佳,故本书采用之。但龙兴观碑本,并非无瑕,故又据新编诸子集成朱谦之校本《老子校释》之考校,对部分不改则不能理解者,或碑本缺字者,均据朱校于其原字或原缺字处用括号插入其中。

　　其次是注家问题。所选注家,均以时间为序进行排列:南宋理学家林希逸公、明代高僧释德清大和尚、清代高道黄元吉大师,分别代表儒释道三家。他们的注释,皆是从自家的学问出发,结合《老子道德经》的原文,以阐释其对《老子道德经》的理解。他们的注释,只是角度不同,没有优劣高下的分别。

　　关于注家的版本,林希逸的《老子鬳斋口议》、释德清的《道德经解》,采用的是华东师范大学出版社出版的《历代文史要籍注释选刊·老子》丛书本,黄元吉《道德经注释》,采用的是中华书局《道教典籍选刊》本。中华书局《道教典籍选刊》之《道德经注释》为当代学者蒋门马校注。蒋门马校注时所用底本为1886年木刻初版,主校本为萧天石刊《道德经精义》,简称萧本,参校本有江起鲲刊《道德经讲义》,简称江本,梅自强编《颠倒之术》，简称梅本。蒋门马所作的校注，则简称《校注》。又，《道德经注释》中，有极个别字，以萧本、梅本义长者，则据《校注》径改，不加说明。

再次是按语问题。"按语"分"按"与"综按"二种，"按"放在每家注释之后，针对其注释部分，拈出其重点，引起读者的注意。间亦有指出其不足者，然非每注必按，要在择善而从。"综按"则放在原文与三家注释之后，有针对原典条文者，亦有针对三家之注者，亦非每条原文必出"综按"。有原文晓畅明白不必加"按"者，则不出"按"；有三家注释说得清楚明白，不妨碍理解原条文者，亦不加"综按"。

本讲座开讲之时，未打算集结出版，只是为了讲座的方便，将《老子道德经》原文及所选儒释道三家的注释打在电脑上。在筹划出版《论语中道观》的时候，编辑黄小龙先生建议将《老子道德经》的讲座资料一并整理出版，数年来坚持听讲座的朋友们亦要求我将此稿整理出版，他们认为汇儒释道三家注释于一书，极便研读。根据黄先生和坚持听讲座的朋友们的意见，遂着手整理出版本书。

自2018年7月"老子道德经儒释道三家注"讲座结束时开始整理此稿起，再过几天就是一年了。一年来，除了每周一、周四全天，周日上午上门诊外，周日下午还得照例到古开福寺讲座。剩下的时间，也被各种人等搅扰，几无暇日坐下来做自己的事，加上个人修行尚未上路，学养又严重不足，本书就只能做成这个样子。好在有前贤的注释在，《老子道德经》的精义，都被和盘托出，彻底圆彰，发露无遗了。想到这些，我才可以稍稍安心。当然，如果生命还许可，我又有时间的话，应该再做一本《道德经中道观》，把我现在对《老子道德经》的信念和理解都整理出来，或许可以帮助想学修《老子道德经》的朋友，少走些弯路。

写到这里，似乎还有话没说完，又不知道该说什么，那就打住吧，别浪费读者宝贵的时间了。

是为序。

胡不群于长沙知止斋
2019年6月25日

目 录

叙说 ……………………………………………………… (1)
一章 ……………………………………………………… (25)
二章 ……………………………………………………… (38)
三章 ……………………………………………………… (42)
四章 ……………………………………………………… (46)
五章 ……………………………………………………… (50)
六章 ……………………………………………………… (54)
七章 ……………………………………………………… (58)
八章 ……………………………………………………… (61)
九章 ……………………………………………………… (65)
十章 ……………………………………………………… (68)
十一章 …………………………………………………… (73)
十二章 …………………………………………………… (76)
十三章 …………………………………………………… (79)
十四章 …………………………………………………… (83)
十五章 …………………………………………………… (87)
十六章 …………………………………………………… (91)
十七章 …………………………………………………… (95)
十八章 …………………………………………………… (98)
十九章 …………………………………………………… (101)
二十章 …………………………………………………… (104)
二十一章 ………………………………………………… (109)
二十二章 ………………………………………………… (113)
二十三章 ………………………………………………… (117)

二十四章 …………………………………… (120)
二十五章 …………………………………… (123)
二十六章 …………………………………… (127)
二十七章 …………………………………… (131)
二十八章 …………………………………… (135)
二十九章 …………………………………… (140)
三十章 ……………………………………… (143)
三十一章 …………………………………… (147)
三十二章 …………………………………… (150)
三十三章 …………………………………… (153)
三十四章 …………………………………… (156)
三十五章 …………………………………… (159)
三十六章 …………………………………… (162)
三十七章 …………………………………… (165)
三十八章 …………………………………… (168)
三十九章 …………………………………… (173)
四十章 ……………………………………… (177)
四十一章 …………………………………… (180)
四十二章 …………………………………… (185)
四十三章 …………………………………… (190)
四十四章 …………………………………… (193)
四十五章 …………………………………… (195)
四十六章 …………………………………… (198)
四十七章 …………………………………… (201)
四十八章 …………………………………… (204)
四十九章 …………………………………… (207)
五十章 ……………………………………… (210)
五十一章 …………………………………… (214)
五十二章 …………………………………… (217)
五十三章 …………………………………… (221)
五十四章 …………………………………… (225)
五十五章 …………………………………… (231)

五十六章 …………………………………………（235）
五十七章 …………………………………………（238）
五十八章 …………………………………………（243）
五十九章 …………………………………………（247）
六十章 ……………………………………………（251）
六十一章 …………………………………………（254）
六十二章 …………………………………………（258）
六十三章 …………………………………………（262）
六十四章 …………………………………………（266）
六十五章 …………………………………………（271）
六十六章 …………………………………………（275）
六十七章 …………………………………………（278）
六十八章 …………………………………………（283）
六十九章 …………………………………………（286）
七十章 ……………………………………………（289）
七十一章 …………………………………………（292）
七十二章 …………………………………………（295）
七十三章 …………………………………………（298）
七十四章 …………………………………………（301）
七十五章 …………………………………………（304）
七十六章 …………………………………………（307）
七十七章 …………………………………………（309）
七十八章 …………………………………………（311）
七十九章 …………………………………………（314）
八十章 ……………………………………………（317）
八十一章 …………………………………………（322）

叙　说

1. 释名

书名《老子》又名《道德经》，亦名《老子道德经》，为什么会是这样子呢？一书而三名，岂不怪哉？由此一问，引出大圣著作命名的通则来。考大圣典籍之命名，有以著作者本人的姓氏名字命名者，如《庄子》《孟子》，"庄子""孟子"皆是人名，故为单人命名法；有以法命名者，如《易经》，"易"，以变易、简易、不易为法，故为单法命名法；有以喻命名者，如《稻秆经》，"稻秆"喻因缘所生法，故为单喻命名法。此外，将以上命名法两两组合，形成新的命名法：人法组合法命名、法喻组合法命名、人喻组合法命名，如《周易》，"周"指的是人，周文王、周公旦，"易"指的是法，此为人法组合法所命的名；《金刚般若波罗密经》，"金刚"为喻，"般若波罗密"为法，是为法喻组合法所命的名；《如来狮子吼经》，"如来"是人，"狮子吼"是喻，此为人喻组合法所命的名。另外，还有人、法、喻联合命名的方法，则又谓之具足命名法，如《大方广佛说华严经》，"大方广"指的是法，"佛"指的是佛陀本人，"华严"则是喻。是书之名《老子》者，以作者人名为书名也；名《道德经》者，以法为书名也；名《老子道德经》者，人法为名也。此为常识，自当先讲。上述有单人、单法、单喻三种命名法，人法、人喻、法喻三种组合命名法，人法喻具足命名法。命名法共有单三复三具足一七种，诸经命名不能逃出此法，这是必须要知道的。

本书为什么用老子本人的名号命名呢？以老子本人的名号命名对于推广老子所弘扬的"道"有何作用呢？换句话说，以老子的名号命名之意义何在？盖圣人者，当然包括老子在内，皆是明白了生命真相之人，洞悉了人生真相之人。以老子而言，他认为"既以为人，己愈有；既以与人，己愈多"，因而能够突破私我的限制，达到无我、无我所之境界，故不断地将自己的生命向外推广、向上发展，表现出生命精神的大气魄，体现出道在生命领域的真精神；不断将此精神扩散，影响更多的人，令其突破私我的限制，而进入无我、无我所之高尚境界。诚如方东美先生所言："有关圣人拯救世界的精神，在《老子》第八十一章、四十九章、二十七章，如果仔仔细细的推敲，就可以晓得圣人在老庄的哲学里面，可以说是既富有理想，又富有热情，尤其是有高尚的动机。他能够冲破鄙陋世界上，一切偏狭鄙陋的心理，而在精神上开出一个解放的大路。他的生命精神，一天一天向外发展，向上面提升，然后拿这一种精神感染了、感召了世界，再使这个世界上一切鄙陋的人忘掉他自己的鄙陋，也朝精神解放之路向前生活。我认为这就是老子所痛快淋漓指出来的道家精神。"（方东美《原始儒家道家哲学》，中华书局，2012年6月，北京，第211页）

又，名有通别之称。通者，如本书《道德经》之"经"字，即为通称，究其实，则一切至圣大圣之著述皆可称为经。佛门释迦文佛所述之一切著述皆称为经，如《金刚经》《大方广佛华严经》《无量寿经》等佛经；儒门大圣周文王、周公旦、孔子等所著述及编订之书皆称之为经，如《易经》《书经》《诗经》《春秋经》《论语》等《十三经》；道门大圣老子、庄子、列子等所著之书皆称之为经，如《道德经》《南华经》《冲虚经》《太平经》等。盖经之一字，本义为线，线有贯穿、摄持之德，贯穿大圣思想精义，分类集结为书，化育一切冥顽大众，摄持一切愚痴大众，契入圣贤智慧成就境界。又经之一字，有经天纬地义，故凡圣贤之语，凡宣示真而又真、亘古不变之事理因缘者，导人契入永恒之生命流，契入玄而又玄之玄秘境界，获得真而又真之真理者，皆称之为经。因此我们对儒释道三教之经典，要有尊重心，作难遇想，恭敬对待，莫生慢心轻心，果能如是读经、行经，必将打破我们偏狭鄙陋骄慢之私心，而入于圣贤之精神境界。是书《道德经》之"道德"二字，则为"别"称。所谓别者，此经特立之名，为此经之专属，他经不能通用。名者，实之宾也。是书以道为体，以德为用，示德为入道之门，契入生命之虚静无为境界而入于永恒，冲破私我之禁锢，获得生命精神之自由，而为人创造出无限之价值，所谓"无为而无不为也"，可见"道德"二字为本经之专属，故为别称。唯"德"之一字，不可以后世道德行为规范之德行目之。盖德之一字，至迟在西汉，还是去伪存真、天性自然之义。如刘安说："得其天性谓之德。"（汉代刘安《淮南子集释》，中华书局，1998年10月，北京，第759页）这也是必须要知道的。

2. 显体

所谓体，江味农居士说："体者，主体也。凡说一经，不能数言便了，往往千言万语，头绪纷然。读者闻者，如入大海，但见汪洋一片，莫辨津涯，不免兴望洋之叹。当知每一部经，卷帙无论如何重大，条理无论如何繁多，必有其归趣所在。换言之，一经必有一经主要之点，千言万语，皆趋重于此点也。千条万绪，皆发生于此点也，此点即一经主要之点，所谓体也。寻出千言万语千条万绪中主要之一点，而指明之，所谓显体也。读者闻者，若明得经中主要之点，则要纲在握，不致望洋兴叹，亦不致入海算沙，更不致误入歧途矣。知此，可知显体等等之关系甚要也。知此，可知古人于经前先说玄谈之苦心也。总之，此所谓体，乃经体耳，非谓性体。"（民国江味农居士《金刚经讲义》，南华禅寺，1997年8月，第19—20页）

从上述可知，这里所说的体，是指一部著作的主体，也可以说是一部著作的头脑、一部著作的心肝，总之一部著作千言万语、千头万绪，皆从此主体生出，而又皆可复归向此主体也。就《老子道德经》这部著作而言，则指的是《老子道德经》的立学根据、主体内容、建立学问的基石，全书的主脑、心肝。著作之立学基石或头脑与著作内容之高下深浅成正比，因而知一部著作之立学根据，即知一部著作之主体内容。而欲知一部著作内容之高下深浅，必先明一部著作之立学根据、立学基石或头脑之所在，而明一部著作之立学根据、立学基石或头脑之所在，当从一部著作所要解决的问题入手。

《老子道德经》所要解决的问题是什么呢？

通观全书，可以发现《老子道德经》所要解决的问题是：

我们如何能够知道天地间那玄而又玄之玄秘、真而又真之真实，并契入之，知道并契入那玄而又玄之玄秘、真而又真之真实后，对境界的提升，心量的扩展，对生命所能达到的深度、高度、广度，对生命迈向圆满的进程，对生命所能发挥的正能量，具有绝对的、不可估量的无限价值和意义。综观全书，能综贯统摄这些内容的主脑，非"无为无不为"不能任之。因此，《老子道德经》以"无为而无不为"（见四十八章）为一经之体，亦可以"致虚极，守静笃"（见十六）为一经之体。盖有为无为皆心体之用也，能真无为则真无执取，真无执取则无我、无人、无法、无一切知见、无……无……无……无，最后连无亦无，心体究极清静而入于玄而又玄之玄秘、真而又真之真实境界中，因而能够盗取那玄而又玄之玄秘、真而又真之真实之全部能量为我所用，从而达到提升境界、扩展心量，达到生命所能达到的深度、高度、广度，迈向生命的圆满，发挥生命所能发挥的正能量，即所谓"无不为"也。"虚极"，则执取全无，妄念烦恼全伏，"静笃"，则能入玄而又玄之玄秘、真而又真之真实。

3. 明宗

宗者，主也。依江味农居士，宗有修义，他在《金刚经讲义》中说："所谓明宗者，明修也。宗，主也。明，说明也。夫明修谓之明宗，何耶。天台宗如此立说，具有两重深义。一通，二别。（1）警策学人，佛法以实行为主也。此是通义。（2）修行之法无量，因根机及目的，而异其法。犹如世法学校，因种种类别，而定有主要科、随意科也。本经有不思议功德，为发大乘最上乘者说。其修法，以何为主乎？此别义也。不曰明修，而曰明宗者，取义在此。明宗紧随显体来，盖经义之主体虽显，然非修莫证。若仅知显体，而不依体起修，如数他家宝，自无半钱分，显之何益。故我佛每说一法，未说之先，必诚以谛听。闻思修三慧皆具，是为谛听。而每经结语，必曰信受奉行。即是开示读经闻法，以如说修行为主也。"（民国江味农居士《金刚经讲义》，南华禅寺，1997年8月，第22—23页）

从上可知，这里所说的宗，其实是修宗，是一部经典所开示的修持纲要，依之修行，即能进入一经所显示之实体。

那么《老子道德经》所开示的修宗是什么呢？

通观全书，当以"反""复"二字为《老子道德经》全经所开示之修宗。老子说"反者，道之动"（见四十章）。"反"者，《说文》"复也"，颜师古："反，谓回还也。"（唐代颜师古《汉书注·陈胜传》）"复"，来复；"回还"，返回。可见，"反"之一字，义兼来复、返回义。据此，"反者，道之动"，用我们今天的话说，就是逆用生命程序，使生命回归其的本来面目——无思无为的寂静状态，类似于初生的婴儿，即老子所谓"复归于婴儿"（见二十八章）。盖普罗大众之所谓生命程序，为偏狭鄙陋骄慢之私我禁锢，不知仰资于玄而又玄之玄秘、真而又真之真实的能量，为天下苍生谋福祉；只知不断地向外索取，贪求名利，以满足个我私欲。为达此目的，不断学习能求取名利的世间知识、技能等，而此将不断耗散我们的心能，离玄而又玄之玄秘、真而又真之真实也就越来越远，因而也就不能到玄而又玄之玄秘、真而又真之真实里面资取营养、获取能量，这样操持我们生命的直接结果就是让我们的心灵生命越来越枯萎，而终至灰飞烟灭。所以，当将这普罗大众的生命程序颠倒过来，即所谓"反"也。

而逆用生命程序的具体方法则是"复""观复"。综观全书，用"复"字11次，如"致虚极，守静笃。万物并作，吾以观复。夫物芸芸，各复归其根，归根曰静，是谓复命，复命曰常，知常曰明"（见十六章）、"复归于无物"（见十四章）、"常德不离，复归于婴儿"（见四十章）。这里，"观复"是方法，"复归于婴儿"和"复归于无物"是目的，可见欲返回到正确的生命程序里去，返回到"无为而无不为"的真实生命境界里去，就必须用"观复"的方法，学会逆用生命程序，将我们错误的生命程序再颠倒过来。

4. 辨用

用者，功用也，即效果之谓。民国时期江味农居士说："用者，功用也，力用也，即成效之谓。修必得其宗者，以不如是，便无成效之可期也。然则修宗既明，其成效为何如耶？且成效原非一端，当辨别其孰为最大。何谓最大？其成效与经体相应者是。夫有是体，必有是用。用若不与体合，是其修功犹有未到，亦不能谓之成效矣。故不曰显用、明用，而必曰辨用者，以此。不但此也。用由宗出。修宗属因，功用属果。因如是，而后果如是也。而曰辨者，辨其效果是否与经体合，即以辨其修因是否与经体合也。当知明修谓之明宗者，即明修因之宗旨，必不离乎经体。换言之，主要之修法，在以经体为宗。是则修行之方法，即须与经体合也，明矣。而因果从来一如，故约学人言，当辨其所得效果，是否与经体合，即可知其修因，是否与经体合。而约经义言，当于经中，辨其孰为与经体相应之功用，方是与修宗一如之成效耳。总之，体、宗、用必须一贯。而体、宗、用之名，是约所而言，即是约经义而言。盖显体者，显经义之归趣所在，是即一经主要之体也。明宗者，说明经中所言依体而起之主要修法也。辨用者，辨别经中所言因修而得之最大功用也。若约能修之人而言，明宗，是明因位之修。辨用，是辨果地之证。而显体，是显因果之目的。盖明宗者，明其在因地时，必应如是修去，乃为向目的而行。辨用者，辨其所谓证果者，必得如是功用，乃为将目的达到也。……体宗用三，所以必须显之、明之、辨之者，重在令闻法者，得有方针，且资警策耳。固不但应以片言括尽经旨，使能了然于一经之纲要所在。尤须明白易晓，使其触目惊心，有下手处。太繁太略，皆不相宜也。"（民国江味农居士《金刚经讲义》，南华禅寺，1997年8月，第27—28页）

那么《老子道德经》之功用有哪些呢？换句话说，依《老子道德经》

所开显的经体、所指明的修持要法而起修,而能够获得的成果,即是这里所要辨明的功用。综观《老子道德经》全经,我认为最主要的功用,有开慧、增福、证道三个方面。

开慧,是针对愚痴而言,人之所以痛苦烦恼者,皆因其不明人生真相,堕在人我、是非分别中。有人我就有执着,有执着就有烦恼。顺我者喜之,我以为好者贪占之;逆我者怒之,我以为不好者憎恶之。对我好者,欢喜之;违我意者,嗔怒之;烦恼痛苦由是而生而长而根深蒂固,人人陷此黑暗牢笼中,不得出离。《老子道德经》告诉我们,这一切的一切,其实是一体的,是互相转化的,是互为其根、互为其用的,"祸兮福之所倚,福兮祸之所伏",世间事物都是相对的,没有绝对的美,也没有绝对的丑,没有绝对的善,也没有绝对的恶,没有绝对的好事,也没有绝对的坏事,"有无相生,难易相成,长短相较,高下相倾,音声相和,前后相随",故也。明乎此,则能放下对世间事物的执着,将追求对我有利的、有用的、有好处的心收回来,收归到寂静无为的状态中。这种状态,是生命的本来状态,是生命本来就具有的,只是因为有人我的分别,对利害的执着,而不能知晓,不能运用,诚如释迦牟尼佛所说:"奇哉奇哉!一切众生皆具如来智慧德性,只因妄想执着,不能证得。"(《妙法莲华经》)明乎此,即是开慧。当心进入到寂静无为的状态时,就是老子所说的"虚极",释迦所说的"空"。当心虚极时,则往昔所做的恶缘种子,都将干枯而不起现行,因此,此生有可能发生的各种各样的祸事都将远离,祸离即是增福。进而言之,当生命进入寂静无为的本来状态时,就可以盗取天地间那"用之不穷"的大能量,既可以建立事功,亦可以取证道果,达到像至人一样,用自己的生命体证那玄而又玄之玄秘、真而又真之真实的道体——证道。

当然,生命要进入寂静无为的状态,就必须将那颗向外求取功名利禄的心收回来,收回到虚寂无为的状态中,才有可能实现,可见体、宗、用三位是一体的。所谓显体,就是显示《老子道德经》所宣示的道体——玄而又玄之玄秘、真而又真之真实。道体即显,就可以依体起修,逆用生命程序,即所谓"反"、所谓"复"也。通过对生命程序的逆用,将心收回到"虚极"之寂静无为状态时,才可能盗取天地间那"用之不穷"的全部能量,体证那玄而又玄之玄秘、真而又真之真实的道体。

5. 作者

本经著作者"老子",学术史上是个谜。本来,《史记》有传之人,不

应有谜,可"老子"其人之谜,恰巧就出在《史记》上。先看《史记》原文:

老子者,楚苦县厉乡曲仁里人也,姓李氏,名耳,字聃,周守藏室之史也。

孔子适周,将问礼于老子。老子曰:"子所言者,其人与骨皆已朽矣,独其言在耳。且君子得其时则驾,不得其时则蓬累而行。吾闻之,良贾深藏若虚,君子盛德,容貌若愚。去子之骄气与多欲,态色与淫志,是皆无益于子之身。吾所以告子,若是而已。"孔子去,谓弟子曰:"鸟,吾知其能飞;鱼,吾知其能游;兽,吾知其能走。走者可以为罔,游者可以为纶,飞者可以为矰。至于龙吾不能知,其乘风云而上天。吾今日见老子,其犹龙邪!"

老子修道德,其学以自隐无名为务。居周久之,见周之衰,乃遂去。至关,关令尹喜曰:"子将隐矣,强为我著书。"于是老子乃著书上下篇,言道德之意五千余言而去,莫知其所终。

或曰:老莱子亦楚人也,著书十五篇,言道家之用,与孔子同时云。

盖老子百有六十余岁,或言二百余岁,以其修道而养寿也。

自孔子死之后百二十九年,而史记周太史儋见秦献公曰:"始秦与周合,合五百岁而离,离七十岁而霸王者出焉。"或曰儋即老子,或曰非也,世莫知其然否。老子,隐君子也。

老子之子名宗,宗为魏将,封于段干。宗子注,注子宫,宫玄孙假。假仕于汉孝文帝。而假之子解为胶西王卬太傅,因家于齐焉。

世之学老子者则绌儒学,儒学亦绌老子。"道不同不相为谋",岂谓是邪?李耳无为自化,清静自正。(汉代司马迁《史记·老子韩非列传第三》,中华书局,2012年5月,北京,第2139—2143页)

劳思光对《史记》此传,对老子其人,有详细的考证,我十分认同,转抄如下:

以上之传文,涉及六项问题:(一)姓名问题。(二)孔子问礼问题。(三)出关及著书问题。(四)年龄问题。(五)老莱子及太史儋问题。(六)世系问题。

关于此六项问题,自叶适、宋濂、毕沅、汪中、崔述、王念孙诸人,以及章炳麟、马叙伦、梁启超、胡适、唐兰、冯友兰之属,皆有所论辩。顾所争者多而所断者少,盖亦文献不足,易疑而不易征信之故。兹先分别略述此六问题其所以成问题之故，再拟一暂定之论断。

（一）姓名问题

传文中明言老子姓李名耳，字伯阳，谥曰聃，但郑康成注《礼记·曾子问》篇，释"老聃"则曰："老聃，古寿考者之号。"故考者（如唐兰）乃谓，郑康成不应未见《史记》，何以不言"姓李名耳"？且以"古寿考者之号"释"老聃"，显然视之为一不知姓名之人。郑康成时之《史记》必尚无"姓李名耳"之文，否则郑注不致如此释之。由此，则此文之真伪难定，而老子之姓名遂成问题。

又司马贞索隐本，作"名耳字聃姓李氏"，注谓"有本字伯阳，非正也"。王念孙据此而旁征《后汉书·桓帝纪》之注及《文选·反招隐诗》注，断定《史记》原本之文是"名耳字聃姓李氏"，而今本之文为后人所窜改而成。"伯阳"之号出于《列仙传》，依此，则《史记》传文早被人窜改。第此点尚只涉及姓名问题，未影响老子之姓"李"。

郑康成释"老聃"而不言"姓李名耳"，则产生老子是否姓"李"之问题。且观传文，前既确言老子之姓氏，后复以疑似之词指"老莱子"及"太史儋"可能即为"老子"，此最可疑。关于"老莱子"及"太史儋"之问题，当在下项中论之。此处可说者是：老莱子或为"老"姓，或如毕沅《道德经考异》序文所言，姓"莱"而以寿考称"老"，总之并非姓"李"。何以司马迁既知"老子"之姓为"李"，又疑与"老莱子"为一人？至于太史儋，《史记》亦无太史儋姓"李"之文。何以亦疑其与"姓李氏，名耳"之"老子"为一人？司马迁或不知老子姓氏，或确知老子姓氏，如不知，则"姓李氏"云云即为伪作之文；如确知老子姓"李"，则后文之疑须另有解释。盖作史者苟能确言某人之姓名，则不应又疑某一另有姓氏之人与此为一人，此理甚明。今传中乃有此最可疑之文，则老子之姓名不能不成为一问题。

（二）孔子问礼问题

关于孔子"问礼"于老子之说，《史记》似取材于《庄子》，前人已有言之者。此外，则有《礼记·曾子问》中之材料，一向被人视为孔子曾"问礼"于老子之证据。兹引原文如下：

曾子问曰：葬引至于堩，日有食之，则有变乎？且不乎？孔子曰：昔者吾从老聃助葬于巷党，及堩，日有食之。老聃曰：丘，止柩就道右，止哭以听变；既明反而后行，曰：礼也。……

又有答曾子问下殇葬礼之言：

孔子曰：吾闻诸老聃曰：昔者史佚有子而死，下殇也。墓远，召公谓之曰：何以不棺敛于宫中？史佚曰：吾敢乎哉。召公言于周公，周公曰：岂不可。史佚行之。……

子夏曰：金革之事无辟也者，非与？孔子曰：吾闻诸老聃曰：昔者鲁公伯禽有为为之也。今以三年之丧从其利者，吾弗知也。

除此以外，《庄子》及《孔子家语》中尚有言问礼者，但《家语》本为伪书，《庄子》寓言十九，所记尤不可信。故关于"问礼"一事之讨论，仍当以《礼记》及《史记》之材料为主。

《史记》除在上引之《老子传》文中述"问礼"之事外，在《孔子世家》中亦有记载。兹引出如下：

鲁南宫敬叔言鲁君曰："请与孔子适周。"鲁君与之一乘车，两马，一竖子俱，适周问礼，盖见老子云。辞去，而老子送之曰："吾闻富贵者送人以财，仁人者送人以言。吾不能富贵，窃仁人之号，送子以言。曰：'聪明深察而近于死者，好议人者也；博辩广大危其身者，发人之恶者也。为人子者毋以有己；为人臣者毋以有己。'"孔子自周反于鲁，弟子稍益进焉。

按在此一段之前，有"孔子年十七"之文，其后则有"鲁昭公之二十年，而孔子盖年三十矣"等语，依此，"问礼"之事似应在孔子十七岁至三十岁之间。然此与史实舛违，盖在此十三年中南宫敬叔与孔子适周之事不可能。

何以言不可能？考南宫敬叔生于鲁昭公十二年，而孔子生于鲁襄公二十二年。襄公三十二年薨，昭公立，昭公元年，孔子年十一，则孔子年二十二时，南宫敬叔始生。孔子年三十，南宫敬叔年九岁，岂能从孔子远游问礼？

此乃无可置疑之史实，则《史记》中"问礼"之记载不能自立。又观《曾子问》之文，孔子与老聃同见日食，则孔子"问礼"之年必是一有日食之年。阎若璩即依此以考定孔子适周之年为昭公二十四年，《四书释地续补》曰：

惟昭公二十有四年夏五月乙未朔日有食之，见《春秋》。此即孔子从老聃问礼时也。

但昭公二十四年，南宫敬叔年仅十三岁，亦不能从孔子适周。次年，

叙说

昭公又已奔齐，孔子亦去鲁，无由请马车于鲁君。

又有据《庄子·天运》篇而谓孔子五十一岁见老子者。但孔子五十一岁为鲁定公九年，不特是年无日食，阎若璩已言之。且定公九年孔子为中都宰，定公十年孔子与夹谷之会，盖始终未离鲁，何能"问礼"？

故《史记》所述"问礼"之事，考之史实，舛谬显然，且他说亦多不可通，"问礼"之事遂成为一问题。而此乃影响老子其人之有无者，因《史记·老子传》仅述"问礼"及其出关著书二事，似老子生平为人所知之事实仅二项较详。今"问礼"之事既不可靠，则传文亦不可信。至于出关著书之事，则问题尤多。

（三）出关及著书问题

《史记》所载老子应"关令尹喜"之求而著《道德经》事，言之凿凿，但"关令尹喜"四字之解释本身即成问题。通常不外二说：其一以为"喜"为人名，"关令"二字连读，而以"尹"为姓，故《列仙传》有"著书九篇，名《关令子》"之说。而《庄子·天下》篇释文亦谓："关尹，关令尹喜也。或曰：尹喜字公度。""字公度"之说显为后人臆造，故置不论。以"尹喜"为人名，则是以"关令"为官名矣。然考诸子，则《庄子》《达生》及《天下》二篇中，均称"关尹"，《吕氏春秋·不二》篇亦谓"关尹贵清"，皆无称"尹喜"者。而《汉书·艺文志》又有"《关尹子》九篇"，注曰"名喜"，则又皆是"关尹"二字连读，"令"字无着落。且周制又未见"关令"之名，故此一读法大成问题。其二则以"令尹"为官名，或以为"关令尹"三字合而为官名，"喜"为人名。此因《艺文志》注、刘向《别录》及《吕氏春秋·审己》篇高注，皆只言"名喜"，而不明书姓氏，故视"关令尹"三字为官名。但无论"令尹"或"关令尹"，皆非周制中之官名，因"令尹"之官，唯楚有之，且乃司国政之臣非守关之人。周制则仅有"关尹"之名。《国语·周语》有"周之秩官有之曰：敌国宾至，关尹以告……"云云。唯有作"关尹"始可通，但《史记》传文中明明为"关令尹喜"四字，此见传文非真。而《天下》释文及《列仙传》皆亦言"关令尹喜"，大抵同《史记》之讹，然今日终不能断之。

其次，老子"至关"而遇"关令尹喜"，此"关"为何关？以往有二说。《抱朴子》以为"老子西游，遇关令尹喜于散关"，又谓"或以为函谷关"。盖向有"散关"及"函谷关"二说，故《抱朴子》并及之。考

《国策》及《史记》本书之文，凡独称"关"者，皆指"函谷关"，如《秦策》"故苏秦相与赵而关不通""甘茂亡秦，且之齐，出关遇苏子"，及《赵策》"……魏塞平道，赵涉河漳、博关……"，皆以"关"指"函谷关"。《史记》中则《项羽本纪》《高帝本纪》皆屡言"入关"，"关"悉指"函谷关"，更为人所熟知。依此，《史记》老子传文中"至关"一语，所指应为"函谷关"，似无可疑。但"函谷关"最早可考者唯《过秦论》中"秦孝公据崤函之固"一语。毕竟此关设于何时，则不可知，汪中以为应在秦献公之世，然若在献公之世始有"函谷关"之设，则后于孔子百年，老子何能在此遇"关令尹喜"乎？由此，"出关著书"之说又成问题。

（四）年龄问题

此点为传文中最荒谬之处，所谓"盖老子百有六十余岁，或言二百余岁"，乃不可能之事，悖于常理，不待论驳。《史记》传文采此种荒谬之说，遂使老子神化，而上文言著书事后又缀以"莫知其所终"五字，俨若小说中所谓"成仙"者然。考之《庄子》，尚有"老聃死，秦失吊之"之文，则《史记》所载老子年龄之谬妄，实甚明显。而年龄既无可靠记载，老子其人之时代遂益难考。

（五）老莱子及太史儋问题

此点尤为怪诞可笑。按《史记·仲尼弟子列传·序》明言："孔子之所严事，于周则老子，于楚老莱子。"司马迁本人显知"老莱子"非"老子"，且既云老莱子"著书十五篇"，则与"上下篇"之五千余言岂能为一事？然传文似疑"老子"又即"老莱子"，此不可解。且《汉书·艺文志》中"老莱子"与"老子"之著作尚皆列名，则司马迁时有此疑亦为无理。

太史儋亦疑与老子为一人，此或由于"儋"与"聃"互通之故，昔人已言之，而且亦与世系问题有关（见下）。但至少有两点为不可解：其一是"自孔子死之后百二十九年"一语失真。因太史儋见秦献公，《周本纪》与《秦本纪》均载其事，盖在周烈王二年，秦献公十一年，即公元前374年是。孔子没于公元前479年，下距太史儋见秦献公实一百零五年，何以《史记》称"百二十九年"，相差竟二十余年？其二，太史儋说献公之语，无道家气息，与此传老子声口迥不相同，司马迁何以疑其为一人？

除此二疑外，根本《史记》何以一面以老子为孔子之前辈，一面复以百年后之太史儋为老子？乃一必须注意之问题。

（六）世系问题

传文既疑老莱子及太史儋与老子为一人，前后文又有"莫知其所终"及"世莫知其然否"之语，似司马迁对老子其人仅有传说中之知识。但后接一世系记载，又谓"老子之子名宗……"云云，俨然又熟知老子其人之年代。此点复引起许多问题。毕沅、汪中以及现代人冯友兰皆由此推断老子其人，或以为即太史儋，或以为是战国时代另一李耳，而与庄子所称之"老聃"别为二人。梁启超与胡适且在此问题上大生争执。梁氏以为孔子十三代孙安国之时代为汉景帝及武帝时，乃与老子八代孙同时，相差五代之多，则老子似不能为孔子前辈。胡氏则以为人寿有长短不同，经若干代后，可能有此种变化；曾引胡氏本人世系与梁氏世系为例，说明其可能。此外又有人以为"玄孙"不必即如《尔雅》所释指第四代孙，争议极多。然考史实，则问题实较各家所议者尤为严重。

传文谓"假之子解为胶西王卬太傅"，依所载世系，解上溯至老子共九代（中阙三代之名）。而胶西王卬在景帝三年谋叛自杀；景帝三年为公元前154年；解为胶西王卬太傅，不得晚于是年。以是年为定点，解当时设年为五十（据其父年推之，见下），再设上溯各代，每代相差三十岁；则推至老子时，老子应生于公元前454年左右，距孔子之死尚晚二十五年，距孔子之生则晚九十七年。

且解之父假仕于汉文帝时，文帝元年为公元前179年，假之仕不得早于是年，此又可作一定点。假当文帝元年若年五十，解当时最大不过为三十岁，推至前154年，解仅得五十五岁，倘取相差三十岁之例，则解只能有四十五；取其平均数，则解不应在前154年超过五十岁。而假仕于汉文，其年在汉元年是亦难超过五十岁，故以上之计算应不悖情理。但据此则老子少于孔子几近百岁，且孔子死时，老子尚未生。

其次，就"老子之子名宗。宗为魏将，封于段干"言，魏在孔子没后六十七年始列于诸侯，梁启超已言之。汪中以为老子之子应即为"段干崇"，所据为《国策·魏策·世家》。按《史记·魏世家》："安釐王四年，秦破我及韩赵……魏将段干子请予秦南阳以和。"《国策·魏策》："华军之战，魏不胜秦；明年将使段干崇割地而讲……""段干子"即"段干崇"，"崇"即其名；"崇"与"宗"通，故汪中即视"段干崇"为"老子之子"。然考魏安釐王四年为周赧王四十二年，即公元前273年，下距汉景帝三年（前154年）一百一十九年。而世系中解与宗相隔七代，且于汉景帝三年前，解已任胶西王卬太傅，不能年龄过小。无论如何，一百一十九年中减去解之假设年龄后，绝不足分配于七代（不减解之年亦不足七代），则"段干崇"不能为世系中之"宗"。但舍此外，魏将中可考者即无一人名"宗"或与"宗"相通之字者。

总之，此一世系是否能作为属孔子前辈之老子之世系，即成问题。汪中以"段干崇"为"老子之子"之说，则绝不可通。

以上分述有关老子其人之六项问题。此各问题以文献不足，皆难做确断。今只能试做一在理论上可能性较大之假说，凡实不可拟断者即断其为不可断。

吾人仍当自姓氏问题着手论之。

《老子传》为后人所改易，此点固甚显明。但老子"姓李氏"之说，不论是司马迁所记，抑为后人所增，必应有其发生之原因。

在上文已指出，传文前既明言老子姓李氏，则何以与老莱子（或姓老，或姓莱）及太史儋（姓氏未详）混为一人，乃一问题。今即就此着手论老子之姓名问题。

先就老莱子而论，老姓何以与李姓混？此须就"李""老"二字之古者考之。

按夏炘《诗古韵表》中二十二部之分，"李"字属"之"部第一，"老"字属"幽"部第二。"之"与"幽"虽分部，但以老子《道德经》中之用韵观之，则"之"与"幽"二部则常用以互谐，例如：

持而盈之，不如其已。揣而梲之，不可长保。金玉满堂，莫之能守。富贵而骄，自遗其咎。功遂身退，天之道。

此中，"保""守""咎""道"四字皆属"幽"部，而"已"字则属"之"部。又如：

迎之不见其首，随之不见其后。执古之道，以御今之有。能知古始，是谓道纪。

此中，"首""道"二字属"幽"部；"有""纪"二字则属"之"部。又如：

不失其所者久，死而不亡者寿。

此中"久"属"之"部，"寿"属"幽"部。又如：

物壮则老，是谓不道，不道早已。

此中，"老""道"属"幽"部，"已"属"之"部。

就以上数例言，"之"与"幽"二部互谐，已极显然（此外，《道德经》中亦常以"之""候"二部互谐，如"知足不辱，知止不殆，可以长久"之类，因与本题无关，姑不及之）。

凡二部之韵能互谐者，韵中各字读时，韵母必相同或极相近。"之"与"幽"二部既互谐，则此中各字之韵母即相同或极相近。再观"老""李"二字之纽，则显然同为来纽。纽同而韵亦同，则二字之音值相同；纽同而韵极相近，二字之音值必极相近。今"李""老"二字纽同而韵或同或极相近，则二字之音值相同，至少极相近。

再考先秦诸子中之人名，在后代及当时又每每见以同音值之字互代之例，如"荀卿"称"孙卿"，汉人之避讳也；"杨子"作"扬子"或"阳子"，则当时所通用也。"老"之与"李"，当亦类"荀"之与"孙"，"杨"之与"扬"或"阳"。盖二字音值既同（或极相近），遂有互为代用之事。

明乎此，则"老子姓李氏"之说，可见其起源。而司马迁所以疑"老莱子"即"老子"，当即因二人之姓皆读为"老"或"李"之故。太史儋之名与"老聃"同，老莱子之姓与"老聃"同，此皆为前人所已言之者。但今考"李""老"同音，则可进一步考知太史儋大概全名实为"李儋"，以音同遂与"老聃"混。而太史公访求世系，即误访得"太史儋"之世系，于是"老子姓李氏"之说遂出矣。但《史记》中不记太史儋之姓氏，故益启后世之疑。其实，太史公所以不言其姓氏者，盖以二人之姓氏相同，故视为不必叙述耳。

此外应说明何以知《老子传》文中之世系为太史儋之世系，此仍须以年数推之。

按太史儋见秦献公为公元前374年事，下距胶西王卬死之年（前154年），适为二百二十年。以八代计之，则平均二十七岁半，为每代岁差较正常之数字。

且魏列于诸侯，在公元前412年，先于太史儋见献公之年约三十八年。此时太史儋之子不过始生或且未生，则成人后自可为魏将，皆无不合情理之处。

此处应一究《史记》传文中所载世系之来源问题。司马迁既以为老子至关著书而去，莫知所终，则何由知其世系？前人即于此推知世系别有来源。今按传文前后所载，矛盾诚多。然此世系之资料，史公必得之于当时之人；以其年度之，大半即处于李解之口述。解知其先世有"李儋"其人，为周之史官，以"李儋"与"老聃"音同，故以告史公。史公亦疑此一"李儋"（老聃）为传言中孔子前辈之人相距年代太远，故一面依此而有老聃年二百余岁之说，但另一面标明"自孔子死之后百二十九年"一语（按此数亦误，见前），以志其疑。但终因姓名音同，故仍录之。吾人今考其年代，则知此一世系中言之第一代，唯有归于太史儋为最合情理。

倘世系果为太史儋之世系，又其所以相混之故果由"李儋"与"老聃"同音而来，则老子姓氏可得一假说，则即姓"老"（同"李"）是也。"聃"应为其名，字谥之分，伯阳之号，悉难考定。

先秦典籍中凡称某子者，以取姓为最多。"老聃"称"老子"亦见"老"宜为其姓氏。姓"李"之说，由"李""老"同音而来，此可解传文中之疑。

然则太史公既知"老""李"同音，究为何不直书"老子名聃"，如"庄子者……名周"之例，而独书"姓李氏"？此乃涉及姓氏用字之时代问题。考春秋二百余年间，无记"李"姓之文，而《左传·成公十五年》书宋有司马老佐，昭公十四年又书鲁有司徒老祁，是春秋以前有"老"姓而无"李"姓矣。《左传》又有"里"姓者，后出之书即作"李"，如闵公二年晋有"里克"，《吕氏春秋·先己》篇注即作"李克"。"李"姓最早见于《国策》，如"李悝""李克""李牧"之属，而不见"老"姓。吾人倘已审"李""老"二字之古音，则可推知，"老""里""李"三字乃一姓氏之三阶段。舍"里"字不论，就"老"与"李"言，则战国前作"老"，战国后作"李"；太史公时只书"李"姓，故遂言老聃"姓李氏"。

依此，则老子应本以"老"为姓，后书为"李"。《史记》"姓李氏"之文，未见其谬误。但如前论此问题时所提及，郑康成《礼记注》中不举姓氏，仅以"古寿考者之称"释"老聃"，故考者遂以为疑，而视"姓李氏"之文为后人所窜改。然则吾人今倘谓"姓李氏"之文实无可议，则何以释郑注之疑？

于此，吾人进至另一问题，由之以论"孔子问礼"之传说。

考者所以据郑注而兴疑者，实依于一先在假定而为言。此假定即：郑注《曾子问》时，必视此处所言之"老聃"与《史记》所载之"老聃"为一人。然此不可"必"。因郑氏所以视"老聃"为通称，而不视为姓名，正可能由于郑氏并不以为《曾子问》中之"老聃"即一向与庄子并称之"老聃"。

《史记》传文大抵据《庄子》及汉初言黄老者之传说，所言之"老聃"今姑名之为"道家之老聃"。以此与《曾子问》中所记"言礼之老聃"比照而观之，再审其应为一人或为二人。

兹举四证以明其为二人：

第一，《曾子问》中"言礼之老聃"乃职业礼生，"道家之老聃"则说为周之史官，其业不同。

第二，"巷党"只可能为鲁之地名，非周之地名；"道家之老聃"传说中乃与孔子相见于周者，其地不同。

第三，《史记》及《庄子》所载孔子见"道家之老聃"之年，皆悖于史实，前已论之，乃可推翻之伪说。而《曾子问》之记载，至多仅属真伪难定，无法断其为伪，故此二种资料之真伪程度不同。

且"道家之老聃"与孔子之故事，既由史实考知其说之妄，则可进一步视之为道家创以尊其所宗之虚构；而《礼记》则为儒家后学所汇编，绝无故意造一教训孔子之"老聃"之理。故"道家之老聃"教孔子之言，其伪可以解释（证其伪乃在其说之悖于史实，是另一事）；而《曾子问》中"言礼之老聃"教孔子之言，则无法解释其伪作之故。

第四，"言礼之老聃"全无道家色彩，"道家之老聃"亦素未有说为通礼者，此见其思想之不同。

近人争论此问题，每谓人之思想可以变化，遂谓"言礼之老聃"可能仍与"道家之老聃"为一人。思想变化之可能，固不能否认，但吾人必须在其他方面先有证据以证此二"老聃"为一人，然后方能采此观点以解释此一人何以有两种迥异之思想。今《史记》传文及《庄子》所载，均已见不合史实，则吾人已不能据传文而说二"老聃"为一人。思想变化之说本身则断不能做论据。倘其他方面之资料皆支持二"老聃"为一人之说，独有"思想"方面之困难，则吾人可依思想变化之观点解释之，否则此一观点全无考证意义，仅表一逻辑意义之可能而已。

而且倘就道家本身所谈之"孔子问礼"之传说观之（包括《史记》传文），则此类记载亦皆以为孔子见老聃时，老聃持道家态度与之言，分明不是仍为礼生，亦不应有同主持丧葬之事。此二"老聃"之不能合一，即愈明显。

以最谨慎之态度处理此问题时，吾人只能说，此二"老聃"无确定理由合为一人，而康成之注与《礼记》之学派立场，皆可作为断此二"老聃"为两人之据。此二"老聃"如视为二人，则不唯老子姓名之疑可解，且"孔子问礼"之传说，亦可得一较近理之解释。

道家所言之老子，姓"老"（即"李"）而名"聃"；孔子问礼者则是另一老礼生，其姓名不传，称曰"老聃"，乃一通称。而庄子以后道家者流故作抑孔尊老之言，遂取此二"老聃"合而为一，造出老子教训孔子之故事。

总之，《曾子问》中之"老聃"另有其人，为孔子前辈，并非"道家之老聃"。然则，"道家之老聃"果有其人否？其时代又何如？

此可由以下数方面观之：

第一，《庄子·天下》篇称"关尹老聃"。《庄子》固多寓言，外杂各篇中所述老聃及他人之事自亦皆不可信。然《天下》篇及评论当世各学派者，倘根本无某一人存在，则无伪造某人而为评论之理。既论及"关尹老聃"之学，则至少作《天下》篇者必知有此二人存在，故论其说。依此，则"道家之老聃"应有其人。但如上所论，此人不能与《曾子问》中之老聃为同一人耳。

第二，《史记》传文固令人生疑，但司马迁作传时所以有老莱子及太史儋与老聃相混之病，当正由于一"老聃"而不详其生平，乃多悬拟之语，故传文乖谬不能作为"老聃不存在"之论据。

第三，孔子见"道家之老聃"之故事，虽出道家之伪作，但此故事之伪不能证老聃其人之不存在。且《庄子·内篇》最早言老聃，而并无孔子问礼之说。《内篇》言老聃者三处：

《养生主》：

老聃死，秦失吊之，三号而出。

《德充符》：

无趾语老聃曰：孔丘之于至人，其未邪？彼何宾宾以学子为？

《应帝王》：

阳子居见老聃曰：有人于此……如是者可比明王乎？

此三项中，唯《德充符》项尚似有言孔子慕老聃之意，但亦未言"问礼"，余二段皆直写"道家之老聃"，未用儒者做衬托。

至《外篇》中，则言孔子问道于老聃者多次，《天道》篇中且有孔子适周见老聃之故事，《天运》篇中又有孔子以"龙"拟老聃之说，皆《史记·老子传》文所取材。今比而观之，即可知庄子本人原未造出孔子问道问礼于老聃之故事，只极力推崇老聃而已。吾人如仅就此种推崇老聃之言观之，则诚不能断老聃其人之有无。但以《天下》篇证其人之应有后，则再据《庄子·内篇》以考此"老聃"之时代，而将"问礼"之传说划开，吾人即可知，庄子之前应有一名"老聃"之人，其人之说至《天下》篇时代仍甚盛。而"问礼"之故事，则是庄子后辈造出者，吾人虽能考知此故事之伪，但不碍老聃其人之存在。

"道家之老聃"即应为代表《道德经》思想之老聃。如上所论，此人大略先于庄子，但是否与孔子同时则不可考。《德充符》之材料只能证老聃先于庄子且为庄子所称道，不能证其与孔子同时，因上下文所述仍有寓言成分也。

至此，吾人已将"《曾子问》中之老聃"与"道家之老聃"划为二人，且略测"道家之老聃"之时代，于是"孔子问礼"之故事如何形成，亦可见大概。

如上所述，庄子推崇"老聃"，尚未造"孔子问礼"之说，盖庄子所了解之老聃本非一习"礼"之人也。但《德充符》中言孔子"学"老聃，遂为"孔子问礼"之故事播下种子，庄子后辈可能知鲁有号"老聃"之习礼者，为孔子前辈，且曾与孔子共主丧葬之事（如《曾子问》所载），于是遂造出"孔子问礼"之故事。又庄子约生于公元前369年，后于太史儋见秦献公之年约五年，则庄子后辈可能知有此一名"李儋"（与"老聃"同音）之周史官，遂进而造出孔子"适周"之说，于是有《天道》篇中之故事。按《天道》篇谓：

孔子西藏书于周室，子路谋曰：由闻周之征藏史有老聃者，免而归居，夫子欲藏书，则试往因焉。孔子曰：善。往见老聃。

此篇较《天下》篇尤晚，盖"藏书"之说乃秦火后之人所言。故此篇大抵成于秦末汉初。此时，"孔子适周问礼"之故事即大致形成。而同时道家者流谈孔老关系者当甚多，故又有《天运》篇中孔子之沛而见老聃之说。按《天运》篇谓：

孔子行年五十有一，而不闻道；乃南之沛，见老聃。老聃曰：子来乎！吾闻子北方之贤者也。子亦得道乎？

其下遂作老聃教训孔子之语。同篇另一段又谓：

孔子见老聃,归,三日不谈,弟子问曰:夫子见老聃,亦将何规哉?孔子曰:吾乃今于是乎见龙……

此数篇材料再后即合为司马迁《史记》中之记载,除"五十有一"之年龄记载,司马迁因知孔子是年方仕于鲁,故未取,其外所述"适周"及孔老问答之故事,悉本于以上数篇。前人亦屡有言及者,兹不赘述。

总而言之,"孔子问礼"之故事,乃由庄子推崇老聃而起。《曾子问》中之"老聃"与为周史官之"太史儋"被庄子后辈取而与庄子所称之"老聃"合为一人,遂造出此一套故事。司马迁信之,乃作成《老子传》文及《孔子世家》中之记载,然其伪不可掩者,在于年代触牾,故今日吾人犹能考见之。

"道家之老聃"应即姓"老"名聃,"李"姓乃由"老"而来,此为老子姓名问题之解答。

"孔子问礼"之故事,由庄子后辈造出,其过程略如上论,《礼记·曾子问》中之"老聃"则另为一人,此故事大略在司马迁之传文中方全部形成。其前固众说纷纭也,此为"孔子问礼"故事之解答。

此外,老聃至关见"关令尹喜"而著书之说,除"关令尹喜"四字中之"令"字必为后人误加外,此一故事本身亦当为伪作。因此故事所述者,须假定为周史官之人与"道家之老聃"为同一人,方能成立。今为周史官之"太史儋"("李儋"音同"老聃")与"道家之老聃"无证据可说为同一人,而太史儋说秦献公之语,近纵横家而全无道家气息,则吾人尚无理由以"太史儋"与"道家之老聃"为一人。如非一人,则"出关著书"之说不攻自破矣。

又今本《道德经》可能出庄子后(见下)。若以为所著之书即今本《道德经》,则更不能成立。

而且太史儋入秦乃史籍可考之实事。"道家之老聃"则似未至北方,秦中尤不见有道家思想之流传。使"出关著书"之说果真,则"老聃"思想应先流行于北方——尤其秦地,何故《天运》篇中伪造故事时仍以"老聃"为南人?观"老聃"称孔子为"北方之贤者",可知"道家之老聃"固一向被视为南方之学之代表人。其学说不流行于北方,亦由此可见,则"出关著书"之说益为难信。

至于"老聃"之年龄问题,则本不可考。《史记》传文中"百有六十余岁,或言二百余岁"之说,则显由史公惑于"孔子问礼"之说,又据所得之世系推溯者。其为谬妄，不待深论。

关于老莱子，无可多说；关于太史儋及世系问题，上文皆已论之。兹对有关老子其人之各项问题，做结语如下：

（1）老子应姓"老"名"聃"。"名耳"及"字伯阳"等说则难定真伪，"李"姓由"老"姓转出，因"李"与"老"古音同。

（2）孔子可能曾与一号"老聃"（非姓名）之习礼者同主丧葬之事，但此非"道家之老聃"，"道家之老聃"大约在孔子之后。"问礼"之故事，乃庄子后为道家言者据庄子称道老聃之词而逐步编造以成者。此一编造之故事，至《史记》乃完全成型。但年代与史实乖违，今犹可考知其伪。

（3）"出关及著书"之传说亦为伪作。

（4）年龄不可考。《史记》所载必误。

（5）老莱子可能亦姓"老"，与"老聃"同姓，但与"老聃"无大关系。太史儋之姓名可能为"李儋"，司马迁所得之世系由"李解"供给，因"李儋"音同"老聃"遂误以为一人。《史记》未明书太史儋姓"李"，盖以为不必重说。倘太史儋别有姓氏，则不能被司马迁疑为"即老子"。

（6）世系应为太史儋之世系，依其年代考之，唯有作太史儋世系不悖情理。

关于老子其人之问题，聚讼久矣，上所论者亦未敢以为最后断定。论据则力求其简，然以牵涉太多之故，所说仍苦繁杂。苟再约而言之，则可说：有"道家之老聃"，庄子所称者是也；有"习礼之老聃"，《礼记》所载者是也；又有为周史官或名"李儋"之太史儋，《史记·老子列传》文中之世系属之，因"李儋"与"老聃"同音也。中国哲学史中所论述者唯"道家之老聃"。因已往人尝合"习礼之老聃"及为周史官之"太史儋"与"道家之老聃"为一人，故考辨如上（劳思光《新编中国哲学史·一卷》，广西师范大学出版社，2005年10月，桂林，第158—171页）。

说完老子其人，再说其书之时代问题及成书过程，吾不懂史，仍采劳思光先生之考证。先生说：

关于《老子》其书之时代问题，前人之说大约皆着眼于以下两点：

第一，文体问题。

第二，用语问题。

《道德经》中多用韵文。而观庄子以前之著作如《论语》《孟子》及孔后孟前之《墨子》等书，则皆系问答体，而人或据此而论《道德经》之时代。此又有两说：或谓，韵文体先于问答体，故《道德经》之文体较《论》《孟》等为古，由是而推断《道德经》之时代先于《论》《孟》及《墨子》，持此说者近人中以胡适为代表。或谓，老子《道德经》之所以为简明之韵文，正因此书乃有计划之著作，问答体则他人记言行之文。有计划之著作后于问答体之记载，由是而推断《道德经》为晚出之书。冯友兰谓，《道德经》为简明之"经体"，应为战国时之作品，大致即持此一立场。

其实此问题未可如此轻断。因自春秋至战国，中国原有南北文化之分：南人文体多用韵文，北人文体多用散记。今观《楚辞》，则南方文体之特征固极显著。而老子历来相传为楚人，则以楚人而作韵文，固可以在《论》《孟》以前，亦可以在《论》《孟》以后，仅执文体以断老子《道德经》之时代，则难立任何可信之判断。韵文与散记之分，未必即表时代前后之分，极可能表地域南北之分。

第文体问题亦有其重要性，盖吾人可持以作辨别《道德经》中原文与后人增语之根据，此点在下文论之。

其次，关于《道德经》之用语问题，则所涉较多，此又可分两点论之：

其一为有关书中晚出之语者。

晁说之即疑《道德经》三十一章非老子之书原文。焦竑则谓"兵者不祥之器"以下，似古之义疏，杂入于经者。

梁启超则指出"偏将军""上将军"皆战国官名，而《道德经》三十一章中有"偏将军居左，上将军居右"之文，显见为战国人之著作；又指出"侯王""王侯""王公"及"万乘之主"等语，皆非春秋时代习用者，并谓"仁义"二字连用始于孟子，而《道德经》中常以"仁义"连用，凡此皆视为老子之书晚出之证据。

此中"偏将军""上将军"等语之为晚出，似无可疑，但此恐未必能证《道德经》全书之时代早晚。盖"夫佳兵者不祥之器"一章，大抵属后人所加。"夫佳"二字置于章首，亦与《道德经》全书中之用法不同。盖"夫佳"即"夫唯"，在《道德经》中"夫唯……"皆承上而为言。如：

功成而弗居，夫唯弗居，是以不去。

水利万物而不争……夫唯不争，故无尤。

保此道者不欲盈，夫唯不盈，故能蔽不新成。

天下皆谓我道大，似不肖，夫唯大，故以不肖。

此外尚有类似者多处，总之"夫唯"二字皆承上文而为言。则三十一章中"夫佳兵者不祥之器"一语中"夫佳"二字之用法，显与全书用法不合，此亦可见此章极不可靠。但若此章为后人之作，则吾人仅可言此章之伪或晚出，尚未能据之言全书之晚出。

"万乘之主"一语，亦应系战国时语，因春秋时列国皆较小，只以"千乘之国"为大国，孟子始言"万乘之国"，但此亦只能证书中此段之晚出，尚难证全书之晚出。

对以上诸晚出语之问题，辨者或引《易》之《坎》《离》象辞以证"王侯""王公"之语非晚出，或引《易·说卦》中"曰仁与义"之文以证"仁义"连用不始自孟子，其实皆嫌勉强。盖《易》卦爻辞固应在周初完成，象辞则时代难定，《说卦》传更可能为后人所作。以此为据，殊不可立。

然而总观此问题，吾人仅能说《老子》书中杂入后人增语甚多，全书时代不能由此考定。

其二为有关特殊助字用法之问题。

自高本汉以虚字用法考《左传》后，此一方法亦为史学界所接受。而张寿林作《老子道德经出于儒后考》一文，遂就"于""於"二字之用法以断《道德经》之时代。盖古文唯以"于"字作介词，"於"字则用于"於戏"一类感叹词中。"於"字独用以作介词而代"于"，《孟子》以后日多，至《庄子》书中则"于"字极少，盖战国以降，愈后则用"於"为介词者愈多。今观《道德经》中用"於"字五十一处，其中四十七处皆确作介词用，另四处亦可能为介词，则老子《道德经》之时代不能早于战国。

按"於""于"二字之用法，在高本汉本视为"鲁语"与"左语"不同之七证之一。二字先后之考，则为卫聚贤所作。卫氏列表说明，"於"与"于"二字使用之比例，在《左传》中为"一九与一七"，在《国语》中为"九与二"，在《论语》中为"二一与一"，在《孟子》中为"九六与一"，在《庄子》中则为"八四九与一"（按卫氏所举"《庄子》中二字之比例"，乃合内外杂篇而言之，故"於"字最多）。今按《道德经》中唯用"於"字而不见"于"字，此固可证其晚出，但亦可证其非用北方语言。盖古文用"于"之证据，无论就甲骨、金文言，或就今文《尚书》及《诗经》言，皆出于北方。

此外，日本武内义雄作《老子原始》，断定五千言非老子自著，亦以书中助字无一定用法为此书非出自一人之手之据，而谓应在《庄子·胠箧》篇之后云云，其论证未足自立。所论助字用法问题，仍可归到后人窜改上。

故无论就文体言，或就其中晚出之语以及特殊助字之用法言，吾人皆只能据以推定《老子》书中某章某语不能为战国前之作品，而不能推定全书成于何时。且有更进一步之问题，即战国时代甚长，《道德经》大约成书何时之问题，若仅以"战国时代"为答案，亦嫌甚泛。

兹配合上节对"老子其人"所作之断定，再据有关典籍对《道德经》之时代提出一假说。此可分下列数点：

（1）《道德经》文体为显明韵文体，但以此与问答体比观，仅见南北之异，未必表先后之分。考《道德经》时，只能就其文体推知此书为南人著作，不能确定其时代。

（2）《道德经》中后人窜改者甚多，凡用后出之语者皆属后人所增补。但观《庄子·天下》篇中，论老学一段所引之语，与今本《道德经》文多合。如《天下》篇谓：

老聃曰：知其雄，守其雌，为天下谿；知其白，守其辱，为天下谷。

此见经文二十八章。唯"辱"作"黑"，"谷"作"式"；其下又另有"知其荣，守其辱，为天下谷"之语。又如"常无有"及"无为也而笑巧"等词，亦皆见于经文。此种符合，原可有两种解释，或《天下》篇作者确见《道德经》而引用此文，或后人见《天下》篇中此种词句，而据以伪作今本经文。但无论取何解释，《天下》篇中所引之语必为《天下》篇作者所了解之老聃之言。即令今本《道德经》文确系后人伪作，此中所取于《天下》篇者，亦应为先于《天下》篇而存在之老聃语，此无可疑。

由此，吾人可断定，《道德经》中部分材料乃先于《天下》篇而存在者，即此书有一部分材料应在《天下》篇之前。

（3）然则在《天下》篇以前之材料，是否亦在庄子之前？此虽未可轻言，但亦可据两种程序作一推断。

第一，就思想内部观之。凡《天下》篇中引述之观念，既为老聃之观念，则吾人可依理论脉络之追寻而整理《道德经》文，展示老聃思想之大要，然后以此一系列思想与《庄子·内篇》之思想比较，由理论之成熟程度，以推其先后。

第二，就记载考之。《庄子·内篇》中既已有关于老聃之记载，以发挥

"养生"之义，则庄子前之老聃（道家之老聃）有如此之思想，应无问题。而《天下》篇中所述老聃之言，与此种思想相符者即应为先于庄子之言。因若不然，则唯一可能是在庄子后及《天下》篇前一夹缝中之伪作；而倘《天下》篇所引老子之言，确是此夹缝时期之伪作，则《天下》篇作者既为庄子后学，何必故意将此种伪作之语视作老聃之言。庄子既盛称老聃，则必于老聃之思想主张有所引述，庄子后学所记必取材于此。倘除庄子所述外，另有人伪作老子之言，《天下》篇作者亦无取无据之言而舍师说之理。观此，则《天下》篇所记，不应为夹缝时期之伪作，故《天下》篇作者所述，大致应视为庄子所传；而此中所述之各观念，即应先于庄子。

总之，以《天下》篇中所述之老子观念为定点，吾人可依理论之脉络整理《道德经》文，得出一老子学说，此学说即应为《天下》篇作者所了解之老聃学说。而《天下》篇作者所了解之老聃学说，主要应从庄子传来，故如此整理所得之老子学说，即可视为先于庄子者。而《道德经》之成书虽尽可以较晚，但凡相应于《天下》篇所述各观念之部分，则应视为先于庄子。

至于理论成熟之程度，则庄子思想较以《天下》篇所述为中心之老子思想成熟，亦甚显明（下文论之）。

故《道德经》今本确成于何时，固不可知，但其中相应于《天下》篇所述老子观念之部分，应视为老子思想之原始材料。此一部分材料即视为先于《庄子》。

今本经文中杂乱之处甚多。但观《韩非子》之《解老》《喻老》各篇，所据者数十处，皆见今本《道德经》中，则今本在《韩非子》前已成书，似无问题。兹可作一假定，即：《道德经》文一部分材料先于《庄子》，另一部分则可能逐渐为后人所增附而成。至韩非子时，今本已大致形成。

至于第五十四章有"吾何以知天下然哉，以此"，第五十七章有"吾何以知其然哉，以此"，第二十一章有"吾何以知众甫之状哉，以此"，皆与前后经文语法不合，显为后人所增，或注文误入本文者，又重出之文甚夥。如上文所言及之第三十一章中之问题，尤见经文次序有颠倒伪作之迹。但依以上所论，吾人下文论老子思想时，既可用《天下》篇材料为中心，据理论脉络而作取舍，则此类可疑错乱之文，皆不影响吾人之整理。故本书中即不多涉及此种问题（劳思光《新编中国哲学史·一卷》，广西师范大学出版社，2005年10月，第一版，桂林，第171—175页）。

一　章

道，可道，非常道；名，可名，非常名。无名，天地始；有名，万物母。常无，欲观其妙；常有，欲观其徼。此两者同出而异名，同谓之玄，玄之又玄，众妙之门。

三家注按

林希逸： 此章居一书之首，一书之大旨皆具于此。其意盖以为道本不容言，才涉有言，皆是第二义。常者，不变不易之谓也。可道可名，则有变有易；不可道不可名，则无变无易。有仁义礼智之名，则仁者不可以为义，礼者不可以为智。有春夏秋冬之名，则春者不可以为夏，秋者不可以为冬。是则非常道，非常名矣。天地之始，太极未分之时也。其在人心，则寂然不动之地。太极未分，则安有春夏秋冬之名？寂然不动，则安有仁义礼智之名？故曰"无名，天地之始"。其谓之天地者，非专言天地也，所以为此心之喻也。既有阴阳之名，则千变万化皆由此而出；既有仁义之名，则千条万端自此而始，故曰"有名，万物之母"。母者，言自此而生也。"常无""常有"两句，此老子教人究竟处。处人世之间，件件是有，谁知此有自无而始。若以为无，则又有所谓"莽莽荡荡招殃祸"之事。故学道者，常于无时就无上究竟，则见其所以生有者之妙；常于有时就有上究竟，则见其自无而来之徼。徼，即《礼记》所谓"窍于山川"之"窍"也，言所自出也。此两"欲"字有深意，欲者，要也，要如此究竟也。有与无虽为两者，虽有异名，其实同出。能常无常有以观之，则皆谓之玄。玄者，造化之妙也。以此而观，则老子之学何尝专尚虚无？若专主于无，则不曰"两者同出"矣，不曰"同谓之玄"矣。玄之又玄，众妙之门，此即《庄子》所谓"有始也者，有未始有始也者，有未始有夫未始有始也者"，但赞言其妙而已，初无别义。其曰一层上又有一层，则非其本旨。众妙，即《易》所谓"妙万物"者也。门，言其所自出也。此章人多只就天地上说，不知老子之意正要就心上理会。如此兼看，方得此书之全意。

【按】 林公识得此章妙旨是"要就心上理会"，可谓要言不繁，深中肯綮。

释德清：此章总言道之体用，及入道功夫也。老氏之学，尽在于此。其五千余言所敷演者，唯演此一章而已。

所言"道"，乃真常之道。"可道"之"道"，犹言也。意谓真常之道，本无相无名，不可言说。凡可言者，则非真常之道矣，故非常道。且道本无名，今既强名曰道，是则凡可名者，皆假名耳，故非常名。此二句，言道之体也。

然无相无名之道，其体至虚，天地皆从此中变化而出，故为天地之始。斯则无相无名之道体，全成有相有名之天地，而万物尽从天地阴阳造化而生成。此所谓"一生二，二生三，三生万物"，故为万物之母。

此二句，言道之用也。此下二句，乃入道之功夫。常，犹寻常也。欲，犹要也。老子谓："我寻常日用安心于无，要以观其道之妙处；我寻常日用安心于有，要以观其道之徼处。"徼，犹边际也。意谓全虚无之道体，既全成了有名之万物，是则物物皆道之全体所在，正谓一物一太极是则只在日用目前，事事物物上，就要见道之实际，所遇无往而非道之所在，故庄子曰："道在稊稗，道在屎尿。"如此深观，才见道之妙处，此二"观"字最要紧。

"此两者同"以下，乃释疑显妙。老子因上说观无观有，恐学人把"有""无"二字看作两边，故释之曰"此两者同"。意谓我观无，不是单单观无，以观虚无体中，而含有造化生物之妙；我观有，不是单单观有，以观万物象上而全是虚无妙道之理。是则有无并观，同是一体，故曰"此两者同"。

恐人又疑两者既同，如何又立"有""无"之名，故释之曰"出而异名"。意谓虚无道体既生出有形天地万物，而有不能生有，必因无以生有；无不自无，因有以显无，此乃有无相生，故二名不一，故曰"出而异名"。

至此恐人又疑既是有无对待，则不成一体，如何谓之妙道，故释之曰"同谓之玄"，斯则天地同根，万物一体。深观至此，岂不妙哉？

老子又恐学人功夫到此，不能涤除玄览，故又遣之曰"玄之又玄"，意谓虽是有无同观，若不忘心忘迹，虽妙不妙。殊不知大道体中，不但绝有无之名，抑且离玄妙之迹，故曰"玄之又玄"。功夫到此，忘怀泯物，无往而不妙，故曰"众妙之门"，斯乃造道之极也。

似此一段功夫，岂可以区区文字者也之乎而尽之哉？此愚所谓须是静工纯熟，方见此中之妙耳。

【按】德师为明代四大高僧之一，其所悟所证之境界，非我辈凡夫能窥其一二。观其解读此章，对老子开示之道及教人层层深入的修持方法与步步所见的境界，如抽丝剥茧，娓娓道来，极清晰，极明白，非有修有证之过来人，实不足以语此。学者珍之，莫生门户见：谓憨师未得道家家法，而以外道目之，误己误人，为害非浅。

黄元吉：朱子云："道，犹路也，人人之所共由也。"其实生天、生地、生人、生物，公共之理，故谓之道。天地未判以前，此道悬于太空；天地既辟而后，此道寄诸天壤。是道也，何道也？先天地而长存，后天地而不敝；生于天地之先，混于虚无之内，无可见，亦无可闻。故太上曰：以言夫道，费而且隐，实无可道；所可道者，皆道之发见耳，非真常之道也。以言其名，虚而无物，实无可名；所可名者，皆道之糟粕耳，非真常之名也。人不知道，曷观之《诗》乎？曰"上天之载，无声无臭"，道不可以有言矣。又曰："维天之命，于穆不已"，道不可以无称矣。须知：至无之内，有至有者存，至虚之中，有至实者在，道真不可以方所形容也。太上慈悲度世，广为说法曰：鸿濛未兆之先，原是浑浑沦沦，绝无半点形象，虽曰无名，而天地人物咸育个中，此所以为天地之始也。及其静之既久，气机一动，则有可名，而氤氤氲氲，一段太和元气，流行宇宙，养育群生，此所以为万物之母也。始者，天地未开之前，一团元气在抱是也；母者，天地既辟之后，一气化生万物是也。

学人下手之初，别无他术，惟一心端坐，万念胥捐，垂帘观照心之下、肾之上，仿佛有个虚无窟子，神神相照，息息常归，任其一往一来，但以神气两者凝注中宫为主，不顷刻间，神气打成一片矣。于是听其混混沌沌，不起一明觉心，久之，恍恍惚惚，入于无何有之乡焉。斯时也，不知神之入气、气之归神，浑然一无人无我、何地何天景象；而又非昏聩也，若使昏聩，适成槁木死灰。修士于此，当灭动心，莫灭照心，惟是智而若愚，慧而不用。于无知无觉之际，忽然一觉而动，即太极开基。须知：此一觉中，自自然然，不由感附，才是我本来真觉。

道家为之玄关妙窍，只在一呼一吸之间。其吸而入也，则为阴、为静、为无，其呼而出也，则为阳、为动、为有，即此一息之微亦有妙窍。人欲修成正觉，惟此一觉而动之时，有个实实在在，的的确确，无念虑，无渣滓，一个本来人在。故曰：天地有此一觉而生万物，人身有此一觉而结金丹。但此一觉，有如电光石火，当前则是，转眼即非，所争只毫厘间耳。学者务于平时审得清，临机方把得住。古来大觉如来，亦无非此一觉积累而成也。

修士兴工，不从有欲无欲观妙观窍下手，又从何处以为本乎？虽然，无与有、妙与窍，无非阴静阳动，一气判为二气，二气仍归一气而已矣。以其静久而动，无中生有，名曰阳生活子时；以其动极复静，有又还无，名曰复命归根：要皆一太极所判之阴阳也。两者虽有异名，而实同出一源，太上谓之玄。玄者，深远之谓也。学者欲得玄道，必静之又静，定而又定，其中浑无物事，是为无欲观妙，此一玄也。及气机一动，虽有知，却不生一知见，虽有动，却不存一动想，有一心，无两念，是为有欲观窍，此又一玄也。至玄之又玄，实为归根之所，非众妙之门而何？所惜者，凡人有此妙窍，不知直养，是以旋开旋闭，不至耗尽而不已。至人于玄关窍开时，一眼觑定，一手拿定，操存涵养，不使须臾或失，所以直造无上根源，而成大觉金仙。

下手功夫，在玄关一窍。太上首章，即将无名有名观妙观窍指出，足见修道之要，除此一个玄关窍，余无可进步也。故开头四句说：大道根源，实属无形无状，不可思议穷究，惟天地未开之初，混混沌沌，无可端倪，即人致养于静时也；天地忽辟之际，静极而动，一觉而醒，即人侦气于动，为炼丹之始基。第此倏忽之间，非有智珠慧剑，不能得也。要之，念头起处为玄牝，实为开天辟地、生人育物之端。自古神仙无不由此一觉而动之机造成。又曰：无欲观妙，有欲观窍。两者一静一动，互为其根，故同出而异名。凡有形象者，可得而思量卜度；若此妙窍，无而有，有而无，实不可以方所名状，纵舌如悬河，亦不能道其一字，所以谓之玄玄。学者亦不得视为杳冥，毫不穷究一个实际下落。果于此寻出的的确确处，在人视为恍惚，在我实有把凭，久之，著手成春，头头是道矣。

【按】黄师，得道高人，言道之境界与修持纲要甚真，依之修持，假之以恒，定然有个入处，而得识得证得此无上大道，既证之后，自然依道而行，无往而不自得其妙矣。

【综按】欲明本章，先说道字。"道"，《说文》："所行道也。"《尔雅·释宫》："一达谓之道。"《广韵》："道，理也，众妙皆道也，合三才万物共由者也。"《经典释文》："道，生天地之先，德，道之用也。"此古人从文字所释道之概念者也。

现代人则多从哲学的角度阐释，如

方东美："道"之概念，乃是老子哲学系统中之无上范畴，约可分四方面讨论之：

1. 就"道体"而言，道乃是无限的真实存在实体（真几或本体）。老子尝以多种不同之方式形容之，例如：

（1）道为万物之宗，渊深不可测，其存在乃在上帝之先。

（2）道为天地根，其性无穷、其用无尽，视之不可见，万物之所由生。

（3）道元一，为天地万物一切之所同具。

（4）道为一切活动之唯一范型或法式。

（5）道为大象或玄牝，无象之象，是谓大象，抱万物而蓄养之，如慈母之于婴儿，太和、无殃。

（6）道为命运之最后归趋，万物一切，其唐·吉诃德英雄式之创造活动精力挥发殆尽之后，无不复归于道，谓之"复根"（《庄子》）。借得安息、涵孕于永恒之法相中，成就于不朽之精神内。——自永恒观之，万物一切最后莫不归于大公、平静、崇高、自然……一是以道为依归，道即不朽。

2. 就"道用"而言，无限伟大之"道"，即周溥万物、遍在一切之"用"（或功能），而取之不尽、用之不竭者。其显发之方式有二：其一，"退藏于密，放之则弥于六合"——盖道，收敛之，隐然潜存在"无"之超越界，退藏于本体界，玄之又玄、不可致诘之玄境；而发散之，则弥贯宇宙万有。故曰："天下万物生于有，有生于无。""道生万物"。其二，"反者，道之动"——盖实有界之能，由于挥发或浪费，有"用竭"之虞，故当下有界，基于迫切需要，势必向上求援于"道"或"无"之超越界，以取得充养。故老子之强调"反者，道之动"，实含至理。

道之发用呈双回向，顺之，则道之本无，始生万有；逆之，则当下万有，仰资于无，以各尽其用，故曰："有之以为利，无之以为用。"

3. 就"道相"而言，道之属性与涵德可分两类，属于天然者与属于人为者。前者含一切天德，属于道，只合就永恒面而观之，计得：

（1）道之全体大用，在无界中，即用显体；在有界中，即体显用；

（2）"无为而无不为"；

（3）"为而不恃"；

（4）"以无事取天下"；

（5）"长而不宰"；

（6）"生而不有"；

（7）"功成而弗居"。

反之，道之人为属性，即来自处处以个人主观之观点，而妄加臆测，再以人类拙劣之语言而构画之、表达之者。撇开此一切人为之偏计妄测等等，道就其本身而言，乃是"真而又真之真实""玄而又玄之玄奥""神而又神之神奇"，唯上圣者足以识。

4. 就"道征"而言，凡此种高明至德，显发之而为天德，原属道。而圣人者，道之具体而微者也，乃道体之当下呈现，是谓"道成肉身"。作为理想人格极致之圣人，凭借高尚精神与对价值界之无限追求与向往，超越一切限制与弱点，故能慷慨无私、淑世济人，而赢得举世之尊敬与爱戴。惟其能够舍己利人，其己身之价值乃愈丰富（"既以予人，己愈有"）。惟其能够如此，其己身之存在愈益充实。"是以圣人常善救人，故人无弃人；常善救物，故物无弃物"。由于老子之教，使吾人觉悟到，尽性之道端在勤做圣贤功夫。而人之天职即在于孜孜努力、精勤不懈，促其实现。故凡能有以挺然自立于天壤之间者，其所必具之条件，即内圣之精神修养功夫也。（节选方东美《生生之德》，中华书局，2003年1月，北京，第246—249页）

刘笑敢：任继愈先认为老子之道是原初物质，后改称是绝对精神，再指出老子自己没有讲清楚道是物质还是精神，三个时期的不同观点说明以物质与精神、唯物与唯心的理论架构定义老子之道的困难。其实有此转变的不只任继愈一个，冯友兰在20世纪30年代说老子之道为物之所以生之总原理，似乎可以将老子归入客观唯心主义。60年代说老子之道"与阿那克西曼德所说的'无限'是一类的，都是未分化的物质"。似乎可以将老子划入唯物主义。80年代又说老子没有说明"道""有""无"究竟相当于客观世界中的甚么东西，所以也即是一种主观的虚构，因而也是一种客观唯心主义。张岱年早年说"道"是理，中年说"道"是"混然一气"，晚年又回到早年的立场。冯、张、任三位都是中国哲学研究领域的元老和权威，他们的观点的犹疑和转变说明以物质和精神、唯物和唯心这样的对立二元的观点解释老子之道是难有确解的。

……西方式的形上与形下、实然与应然、存有与价值的对立二分的概念用于对老子之道的诠释或定义也是圆凿方枘，难以对应。

为什么这种狭义的反向格义会有这样的困难？笼统地说，当然是文化历史不同，思维方式不同。具体地说，则可能主要在于西方笛卡尔以来的dichotomy（对立二分）式的概念结构与中国哲学思想中的概念系统不合。中国也有很多的成对的概念，但这些成双成对的概念之间是成对的或pair的关系，而不是对立分离的关系。因此，用西方近代的哲学概念来"格"中国古代思想之"义"总是不能契合。

……老子之道可以概括为关于世界之统一性的概念，是贯通于宇宙、世界、社会和人生的统一的根源、性质、规范、规律或趋势的概念。概括起来，则包括统一的根源和统一的根据两个方面。也就是说，道的概念所针对的问题是宇宙万物一切存在有没有总根源、有没有总根据的问题。总根源和总根据是似乎形而上的，但也一直贯通到形而下乃至人生之中，或者说是从存有界贯通于价值界。（刘笑敢《老子古今》，中国社会科学出版社，2006年5月，北京，第110—113页）

王蒙：老子的寻道是遵循着名的系统、概念的系统、命名的系统与方式来最后体悟到、找到了大道的。他没有在异人或者圣人中寻找神祇，没有在传教者、苦行者、善行者、劝善者、灵异者或自行宣布自身已经成神成佛或至少已经与上帝通了话的人中寻找神祇，寻找世界的本源与主宰。他也没有在奇迹或者奇物中寻找神祇。他是顺名——概念、概括之藤，摸道即本源与主宰之瓜。他硬是摸出道——命名出道来了。

可以理解这样的思路，这样的思路对于国人来说，顺理成章：请看，人的命名是人。人与牛马羊猴等合起来命名为动物，再与树木花草等一起命名为生物，生物与金木水火土等无生物合起来命名为万物。与怪力乱神梦幻，与人的心、意、爱、怨，与种种人文存在等合起来命名为万有或众有。再概括一步便是有，而有的反面与有的发展结局或有的产生以前是无，是死亡、寂灭、消失、空虚……然后万物万象的有与无的相悖相通相生相克，综合起来就是大道。大道是至上的概念，是顺名摸终极的果实。这是一个思索推理概括体悟的过程，是一个智慧与想象相结合的过程，是一个相当合理的与有说服力的过程，是一个基本上防止了牵强附会与群体起哄的过程。这个过程的缺憾是比较模糊抽象，不像找到一个能成为佛的王子，或者一个本是上帝的儿子背起十字架的献身者、牺牲者那样生动直观感人。（王蒙《老子的帮助》，华夏出版社，2009年1月，北京，第

11—12 页）

杨润根： 老子的道的概念，指的是世界的本体，自然的本原，存在的本质，整个世界从其中出发和从其中产生的已经经历、正在经历并将继续经历的全部历史之路。因此，整个世界的全部历史之路本质上就是道之路。换句话说，整个世界（无机世界、有机世界、生命世界和人类的精神或文化世界）的历史，就是道自身的历史，就是道之自然，即道以自身为本原，以自身为本质的自我产生、自我发展、自我实现和自我完成。整个世界是一个道以自身为本源的历史发展过程，现实世界中的一切都只是这个过程的必然结果。当我们站在道的立场上来看整个世界，那么整个世界就都是道之自然（道的自我实现）；当我们站在整个世界的立场上来看整个世界，那么整个世界就是由道所给予、由道所创造、由道所支配、由道所决定的必然。因此，道是自然的存在物，而世界万物则是必然的存在物。道作为自然的存在物，即是以自身为本原、以自身为本质的自我产生、自我发展、自我实现和自我完成的存在物，只有它才是绝对真实的存在物。相反，世界万物作为必然的存在物，即作为被给予、被创造、被支配、被决定的存在物，它们只具有被给予、被创造、被支配、被决定的真实性。因此，如果我们孤立地看待这种真实性，并把它看作绝对的真实之自身，那么这种真实性就有一种虚假的性质，它犹如杯子里的一杯水，只是恰当的温度与大气压维持了这杯水存在的真实性，一旦温度与大气压发生变化，这杯水存在的真实性也就消失了。人类存在的真实性也是如此，一旦宇宙中那些使人类存在的条件消失，人类也就随之消失了。世界万物（包括人类在内）之所以成为存在和真实，仅仅是因为道使之成为存在和真实，因此世界万物（包括人类在内）的存在和真实性在于道的存在与真实性之中，也即只有当它们不是作为自己而存在，而是作为道而存在时，它才是真实的。此外，道作为整个世界的本原、本质和创造者，它是普遍无限和绝对永恒的存在物，而世界万物仅仅就它们之本身来说，则只是片面有限和相对短暂的存在物，它们存在的普遍无限性和绝对永恒性只是在道之中。这也就是说，世界万物只有当它们不是作为自己而存在，而是作为道而存在时，它们才是普遍无限和绝对永恒的。世界万物都是道的自我实现，因此它们本质上都是道的存在物，认识了这一点的人——在老子看来——也就是"得道"的人，而认识了这一点并依据这种认识去行动的人，也就是"行道"的人。（杨润根《发现老子》，华夏出版社，2007 年 7

月，北京，第1—2页）

胡不群：《说文》："道，所行道也，一达谓之道。""所行道也"，即是我们所行走的路。路，主观、客观两义都有。在古代，道路是在无所遵循的情况下由人的主动行为造成的。所以说所行即是道，但道路一旦形成，就必须遵从，所以道又有客观义，这是就"道，所行道也"的解释之所本。若就"一达谓之道"说，则道路有许多种，有分岔的道路，有四通八达的道路，只有沿一个方向延伸的路，才是人们所称的道，也就是说，道是人们必须遵从的。在这里，我们所说的道，也是主客两义互存的，是分而不分、不分而分的存在，不必强分。

然则，道究竟是什么呢？我们先从《易经》找答案。孔子说"一阴一阳之谓道"（春秋时代孔子《周易·传·系辞》），也就是说在无始之始的鸿蒙时期，虚幻窈冥，无法言喻的一种气化状态，无以名之，曰"太极"。太极不仅是天地的创始者，也是万物生命的创造者。它无始无终，无形无象，无往不在，它是自有的，是绝对的。孔子还说"易有太极，是生两仪""太极立乎天地之先，超乎阴阳之上"（春秋时代孔子《周易·传·系辞》）。可见这天地万有是由太极的氤氲而生两仪，因两仪的相互作用而生成的。所以周敦颐说："无极而太极，太极动而生阳，动极而静，静而生阴，静极复动，一动一静，互为其根，分阴分阳，两仪立焉。"（北宋周敦颐《太极图说》）

从这些述说，我们不难看出：阴阳是两仪的别名，两仪是太极的实体，太极就是生天生地生人生物生生而又无生的那个"道"。

再从《道德经》来看。老子说："道可道，非常道。名可名，非常名。无，名天地之始；有，名万物之母。"（春秋时期老子《道德经·第一章》）"有物混成，先天地生，寂兮寥兮，独立而不改，周行而不殆，可以为天下母，吾不知其名，字之曰道。"（春秋时期老子《道德经·第二十五章》）

这里《道德经》第一章是说："鸿蒙未兆之先，原是浑浑沦沦，绝无半点形象，虽曰无名，而天地人物咸育个中，此所以为天地之始也。及其静之既久，气机一动，则有可名，而氤氤氲氲，一段太和元气，流行宇宙，养育群生，此所以为万物之母也。始者，天地未开之前，一团元气在抱是也；母者，天地既辟而后，一气化生万物是也。"（清代黄元吉《道德经讲义》）

第二十五章也是说"鸿蒙未判之前，天地未兆，人物无形，混混沌沌，浑然一气，无涯无际，无量无边，似有一物，由混沌而成，盘旋空际，先天地而生者，所谓'无极'是也。寂虚而育生机，寥廓而含动意，所谓太极是也。万物皆有两，惟太极无二。自一动而开天地、分阴阳，四象五行包含个内，人物繁衍，日月充盈，岂不生育多而太极衰乎？不知此个混成之物，视不见，听不闻，无物不有，无时不在，孑然独立，浑然中处，却又生生不已，化化无穷，自混沌以迄于今，初不改其常度，且独立之中，一气流行，周通法界，开阖自如，循环不已。以凡物而论，似乎其有困殆矣，孰知周流三界，充满群生，天赖之以清，地赖之以宁，谷赖之以盈，人赖之以生，无非顺其自然之运。其间生者自生，成者自成，而太极浑然完全，却不因之而稍殆，虽千变万化，迭出不穷，莫不由此而有兆有名，故可为天下母也。夫天，至高也，以高而可名；地，至厚也，以厚而可名；惟此无极之极、不神之神，无声无臭，无象无形，而于穆不已，吾亦不知其所名，惟字之曰道。"（清代黄元吉《道德经讲义》）

从以上的启示，我们可以得到以下几点结论：

1. 道是无法来命名的。

2. 道为天地之始、万物之母，它超越一切，虚灵不昧，它是天地的创造者，是万物的总根源。

3. 道生万物，育万物，因此，万物不能离道，人为万物之灵，所以人更不能离道。

4. 道介乎有、无之间，超乎万事万物之上，存乎万事万物之中，万事万物与道，是一而二、二而一者。

5. 道是自足的，其存在与运化，本于自然。

由此可见：道就是道路，就是创造，就是力量，就是生命，就是真理，就是必然，就是自然而然。道生生不息，日新又新。（胡不群《黄帝内经理法秘要》，中国中医药出版社，2013年1月，北京，第3—5页）

其次是名概念。名，《说文》：自命也。从口从夕。夕者，冥也。冥不相见，故以口自名。《玉篇》：号也。《广韵》：字也。《释名》：明也，明实事使分明也。《康熙字典》：《春秋·说题》：名，成也。《左传·桓六年》：……名有五，有信，有义，有象，有假，有类。……又名誉也。……又《春秋·说题》：名，大也。……又名号也。……又号令也。……又文字也。……又《春秋·解题》：名，功也。

再次是徼概念。徼《说文》：循也。《玉篇》：边徼也。《广韵》：小道也。明代焦竑云："徼"，读如"边徼"之"徼"，言物之尽处也。晏子曰："徼也者，德之归也。"列子曰："死者，德之徼。"皆指尽处而言。又再其次是妙概念。妙，《易·系辞》：神也者，妙万物而为言者也。即神妙。

再次是玄概念。玄：《说文》：幽远也。黑而有赤色者为玄。象幽而入覆之也。张衡：玄者无形之类，自然之根；作于太始，莫之能先；包含道德，构掩乾坤；橐钥元气，禀受无形（《御览》引《玄图》）。扬雄：玄者，幽攡万类而不见形者也（《太玄经玄攡图》）。

本章一下子提出了"道""无""有""天地万物""玄""妙"等一系列观念，虽然还有"无为""自然""虚""静"等观念，但道家之全部义理已尽括于本章，古人谓本章为一经之总纲，良有以也。

顺本章文意之次序，我们当先说"道"。要明"道"义理，当先明"无为"。欲明"无为"，当先明道家立学之基础。从学术史考察，道、儒、墨三家显学，皆为解决"周文疲惫"而立，故解《道德经》者，皆当从此处着眼。"周文"者，周文王、周公旦、周武王等所制定之礼乐典章制度也，"疲惫"者，礼乐典章制度，既失去约束人类行为、协调人事关系、维护社会稳定之作用，也失去规范人伦、启迪仁心、发明心性、证得大道的作用。因此，此时的周文，都成了空架子，成了官样文章，已经退变成了有意而为的造作。一造作就不自然，不自在，就虚伪。自在就是自由自在，就是自己独立存在，而非依它而在；自然就是自然而然，无所依靠，孑然独立，本然如是，本来就是这个样子。近代人以自然界为自然，自然界哪里是自然呢？自然界万事万物、一切现象都是依因果而立，都是有待，要到无待才是自然，无待才能自在。因此，所谓无为，其实就是去掉造作，去掉虚伪，去固，去奢，去矜，去甚，去……去……去……比如去矜，去就是离开，用化比较好理解，所谓矜，就是矜持，矜持就是造作，造作就不自然，去矜就是化掉矜持，回归自然。人之所以痛苦而不自在者，首在以肉体生命为主的这个生命的纷驰，所谓纷驰，就是向外发散，不断地寻求刺激，刺激不满足，又找麻醉；其次是以精神生命为主的心理情绪；再次则是思想，佛家称之为见。无，其实就是无掉自然生命的纷驰，无掉心理的情绪，无掉意念的造作。因此，无，首先是动词，是要无掉这些东西，无掉了这些东西后，人就进入了一种虚极、静笃的境界，这个境界就是"无",大致相似于释迦文佛所说的"空"。荀子讲"虚一而静",静,其实是道家的,儒家讲"定",定其实就是将生命因造作而起的种种纷繁复杂的矛盾冲突化掉,使之纯一。这是一种心灵境界,是我们的心灵不粘滞固定于任何特定的方向上。盖生命的纷驰、心理的情绪、意念的造作,都有特定的方向,粘着在这个地方,就不能通于那个地方,心粘着于此即不能通于彼,所以要无掉这些东西,当心不再黏滞在某一特定的方向上时,心就进入了一种虚灵不昧的境界,此时的心方能鉴照万事万物,随时起用,妙用无穷。这时的心,佛家称为"无所住心",道家则称之为玄智,这是从主观方面说的。从客观方面说,就称之为玄理。客观方面属有界,所以"无"通有无两个方面。

现在说"有"。"有"其实是"无"的另一面,有也相当微妙。如何来了解这个"有"呢?这还是要从"无"来了解。无是虚一而静的无限妙用心,无限妙用从哪里体现呢?从"有"体现。"有"就是无限妙用、虚一而静的方向性,就是"常有欲以观其徼"的徼向性。徼,代表的是方向,一有方向,就有端倪征兆。端倪征兆,就是"有",这是从主观的层面说有,从心灵的无限妙用处说有,不是客观地说有。

"常无欲以观其妙","妙",神妙,即道也。人不能只在无中观道的妙用,还要在有中观道的徼向性,道的徼向性就是道的有性,合妙之与徼即是道之全体。或者说道性是随时能无又随时能有的,所以老子合有无以言道性,但以无为本。不过,无又要随时起徼向性,道才能创生天地万物,所以"无为"总是连着"无不为"。我们如果立志要让我们的生命有所作为,有所创造,建功立业,为天下苍生谋福祉,立功、立德、立言,就要先无掉那些生命的纷驰、心理的情绪、意念的造作,使心虚一而静,灵动活泼,进入玄妙的境界,这就是无。再从无生有,创造一切,成就我们的志愿,完成我们的使命,让我们的生命画上圆满的句号,这就是有。

无能生有,就是玄。"玄"是深奥,幽深玄远,"此两者同,同谓之玄,玄之又玄,众妙之门",此两者,即道之无、有。无、有是同一个根源,发出后才有不同的名。这个同出之同,就是玄,从无生有,创生天地万物,就是玄之又玄,所以"玄之又玄"为"众妙之门"。

"无,名天地之始,有,名万物之母",这里天地是万物之总名,万物是天地的分说,其实没有区别,所以有的古本只言万物不言天地。天地万物的开始,一定是无,假如是始于有的话,则有还是始于有,有有无尽,一直追问，永无结果。所以没有有始则已，如果有有始则一定是无。天地万物之始是从这个方面讲的。无和天地万物的关系，关联着的万物是向后反的，反求其本。所以，要证道，先要进入无，要进入无，唯有用反，"反者，道之动"，良有以也。"有，名万物之母"，与上一句正好相反，是向前看的，母，是指天地万物在有中生之、畜之、长之、育之、亭之、毒之，在有中生长变化，故有是万物生长变化的母。从这里看，有是天地万物得以实现的根据。"无，名天地之始"是向后反，"有，名万物之母"是向前看，"为道"先要通向无，才能获得无限的生机、无限的妙用。向后反，就是要去掉那些黏滞，那些虚伪造作。所以老子说"为道日损"，损之又损以至于无，为道之能事毕矣。从无以观无，证得了道的无性，但还不够，还要无中生有。做到无中生有，还需要不断地学习，所以老子还说"为学日益"，一天天地增加自己的学问、修养、才情、识见。

　　上之所言，皆理也。若以功夫而论，则《道德经》五千言，说有说无，说玄说妙，全为本章之展开。而本章之重点，又全在一个"观"字，犹如佛经之《无量寿经》，全经数万言，全为四十八愿之展开，而四十八愿之眼，则又全在第十八愿："设我得佛，十方众生，至心信乐，欲生我国，乃至十念，若不生者，不取正觉。"亦如《大般若经》六百卷，洋洋洒洒数百万言，亦只不过是《金刚般若波罗蜜多心经》之展开，而一部《金刚般若波罗蜜多心经》二百余言，说色说空，而其重中之重，则又全在一个"观"字、一个"照"字。

　　常常运心于无，因缘成熟，自然桶底脱落，证得道妙而获根本之智，游心于无何有之乡，心灵自在，无滞无碍，究竟解脱；常常运心于有，日积月累，自然功夫纯熟，证得道用而获后得之智。从体起用，无为而无不为，各随其因缘而立功、立德、立言，为天下苍生谋福祉，"为天地立心，为生民立命，为往圣继绝学，为万世开太平"。观无观有，自利利他，迈向生命的圆满，获证究竟圆满之道果。老氏观无观有之苦心，安得有心人，与之一论于此哉！

二 章

天下皆知美之为美，斯恶已；皆知善之为善，斯不善已。故有无相生，难易相成，长短相形，高下相倾，音声相和，前后相随。是以圣人处无为之事，行不言之教；万物作而不辞，生而不有，为而不恃，功成不居。夫唯不居，是以不去。

三家注按

林希逸： 此章即"有而不居"之意。有美则有恶，有善则有不善。美而不知其美，善而不知其善，则无恶无不善矣。盖天下之事，有有则有无，有难则有易，有长则有短，有高则有下，有音则有声，有前则有后。"相生""相成"以下六句，皆喻上面美恶善不善之意。故圣人以无为而为，以不言而言，何尝以空寂为事，何尝以多事为畏，但成功而不居耳。如天地之生万物，千变万化，相寻不已，何尝辞其劳？万物之生，盈于天地，而天地何尝以为有？如为春为夏为生为杀，造化何尝恃之以为能？故曰"生而不有，为而不恃"。其意只在于"功成而不居"，故以"万物作焉而不辞"三句发明之。作，犹《易》曰"坤作成物"也。此即"舜禹有天下而不与"之意。自古圣人皆然，何特老子。但老子说得太刻苦，所以近于异端。"夫唯不居，是以不去"，言有其有者不能有，而无其有者能有之，此八字最有味。《书》曰："有其善，丧厥善。"便是此意。声成文谓之音，故曰"音声相和"。

【按】 "故圣人以无为而为，以不言而言，何尝以空寂为事，何尝以多事为畏，但成功而不居耳"。后之理学家中那些反道家者，每先给道家定一沉空滞寂、消极遁世之罪名，观林公此言，不知其汗颜否？

释德清： 此释前章"可名，非常名"，以明世人居有为之迹，虚名不足尚；圣人处无为之道以御世，功不朽而真名常存之意也。

意谓天下事物之理，若以大道而观，本无美与不美，善与不善之迹。良由人不知道，而起分别取舍好尚之心，故有美恶之名耳。然天下之人，但知适己意者为美。殊不知在我以为美，自彼观之，则又为不美矣。譬如西施颦美，东施爱而效之，其丑益甚，此所谓"知美之为美，斯恶已"。恶，丑也。又如比干，天下皆知为贤善也，纣执而杀之。后世效之以为忠，杀身而不悔，此所谓"知善之为善，斯不善已"，此皆尚名之过也。是则善恶之名，因对待而有。

故名则有无相生，事则难易相成，物则长短相形，位则高下相倾，言则音声相和，行则前后相随，此乃必然之势。譬如世人以尺为长，以寸为短。假若积寸多于尺，则又名寸为长，而尺为短矣。凡物皆然，斯皆有为之迹耳。

凡可名者，皆可去，此所谓"名可名，非常名"也。是以圣人知虚名之不足尚，故处无为之道以应事；知多言之不可用，故行不言之教以化民。如天地以无心而生物，即万物皆往资焉，不以物多而故辞。虽生成万物，而不以万物为己有；虽能生物，而不自恃其能。且四时推移，虽有成物之功，功成而不居。夫惟不居其功，故至功不朽；不尚其名，故真名常存。圣人处无为之道，亦由是也。盖"万物作焉"以下，皆是说天地之德，以比圣人之德。文意双关，庄子释此意极多。

【按】 凡可名者，非常名也。美恶、善不善、有无、是非等等，皆可名者也。可名者皆有为之事也，有为者，皆对待而为言也，故当远离。德师从"虚名不足尚"到"凡可名者，皆可去"，教人步步升进，以入于无为之境。

黄元吉：古云："劝君穷取生身处，返本还原是药王。"又曰："穷取生身受命初，莫怪天机都泄尽。"由此观之，足见受命之初，浑然天理，无有瑕疵。彼说美说恶，说善说丑，皆为道之害也。夫道究何状哉？在儒家曰隐微，其中有不睹不闻之要；释家曰那个，其中有无善无恶之真；道家曰玄关，其中有无思无虑之密。大道根源，端本于此。一经想象，便堕窠臼；一经拟议，便落筌蹄。虽古来神仙赞叹道妙，曰美曰善，要皆恍惚其象，非实有端倪。盖以为善也，就有恶对；以为善也，就有丑对。又况美在是，恶亦在是；善在是，丑亦在是。此殆后天阴阳，有对待，有胜负、参差，而非先天一元之气也。故太上曰：天下皆知美之为美，斯恶已；皆知善之为善，斯不善已。是知：人不求虚无一气，而第言美之为美、善之为善，是亦舍本而逐末也。太上特示下手之工，为大众告曰：凡人打坐之始，务将万缘放下，了无一事介于胸中，惟是垂帘塞兑，观照虚无丹田，凝起神又要调息，调起息仍要凝神，如此久之，神气并成一团，顷刻间自入于杳冥之地，此无为也；及无之至极，忽然一觉而动，此为有焉。我于此一念从规中起，混混续续，兀兀腾腾，神依气立，气依神行，无知有知，无觉有觉，即玄牝之门立矣。由是恪守规中，凝神象外，一呼一吸，一往一来，务令气气归玄窍，息息任天然，即天地人物之根，圣贤仙佛之本，此最为吾道家秘密天机，不容轻泄者也。

修士行持，与其求之无极，不可捉摸，何如求之阴阳，更有实据。经曰有无相生，不过动而静，静而动，出玄入牝，燮理阴阳者也。难易相成，不过刚而柔，柔而刚，鼎炉琴剑，一烹一温者也。长短相形，即出入呼吸，任督往来，前行短，后行长之谓也。高下相倾，即火在上而使之降，水在下而使之升，上下颠倒坎离之妙用也。音声相和，即神融气畅，百脉流通，不啻鸣鹤呼群，同声相应，不召自来也。前后相随，即子驰于后，午降于前，乾坤交媾，和合一团，依依而不舍也。此数者，皆由后天之阴阳，而返乎先天之无极也。圣人知：道之本原，冲漠无朕，浩荡无痕；其处事也，则以无为为尚，而共仰恭己垂裳之风；其行教也，则以不言为宗，而自寓过化存神之妙。圣人作而万物睹，又何离之有耶？自此耕田凿井，被生成而竟忘其行；开源节流，勤化导而并化其迹。就使功满乾坤，名闻天下，而圣人若耻，为虚名未尝有实绩也。夫岂若《书》言"汝惟不矜不伐，天下莫与争能争功"者，尚有弭人争竞之想哉？此殆归于神化之域，淡定之天，一惟自适其乐，而不忘自得之真。古言"视富贵如浮云，弃功名若敝屣"者，其斯之谓欤？虽然，道成德自立，实至名自归。圣人纵不居功，而天下后世咸称道不衰，是不言功而功同日月，不言名而名重古今，夫惟弗居，是以弗去也。学者须从虚极静笃中，养出无美无善之真出来，才算修炼有本。其道维何？玄关窍也。舍此则无生矣。修道者舍此玄关一窍，别无所谓道矣。如以美善为道，亦属后天尘垢。太上以此言警之，望人因流而溯源也。不然，美善之称，亦三代下之君子，又乌可厚非哉？

《易》曰"一阴一阳之谓道"，是阳非道也，阴亦非道，道其在阴阳之间乎！又况道者理也，阴阳者气也，理无气不立，气无理不行。单言道，实无端倪可状，惟即阴阳发见者观之，庶确有实据。此章言无善无美之真，直抉大道根源，望人端本立极，以为修身治世之基。有无难易数句，是教人由对待之阴阳，返乎真一之气。其中又教人从有无相入处，寻出玄关一窍，为炼丹本根。至于守中养丹，阳生活子，运转河车，亦无不层层抉破。惟圣人直探其源，故恭己无为，不言而信，虽有生有为，而在己毫无德色。迨至功成告退，视富贵为不足重轻，非圣人，其孰能与于斯？学者玩索而有得，非但下手有基，即通天亦有路矣。他注云：天下皆知美善之所以为美善，则自不为恶与不善也。此讲亦是，但太上之经多在原头上说，不落二乘。

【按】黄师此释，理事圆融。理者，道如何之状也，"在儒家曰隐微，其中有不睹不闻之要；释家曰那个，其中有无善无恶之真；道家曰玄关，其中有无思无虑之密。大道根源，端本于此。一经想象，便堕窠臼；一经拟议，便落筌蹄"。如此解读，令人有理路可循，直悟道之真源也。事者，功夫修持之事也，其"将万缘放下，了无一事介于胸中，惟是垂帘塞兑，观照虚无丹田，凝起神又要调息，调起息仍要凝神……一呼一吸，一往一来，务令气气归玄窍，息息任天然"一段，说得何其详细明白，体道证道之要妙尽括于此，依之而行，直达道妙。

【综按】此章紧接前一章，说明为什么解决"周文疲惫"要用作为动词的"无"的方法，使人进入作为名词的"无"的境界，果真如此，就能究竟圆满地解决此问题。盖生命的纷驰，心理的情绪，意念的造作，皆滞碍生命，而成为不能得自在之因由，故去意念之造作，即获生命之解脱，得自在之超越境界。然，既有有形之生命，则不可能不为，而为之之道，却有不滞碍生命之为与滞碍生命之为的区别。直言之，即无为之为与有为之为的区别。然，何者为无为之为？何者为有为之为？实难分辨。于是老子举一简要之法，如知美之为美而为之，知善之为善而为之，即有为之为。知美为美、知善为善，皆有意为之，皆是造作，所以为"恶"，为"不善"。如此，路见老人摔倒而扶之，见婴童溺水而救之，虽为善行，但若知其为善而为之，则是有为之为；而未存此心而扶之救之，则是无为之为。能分辨有为之为与无为之为，行道之能事毕矣。

老子说至此，又顺此分辨有为无为之因缘，推而广之，告诉我们：人心中之天地万有，皆是造作，皆是虚幻，皆是相对待而成立者。凡有待于对方始能成立者，皆非自然，皆非自在，皆不是虚无，皆不是无为，皆能滞碍生命，如有无、难易、长短、高下、音声、前后等等不一而足。明乎此，则天下有心于道者，有心脱离生命滞碍，迈向生命圆满，走向生命解脱而获究竟之自由者，只有超越此心中相对待（二元对立）而成立之天地万有，方可进入之，方可实现之。

三　章

不上（尚）贤，使民不争；不贵难得之货，使民不盗；不见可欲，使心不乱。圣人治：虚其心，实其腹，弱其志，强其骨。常使民无知无欲，使知者不敢为，则无不治。

三家注按

林希逸：尚，矜也。我以贤为矜尚，则必起天下之争。禹惟不矜，天下莫与汝争能，便是此意。我以宝货为贵，则人必皆有欲得之心，其弊将至于为盗。此二句发下面"可欲"之意也，人惟不见其所可欲，则其心自定。"不见可欲，使心不乱"，此八字最好。虚其心，无思慕也。实其腹，饱以食也。弱其志，不趋竞也。强其骨，养其力也。言太古圣人，但使民饱于食而无他思慕，力皆壮而无所趋竞，故其民淳朴，而无所知，无所欲。虽其间有机巧之心者，所知虽萌于心，而亦不敢有作为也。圣人之治天下也如此，而圣人于世亦无所容心。其为治也，皆以无为为之，所以无不治也。不见可欲，使心不乱，言圣人之教其民如此。使者，使其民也。不尚贤、不贵难得之货，皆恐有以动其欲心也。动其欲亦不止此二事，但以二者言之耳。老子愤末世之纷纷，故思太古之无事。其言未免太过，所以不及吾圣人也。

【按】为学最忌主观成见，盖主观成见皆有为也，有为横于心中，何能平心静气以治学，何能深入本质以洞悉真相哉？聪明大智且开明如林公这样的大儒，虽不以道家为异端，但因心中横梗一道不及儒之成见，故有此失，痛哉！

释德清：此言世人竞有为之迹，尚名、好利、嗜欲之害，教君人者治之之方，以释上章"处无为之事，行不言之教"之实效也。

盖尚贤，好名也。名，争之端也，故曰"争名于朝"。若上不好名，则民自然不争。贵难得之货，好利也。利，盗之招也。若上不好利，则民自然不为盗，故曰"苟子之不欲，虽赏之不窃"。所以好名好利者，因见名利之可欲也，故动乱其心以争竞之。若在上者苟不见名利有可欲，则民亦各安其志，而心不乱矣，故曰"不见可欲，使心不乱"。

然利，假物也。人以隋珠为重宝，以之投雀，则飞而去之。色，妖态也。人以西施为美色，麋鹿则见而骤之。名，虚声也。人以崇高为贵名，许由则避而远之。食，爽味也。人以太牢为珍馐，海鸟则觞而悲之。是则财色名食，本无可欲，而人欲之者，盖由人心妄想思虑之过也。

是以圣人之治，教人先断妄想思虑之心，此则拔本塞源，故曰"虚其心"。然后使民安饱自足，心无外慕，故曰"实其腹"。然而人心刚强好争者，盖因外物诱之，而起奔竞之志也。故小人鸡鸣而起，孳孳为利；君子鸡鸣而起，孳孳为名，此强志也。然民既安饱自足，而在上者则以清净自正，不可以声色货利外诱民心，则民自绝贪求，不起奔竞之志，其志自弱，故曰"弱其志"。民既无求，则使之以凿井而饮，耕田而食，自食其力，故曰"强其骨"。

如此则常使民不识不知，而全不知声色货利之可欲，而自然无欲矣，故曰"常使民无知无欲"。纵然间有一二黠滑之徒，虽知功利之可欲，亦不敢有妄为攘夺之心矣，故曰"使夫知者不敢为也"。如上所言，乃不言之教，无为之事也。人君苟能体此而行，以治天下，则天下无不治者矣。故结之曰："为无为，则无不治。"老子文法极古，然察其微意，盖多述古，或述其行事，或述其文辞，似此"为无为则无不治"，乃述上古圣人之行事者。至若"是谓"等语，皆引古语以证今意，或以己意而释古语者。且其文法机轴，全在结句，是一篇主意，盖结句即题目也。读者知此，则思过半矣。至其句法，有一字一句，二字一句，三字一句者极多。人不知此，都连牵读去，不但不得老子立言之妙。而亦不知文章之妙也。

【按】憨师"人欲之者，盖由人心妄想思虑之过也。是以圣人之治，教人先断妄想思虑之心"，思虑妄想断，则所思皆后世禅宗所说的当下"物来则应"之思，而所为则皆当下应为之为，诚如是，则所思所为皆无思无为矣。

黄元吉：圣人之治天下也，与其有为，不如无为，尤不如有为而无为；其化民成俗也，与其能感，不如能化，尤不如相安于无事之为得。是以尧舜恭己垂裳，而四方悉昭风动，此何如之化理哉！不过上无心而民自静，上无好而民自正，上无欲而民自定耳。否则，纷纷扰扰，自以为与民兴利除弊，而不知其扰民也实甚。故曰：民本无争也，而上争夺之；民本无贪也，而上贪婪之；民本无思无欲也，而上以奇技淫巧、鲜衣美食先导之：欲其不争不贪、无嗜无好也，得乎？苟能修其身，正其心，恬然淡然，毫无事事，不以贤能相尚，则民自安靖而不争矣；不以难得之货为贵，则民重廉耻而不为盗矣；且声色货利之场不一，属于目则无见无欲，己与民各适其自在之天，而虚灵活泼之神，自常应常静而不乱矣。此事岂异人任哉？惟圣人屏除耳目，斩断邪私，抱一以空其心，心空则炼丹有本，由是而采天地灵阳之气，以化阴精，日积月累，自然阴精消灭，而阳气滋长，则实腹以全其形，所谓"以道凝身，以术延命"，即是超生拔死之法。而且专气致柔，如婴儿之力弱不能持物者然，虽至柔也，而动则刚；观其浩浩渊渊，兀兀腾腾，真可包天地而入日月，贯金石而格鬼神，其气骨自有如是之强壮者。如此性修命立，彼浩然刚大之气，绰绰有余。一切知觉之心、嗜欲之性，不知消归何有。圣人以此修身，即以此治世，在己无知无欲，使民亦无知无欲，不但愚者混混沌沌，上合于穆之天，即聪明才智之儒，平日矜能恃智，惟恐以不逞为忧，至此亦淡恬无事，自忘其知识之私，一归浑朴。此能为而不为，非不能也，实不敢也。虽然，人生天地间，不能逃虚空而独超物外，必有人伦日用之道，又乌得不为哉？然顺其自然，行所无事，虽有为，仍无为也，亦犹天不言而自化，四时代宣其教矣，帝无为而自治，百官代理其政矣。为者其迹，不为者其神，是以南面端拱，天下悉庆平成，猗欤，盛哉！

　　道本平常，不矜新颖，不尚奇异。如国家尊贤，原是美事，若以此相夸相尚，则贤者固贤，而不肖者亦将饰为贤，甚至贤以否为否，而不肖者又以贤为否，于是争端起矣。彼此互相标榜，迭为党援，而天下自此多事。国家理财，亦是常经，而若贵异物、宝远货，则民必梯山航海，冒险履危，不辞跋涉之苦、性命之忧，搜罗而致之朝廷；至求之不得，千方万计，虽奸盗劫夺，所不顾也。至于衣服饮食，亦日用之常，而若食必珍馐，衣求锦绣，见可欲而欲之，奢风何日已也？是以圣人内重外轻，必虚心以养神，实腹以养气，令神气打成一片，流行于一身之中，条畅融和，苏绵快乐，而志弱矣；且神静如岳，气行如泉，而骨强矣。常常抱一，刻刻守中，非独一己无欲无思，即聪明才智之士，亦观感而悉化，不敢妄有所为。或曰：有为则纷更致诮，无为则清净贻讥，为不为之间，亦几难矣。讵知：顺理而为，非冒昧以为，有为仍与无为等，所以孔子赞舜曰："无为而治者，其舜也欤？"

　　【按】无为不是不为，观黄师此释，洞若观火。"顺理而为，非冒昧以为，有为仍与无为等"，掷地作金声。此外，当为而为，亦是无为也；知当为而不为，形式虽似无为，而实有为也，又不可不知。

【综按】贤者，能也，能者当多任而不当尚，能者多任，不能者少任，任出自然，与道相合。若能者因其能多任而尚之，则其任也或不自然，亦可引起纷争，刺激欲望；难得之货，得之随缘，失之随缘，则得失皆出自然，若以其难得而贵之，则争相得之，其得也或不自然，其失也亦不自然，且可激起贪心。此二者，皆远道之行，与可欲者同，乱心离道，皆当远之。可欲远，则心自虚，虑自静而行自无为矣。

【又按】最末一句"使知者不敢为，则无不治"。"敢"字，疑衍。当为"使知者不为，则无不治"。《论衡·自然》篇："蘧伯玉治卫，子贡使人问之：'何以治卫？'对曰：'以不治治之。'夫不治之治，无为之道也。"与此相发明。

四 章

道冲，而用之久不盈。深乎！万物宗。挫其锐，解其忿，和其光，同其尘。湛常存。吾不知谁子，象帝之先。

三家注按

林希逸：冲，虚也。道体虽虚，而用之不穷。或盈或不盈，随时而不定也。不曰"盈不盈"，而曰"或不盈"，才有"或"字，则其意自见，此文法也。渊者，美也。似者，以疑辞赞美之也。万物之宗，即庄子所谓"大宗师"也。言此道若有若无，苟非知道者不知之，故曰"似万物之宗"。挫其锐，言其磨砻而无圭角也。解其纷，言其处纷扰之中而秩然有条也。光而不露，故曰"和其光"。无尘而不自洁，故曰"同其尘"，此佛经所谓"不垢不净"也。湛者，微茫而不可见也。若存若亡，似有而似无，故曰"湛兮，似若存"，即"恍兮惚兮，其中有物"是也。吾不知谁之子者，亦设疑辞以美之也。象，似也。帝，天也。言其在于造物之始，故曰"象帝之先"。曰"象"曰"似"，皆以其可见而不可见，可知而不可知，设此语以形容其妙也。

【按】林公此释，随文演义，无甚新见。然字句之疏解则甚确。如释"湛者"句，即甚精准。

释德清：此赞道之体用微妙，而不可测知也。

冲，虚也。盈，充满也。渊，静深不动也。宗，犹依归也。谓道体至虚，其实充满天地万物，但无形而不可见，故曰"用之或不盈"。道体渊深寂漠，其实能发育万物，而为万物所依归，但生而不有，为而不宰，故曰"似万物之宗"。或、似，皆不定之辞。老子恐人将言语为实，不肯离言体道，故以此等疑辞以遣其执耳。

锐，即刚勇精锐。谓人刚锐之志，勇锐之气，精锐之智，此皆无物可挫，唯有道者能挫之，故曰"挫其锐"。如子房之博浪，其刚勇可知；大索天下而不得，其精锐可知，此其无可挫者，唯见挫于圯上老人一草履耳。由子房得此而进之于汉，卒以无事取天下。吾意自庄周以下，而功名之士，得老氏之精者，唯子房一人而已。以此较之，周善体而良善用，方朔得之，则流为诡矣。其他何足以知之。

纷，谓是非纷扰，即百氏众口之辩也。然各是其是，各非其非，此皆无人解之者。唯有道者，以不言之辩而解之，所谓"大辩若讷"。以道本无言，而是非自泯，故曰"解其纷"。

和，混融也。光，智识炫耀于外，即所谓"饰智惊愚，修身明污"者是也。唯有道者，韬光内照，光而不耀。所谓"众人昭昭，我独若昏；众人察察，我独闷闷"，故曰"和其光"。与俗混一而不分，正谓"呼我以牛，以牛应之；呼我以马，以马应之"，故曰"同其尘"。

然其道妙用如此，变化无方，而其体则湛然不动，虽用而无迹，故曰"湛兮，或存"。要妙如此，而不知其所从来，故曰"吾不知谁之子"。且而不是有形之物，或象帝之先耶？帝，即天帝。象，或似也。

愚谓此章赞道体用之妙，且兼人而释者。盖老子凡言道妙，全是述自己胸中受用境界，故愚亦兼人而解之。欲学者知此，可以体认作功夫，方见老子妙处，字字皆有指归，庶不为虚无孟浪之谈也。

【按】德师此释，从道之体用境界入手，说明真明大道悟大道之人，不仅可以挫锐解纷，和光同尘，曲应万方，还可以建功立业。儒家之所谓异端，所谓自私之指责，不批自倒，诚难能而可贵者也。

黄元吉：帝者，上帝也。先者，无始之始也。道者何？太和一气，充满乾坤，其量包乎天地，其神贯乎古今，其德暨乎九州万国，胎卵湿化，飞潜动植之类，无在而无不在也。道之大何如耶？顾其为体也，空空洞洞，浑无一物，若不见为有余；及其发而为用，冲和在抱，施之此而此宜，措之彼而彼当，《诗》曰"左之左之，无不宜之；右之右之，无不有之"，真若百川朝海，而海不见盈也，不诚为万物之宗旨哉？孔子曰："鬼神之为德，体物不遗。"又曰："语小，莫破；语大，莫载。"其浩浩渊渊，实有不可穷究者。道之难状如此，后之人又从何而修乎？太上慈悯凡人，乃指其要曰：凡人之不能入道者，皆由才智之士，自恃自恣，任意纵横，于以锢蔽虚灵而不见耳。兹欲修道，须知聪明智慧皆为障道之魔，从此黜聪堕明，屏其耳目之私，悉归混沌，而一切矜才恃智、傲物凌人之锐气，概挫折而无存，则人心死而道心生，知见灭而慧见昭矣。先儒曰"聪明才智之人不足畏，惟沉潜入道，澄心观理者为可畏"，斯言不诚然哉？修行人，务以沉神汰虑、寡欲清心为主。哪知觉思虑之神、恶妄杂伪之念，纷纷扰扰，此念未休，彼念又起，前思未息，后思又来，我必自劝自勉，自宽自解，如乱丝之纠缠，我必寻其头绪而理之，若蔓草之荒芜，我必拔其根株而夷之，如此则纷纭悉解，而天君常泰矣。虽然，此独居习静之功，犹未及于闹处也。苟能静而不能动，犹是无本之学。必静时省察，一到热闹场中，尤要兢兢致慎，凡事让人以先，我处其后，尊人以上，我甘自下，若此则与世无忤，与人无争焉。又况好同恶异，世俗大抵皆然，我惟有随波逐流，从其类而和之，虽有光明正大之怀，我决不露其圭角，惟有默识其机，暗持其体，同己者好之，异己者听之，所以鲁人猎较，孔子亦猎较。古圣人当大道未明之时，莫不以此混俗也。又观六祖得衣钵之后，道果虽圆，尚未尽其微妙，由是留形住世，积功了道，隐于四会山中，猎夫与居，恬不为怪，所以得免于难。若非和光同尘，乌能长保其身？由此动静交修，常变有权，则本来一点湛寂虚明之体，自然常常在抱；而又非果在也，若有所在，却无所在，若有所存，却无所存，一片灵光，闪灼于金庭之下。此道究何道哉？生于天地之先，混于虚无之际，吾不知从何而来，从何而去，究为谁氏之子也？经曰"有物混成，先天地生"，其斯为大道之玄妙欤？帝之先，有何象？亦不过混沌未开，鸿蒙未判，清空一气而已矣。迨一元方兆，万象回春，即发散于天地人物之间，而无从窥测。修士欲明道体，请于天地将开未开、未开忽开，而揣度之，则得道之原，而下手不患无基矣。

　　太上将道之体画个样子与人看，又教体道者，欲修大道，先认道源，欲寻道源，先从自家心性中闲邪存诚，自下学循循修之，久则底于神化之域，方知吾心性中有至道之精，常常不离怀抱也。须从静中寻出端倪，用存养省察之功以保守天真，不以盛气凌人，不以繁冗乱性，即张子所谓"解脱人欲之私"也，拨开云雾，洞见青天，轩断葛藤，独露真面。一旦动与人交，不知有光埋光，在尘混尘，或显才智，或炫功能，抑或现烟霞泉石之身，露清致高标之态，历观往古，惹祸招灾，为大道之害者不少。如汉朝党锢之禁、晋时清流之祸，虽缘小人之奸，亦由己不知明哲保身之道也。人能混俗和光，与世同尘，一若灵芝与众草为伍，凤凰偕群鸟并飞，不闻其香而益香，不见其高而愈高。如是藏拙，如是直养，则湛寂真常之道，自恍惚于眉目之间，不存而若存，有象而无象。《中庸》云："'上天之载，无声无臭'，至矣！"非居帝之先而何？

　　【按】黄师释"挫其锐"曰"聪明智慧皆为障道之魔，从此黜聪堕明，屏其耳目之私，悉归混沌，而一切矜才恃智、傲物凌人之锐气，概挫折而无存，则人心死而道心生，知见灭而慧见昭矣"。释"解其纷"曰"那知觉思虑之神、恶妄杂伪之念，纷纷扰扰，此念未休，彼念又起，前思未息，后思又来，我必自劝自勉，自宽自解，如乱丝之纠缠，我必寻其头绪而理之，若蔓草之荒芜，我必拔其根株而夷之。如此则纷纭悉解，而天君常泰矣"。可见其独辟蹊径，从真修实炼处入手之妙，其余诸句，从修炼家言，皆句句精到，足资参考，珍之宝之可也。

　　【综按】欲说本章，先说词义。"冲"，盅也，虚也。"盈"，满也。"宗"，主也，依归也。"挫其锐"，不露锋芒。"解其纷"，不随世变。"和其光"，不自明。自以为明道悟道，高高在上，不能和其光，则非真明道悟道者明矣。光，智识炫耀于外也。"同其尘"，不自是。"吾不知谁子，象帝之先"，子，似也，帝，主也，不知有哪一种现象或事物能与之比拟，好像在万事万物出现之前就已经存在了，超越有无之上，存在于有无之中。

　　再说章义。道，虚灵不昧，不滞于物，幽深玄奥，为万物之所归，得其道者，得其虚灵不昧之神韵，因其不滞于物，故能随缘起用，曲应万方，无有穷尽，历万世而不枯竭。得道之法，则在于锉其刚锐之志、勇锐之气、精锐之智，解除其纷纷扰扰的是非之心，将其精神内敛，韬光内照，众人昭昭，我独若昏，众人察察，我独闷闷，与众人打成一片，同其喜乐悲忧，即佛家之所谓同事者也。如是久之，则其心如湛蓝之大海，天光云影，无不照之察之，而无我照我察之心，"湛兮似或存"者此也。得道之人，所以有如此能量者，以其"象帝之先"也。先者，无始之始，生天生地生人生物之第一推动力也。道之体不可见察，而其用则可悟知，直言之，道之用即此幽深玄远之无穷力用也。是以悟道之体者，能有此力用也。

五 章

天地不仁，以万物为刍狗；圣人不仁，以百姓为刍狗。天地之间，其犹橐籥。虚而不屈，动而愈出。多言数穷，不如守中。

三家注按

林希逸： 生物仁也，天地虽生物而不以为功，与物相忘也。养民仁也，圣人虽养民而不以为恩，与民相忘也。不仁，不有其仁也。刍狗，已用而弃之，相忘之喻也。三十八章曰："上德不德，是以有德。"不仁，犹不德也。《庄子·齐物》曰："大仁不仁。"《天地》曰："至德之世，相爱而不知以为仁。"亦是此意。刍狗之为物，祭则用之，已祭则弃之，喻其不着意而相忘尔。以精言之，则有"所过者化"之意，而说者以为视民如草芥，则误矣。大抵老庄之学喜为警世骇俗之言，故其语多有病。此章大旨不过曰天地无容心于生物，圣人无容心于养民。却如此下语，涉于奇怪，而读者不精，遂有深弊。故曰申韩之惨刻，原于刍狗百姓之意，虽老子亦不容辞其责矣。籥者，橐之管也，橐籥用而风生焉。其体虽虚，而用之不屈，动则风生，愈出愈有。天地之间，其生万物也亦然。橐籥之于风，何尝容心？天地之于生物，亦何尝容心？故以此喻之。况用之则有风，不用则无，亦有过化之意。数，犹曰每每也。守中，默然闭其喙也。意谓天地之道不容以言尽，多言则每每至于自穷，不如默然而忘言。子曰"予欲无言。天何言哉？四时行焉，万物生焉"，亦此意也。但圣人之语粹而易明，此书则鼓舞出入，使人难晓。或者以为戒人之多言，则与上意不贯矣。如此看得破，非惟一章之中首末贯串，语意明白，而其文简妙高古，亦岂易到哉？

【按】 林公此释"刍狗，已用而弃之，相忘之喻也。……喻其不着意而相忘尔"最为确当。然其门户之见亦甚深，当有所知，如所谓"老庄之学喜为警世骇俗之言，故其语多有病……此书则鼓舞出入，使人难晓"之类即其例。

释德清： 此言天地之道，以无心而成物；圣人之道，以忘言而体玄也。

仁，好生爱物之心。刍狗，乃缚刍为狗，以用祭祀者。且天地、圣人，皆有好生爱物之仁，而今言不仁者，谓天地虽是生育万物，不是有心要生，盖由一气当生，不得不生，故虽生而不有。譬如刍狗，本无用之物，而祭者当用，不得不用，虽用而本非有也，故曰"天地不仁，以万物为刍狗"。

圣人虽是爱养百姓，不是有心要爱，盖由同体当爱，不得不爱，虽爱而无心。譬如刍狗，虽虚假之物，而尸之者当重，不得不重，虽重而知终无用也，故曰"圣人不仁，以百姓为刍狗"。

犹，似也。橐，即皮鞴，乃鼓风铸物之器。籥，即管籥，乃承气出音之器。屈，枉己从人之意。动，犹感触也。谓橐、籥二物，其体至虚而有用，未尝恃巧而好为。故用不为伸，不用则虚以自处，置之而亦不自以为屈，故曰"虚而不屈"。且人不用则已，若用之，则触动其机，任其造作而不休，故曰"动而愈出"。

然道在天地，则生生而不已；道在圣人，则既已为人己愈有，既已与人己愈多。大道之妙如此，惜乎谈道者，不知虚无自然之妙，方且众口之辩说，说而不休，去道转远，故曰"多言数穷"。不若忘言以体玄，故曰"不若守中"。盖守中，即进道之功夫也。

【按】"天地虽是生育万物，不是有心要生，盖由一气当生，不得不生"。只此一语，足以惊悟世间修士，盖有心要生，则生之为伪，与道相背，一气当生，不得不生，则生之为真。真者，实也，道之自然呈现者也。修道之士，处处时时，当用真心，真心出则道心成，与天地同其寿，与日月同其辉也。然则何者为真心？何者为伪心？又不得不辨之，而辨之之法，在德师看来却极简要，只要是当为、该为、应为者，即是真心，否则，皆是伪心。

黄元吉：天地间，生生化化，变动不居者，全凭此一元真气主持其间，上柱天，下柱地，中通人物，无有或外者焉。此气之浑浑沦沦、主宰万物、有条不紊者曰理，此气之浩浩荡荡、弥纶万有、宛转流通者曰气，理气合一曰仁。故先儒云："仁者，人欲尽净，天理流行，无一毫人为之伪。"又曰："生生之谓仁。"要之，仁者如木果之有仁，其间生理生气无不完具。天地生万物，圣人养万民，无非此理此气为之贯通，夫岂区区于事为见耶？故太上设言以明道曰：向使天地无此一腔生气，惟有春夏秋冬、寒暑温凉之教，以往来运度，则万物无所禀赋，气何由受，形何由成？其视万物也，不啻刍狗之轻，毫不足珍重者然，有日见其消磨而已。又使圣人无此真元心体，惟仗公卿僚寀、文诰法制之颁，以训戒凡民，则草野无由观感，人何以化，家何以足？真是视斯民如刍狗之贱，全不关痛痒者然，有日见其摧残而已。顾何以天地无心，而风云雨露，无物不包含个中？圣人忘言，而辅相裁成，无人不嬉游宇内？足见天地圣人，皆本此一元真气，贯注乎民物之间，虽有剥削，亦有生成，虽有刑威，亦有德化，是天地圣人之不仁，正天地圣人仁之至处。人不知圣，盍观天地？上浮为天，下凝为地，其中空洞了明，浑无物事，不过一开一阖，犹橐之无底，籥之相通，浑浩流转，毫不障碍焉。当其虚而无物也，固随气机之升沉，而不挠不屈；及其动而为声也，亦听人物之变化，而愈出愈奇。以观天地，无异橐籥，圣人又岂外是乎？学者守中抱一，空空无迹，浩浩无痕，藏之愈深，发之愈溥。以视言堂满堂、言室满室者，相隔不啻天渊。彼以言设教，其教有尽，何若宝吾之精，裕吾之气，神游象外，气注规中，而无一肤一发不周流遍及之为得哉？甚矣，守中之学，诚修身之要道也！

此是一元真气，修身在此，治世亦在此。除此以外，所谓制度法则，犹取鱼兔之筌蹄也。鱼兔必假筌蹄而得，谓取鱼兔不用筌蹄，不可，谓筌蹄即鱼兔，亦不可。金丹大道，如采阳补阴，前行短，后行长，玉液小还，金液大还，皆是取鱼兔之筌蹄，若竟视为道源，差毫厘而谬千里矣。惟此元气，无声无臭，无象无形，天地人物公共之生气。学者修炼，必寻得此一件丹头，方不空烧空炼。否则，炼精、炼气、炼神、炼虚，皆属无本之学，一任童而习之，到老犹无成焉。太上教人从守中用功，而消息在橐籥，学人须自探讨。章内"不仁"二字是设词。

【按】"无一毫人为之伪"，既是仁者境界，亦是道者境界。"天地间，生生化化，变动不居者，全凭此一元真气主持其间。上柱天，下柱地，中通人物，无有或外者焉。此气之浑浑沦沦、主宰万物、有条不紊者曰理，此气之浩浩荡荡、弥纶万有、宛转流通者曰气，理气合一曰仁"。黄师在此释理释气释仁，较之宋儒，尤为简洁，而其气量胸襟，则不可以道理计，其证悟之高广可知。

【综按】先明词义。"刍狗"，刘安："譬若刍狗土龙之始成：文以青黄，绢以绮绣，缠以朱丝，尸祝袗袨，大夫端冕，以送迎之；及其已用之后，则壤土草薊而已，夫有孰贵之？"（西汉刘安《淮南子·齐俗训》）

"橐籥"，焦竑：冶铸所用致风之器也。橐者，外之椟，所以受籥也。籥者，内之管，所以鼓橐也（明代焦竑《老子翼》华东师范大学出版社本）。吴澄：橐籥，冶铸所以吹风炽火之器也。为函以周罩于外者，橐也；为辖以鼓扇于内者，籥也。天地间犹橐籥者，橐象太虚，包含周遍之体；籥象元气，絪缊流行之用（吴澄《道德真经吴澄注》，华东师范大学出版社）。

　　次明章旨：前章言入道之方法，"锉其锐，解其纷"，可解黏滞，去执着，令心清静，"和其光，同其尘"，可积聚功德，长养慈悲。然则功德长则滞于功德，慈悲生则滞于慈悲。佛家所谓功德相，慈悲相者此也。有功德相则功德为伪，有慈悲相则慈悲为伪，此皆伪善，何以破之？本章即教人破功德相、慈悲相之法也。天地生长万物，功德何其大也，圣人恩养万民，慈悲何其深也。然则天地之于万物、圣人之于万民，皆视之如刍狗。刍狗者，祭祀之物，用过即弃之。此喻也，教人修功德不以功德自居，予慈悲不以慈悲自恃，离功德相、离慈悲相，则近于道矣。然则何以不能着功德相、着慈悲相呢？此理不明，学人仍不肯自主离相，故举橐籥为喻以明之。橐籥，致风之器也。橐者，外之椟，所以受籥也。籥者，内之管，所以鼓橐也。橐喻大道之虚，中虚无物，籥喻修持之行，行而有功，虚则不滞，行则有功，不滞即是无，行功即是有。"多言数穷，不如守中"，教人行无有双遣、无有双融之中道也。只知行功，是行有，当遣之，只知空心静坐，是行无，亦当遣之，此有无双遣也。作功德、行慈悲是行有，虽作功德、行慈悲而不着功德相、慈悲相，如橐之中虚无物，是行无。如是行之，如是守之，行而无行之心，守而无守之迹，方是老子守中之义也，又不得不知。

六 章

谷神不死，是谓玄牝。玄牝门，天地根。绵绵若存，用之不勤。

三家注按

林希逸：此章乃修养一项功夫之所自出，老子之初意却不专为修养也。精则实，神则虚。谷者，虚也。谷神者，虚中之神者也。言人之神自虚中而出，故常存而不死，玄远而无极者也。牝，虚而不实者也，此二字只形容一个"虚"字。天地亦自此而出，故曰根。绵绵，不已不绝之意。若存者，若有若无也。用于虚无之中，故不劳而常存，即所谓"虚而不屈，动而愈出"是也。晦翁曰："至妙之理，有生生之意存焉。"此语亦好，但其意亦有近于养生之论。此章虽可以为养生之用，而初意实不专主是也。

【按】近世所谓新儒，以西方之哲学理念、哲学方法，解读中国先秦儒与宋儒之学术，重理念而轻修养，重学理而轻功夫，非真儒之道也。观先秦儒与宋儒，无不重修养，重功夫。"吾日常三省吾身""吾善养吾浩然之气""半日读书，半日静坐"之类，皆重功夫修养之言也！林公，宋之大儒也，若不重功夫，修养有素，何以能见出"此章乃修养一项功夫之所自出"哉？

释德清：此言道体常存，以释上章"虚而不屈，动而愈出"之意也。

谷，虚而能应者。以譬道体至虚，灵妙而不可测，亘古今而长存，故曰"谷神不死"。且能生天生地，万物生生而不已，故曰"是谓玄牝"。牝，物之雌者，即所谓"万物之母"也。

门，即出入之枢机。谓道为枢机，万物皆出于机，入于机，故曰"玄牝之门，是谓天地根"。

绵，幽绵不绝之意。谓此道体至幽至微，绵绵而不绝，故曰"若存"。愈动而愈出，用之不竭，故曰"不勤"。凡有心要作，谓之勤。盖道体至虚，无心而应用，故不勤耳。

【按】德师此释，全从理上入手，谓道体如谷，至虚至静，故能亘古今而长存。然则，道虽至虚至静，却能如谷之应声，随缘起用。天地之生成、人物之繁衍者，皆道之用也，万物之成住坏空，生命之生老病死者，皆出入于玄牝之门也。

黄元吉：修炼一事，只缘人自有身后，气质拘于前，物欲蔽于后，犹精金良玉，原无瑕疵，因陷于污泥之中，而金之精者不精，玉之良者不良，所以欲复原形，非用淘汰之力、琢磨之功，不能还乎初质也。太上示人下手之工曰：谷神不死。何以为谷神？山穴曰谷，言其虚也；变动不拘曰神，言其灵也。不死，即惺惺不昧之谓也。人能养此虚灵不昧之体以为丹头，则修炼自易；然而无形无影，不可捉摸，必于有声有色者而始得其端倪。古云："要得谷神长不死，须从玄牝立根基。"何以谓之玄？玄即天也。何以谓之牝？牝即地也。天地合而玄牝出，玄牝出而阖辟成，其间一上一下，一往一来，旋循于虚无窟子，即玄牝之门也。孔子曰"乾坤，其易之门"，不诚然乎？第此门也，阴阳往来之路，天地造化之乡，人物发生之地，得之则生，失之则死，凡人顺用之则为死户，圣人颠倒之则为生门。人欲炼丹以成长生久视之道，舍此玄牝之门，别无他径也，非天地之根而何？修士垂帘观照，混沌无知时，死凡心也，忽焉一觉而动，生道心也，所谓"静则为元神，动则为真意"。是其中胎息一动，不要死死执着丹田，必于不内不外之间，观其升降往来，悠扬活泼，即得真正胎息矣。古人云"出玄入牝"，是出非我本来面目，入亦非我本来面目，惟此一出一入间，中含妙谛，即虚灵也，所谓"真阴真阳形而为真一之气"是也。天地之根，岂外此乎？要之，谷神者，太极之理；玄牝者，阴阳之气；其在先天，理气原是合一；其在后天，理气不可并言。修道人欲寻此妙窍，著不得一躁切心，起不得一忽略念；惟借空洞之玄牝，养虚灵之谷神，不即不离，勿忘勿助，斯得之矣，故曰：绵绵若存，用之不勤。

大道无形，生育天地；大道无名，发育万物。圣人以有而形无，实而形虚，显呈此至隐至微之一物，曰谷神。谷神者，空谷之神，问之若答，应焉如响，即不死也。其在人身，总一虚灵不昧之真。自人丧厥天良，谷神之汩没者，久矣！后之修士，欲得谷神长存，虚灵不昧，以为金丹之本，仙道之根，从空际盘旋，无有把柄，惟从无欲观妙、有欲观窍下手，有无一立，妙窍齐开，而玄牝立焉，故曰："此窍非凡窍，乾坤共合成。名为神气穴，内有坎离精。"总要精气神三者打成一片，方名得有无窍、生死门；否则为凡窍，而无先天一元真气存乎其中。虚则落顽空，实则拘形迹，皆非虚灵不昧之体。惟此玄牝之门，不虚不实，即虚即实，真有不可名言者。静则无形，动则有象，静不是天地之根，动亦非人物之本，惟动静交关处，乃坎离颠倒之所，日月交光之乡，真所谓"天根地窟"也。学人到得真玄真牝一升一降，此间之气，凝而为性，发而为情，所由虚极静笃中生出法象来。知得此窍，神仙大道尽于此矣。其曰绵绵若存者，明调养必久，而胎息乃能发动也；曰用之不勤者，言抽添有时，而符火不妄加减也。人能顺天地自然之道，则金丹得矣。

【按】黄师从事上入手，因事以言理，臻于理事圆融之境。"垂帘观照，混沌无知时，死凡心也，忽焉一觉而动，生道心也。……惟此一出一入间，中含妙谛，即虚灵也，所谓'真阴真阳形而为真一之气'是也。……惟此玄牝之门，不虚不实，即虚即实，真有不可名言者。静则无形，动则有象，静不是天地之根，动亦非人物之本，惟动静交关处，乃坎离颠倒之所，日月交光之乡，真所谓'天根地窟'也。学人到得真玄真牝一升一降，此间之气，凝而为性，发而为情，所由虚极静笃中生出法象来。知得此窍，神仙大道尽于此矣。"此非理事圆融而何？

【综按】先释词义。"谷神"，司马光："中虚故曰谷，不测故曰神，天地有穷而道无穷，故曰不死。"（宋代司马光《道德真经论》）苏子由："谷至虚而犹有形，谷神则虚而无形也。虚而无形，尚无有生，安有死耶！谓之谷神，言其德也。"（宋代苏子由《道德经注》）焦竑："谷，喻也。以其虚而能受，受而不有，微妙莫测，故曰谷神。"（明代焦竑《老子翼》）严复："以其虚，故曰谷；以其因应无穷，故称神；以其不屈愈出，故曰不死。三者皆道之德也。"（民国严复《老子道德经评点》，转引自朱谦之《老子校释》中华书局本）"玄牝"，焦竑："牝，能生物，犹前章所谓母也。谓之玄牝，亦幽深不测之意。"（明代焦竑《老子翼》，华东师范大学出版社本）"用之不勤"，于省吾："'勤'应读作'觐'……觐，见也。用之不觐，言用之不见也。上言'绵绵若存'，言其绵绵微妙，似存而非存，正与用之不见相因，犹三十五章言'视之不足见'也。"（民国于省吾《老子新证》）

次释章旨。虚而能受，受而不有，生天生地，生人生物，而无形无象无迹，诚微妙莫测者也，测之尚不可得，何况于死乎？故曰"谷神不死"。玄牝者，造化也。玄牝之门者，造化之机也。天地生成之道，乾坤交媾之机，阴阳翕辟之理，一元真气升降出入之锁钥，皆谓之。天地日月，山川河岳，动植含灵，万事万物皆自此造化之机、玄牝之门出，曰玄牝为天地之根者以此。此机也，虚灵不昧，无死无生，是以生化无绝期，故曰"绵绵"，以理衡之则有，以迹寻之又无，故曰"若存"。其生化之妙用，无象可见，无迹能寻，故曰"用之不勤"。

七 章

　　天长地久。天地所以能长久者,以其不自生,故能长久。是以圣人后其身而身先,外其身而身存。以其无私,故能成其私。

三家注按

林希逸: 此章以天地喻圣人无容心之意。天地之生万物,自然而然,无所容心,故千万岁犹一日也。圣人之修身,无容心于先后,无容心于内外,故莫之先而常存,是以其无私而能成其私也。此一"私"字,是就身上说来,非公私之私也。若以私为公私之私,则不得谓之无容心矣。此语又是老子诱人为善之意,及释氏翻出来,则无此等语矣,故谓之真空实有,真空便是"无私"之意,实有便是"能成其私"之意,但说得来又高似一层。

【按】容心,留心也,在意也,俗谓之放在心上。无容心,不在意,不上心也。天地不以生物上心头,其生物也,自然而然,毫无半点生物之私,以喻圣人修身不急不徐,无修而修,无行而行,无论先后,不计内外,与天地之生物也相侔,故能成就大道。其"此一'私'字,是就身上说来,非公私之私也",亦为有见。据林公此释,可知此句前一"私"字当作"我"字解,后一"私"字则稍有不同,参之以佛教名词,则当以"大我"解。

释德清: 此言天地以不生故长生,以比圣人忘身故身存也。

　　意谓世人各图一己之私,以为长久计。殊不知有我之私者,皆不能长久也。何物长久?唯天地长久。然天地所以长久者,以其不自私其生,故能长生。其次则圣人长久,是以圣人体天地之德,不私其身以先人,故人乐推而不厌。故曰"后其身而身先"。圣人不爱身以丧道,故身死而道存,道存则千古如生,即身存也。故曰"外其身而身存"。

　　老子言此,乃审问之曰:"此岂不是圣人以无私而返成其私耶?"且世人营营为一身之谋,欲作千秋之计者,身死而名灭。是虽私,不能成其私,何长久之有?

【按】心体不虚是有有我之私，而"有我之私者，皆不能长久也"。天地之所以长且久者，"以其不自私其生"，此理既明，则能效圣人之无私，主动修炼，以成就大我之私。

黄元吉：天地之气，浑浩流转，历亿万年而不敝者，皆由一元真宰默运其间，天地所以悠久无疆也；即发育万物，长养群黎，而生生不已，天地亦未尝不足，气机所以亘古不磨。太上曰天长地久，不诚然哉？然天地之能长且久者，其故何欤？以其不自生也。设有自生之心，则天地有情，天亦老矣。惟不自有其生，而以众生为生，是众生之生生不息，即天地之生生不息也，故曰长生。世人多昧此生生之理，不求生而求死，不求长生而求速死，陷溺于富贵功名，沉沦于声色货利，时时握算，刻刻经营，不数年而精枯气弱，魄散魂飞，费尽千辛，难享一世，营生反以寻死，可胜浩叹！是以圣人法天效地，不惟势利之场不肯驰逐，即延年益算之术亦不贪求，惟以大道为先，净扫心田，精修命蒂，举凡一切养身章身之具，在在不暇营谋，一似后其身、外其身者然，卒之，德立而同类莫超其上，名成而后世犹仰其型，非所谓后其身而身先、外其身而身存者乎？视世之自私其身，反戕其生者，诚高出万万倍。而圣人究非矫情立异也，自来恬淡是好，清净为怀，不随俗而浮，不依形而立，廓然大公，一似天地之无私者焉。夫人多自私而戚戚于怀，圣无一私而皎皎物外，一片虚灵之象、空洞之神，常照耀而不可稍遏。向使区区以血肉躯、臭皮囊，时刻关心，昼夜系念，又乌能独先而不后，长存而不亡耶？惟其无私，故与天地合撰、日月并明，而能成其私也。后之修道者，欲此身不朽、此神不坏，须用刻苦功夫，摆脱尘垢，久久煅炼，自然干干净净，别有一重天地，另有一番世界，而不与世俗同生死也，何乐如之？

天地不言，全凭一元真气斡旋其间，所以周而复始，生机毫无止息，天地之久长，故历万古而常新也。圣人参天两地，养太和之气，一归浑沌之真，处则为圣功，出即为王道。何世之言修己者，但寻深山枯坐，毫不干一点人事，云治世者，纯用一腔心血，浑身在人物里握算？若此者，各执一偏，各为其私，非"无事而寂寂，有事而惺惺"者焉。圣人穷则清净无尘，而真形与山河并固，达则人物兼善，而幻身偕爵禄俱轻，迨其后，名标宇宙，身独居先，功盖寰区，形存异世，非以其无私耶？学人能去其私，一空色相，永脱尘根，积功则留住人间，飞升则长存天壤，不私其身而卒得长生，较世之为身家计者，不啻云泥之判也。人可不绝外诱之私欤？

【按】 世人"陷溺于富贵功名，沉沦于声色货利，时时握算，刻刻经营，不数年而精枯气弱，魄散魂飞，费尽千辛，难享一世"，真可谓婆心一片，不惜呕心沥血。而真欲修真之士，则"不惟势利之场不肯驰逐，即延年益算之术亦不贪求。惟以大道为先，净扫心田，精修命蒂，举凡一切养身章身之具，在在不暇营谋"。诚如是而修，则大道定能成，圣贤必可期矣。

【综按】 天地长久无绝期，其所以长且久者，以其"不自生"。不自生者，无有我要生之念也，虽生亦不存我所生之念也，虽是我生而不存归我所有之念也。准此，生而不生者，"不自生"也。此非天地之道而何？西方天地之尊神——上帝，生而有之，长而宰之，信我者恒救之，不信我者下地狱，我执甚深，所以与大道之境界有天壤之别。圣人则天法地，去其我执之私，以众生之生为生，众生之利为利，众生之安为安，众生之存而存，众生之念为念，众生之心为心，故能先成就其大道，而令其身历万世而长存。正以其无私耶，反而成就其大私。

八　章

上善若水。水善利万物，又不争；处众人□（之）所恶，故几于道。居善地，心善渊，与善人，言善信，政善治，事善能，动善时。夫唯不争，故无尤。

三家注按

林希逸：此章又以水喻无容心之意。上善者，至善也。谓世间至善之理，与水一同。水之为善，能利万物，而何尝自以为能。顺流而不逆不争也，就卑就湿，不以人之所恶为恶也。以此观水，则近于道矣。几者，近也。居善地，言居之而安也。心善渊，言其定而静也。与善仁，言其仁以及物也。言善信，言出口皆实理也。政善治，以之正国则必治也。事善能，以之处事则无不能也。动善时，随所动而皆得其时也。此七句皆言有道之士，其善如此，而不自以为能，故于天下无所争，而亦无尤怨之者，此即"汝惟不争，天下莫与汝争能"也。解者多以此为水之小善七，故其说多牵强，非老子之本旨。

【按】林公指此章为以水喻圣人无容心之事，圣人之行事也，与水一般，随顺社会人群之需要而行，不逆其势，不争其能，与水之"顺流而不逆不争，就卑就湿，不以人之所恶为恶"者几同。后之七善者，皆圣人无所争亦不自以为能之善也，故无怨尤之事。

释德清：此言不争之德，无往而不善也。

上，最上。谓谦虚不争之德最为上善，譬如水也，故曰"上善若水"。水之善，妙在利万物而不争。不争，谓随方就圆，无可不可，唯处于下。然世人皆好高而恶下，唯圣人处之，故曰"处众人之恶，故几于道"。几，近也。

由圣人处谦下不争之德，故无往而不善。居则止于至善，故曰"善地"。心则渊静深默，无往而不定，故曰"善渊"。与，犹相与。谓与物相与，无往而非仁爱之心，故曰"与善仁"。言无不诚，故曰"善信"。为政不争，则行其所无事，故曰"善治"。为事不争，则事无不理，故曰"善能"。不争，则用舍随时，迫不得已而后动，故曰"善时"。不争之德如此，则无人怨，无鬼责。故曰"夫惟不争，故无尤"矣。

【按】德师以水善利万物而不争，随方就圆，无可无不可，唯处于下之德，以喻"谦虚不争之德最为上善"。有见之言，读者当珍而重之。

黄元吉：大道原无他妙，惟是神气合一，还于无极太极，父母生前一点虚灵之气而已矣。人若不事乎道，则神与气两两分开，铅走汞飞，水火所由隔绝也。孟子曰："民非水火不生活。"是言也，浅之则为日用之需，深之则为修炼之要。有时以火温水而真阳现，有时以水济火而甘露生。水火之妙，真有不可胜言者。然水火同宫，言水而火可知矣。水性善下，道贵谦卑，是以上善圣人，心平气和，一腔柔顺之意，任万物之生遂，无一不被其泽者焉，究之，功盖天下而不知功，行满万物而不知行，惟顺天地之自然，极万物之得所，而与世无忤，真若水之利济万物，毫无争心。不但此也，万物皆好清而恶浊，好上而恶下，水则处物以清，自处以浊，待物以上，自待以下。水哉水哉，何与道大适哉？圣人之性，一同水之性，善柔不刚，卑下自奉，众人所不能安者，圣人安之若素，众人所为最厌者，圣人处之如常，所以于己无恶，于人无争，非有道之圣人，不能如斯。故曰：处众人之所恶，几于道矣。夫以道之有于己者，素位而行，无往不利。即属穷通得丧，患难死生，人所不能堪者，有道之人总以平等视之。君子论理不论气，言性不言命，惟反身修德焉耳。虽然，德在一心，修不一途，又岂漫无统宗，浩浩荡荡，而无所底极哉？必有至善之地，止其所而不迁，方能潜滋暗长，天真日充，而人欲日灭。《易》曰"艮其背不获其身，行其庭不见其人"，此即圣人之居善地也。居之安则资之深，内观其心，虚而无物，渊渊乎其渊也；外观所与，择人而交，肫肫乎其仁也。至于发之为言，千金不及一诺，言善信也。施之于政，小惠何如大德，政善治也。推之一物一事一动一静之间，无不头头是道。任人以事，惟期不负所能。虑善以动，只求动惟厥时。圣人之修身治世如此，此由止于至善，得其所安，而后发皆中节也。惟其在在处处，无一毫罅漏，无一丝欠缺，又何争之有耶？夫惟不争，而人之感恩戴德，刻骨铭心者，方且瞻依不忘，又有何怨，又有何尤？虽有恶人，亦相化于善矣。及其至也，无为自然，群相安于不识不知之天，几忘上善之若水，柔顺而利贞，无往不吉焉。

指点上善之心，平平常常，无好无恶，浩浩荡荡，无陂无偏，极其和柔，是以居上不骄，为下不倍，于己无尤，于人无怨。顾其所以能至此者，究非世俗之学所能造其巅，亦非无本之学所能建其极也。故太上于"处众人所恶"之后，旋示一善地。究竟此地何地？吾不惜天机泄露之咎，乃为指其真际曰：此个善地，非世人择地而蹈之地，乃所谓心地性地，寸衷寸地是也。得其地，则性命有依；失其地，则神气无主。无主则乱，安能事事咸宜，合内外而一致，处人己而无争哉？然谓其地为有，则多堕于固执；若谓其地竟无，又多落于顽空。此殆有无不立，动静不拘者也。欲修至道，请细参其故。于以多积阴功，广敦善行，庶几上格神天，或得师指，或因神悟，于以会通其地，而始不堕旁门左道，得遂生平志愿也。此地了然，道过半矣。以下曰心曰言数句，明在在处处，俱当检点至善；使不先得善地而居，以后所云，无一可几于善者。此真头脑学问，本原工夫。如或昧焉，则持己接物，万事皆瓦裂矣。吾故略泄于此。愿世之有志者，毋自恃才智，妄猜妄度，而不修德回天；惟虚心访道，可也。

【按】居善地，黄师以性地、意地、真铅真汞交媾之地释之，古谓"无形中有主人翁"之主人翁即黄师所谓之地也。从修持角度，甚为有理。如谓"究竟此地何地？……乃所谓心地性地，寸衷寸地是也。得其地，则性命有依；失其地，则神气无主。无主则乱，安能事事咸宜，合内外而一致，处人己而无争哉？然谓其地为有，则多堕于固执；若谓其地竟无，又多落于顽空。此殆有无不立，动静不拘者也。欲修至道，请细参其故。于以多积阴功，广敦善行，庶几上格神天，或得师指，或因神悟，于以会通其地，而始不堕旁门左道，得遂生平志愿也。此地了然，道过半矣"。诚过来人语也，掷地作金声。

【综按】先释词义。"水善利万物"，《管子·水地》篇："水者，地之血脉，如筋脉之通流也。""水者，何也？万物之本原也，诸生之宗室也"。《淮南子》："天下之物，莫柔弱于水，然而大不可极，深不可测，修极于无穷，远沦于无涯，息耗减益，通于不訾。上天则为雨露，下地则为润泽，万物弗得不生，百事不得不成，大包群生而无所私，泽及蚑蛲而不求报，富赡天下而不既，德施百姓而不费。""几"，几者，近也。如《系辞·上传》："乾坤或几乎息矣。"《礼记·乐记》："知乐则几于礼矣。"《庄子·渔父》："几于不免矣。"《吕氏春秋·大乐》："则几于知之矣。"上四条之"几"字，皆近之义也。水利万物与诸生，其为可见，未若道之无形施与，故仅几于道而非等于道也。"心善渊"，朱谦之：《庄子·在宥》

"其居也渊而静"。郭注："静之可使如渊。"又《诗·燕燕》"其心塞渊"。传："渊，深也。"《太玄》"闲中心渊也"。注："渊，深也。""渊"有静而深之义，"心善渊"，以言其心渊静而莫测，所谓"良贾深藏若虚"。"治"，《释名·释言语》："治，值也，物皆值其所也。"

次释章旨。本章以近于道又善利万物而不争、就下之特性的水，来喻圣人谦卑处下，随方就圆，无可无不可，不怨不尤，利益群生而不争之德。居善地者，居则地善，人杰地灵也。心善渊者，心时时静定、秒秒安详也。与善人者，慈悲所及，触之柔软，人无不善人也。言善信者，语语皆真语、实语，无妄语者也。政善治者，无为而无不为也。事善能者，处事依情合理与道相合也。动善时者，随时起用，当用则用也。既不争名争利，亦不争德争功，常善与人而无相妨，故不召怨尤。

九 章

持而盈之,不若其以。揣而锐之,不可长保。金玉满堂,莫之能守。富贵而骄,自遗其咎。功成、名遂、身退,天之道。

三家注按

林希逸：此章只言进不如退,故以持盈揣锐为喻。器之盈者必溢,持之则难,不如不盈之易持。已者,勿盈之意也。揣,治也。锐,铦也。治器而至于极铦极锐,无有不折,不若不锐者可以长保。富而至于金玉满堂,必不能长保。居王公之位而至于骄盈,必遗其咎。故欲全其功、保其名者,必知早退,乃为天道。功成名遂,是随其大小而能自全者,故曰"成"曰"遂"。若不知自足,则何时为成耶？何时为遂耶？此四字须子细看。

【按】言此章"言进不如退"则是,但讲"欲全其功、保其名者,必知早退,乃为天道"则偏。因求名之心历历,与老子无为之主旨相背也。说"功成名遂,是随其大小而能自全者"则浅,盖所谓随其功名之大小而自全,则功非圆满成就之功,名非万世不灭之名也可知。

释德清：此言知进而不知退者之害,诫人当知止可也。

"持而盈之,不如其已"者,谓世人自恃有持满之术,故贪位慕禄,进进而不已。老子意谓虽是能持,不若放下休歇为高,故不如其已。倘一旦祸及其身,悔之不及。即若李斯临刑,顾谓其子曰："吾欲与若复牵黄犬,出上蔡东门逐狡兔,岂可得乎？"此盖恃善持其盈而不已者之验也。故云"知足常足,终身不辱；知止常止,终身不耻",此之谓也。

"揣而锐之,不可长保"者,揣,揣摩。锐,精其智思,如苏、张善揣摩之术者是也。谓世人以智巧自处,恃其善于揣摩,而更益其精锐之思,用智以取功名,进进而不已。老子谓虽是善能揣摩,毕竟不可长保。如苏、张纵横之术,彼此相诈,不旋踵而身死名灭,此盖揣锐之验也。

如此不知止足之人,贪心无厌,纵得金玉满堂,而身死财散,故曰"莫之能守"。纵然位极人臣,而骄泰以取祸,乃自遗其咎,此盖知进不知退者之害也。

人殊不知天道恶盈而好谦，独不见四时乎？成功者退。人若功成名遂而身退，此乃得天之道也。

【按】德师谓本章乃"言知进而不知退者之害，诫人当知止"，且以史载名人知进而不知退者所惹之祸为证据，证据凿凿，令人警醒。以四时喻成功者退，则成功名遂为圆满成就可知。

黄元吉：古云："过河须用筏，到岸不须舟。"又曰："未得功时当学法，既得功时当忘法。"斯数语，诚修道之至要也。若修道行工，业已造精微广大之域，犹然兢兢致守，自诩学识高，涵养粹，未免骄心起而躁性生，不有退缩之患，即有悖谬之行。若此者，道何存焉？德何有焉？故太上曰：持而盈之，不如其已；揣而锐之，不可长保。修行人，当精未足之日，不得不千淘万汰，洗出我一点至粹之精，以为长生之本；若取得真阳，朝烹暮炼，先天之精充满一身内外，则身如壁立千寻，意若寒潭秋月，外肾缩如童子，则漏尽通之境证矣。斯时也，精满于身，不宜再进火符，即当止火不用，且宜无知无识，浑浑沦沦，顿忘乎精盈之境为得。若持盈不已，难免倾丹倒鼎之虞，不如早已之为愈也。当气未充之时，须千烧万炼，运起文武神火，煅炼先天一元真气出来，以为延寿之基。到得凡气炼尽，化为一片纯阳，至大至刚，贯穿乎一身筋骨之内，夭矫如龙，猛力如虎，此何如之精锐也！我当专气致柔，一如婴儿之沕穆无知，庶几长保其气，可至形神俱妙，与道合真。若揣锐不休，难免燎原遍野之虞，安望其长保乎？若是者，犹金玉满堂，莫之能守，一同富贵人家，怙侈灭义，骄奢凌人，如栾氏族灭、范氏家亡，要皆不自戒满除盈，以至横行不轨，自贻其咎。如此征之人事，而天道可知矣。试观当春而温，至夏则暑阳司令而温和不在矣，至秋而凉，及冬则寒冷乘权而西风无存矣。物育功成，时行名遂，天地于焉退藏，以畜阳和之德。倘冬寒而间春温，夏热而杂秋凉，即是天道反常，时节愆期，功成不退，适为乖戾之气，其有害于人者多矣。故曰：功成名遂，身退，天之道也。夫天且如是，而况于人乎？古来智士良臣，功业烂如，声名灿著，而不知退隐山林，如越之文种、汉之韩信，酿成杀身亡家之祸者不少。是以学道人，当精盈气足之候，不可不忘法忘形，以免自败其道也。若未臻斯境者，又乌可舍法舍形哉？

此教学人，修炼大道，做一节，丢一节，不可自足自满，怠心起而骄心生，祸不旋踵而至矣；即无渗漏之患，然亦半途而废，无由登彼岸以进神化之域焉。《悟真》云："未炼还丹须速炼，炼了还须知止足。若也持盈未已心，不免一朝遭殆辱。"足见道无止境，功无穷期，彼满假何为哉？古来修士，多罹杀身亡家之祸，皆由不知韬光养晦、混俗同尘之道也。丹经云："修行混俗且和光，圆即圆兮方即方。隐显逆从人莫识，教人怎得见行藏？"是以有道高人，当深藏不露，随时俯仰，庶几不异不同，无好无恶，可以长保其身。否则，德修而谤兴，道高而毁来，虽由人之无良，亦自张扬太过。《易》曰"慢藏诲盗，冶容诲淫"，诚自取也，又何怪自满者之招损乎？吾愿后之学者，未进步则依法行持，既深造，当止火不用，庶可免焚身之患与？

【按】黄师此一大段，从修炼入手，结合天时人事，参之信史，娓娓道来，既令人警醒，又指人知止之道，语语自实修中来，句句皆有指路之作用。以古修真口诀"过河须用筏，到岸不须舟""未得功时当学法，既得功时当忘法"开其篇，以《悟真》篇"未炼还丹须速炼，炼了还须知止足。若也持盈未已心，不免一朝遭殆辱"殿其后，释功成名遂身退，甚确。真修炼家语也，修真之士当宝之。

【综按】器之盈满者，难持而易倾；物之尖锐者，难保其不折；藏满堂之金玉，守之诚难；富贵而骄，祸害尚且难免，而况于富贵之守哉。老子一路说来，讲了许多事理，无非欲明"为而无为"的修持之道。用释迦以筏过河之喻说明修行成就之后即舍法离法之事，巧设方便，曲为解说，难说之法，以喻明之。

十 章

载营魄抱一，能无离？专气致柔，能婴儿？涤除玄览，能无疵？爱人治国，能无为？天门开阖，能为雌？明白四达，能无知？生之畜之，生而不有，为而不恃，长而不宰，是谓玄德。

三家注按

林希逸：营，魂也，神也。魄，精也，气也。此三字，老子之深意。载，犹车载物也，安一"载"字在上，而置"营魄"二字于下，如谜语然。魄以载营，则为众人；营以载魄，则为圣人。合而言之，则营魄为一；离而言之，则魂魄为二。抱者，合也，其意盖曰能合而一之，使无离乎？将离而二之乎？故曰"抱一，能无离乎"。此六字意亦甚隐，正要人自参自悟也。婴儿未有闻见，则其气专。致者，极也。柔者，顺也。能如婴儿专气致柔，则能抱一矣，故曰"能如婴儿乎"。此老子设问之语也，盖曰人能如此乎？此下数句皆然。荡涤瑕垢而观览玄冥，则必有分别之心。无疵者，无分别也。虽荡涤瑕垢，而有不垢不净之心，则能抱一矣。有爱民治国之功，而有无为而为之心，则能抱一矣。阴阳阖辟，有雌雄交感之理，而无雌雄交感之心，则能抱一矣。天门，即天地间自然之理也，此亦借造物以为喻。缘此等语，遂流入修养家，或有因是而为邪说者，误世多矣。明白四达，无所不通也，而以无知为知，则抱一矣。生之畜之，言造化之间生养万物也。造物何尝视之以为有，何尝恃之以为能？虽为万物之长，而何尝有宰制万物之心？如此而后谓之玄妙之德。此章之意大抵主于无为而为，自然而然。无为自然，则其心常虚，故以神载魄而不以魄载神，此圣人之事。以魄载神则着迹矣。老子一书，大抵只是能实而虚，能有而无，则为至道。纵说横说，不过此理。

【按】"有不垢不净之心，则能抱一矣""有无为而为之心，则能抱一矣""无雌雄交感之心，则能抱一矣"，此数句，皆得老子之妙也。然曰"抱一能无离乎，此六字，意亦甚隐，正要人自参自悟也"则失之远矣。老子自言"吾言甚易知，甚易行"，岂有故意隐之而令人自参自悟之理乎？

释德清： 此章教人以造道之方，必至忘知绝迹，然后方契玄妙之德也。

载，乘也。营，旧注为魂。《楚辞》云："魂识路之营营。"盖营营，犹言惺惺，扰动貌。然魂动而魄静，人乘此魂魄而有思虑妄想之心者，故动则乘魂，营营而乱想；静则乘魄，昧昧而昏沉。是皆不能抱一也。故《楞严》曰"精神魂魄，递相离合"，是也。今抱一者，谓魂魄两载，使合而不离也。魂与魄合，则动而常静，虽惺惺而不乱想；魄与魂合，则静而常动，虽寂寂而不昏沉。道若如此，常常抱一而不离，则动静不异，寤寐一如。老子审问学者做功夫能如此乎，乎者，责问之辞。

专气致柔。专，如专城之专，谓制也。然人赖气而有生，以妄有缘气，于中积聚，假名为心。气随心行，故心妄动则气益刚，气刚而心益动，所谓"气壹则动志"。学道功夫，先制其气，不使妄动以熏心；制其心，不使妄动以鼓气。心静而气自调柔，功夫到此，则怒出于不怒矣，如婴儿号而不嗄也，故老子审问其人之功夫能如此乎。

"涤除玄览"，玄览者，谓前抱一、专气功夫，做到纯熟，自得玄妙之境也。若将此境览在胸中，执之而不化，则反为至道之病。只须将此亦须洗涤，净尽无余，以至于忘心绝迹，方为造道之极，老子审问能如此乎。

此三句，乃入道功夫，得道之体也。老子意谓道体虽是精明，不知用上何如，若在用上无迹，方为道妙，故向下审问其用。

然爱民治国，乃道之绪余也。所谓"道之真以治身，其绪余土苴以为天下国家"，故圣人有天下而不与，爱民治国，可无为而治，老子审问能无为乎。若不能无为，还是不能忘迹，虽妙而不妙也。天门，指天机而言。开阖，犹言出入应用之意。雌，物之阴者。盖阳施而阴受，乃留藏之意。盖门有虚通出入之意，而人心之虚灵，所以应事接物，莫不由此天机发动。盖常人应物，由心不虚，凡事有所留藏，故心日茆塞。庄子谓："室无空虚，则妇姑勃蹊；心无天游，则六凿相攘。"此言心不虚也。然圣人用心如镜，不将不迎，来无所粘，去无踪迹。所谓"应而不藏"，此所谓"天门开阖而无雌"也，老子审问做功夫者能如此乎。

明白四达，谓智无不烛也。然常人有智，则用智于外，炫耀见闻。圣人智包天地，而不自有其知，谓含光内照，故曰"明白四达而无知"，老子问人能如此乎。

然而学道功夫做到如此，体用两全，形神俱妙，可谓造道之极，其德至妙，可以合乎天地之德矣。且天地之德，生之畜之，虽生而不有，虽为而不恃，虽长而不宰，圣人之德如此，可谓玄妙之德矣。

【按】德师此释，全从做功夫之理入手，虽随文演义，亦尽善也。如谓前三句为审入道而契入道体之功夫而发，后三句为审既证道体之后从道起用之功夫而发，可谓有见之言，可细参悟焉。

黄元吉：此章开口即说炼精化气之道。既得精气有于身，即要一心一德而不使偶离，离则精气神三宝各分其途，不能会归有极以为炼丹之本，故太上云：载营魄抱一，能无离乎？夫营者，血也，血生于心，魄藏于肺。其必了照丹田，一心不动，日魂方注于月魄之中，月魄乃返而为纯乾。此由心阳入于肾阴，神火照夫血水，虽水冷金寒，却被神火烹煎，而油然上升，自蓬勃之不可遏。至人知此玄牝为天地人物之根，于是一呼一吸间，微阳偶动，即一眼觑定，一手拿住，运一点己汞以迎之，左旋右抽，提回中田，凝聚不散，即载魄而返，抱一而居，不片刻间，而真阳大生，真气大动矣。由是运行河车，由虚危穴起火，引至尾闾，敲九重铁鼓，运三足金蟾，上升于顶，俱要一心专注，不二不息。及至升上泥丸，牟尼宝珠已得，若不于此温养片时，则泥丸阴精不化，怎得铅汞融和，化成甘露神水，以润一身百脉？既温养泥丸矣，复引之下重楼，入绛宫，即午退阴符也。但进火之时，法取其刚，非用乾健之力，真金不能自升；退符之候，法用其柔，非以柔顺之德，阳铅依然散漫，不能伏汞成丹，故曰：专气致柔，能如婴儿乎？其意教人，于阴生午后，一心朗照，任其气机下降，如如自如，了了自了，却不加一意，用一力，此即坤卦"柔顺利贞，君子攸行"之道也。至绛宫温养，送归土釜，牢牢封固，惟以恬淡处之，冲和安之，一霎时间，气息如无，神机似绝，此致柔也。温养片响，神气归根，自如炉中火种。久久凝注，不令纷驰，自然真气流行，运转周身，一心安和，四肢苏软，不啻婴儿之体，如絮如缕，有柔弱不堪任物之状，此足征丹凝之象。从此铅汞相投，水火既济，又当洗心涤虑，独修一味真铅。苟心一走作，丹即奔驰，不惟丹无由就，即前取水乡之铅亦不为我有。《清净经》云："心无其心，物无其物，空无所空，无无亦无，湛然常寂。"又何瑕疵之有？故曰：涤除玄览，能无疵乎？倘外丹虽得，内照不严，则人欲未净，天理未纯，安得一粒黍珠，虚而成象？到得丹有于身，犹须保精裕气以成圣胎。虽然，其保精也，要顺自然，其裕气也，须随自在，此不保之保胜于保，不裕之裕胜于裕。否则，矜持宝贵，鲜不危焉。夫以丹为先天元气，无有形状，何须作为？若执迹象以求，未免火动后天，而先天大道亡矣，故曰：爱民治国，能无为乎？民比精也，国喻气也。治世之要，推恩以爱民，立法以治国，霸者之欢虞小补，大远乎王者之无为而治。重熙累洽，气象所争，在有为无为间耳。治身之道，以精定为民安，以气足为国富。炼己则精定，直养则气足，极之浩然刚大，充塞两间，亦若视为固有之物，平常之端，不矜功能，不逞才智，浑浑沌沌，若并忘为盈满者然，无为也而大为出焉矣。学人到此，精盈气足，养之久久，自然裂顶而出，可以高驾云霞，遨游海岛，视昔之恪守规中，专气致柔者，大有间矣，故曰：天门开阖，能无雌乎？此言前日调神养胎，不能不守雌也；而今阳神充壮，脱离凡体，冲开天门，上薄霄汉，诚足乐也，气何壮乎！到此心如明镜，性若止水，明朗朗天，活泼泼地，举凡知觉之识神，化为空洞之元神矣，前知后晓，烛照靡遗，此明明白白，所以四达而不悖也。然常寂而常照，绝无寂照心，常明而常觉，绝无明觉想，殆物来毕照，不啻明镜高悬，无一物能匿者焉，而要皆以无为为本，有为为用。当其阳未生，则积精累气以生之；及其阳已生，则宝精裕气以畜之。迨其后留形住世，积功累仁，虽生而不夸辅育之功，为而不恃矜持之力，长而不假制伏之劳，一劫此心，万劫此心，真可为天上主宰分司造化之权，是以谓之玄德。

此将筑基得药，炼己还丹，脱胎得珠，九节功夫，一一说出，要不外虚极静笃，含三抱一，恍惚杳冥为主；自守中以至还丹，皆离不得浑有知于无知，化有为于无为。夫以先天一元真气，隐于虚无，不在见见闻闻之地；人能泯其知觉，去其作为，则一元真气常在，故太上曰："恍兮恍，其中有象；恍兮惚，其中有物；杳兮冥，其中有精。"此可知，道生天地，原是浑浑沌沌，无可拟议。惟浑其神知，没其见闻，道即在其中矣。倘起大明觉心，则后天识神应念而起，已非先天元神。故必恍惚中求，杳冥中得，修士其亦知所从事矣。

【按】黄师此释，直将修炼金丹大道之法之术，泄露无遗，真过来人语也。修真之士，师之法之可也，甚勿见疑，觌面错过。

【综按】载，通哉，属上章句末语气词。营者，经营也。魄者，阴神也，形躯，阴类也，亦魄类，故有体魄、形魄之称。阳神则称之为魂。营魄者，经营形魄也。经营形魄者，神也。神者，心以主之，脾以藏之，《素问》所谓"心藏神，脾藏意"是也。营魄者，运心意识以煅炼形魄也。

十章

抱一者，形神不离，全心神为当下形躯，任一形躯之云为当下，如手足奔持、耳目见闻之当下，皆全心神也，故曰"能无离"。专者，抟也。专气者，谓运心意识以炼气也。致柔者，气聚以生精，精聚以化真元之气，真元之气充溢百脉，炼之再炼，真元之气聚以生神，神形一如，气质变化，不仅形躯柔软，心亦柔顺也。"能婴儿"者，至此心神一如之境界，则有如婴儿之有眼有耳，能见能闻而不染于心也。玄者，眩也。《淮南子·主术训》："心有目则眩。"则"玄览"犹云知见。涤除玄览者，涤除知见也。盖"知见立，知即无明本，知见无，见斯即涅槃"（《首楞严经》），谓功夫到此地步，则易住于清净而不生济世度生之悲心，或生我慢而入于修罗境，有求升反堕之瑕疵也。此皆叉路，涤除之，则又入于真道之圣境而无疵矣。功夫至此，悲心生起，以行济世度生之道。随因缘穷则独善其身，达则兼济天下。济天下之功，虽国治天下平，而不以为我有所作为也。天门开阖者，造化流行之机，纯乎自然者也。功夫到此，一切言行举止，云为造作，皆自然以柔以弱，故曰"能为雌"。"明白"，全知也。"四达"，全能也。虽明白四达而无我有知有能之心，故曰"能无知"。"生之畜之，生而不有，为而不恃，长而不宰"者，言功夫到此，可辅成天地，养育群生，虽生之畜之，而自然无生之畜之之心，虽辅之成之，而自然不恃辅之成之之德，虽为君为师，为群生之师之长，而自然无宰制、辅育群生之心。此皆道之妙用也，是以谓之"玄德"。

十一章

三十辐共一毂，当其无，有车之用。埏埴以为器，当其无，有器之用。凿户牖以为室，当其无，有室之用。故有之以为利，无之以为用。

三家注按

林希逸：毂，车中之容轴者也。辐，轮之股也。毂惟虚中，故可以行车。埏埴，陶者之器也。虚而员，故可以成器。户牖，室中之通明处也。此三者，皆是譬喻虚者之为用，故曰"有之以为利，无之以为用"。车、器、室，皆实有之利也，而其所以为车、为室、为器，皆虚中之用。以此形容一"无"字，可谓奇笔。

【按】林师此章，随文演义，字字精准，对于理解本章，足资参考。

释德清：此言世人但知有用之用，而不知无用之用也。

意谓人人皆知车毂有用，而不知用在毂中一窍。人人皆知器之有用，而不知用在器中之虚。人人皆知室之有用，而不知用在室中之空。以此为譬，譬如天地有形也，人皆知天地有用，而不知用在虚无大道。亦似人之有形，而人皆知人有用，而不知用在虚灵无相之心。

是知有虽有用，而实用在无也。然无不能自用，须赖有以济之，故曰"有之以为利，无之以为用"。利，犹济也。

老氏之学，要即有以观无。若即有以观无，则虽有而不有，是谓道妙，此其宗也。

【按】人之用"在虚灵无相之心"，只此一句，老子此章之用心，昭然若揭矣。

黄元吉：夫道，生于鸿蒙之始，混于虚无之中，视不见，听不闻，修之者又从何下手？圣人知：道之体无形，而道之用有象，于是以有形无、以实形虚，盗其气于混沌之乡，敛其神于杳冥之地，以成真一之大道，永为不死之神仙焉。所谓"实而有"者何？真阴真阳，同类有情之物是也。所谓"虚而无"者何？先天大道根源，龙虎二八初弦之气是也。有气而无质，大道彰矣，故曰"阴阳合而先天之气见，阴阳分而后天之器成"。

《易》曰"形上谓之道，形下谓之器"，是非器无以见道，亦非道无以载器也。太上借喻于车曰：车有辐有毂，辐共三十，以象日月之运行，毂居正中，为众辐所贯；毂空其内，辐凑其外，所以运转而无难。若非其中有空隙处，人何以载，物何以贮乎？故曰：当其无，即车之用。又如陶器然，以水和土，揉土为器，一经冶炼，外实中空，究之，凡人利用，不在埏埴之实，而在空洞之虚，如陶侃运甓，非其间虚而无物，安能运转自如？故曰：当其无，即器之用。再拟诸筑室，必凿户牖于其中，而后光明大放；及入此室处，户牖亦觉无庸，务于空间之间，乃堪容膝；虽借有形以为室，必从空际以为居，故曰：当其无，即室之用。从此三者观之，无非有象以为车为器为室，无象以为载为藏为居，而凡涉于有象者，即属推行之利矣，凡居于无象者，即裕推行之用矣，故曰：有以为利，无以为用。有有无无，亦互为其根焉耳。要之，道本虚无，非阴阳无以见；气属阴阳，非道无以生。阴阳者，后天地而生，有形状方所，不可为长生之丹；惟求道于阴阳，由阴阳而返太极，则先后混合，而大道得矣。后之修金丹者，徒服有形之气，不知炼无形之丹，欲其成仙也，不亦南辕而北辙耶？

  道本无名，强名曰道。道本无修，强名曰修。夫以道之为物，至虚至无，方能至神至圣。试观天地，一气清空，了无一物，及伏之久，而气机一动，阴阳生焉，于是形形色色，莫不斐然有文，灿然成章，充满于四塞之中。谁为造之？谁与生之？何莫非道生一气，一气化为阴阳，而万物于是滋生矣，故曰："道自虚无生一气，便从一气产阴阳。阴阳自是成三姓，三姓重生万化昌。"修行人欲求至道之真，以成仙圣之体，必先以阴阳为利器，后以虚无为本根，而大道得矣。章内三"无"字，指其空处曰无，大约言修炼人，自无而有，自有还无，以至清空一气，而大道乃成，其意殆取于此耳。

  【按】黄师从道教的层面，揭示本章修炼之深理，非道教学养到家，实难窥测，即使大智慧如德清大师，亦见不及此。如谓实而有者，为真阴真阳、同类有情之物，虚而无者，为先天大道根源、龙虎二八初弦之气，有气而无质。又谓"阴阳合而先天之气见，阴阳分而后天之器成""非器无以见道，亦非道无以载器""有象者，即属推行之利矣，凡居于无象者，即裕推行之用"，真知灼见，可以指导修士之警句也。尤其"道本虚无，非阴阳无以见；气属阴阳，非道无以生。阴阳者，后天地而生，有形状方所，不可为长生之丹"，真是修士顶门之针。

【综按】本章以毂、埏埴、户牖等器之中虚无物而又为器用之关键处设喻，以明道之大用，全在虚无灵窍。老子设喻毕，又恐后人只专注虚无灵窍，忘却有无相生之理，而不管形躯，不计器物，偏离"守中"，堕入后来佛家所谓"顽空"，宋儒所谓"异端"，故紧接着说"有之以为利，无之以为用"。如是则能借假修真，有无并用，即入世修福德、建功立业以利苍生，又出世修静，修炼虚无灵窍，超凡入圣，证入道之大体大用境界，再超圣入凡，穷则独善其身，达则兼济天下。

十二章

五色令人目盲，五音令人耳聋，五味令人口爽；驰骋田猎令人心发狂，难得之货令人行妨。是以圣人为腹不为目，故去彼取此。

三家注按

林希逸：目盲，谓能惑视也。耳聋，谓能惑听也。口爽，失正味也。心发狂，不定也。行妨，谓妨害德行也。此五者，皆务外而失内。腹内也，目外也，圣人务内不务外，故去彼而取此。彼，上五者也。此，道也。老子诸章，结语多精绝。务外亦不特此五事，举其凡可以类推。

【按】林公此释，字字句句，皆符语言本义，诚可谓无懈可击也。然，于老子深旨，未揭示焉（参后佛、道二家之释可知），为入门之初阶可也。

释德清：此言物欲之害，教人离欲之行也。

意谓人心本自虚明，而外之声色饮食货利，亦本无可欲，人以为可欲而贪爱之，故眼则流逸奔色，而失其正见，故盲；耳则流逸奔声，而失其真闻，故聋；舌则流逸奔味，而失其真味，故爽；心则流逸奔境，而失其正定，故发狂；行则逐于货利，而失其正操，故有妨，所谓"利令智昏"，是皆以物欲丧心，贪得而无厌者也。

圣人知物欲之为害，虽居五欲之中，而修离欲之行，知量知足。如偃鼠饮河，不过实腹而已。不多贪求，以纵耳目之观也。谚语有之："罗绮千箱，不过一暖。食前方丈，不过一饱。"其余皆为荣观而已，故云"虽有荣观，燕处超然""是以圣人为腹不为目"。去贪欲之害，而修离欲之行，故去彼取此。

【按】德师谓本章宗旨为"言物欲之害，教人离欲之行"，甚是。其释字句亦甚确，其发挥之处亦堪师。所谓"虽居五欲之中，而修离欲之行，知量知足。如偃鼠饮河，不过实腹而已。不多贪求，以纵耳目之观也"，既具修行指导意义，其操作性亦强，真可谓简明精到之释也。

黄元吉：世之营营逐逐，驰心于声色货利之场，极目遐观，爽心悦口者，非以此中佳境诚足乐耶？孰知人世之乐，其乐有限，惟吾心之乐，其乐无穷。又况乐之所在，即忧之所在，有益于身者，即有损于心。如五彩之章施也，其色光华，其文灿烂，谁不见之而色喜，望之而神惊？讵知目之所注，神即眩焉。人生精力，能有几何？似此留心物色，纵性怡情，以为美观，未有不气阻神销，胸怀缭乱，而目反为之盲者，故曰五色令人目盲，诚至论也。至若丝桐之韵，箫管之声，古圣亦所不废；胡昏庸之子，昵女乐，比歌童，竭一己之精神，取片时之欢乐？究之，曲调未终，铿锵犹在，而耳灵之内蕴者尽驰于外，而耳反为之聋矣，故曰五音令人耳聋，不诚然哉？他如口之于味，甘脂调和，浓淡适节，圣人亦所必需；无如饕餮者流，贪口腹，好滋味，佳肴满座，异物充厨，虽一箸数金、一餐万费不辞，其亦知利于口者不利于心乎？况人心中有无限至味，不肥腯而自甘，不膏粱而自饱，彼徒资餍饫者，亦只求适口焉耳。故曰五味令人口爽，良非虚矣。若夫田猎一事，古帝王原为生民除残去害、乐业安耕起见；后世人民，从禽从兽，于猎于田，专以走狗为事，甚至燎原遍野，纵犬搜山，直使无辜之蛇蝎昆虫受害不少；更有逞残毒以伤物命，专杀害以为生涯，毫不隐痛；卒之，天道好还，冥刑不贷，一转瞬间，而祸患随之矣。又况驰骋田猎之时，即暴戾性天之时，其身狂，其心亦狂，太上所以有"驰骋田猎令人心发狂"之戒也。再者，异采珍奇，帝王不寓于目，所以风醇俗美，群相安于无事之天；后人以奇异为尚，于是百计经营，千方打算，半生精气尽消磨于货物之中，讵知己之所羡，人亦羡之，以其羡者而独有诸己，此劫夺之风所由日炽也。古云："匹夫无罪，怀璧其罪。"是知藏愈厚，祸弥深，洵不诬矣。即使极力防闲，多方保护，而神天不佑，终亦必亡而已矣。人生性命为重，一旦魄散魂飞，货财安在？何不重内而轻外耶？太上所以有"难得之货令人行妨"，谆谆为世告也。是以有道高人，虚其心以养性，实其腹以立命；知先天一气，生则随来，死则随去，为吾身不坏之至宝，一心专注于此，而外来一切皆视若浮云，所以虚灵不昧，或受人间禋祀，或为天上真宰，至今犹昭然耳目也。试问舜琴、牙味、赵璧、齐庐，今犹有存焉者乎？早已湮没无闻矣。是知物有尽而道无尽，人有穷而道无穷。人欲长生，须将人物之有限者置之，性命之无形者修之，庶知所轻重矣。呜呼，非见大识卓之君子，乌能去彼而取此耶？

教人修身大旨，原与尘世相反。须知：世人之所好者，道家之所恶；世人之所贪者，道家之所弃。盖声色货利，百般美好，虽有利于人身，究无利于人心；又况人心一贪，人身即不利焉。惟性命一事，似无形无象，不足为人身贵者，若能去其外诱，充其本然，一心修炼，毫不外求，卒之，功成德备，长生之道在是矣。天下一切宝贵，孰有过于此乎？但恐立志不坚，进道不勇，理欲杂乘，天人迭起，遂难造于其极。愿后之学者，始则闲邪存诚，继则炼铅伏汞，及至返本还原，抱朴归真，又何难上与仙人为伍耶？是以圣人修内不修外，为腹不为目，去彼存此，于以一志凝神，尽性立命，岂不高出尘世之荣华万万倍乎？

【按】经文简洁，末法时期之修士，多不足以明之。黄师婆心甚切，不惜浓墨重彩，随文发挥，经文深旨，如汩汩清泉，缓缓流淌，令人见而能明，明而能行，真妙释也。其"修身大旨，原与尘世相反。须知：世人之所好者，道家之所恶；世人之所贪者，道家之所弃。盖声色货利，百般美好，虽有利于人身，究无利于人心；又况人心一贪，人身即不利焉。惟性命一事，似无形无象，不足为人身贵者，若能去其外诱，充其本然，一心修炼，毫不外求，卒之，功成德备，长生之道在是矣。天下一切宝贵，孰有过于此乎"，真可谓修士之南针，凡夫之警策也。

【综按】五色，惑视也。五音，惑听也。五味，惑口舌也。田猎，惑心也。难得之货，妨德行也。此五者，世间之事理，老子举此人人易明之世间事理，以明修持之真谛。为腹不为目者，腹者，内也，内藏诸脏腑之主人翁者，心也。目者，外也，所见之事皆外，前举五事，皆外也。"为腹不为目"，为道之方法也。为道当向内求，求则得之，故当取此。向外求之，人心之所同然，名闻声色货利，人心之所共喜，求则皆如前所举，无益而有害，故皆当远离之。居凡夫地者，经历无量生、无量劫，向外贪求，习气坚固，实难除之。故修真之士，当痛下决心，站稳脚跟，立冲天之志，发长久之心，难舍能舍，难除能除。自此，而逆用生命程序，将向外营求之贪心收回，事则敦伦尽分，闲邪存诚，积功累德，道则内心中求，外求之念，务尽除之。如是久久，自然性天发露，道证无余矣。"反者，道之动"良有以也。

十三章

宠辱若惊，贵大患若身。何谓宠辱？辱为下。得之若惊，失之若惊，是谓宠辱若惊。何谓贵大患若身？吾所以有大患，为我有身。及我无身，吾有何患！故贵身于天下，若可托天下；爱以身为天下者，若可寄天下。

三家注按

林希逸：若，而也。宠辱不足惊，而人惊之。身为大患，而人贵之。先提起两句，下面却解。何谓者，不足言也。宠辱一也，本不足言，而人以辱为下，自萌好恶之心，故得之失之皆能惊动其心，此即患得患失之意。身者，我之累也，无身则无累矣。而人反以为贵，是不知其真身之身也。知其真身之可贵，知其真身之可爱，虽得天下，不足以易之。人能如此，则可以寄托于天下之上矣。寄托二字，便有天下不与之意。此章两"何谓"自有两意，乃古文之妙处。

【按】林公一句"宠辱一也"，境界立见。"知其真身之可贵，知其真身之可爱"之真身，既非此肉身，亦非意识心之幻身，更非所谓之原形，而实乃道生之身，即禅家所谓"本来面目"也。

释德清：此言名利之大害，教人重道忘身以袪累也。

"宠辱若惊"者，望外之荣曰宠。谓世人皆以宠为荣，却不知宠乃是辱，以其若惊。惊，心不安貌。"贵大患若身"者，崇高之位曰贵，即君相之位。谓世人皆以贵为乐，却不知贵乃大患之若身。以身喻贵，谓身为苦本，贵为祸根，言必不可免也。

此二句立定，向下征而释之曰：何谓宠是辱之若惊耶？宠为下，谓宠乃下贱之事耳。譬如嬖幸之人，君爱之以为宠也，虽卮酒脔肉必赐之，非此，不见其为宠。及其赐也，必叩头而啖之，将以为宠。彼无宠者，则傲然而立。以此较之，虽宠实乃辱之甚也。岂非下耶？故曰"宠为下"。且而未得之也，患得之；既得之也，患失之。是则兢兢得失于眉睫之间，其心未尝暂自安。由此观之，何荣之有？故曰："得之若惊，失之若惊。"此其所以宠是辱也。

"贵大患若身"者，是以身之患，喻贵之患也。然身，乃众患之本。既有此身，则饥寒病苦，死生大患，众苦皆归，必不可免，故曰"吾所以有大患者，为吾有身"。无身，则无患矣，故曰"及吾无身，吾有何患"。然位，乃祸之基也。既有此位，则是非交谪，冰炭攻心，众毁齐至，内则残生伤性以灭身，外则致寇招尤以取祸，必不可逃，故曰"吾所以有大患者，为吾有贵"。无贵，则无患矣，故曰"贵大患若身"。

《笔乘》引王子搜"非恶为君也，恶为君之患"也。盖言贵为君人之患。《庄子》曰："千金重利，卿相尊位也。子独不见郊祀之牺牛乎？养食之数岁，衣以文绣，以入太庙。当是之时，虽欲为孤豚，岂可得乎？"斯言贵为卿相者之患。老子言苟知身为大患不可免，则知贵为大患，亦不可免也。然且世人不知贵为大患，反以为荣，爱身取贵，以致终身之累，皆非有道之所为也。

唯有道者，不得已而临莅天下，不以为己显；虽处其位，但思道济苍生，不以为己荣。此则贵为天下贵，非一己之贵。如此之人，乃可寄之以天下之任。然有道者，处崇高之位，虽爱其身，不是贪位慕禄以自保，实所谓卫生存身以行道，是则爱身乃为天下爱其身，非私爱一己之身。如此之人，乃可托以天下之权。若以此为君，则无为而治；以此为臣，则功大名显，故道为天下贵也。故曰贵以身为天下，则可寄于天下，爱以身为天下，乃可托于天下。

【按】"贵为天下贵，非一己之贵。如此之人，乃可寄之以天下之任。……为天下爱其身，非私爱一己之身。如此之人，乃可托以天下之权。"有天下之心者，方能有此一释。

黄元吉：孟子曰："守孰为大？守身为大。"《诗》曰："既明且哲，以保其身。"古人于身亦何重哉？夫以此身也，不但自家性命依之而存，即一家之内，无不赖之以生。推而言之，为天地立心，为万物立命，为往圣继绝学，为万世开太平，无非此身为之主宰。虽然，主宰宇宙者此身，而主宰此身者惟道。道不能凭空而独立，必赖人以承之，故曰"身存则道存，身亡则道亡"。大修行人，当大道未成之时，身远尘世，迹循山林，韬光养晦，乐道安贫，耳不闻人声，口不谈时世，足不履红尘，岂徒避祸以全身哉？亦欲安身以立命也。至于人世荣宠之事，耻辱之端，皆视为平常故事，毫不足介意者然。虽无端而弓旌下逮，币聘来临，君相隆非常之遇，蓬荜增盖代之辉，人所喜欲狂者，己则淡然弥甚也。倘不幸而闻望过隆，戮辱旋及，奸邪肆谗谤之口，身家蒙不白之冤，亦惟不诿罪于人，归咎于己而已。古圣人居宠不灭性，受辱不亡身，良有以也。要皆明于保身之道，不以功名富贵养其身，而以仁义道德修其性，所以成万年不坏之躯，为古今所倚赖也。倘一有其身，自私自重，与人争名争利，为己谋食谋衣，逐逐营营，扰扰纷纷，争竞不息，攘夺无休，不旋踵而祸患随之矣，君子所由贵藏器以待时，安身以崇德也。太上见人不能居宠思畏，弭患无形，所以有宠辱若惊、贵大患若身之慨。何谓宠辱若惊？盖以宠为后起之荣，非本来之贵，故曰：宠为下。但常人之情，营营于得失，故得之若惊，失之若惊，是为宠辱若惊。其曰贵大患若身者何？殆谓人因有身，所以有患，若无吾身，患从何来？凡人当道未成时，不得不留身以为修炼之具，一到脱壳飞升，有神无身，何祸之可加哉？既留形住世，万缘顿灭，一真内含，虽云游四境，亦来去自如，又何大患之有？世之修士，欲成千万年之神，为千万人之望，造非常之业，建不朽之功，须一言一行，不稍放肆，即贵其身而身存，乃可为天下所寄命者；一动一静，毫不敢轻，即爱其身而身在，乃可为天下所托赖者。如莘野久耕，而三聘抒忱，慨然以尧舜君民自任；南阳高卧，而几经束帛，俨然以鼎足三分为能。所谓托"六尺之孤，寄百里之命"，非斯人，其谁与归？彼自私其身而高蹈远引，不思以道济天下，使天下共游于大道之中者，相去亦远矣。

此言人身自有良贵，不待外求，有非势位之荣可比者。人能从此修持，努力不懈，古云"辛苦二三载，快乐千万年"，洵不诬矣，有何宠辱之惊，贵患之慨耶？学者大道未得时，必赖此身以为修炼；若区区以衣服饮食，富贵荣华，为养身之要，则凡身既重，而先天真身未有不因之而损者；先天真身既损，而后天凡身亦断难久存焉，此凡夫之所以爱其身而竟丧其身也。惟至人知：一切事情，皆属幻化之端，有生灭相，不可认以为真；惟我先天元气，才是我生身之本，可以一世，可以千万年。若无此个真身，则凡身从何而有？此为人身内之身，存之则生，失之则死，散之为物，凝之为仙，不可一息偶离者也。太上教人兢兢致慎，不敢一事怠忽，不敢一念游移，更不敢与人争强角胜，惟恬淡自适，清净无尘，以自适其天而已；虽未出身加民，而芸芸赤子，早已庆安全于方寸。斯人不出，如苍生何？民之仰望者，深且切矣。所谓"不以一己之乐为乐，而以天下之乐为乐；不以一己之忧为忧，而以天下之忧为忧"，其寄托为何如哉？

【按】世之修道者，多从"吾所以有大患，为我有身，及我无身，吾有何患"而轻身贱身，传达出消极情愫，为世人诟病。黄师从"身存则道存，身亡则道亡"入手，认为其身虽凡虽幻，却有不可不重的道理在。故开篇即以孟子"守身为大"来细细论证身之重要，劝人重视身躯。但又恐人执着身躯，为身所累，故紧接着以"若区区以衣服饮食，富贵荣华，为养身之要，则凡身既重，而先天真身未有不因之而损者；先天真身既损，而后天凡身亦断难久存焉"为言，以预防之。令人明幻身当重者，权也。而究之实理，则当重者为真身，真身者何？"惟我先天元气"也。直指修身本元，真可谓掷地作金声。

【综按】世人愚痴，贪宠而嗔辱，只知养身躯不知养心主，故曰"宠辱若惊，贵大患若身"。教人明宠与辱，皆伤心主，重身躯而不重心主，与道远离。只有远离贪嗔，为道忘躯，方可以建功立业，直证道果，"可托天下""可寄天下"者，正是指此而言。

又"何谓宠辱？辱为下"句，有作"何谓宠辱若惊，宠为下"者，有作"何谓宠辱若惊，辱为下"者，有作"宠辱若惊，宠为下"者，有作"宠辱若惊，宠为上，辱为下"者。遂起争议，校勘诸家，各说各是。盖"宠辱"者，宠辱之见也；若惊者，动其心主也。为上为下，动心之微甚。辱之动心，以当下观之，当甚于宠，宠之动心，以久远观之，则又甚于辱。是以脱文与否之争，无益于解，争之甚无谓。

十四章

视之不见，名曰夷；听之不闻，名曰希；抟之不得，名曰微。此三者不可致诘，故混而为一。其上不皦，在下不昧。绳绳不可名，复归于无物。是谓无状之状，无物之象，是谓忽（惚）恍。迎不见其首，随不见其后。执古之道，以语今之有。以知古始，是谓道已（纪）。

三家注按

林希逸： 此章形容道之无迹。夷，平也。希、微，不可见之意。三字初无分别，皆形容道之不可见、不可闻、不可得耳。抟，执也。三者，希、夷、微也。三者之名不可致诘，言不可分别也，故混而一者，言皆道也。此两句是老子自解上三句，老子自曰"不可致诘"，而解者犹以希、夷、微分别之，看其语脉不破，故有此拘泥耳。不皦，不明也。不昧，不暗也。上下，俯仰也。"上""下"二字，亦不可拘，但言此道不明不暗，上下求之，皆不可见耳。绳绳，多也。多而不可名，其终皆归于无物，故为无状之状，无象之象。所谓"无状之状，无象之象"，亦惚恍耳。迎之而不见其首，无始也。随之而不见其后，无终也。执古之道，言其初自无而出也。以其初之无，而御今之有，则可以知古始之所谓道者矣。纪，刚纪也，道纪，犹曰人纪，犹曰王道之纲也。

【按】 林公此释，不过随文演义。虽无多发明，但释"迎之而不见其首"为无始，"随之而不见其后"为无终，甚确，可资参考。

释德清： 此言大道体虚，超乎声色名相思议之表，圣人执此以御世也。

夷，无色也，故视之不可见。希，无声也，故听之不可闻。微，无相也，故搏之不可得。搏，取之也。此三者，虽有此名，其实不可致诘。致诘，犹言思议。由其道体混融而不可分，故为一。

其上日月不足以增其明，故不皦。皦，明也。其下幽暗不能以昏其礼，故不昧。绳绳，犹"绵绵不绝"之意。谓道体虽绵绵不绝，其实不可名言。毕竟至虚，虽生而不有，故复归于无物。

杳冥之内，而至精存焉，故曰"无状之状"。恍惚之中，而似有物焉，故曰无象之象，是谓惚恍。此正《楞严》所谓"罔象虚无，微细精想"耳。由其此体，前观无始，故迎之不见其首；后观无终，故随之不见其后，此乃古始之道也。

上皆历言大道之妙，下言得道之人。然圣人所以为圣人者，盖执此妙道以御世，故曰"执古之道，以御今之有"。吾人有能知此古始之道者，即是道统所系也，故曰"能知古始，是谓道纪"。纪，纲纪，谓统绪也。

【按】德师以"大道体虚，超乎声色名相思议之表"释"视之不见，名曰夷；听之不闻，名曰希；抟之不得，名曰微"，即禅家所谓"言语道断，心行路绝"也。

黄元吉：大凡天下事，俱要有个统绪，始能提纲挈领，有条不紊，况修道乎哉？且夫大道之源，即真一之气也；真一之气，即大道之根也。何谓真一之气？《诗》曰"维天之命，于穆不已"是。何谓大道之根？《诗》曰"上天之载，无声无臭"是。理气合一即道也。修士若认得者个纲纪，寻出者个端倪，以理节情，以义定性，以虚无一气为根本，长生之道得矣。如以清清朗朗、明明白白为修，吾知：道无真际，修亦徒劳焉。太上所以状先天大道曰：视之不见曰夷，听之不闻曰希，抟之不得曰微。夫心通窍于目也，目藏神；肾通窍于耳也，耳藏精；脾通窍于四肢也，四肢属脾，脾属土，土生万物，真气凝焉，即精神寓焉。若目有所见，耳有所闻，手有所把捉，皆后天有形有色有声有臭之精气神，只可以成形，不可以成道。惟视无所见，则先天木性也；听无所闻，则先天金情也；抟无所得，则先天意土也，故曰：后天之水火土，生形者也；先天之金木土，成仙者也。其曰夷曰希曰微者，皆幽深玄远，不可捉摸之谓，真有不可穷诘者焉。能合五气为一气，混三元为一元，则真元一气在是，天然主宰亦在是。所以《悟真》云："女子着青衣（火生水），郎君披素练（水生金），见之不可用（后天水火土），用之不可见（先天木金土），恍惚里相逢（混而为一），杳冥中有变。霎时火焰飞，真人自出现。"修士知此，即知大道之源，修道之要矣。若不知始于虚无，执着一身尸秽之气、杂妄之神，生明觉心，做了照想，吾恐藏蓄未深，发皇安畅？此炼精炼气炼神之功，所以不离乎混沌焉。既混沌，久之，则胎婴长，阳神生，而其间育胎养神之法，又不可不知，即前章"爱民治国，行无为道"是。阳神出入，运行自然，时而神朝于上，则不知其所自，上所以不皦也；时而神敛于下，则不忽其所藏，下所以不昧也。由此绵绵密密，继继绳绳，无可名状，亦无有作为，仍还当年父母未生之初，浑然无一物事。《易》曰"洗心退藏于密"，是其旨矣，故云：复归于无物。虽然，无物也，而天下万事万物皆自此无中生来，太上所以有"无状之状，无象之象"之谓也。然究有何状何象哉？不过恍恍惚惚中偶得之耳。果能恍惚，真阳即生，迎其机而导之，殆不见其从何而起，是前不见其首也；随其气而引之，亦不见其从何而终，是后不见其尾也。道之浩浩如此。此不亦"大周沙界、细入毫芒"者乎？是道也，何道也？乃元始一气，人身官骸之真宰也，得之则生，失之则死，完则为人，欠则为物，所争只毫厘间耳。学人得此元始之气，调摄乎五官百骸，则毛发精莹，肌肤细腻，是谓"执古之道以御今之有"者此也。人能认得此开天辟地，太古未有之元始一气，以为一身纲纪，万事主脑，斯体立而用自行，本正而末自端矣。倘学人不以元始一气为本，欲修正觉，反堕旁门，可悲也夫！

此状道之体。学道人会得此体，方有下手功夫。若真一之气，是先天性命之源，非后天精气神可比。欲见真气，必将性命融成一片，始得真一之气。第此气，浑浑沦沦，浩浩荡荡，虽无可象可形，而天下之有象有形者皆从此无形无象中出，诚为大道纲维，天地人物之根本也。道曰守中，佛曰观空，儒曰慎独，要皆同一功用。故自人视之，若无睹无闻，而自家了照，却又至虚至实，至无至有，所以子思曰："莫见乎隐，莫显乎微。"君子慎独之功，诚无息也。要之，隐微幽独之地，虽有见显可据，而大道根源，只是希夷微妙，无可状而状，无可象而象，极其浑穆。学道人总要于阳之未生，恍惚以待之，于阳之既产，恍惚以迎之，于阳之归炉入鼎，恍惚以保之养之，绝不起大明觉心，庶几无时无处而不得大道归源焉。前言阳神出现，明天察地，通玄达微，及了悟之候，光明景界，纯任自然，有知若无知，有觉若无觉；况下手之初，可不恍恍惚惚，死人心以生道心乎？

【按】黄师此释，超绝诸家，字字珠玑，句句至理，皆实践有得之言也。如"迎之不见其首，随之不见其后"从恍惚中真元即生之后的功夫境界为释，谓："迎其机而导之，殆不见其从何而起，是前不见其首也；随其气而引之，亦不见其从何而终，是后不见其尾也。"超越诸家，无有出其右者。此外，"目有所见，耳有所闻，手有所把捉，皆后天有形有色有声有臭之精气神，只可以成形，不可以成道。惟视无所见，则先天木性也；听无所闻，则先天金情也；搏无所得，则先天意土也。故曰：后天之水火土，生形者也；先天之金木土，成仙者也"，一段透出先天五行消息。近世诸家论五行，皆不知五行有先、后天之别者也，纵议论谨严，举证丰富，究之五行真谛，则无非梦呓之言，实皆酒后之语，学者宜留心参究焉。

【综按】几（夷）、希、微，皆状道体之作用的词句，道体之用者，随缘起用，神应无方。故曰"不可致诘""混而为一"。道之形上特征幽深玄远，不可以见、闻触知，故曰"其上不皦"。道之随缘起用而所生之大千世界林林总总，历历在目，故曰"其下不昧"。道化生万物，无有穷尽，但道却不属于物，故曰"绳绳不可名，复归于无物"。道之体无状无象，而道之用却是有状有象，故曰"无状之状，无象之象，是谓惚恍"。道在天地之先，故曰"迎之不见其首"；天地灭而道犹存，故曰"随之不见其后"。万有虽繁，无不在道之中。故曰"执古之道，以御今之有"。能明开天辟地，化生天地万物，动植含灵，皆是道的作用，是为入道的基础。

十五章

古之善为士（道）者，微妙玄通，深不可识。夫唯不可识，故强为之容：豫若冬涉川，犹若畏四邻，俨若客，涣若□（冰）将释，敦若朴，混若浊，旷若谷。熟（孰）能浊以静之？徐清。安以动之？徐生。保此道者，不欲盈。夫唯不盈，能弊复成。

三家注按

林希逸：此章形容有道之士通于玄，微妙，可谓深于道矣，而无所容其识知，惟其中心之虚，不知不识，故其容之见外者，皆出于无心，故曰"强为之容"。"豫兮"以下，乃是形容有道者之容，自是精到。冬涉川，难涉之意也。豫，容与之与也，迟回之意也。犹，夷犹也。若人之畏四邻，而不敢有为也。客者，不自由之意。俨，凝定也。涣，舒散也。若冰之将释，似散而未散也。敦，厚也。朴，浑然之意也。旷，达也。谷，虚也。浑兮其若浊，澄之而不清，挠之而不浊也。于浊之中，而持之以静，则徐而自清。安，不动也，安之而久，徐徐而动，故曰"徐生"。孰能者，言孰能若此乎。徐，优游之意也。此两句，只是不清不浊，不动不静，浊中有清，动中有静耳。不欲盈者，虚也。敝，故也。保此道者，其中常虚，则但见故而不新，此便是首章所谓"常道"。处敝而不新，则千载如一日矣。能如此而后为道之大成。"是以能敝不新"是一句，"成"是一句。

【按】林公此释，随文演义，导初学之途可也。

释德清：此言圣人体道深玄，故形神俱妙。

人能静定虚心，则故有常存也。庄子谓"嗜欲深者天机浅"。盖今世俗之人，以利欲熏心，故形气秽浊粗鄙，固执而不化，不得微妙玄通，故天机浅露，极为易见，殆非有道气象，皆是不善为士也。老子因谓古之善为士者，不浅露易见，乃微妙玄通，深不可识。

夫为不可识，最难形容，特强为之形容耳。然形容其行动也，豫若冬涉川，犹若畏四邻。犹豫，行不进貌。冬涉川，谓不敢遽进。畏四邻，谓不敢妄动。此乃从容不迫之意。其威仪也，俨若客。俨，谓肃然可观。若客，谓谦退不敢直前。其气也，涣若冰将释。庄子谓"暖然似春"，又云"冰解冻释"，谓其气融和，使可亲爱之意。其外貌也，敦兮其若朴。敦，敦厚。朴，无文饰也。其中心也，旷兮其若谷。旷，空也。谷，虚也。外体敦厚朴素，而中心空虚寂定也。其迹也，浑兮其若浊。浑，与混同。谓和光同尘也。盖有道之士，心空无着，故行动威仪，气象体段，胸次悠然，微妙玄通之若此。所谓"孔德之容，惟道是从"，故可观而不可识。世俗之人，以功名利禄交错于前，故形气秽浊，而不可观。

老子因而愍之曰："孰能于此浊乱之中，恬退自养，静定持心，久久而徐清之耶？"盖心水汨昏，以静定治之则清。所谓"如澄浊水，沙土自沉，清水现前，名为初伏客尘烦恼"。不能顿了，故曰"徐清"。人皆竞进于功利之间，老子谓：孰能安定自守，久久待时而后生耶？生，乃发动，谓应用也，即"圣人迫不得已而后应"之意。《笔乘》谓老子文法多叶韵，盖"清""生""盈""成"，一韵耳。若言徐动、徐应，则不叶矣。

老子嗟叹至此，乃教之以守道之方曰："保此道者不欲盈。"盈，满也。欲盈，乃贪得无厌、不知止足之意。谓世人但知汩汩于嗜欲，贪得不足，殊不知天道忌盈，满则溢矣。所谓"持而盈之，不如其已"，故此教之以"不欲盈"也。

后乃结示知足常足之意曰："夫惟不盈，是以能敝不新成。"敝，故敝，物之旧者谓之敝。凡物旧者，最持久，能奈风霜磨折，而新成者虽一时鲜明，不久便见损坏。老子谓世人多贪好盈，虽一时荣观快意，一旦祸及，则连本有皆失之矣。惟有道者，善知止足，虽无新成之名利，而在我故有现成之物，则可常常持之而不失矣，故曰"能敝不新成"。观子房请留辟谷之事，可谓"能敝不新成"者，此余所谓子房得老之用也。

【按】德师释"敦若朴，浑若浊，旷若谷"为和光同尘，释"熟能浊以静之徐清"为"初伏客尘烦恼"，以"子房请留辟谷之事"释"复此道者，不欲盈。夫唯不盈，能蔽复成"，均甚精到，唯认子房请留事为道之用，则有失偏颇。盖道之用，"无为而无不为"。

黄元吉：太上前章言道体，此言体道之人。人与道，是二而一也。道无可见，因人而见。人何能仙？以道而仙。道者何？真一之气也。真一之气，即中庸之德也。欲修大道，岂有他哉？文王小心翼翼昭事上帝，孔子足缩缩如有循。人之为道，不外一敬焉耳。人能以敬居心，一念不苟，一事不轻，大道不即此而在乎？虽然，道无奇怪，尤赖有体道者存乎其间，斯道乃不虚悬于天壤，故太上云：古之善为士者，"其为物不二，则其生物不测"，何其至微而至妙乎？"寂然不动，感而遂通"，何其至玄而至通乎？顾其心之浩浩、气之洋洋，不啻江海之深，令人无从测识，故太上曰：夫惟不识，故强为之容，以明其内之真不可得而测，其外之容有可强而形焉。其心心慎独，在在存诚，如豫之渡河，必俟冰凝而后渡；若犹之行夜，必待风静而后行，最小心也。其整齐严肃，亦如显客之遥临，不敢稍慢。其脱然无所累，夷然无所系，又似冰释为水，杳无形迹可寻。其忠厚存心，仁慈待物，浑如太朴完全，雕琢不事，而浑然无间。其休休有容，谦谦自抑，何异深山穷谷，虚而无物，大而能容耶？其形如此，其性可知。要皆浑天载于无声，顺帝则而不识，宛若舜居深山，了无异于深山野人者，其浑噩之风，岂昏浊者所得而拟乎？但浑与浊相肖，圣与凡一理。凡人之浊，浊真浊也；圣人之浊，浑若浊也，实则至浊至清而已。然圣不自圣，所以为圣；凡不自凡，竟自终凡。孰能于心之染污者而澄之使静，俟其静久而清光现焉？孰能于性之本安者而涵泳之、扩充之，迨其养之久久，而生之徐徐，采以为药，炼以为丹？保生之道，不诚在是乎？此静以凝神，动以生气，即守中，即阳生活子时也。由此一升一降，收归鼎炉，渐采渐炼，渐炼渐凝，无非一心不二，万缘皆空，保守此阳而已。有而不有，虚而愈虚，有至虚之心，无持盈之念，是以能返真一之气，得真常之道焉。又曰能敝不新成者何？盖以凡事之新成者，其敝必速，兹则敝之无可敝也，敝者其迹，不敝者其神，一真内含，万灵外著，其微妙玄通，固有如是焉耳。

此言体道者之谨慎小心。虽曰道本虚无，而有道高人，自能无形而形，无象而象，若内外一致者然。章内"若"字七句，皆借物以形容道妙，正见微妙通玄，渊深不可测度处。"孰能"以下数句，是言未能成德而求以入道者，浊不易澄，静存则心体自洁；安贵于久，动察则神智不穷。满遭损，故不欲盈也；速易敝，故不新成也。吾愿学人，虚而有容，朴而无琢，浑浑灏灏，随在昭诚悫之风，斯人心未有不化为道心，凡气未有不易为真气者。切勿以深莫能测，遂逡巡而不前也！

【按】黄师说本章讲的是"体道之人"，甚是，给人启示良多。

【综按】据黄师本章说的是"体道之人"，盖"道无可见，因人而见"也。质言之，"微妙玄通，深不可识"，道之体也。"豫若冬涉川，犹若畏四邻，俨若客，涣若冰将释"，体道者之外在表现形式也，自然而然，不假造作。"敦若朴，混若浊，旷若谷"，体道者自然之境界也。"不欲盈"，体道者之心灵境界也。明乎此，则自不将此章做君人南面之术解。

十六章

致虚极，守静笃。万物并作，吾以观其复。夫物云云，各归其根。归根曰静，静曰复命，复命曰常，知常曰明。不知常，忘（妄）作，凶。知常容，容能公，公乃王，王能天，天能道，道能久，没身不殆。

三家注按

林希逸： 致虚，致知之致也。学道至于虚，虚而至于极，则其守静也笃矣。笃，固也。能虚能静，则于万物之并作而观其复焉。作，生也。复，归根复命之时也，此便是"常无欲以观其妙，常有欲以观其窍"。芸芸，犹纷纷也。物之生也，虽芸芸之多，而其终也，各归其根。既归根矣，则是动极而静之时，此是本然之理，于此始复，故曰"复命"。得至复命处，乃是常久而不易者。能知常久而不易之道，方谓之明，此便是"道可道，非常道。名可名，非常名"之意。人惟不知此常久不易之道，故有妄想妄动，皆失道之凶也。知常则其心与天地同大，何物不容？既能容矣，则何事不公？王天下者，即此公道是也。以公道而王，则与天同矣。天即道也，故曰"王乃天，天乃道"。久，常也。人能得此常道，则终其身无非道也，又何殆乎？自天子以至庶人皆然。

【按】心不虚则静不能固，静不固则心不能安，心不安则慧不生，慧不生则常久不易之静不能得矣。

释德清： 此承上章要人做静定功夫，此示功夫之方法也。

"致虚极，守静笃"者，致，谓推致推穷之意。虚，谓外物本来不有。静，谓心体本来不动。世人不知外物本来不有，而妄以为实，故逐物牵心，其心扰扰妄动，火驰而不返。见利亡形，见得亡真，故竞进而不休，所以不能保此道也。今学道功夫，先要推穷目前万物，本来不有，则一切声色货利，当体全是虚假不实之事。如此推穷，纵有亦无。一切既是虚假，则全不见有可欲之相。既不见可欲，则心自然不乱，而永绝贪求，心闲无事。如此守静，可谓笃矣。故致虚要极，守静要笃也。

老子既勉人如此做功夫，恐人不信，乃自出己意曰："我之功夫亦无他术，唯只是万物并作，吾以观其复，如此而已。"并作，犹言并列于前也。然此目前万物本来不有，盖从无以生有。虽千态万状，并列于前，我只观得当体全无，故曰"万物并作，吾以观其复"。复，谓心不妄动也。

向下又自解之曰："夫物芸芸，各归其根。"意谓目前万物虽是暂有，毕竟归无，故云"各归其根"。根，谓根本元无也。物既本无，则心亦不有，是则物我两忘，寂然不动，故曰"归根曰静，静曰复命"。命，乃当人之自性，赖而有生者。然人虽有形，而形本无形，能见无形，则不独忘世，抑且忘身。身世两忘，则自复矣。故云"静曰复命"。性，乃真常之道也，故云"复命曰常"。人能返观内照，知此真常妙性，才谓之明，故云"知常曰明"。由人不知此性，故逐物忘生，贪欲无厌。以取戕生伤性、亡身败家之祸，故曰"不知常，妄作，凶"。

人若知此真常之道，则天地同根，万物一体，此心自然包含天地万物，故曰"知常容"。人心苟能广大如此，则民吾同胞，物吾与也，其心廓然大公，则全不见有我之私，故曰"容乃公"。此真常大道，人若得之于内，则为圣；施之于外，则为王，故曰"公乃王"。王乃法天行事，合乎天心，故曰"王乃天"。天法道，合乎自然，故曰"天乃道"。与天地参，故曰"道乃久"。人得此道，则身虽死而道常存，故曰"没身不殆"。殆，尽也。且此真常之道，备在于我，而人不知，返乃亡身殉物，嗜欲而不返，岂不谬哉？

【按】德师此释，字字珠玑，不可移易者也。反复玩味其间，定有收获。

黄元吉：人欲修大道，成金仙，历亿万年而不坏，下手之初，不可不得其根本。根本为何？即玄关窍也。夫修真炼道，非止一端，岂区区玄关妙窍可尽其蕴哉？盖天有天根，物有物蒂，人有人源，断未有无始基而能成绝大之功、不朽之业者。试观天地未开以前，固阒寂无闻也；既辟而后，又浩荡无极矣。谓未开为天根乎？茫荡而无着，固不可以为天根。谓已辟为天根乎？发育而无穷，亦不得指为天根。是根究何在哉？盖在将开未开处也。又观人物未生之时，固渺茫而无象也；既育以后，又繁衍而靡涯矣。谓未生为本乎？冥漠而无状，固不得以为人物之本。谓既育为本乎？变化而靡穷，亦不得视为人物之本。是本果何在哉？亦在将生未生之时也。欲修大道，可不知此一窍而妄作胡为乎？太上示人养道求玄之法曰：致虚极，守静笃，吾以观其复。此明修士要得玄关，惟有收敛浮华，一归笃实，凝神于虚，养气于静，致虚之极，守静之笃，自然万象咸空，一真在抱，故《易》曰："复见其天地之心乎？"又邵子云："冬至子之半，天根理极微。一阳初动处，万物未生时。"此时即天理来复，古人喻为活子时也。又曰："一阳初发，杳冥冲醒。"此正万物返本，天地来复之机，先天元始祖气于此大可观矣。但其机甚微，其气甚迅，当前即是，转念则非，不啻石火电光，俄顷间事耳。请观之草木，当其芸芸有象，枝枝叶叶，一任灿烂成章，艳彩夺目，俱不足为再造之根、复生之本；惟由发而收，转生为杀，收头结果，各归其根，乃与修士丹头或无异也。归根矣，是由动而返静矣。既返于静，依然复诞降嘉种之初，在物为返本，在人即复命，非异事也。一春一秋，物故者新；一生一杀，花开者谢。是知修士复命之道，亦天地二气之对待，为一气之流行，至平至常之道也。能知常道，即明大道。由此进功，庶不差矣。世之旁门左道，既不知大道根源，又不肯洗心涤虑，原始要终，或炼知觉之性，或修形气之命，或采七金八石以为药，或取童男幼女以为丹，本之既无，道从何得？又况狃于一偏，走入邪径，其究至于损身殒命者多矣。是皆由不知道为常道，以至索隐行怪，履险蹈危，而招凶咎也。惟知道属真常，人人皆有，物物俱足，知之不以为喜，得之不以为奇，如水火之于人，一任取携自如，休休乎虚而能容，物我一视，有廓然大公之心焉。至公无私如此，则与王者"民，吾同胞；物，吾同与""体天地而立极，合万物以同源"，不相隔也，斯非"与天为一"乎？夫天即道，道即天，天外无道，道外无天。惟天为大，惟王则之；惟道独尊，惟天法之。故人则有生而有死，道则长存而不敝。虽至飞升脱壳，亦有殒灭之时，然形虽亡而神不亡，身虽没而气不没。《诗》曰"文王在上，于昭于天"，其斯之谓欤？是皆从虚极静笃而观来复之象，乃能如此莫测也，学者可不探其本而妄作招凶哉？

　　太上示人本原上功夫，头脑上学问。此处得力，则无处不得力。学者会得此旨，则恪守规中，绵绵不息，从无而有，自有而无，虽一息之瞬，大道之根本具焉；即终食之间，大道之元始存焉。从此一线微机，采之炼之，渐渐至于蓬勃不可遏抑，皆此一阳所积而成也。纵浩气塞乎天地，阳神贯乎斗牛，何莫非一点真气所累而致乎？学人不得者个真气，但以后天形神为炼，不过如九牛之一毛、沧海之一粟耳，何敢与天地并论乎？惟行此道而与天地同体，乃极亿万年不坏。修道者，须认真主脑，采取不失其时，可也。

【按】"世之旁门左道，既不知大道根源，又不肯洗心涤虑，原始要终，或炼知觉之性，或修形气之命，或采七金八石以为药，或取童男幼女以为丹，本之既无，道从何得？又况狃于一偏，走入邪径，其究至于损身殒命者多矣。是皆由不知道为常道，以至索隐行怪，履险蹈危，而招凶咎也"。黄师此释真可为末法时期别真伪之宝鉴，识邪道之金针，不可不知者也。

【综按】致虚极，虚者，心不逐物也。守静笃，静者，本来不动之心体也。万物虽繁，观其复，则得其本也。本者，万物之本体，永恒不变者也，是以曰常。知此恒常不变之道体，谓之明，后世明心见性者，此也。若不知行，凶必随焉。知常之义大矣哉？知常之义大矣。

十七章

太上，下知有之；其次，亲之豫之；其次，畏之侮之。信不足，有不信！由（犹）其贵言。成功（功成）事遂，百姓谓我自然。

三家注按

林希逸：太上，言上古之世也。下，天下也。上古之时，天下之人但知有君而已，而皆相忘于道化之中。及其后也，民之于君，始有亲誉之意。又其后也，始有畏惧之意。又其后也，始有玩侮之意，此言世道愈降愈下矣。上德既衰，诚信之道有所不足，故天下之人始有不信之心，此"商人作誓民始叛，周人作会民始疑"之意。民既不信矣，而为治者犹安然以言语为贵，故有号令教诏之事，岂不愈重民之疑乎？犹，夷犹也。犹兮，乃安然之意。太上之时，功既成矣，事既遂矣，天下之人阴受其赐而不自知，皆曰我自然如此，所谓"帝力于我何加"是也。既谓贵言之非，而以此一句结之，是伤今而思古也。

【按】林氏此释，以史证经，令人易会经旨，其法甚善。

释德清：此言上古无知无识，故不言而信。其次有知有识，故欺伪日生。老子因见世道日衰，想复太古之治也。

"太上，下知有之"者，谓上古洪荒之世，其民浑然无伪，与道为一，全不知有。既而混沌日凿，与道为二，故知有之。是时虽知有，犹未离道，故知而不亲。其世再下，民去道渐疏，始有亲之之意。是时虽知道之可亲，但亲于道，而人欲未流，尚无是非毁誉之事。其世再下，而人欲横流，盗贼之行日生。故有桀、跖之非毁，尧、舜之是誉。是时虽誉，犹且自信而不畏。其世再下，而人欲固蔽，去道益远，而人皆畏道之难亲。故孔子十五而志于学，至七十而方从心。即颜子好学，不过三月不违仁，其余则日月至焉，可见为道之难，而人多畏难而苟安也。是时虽畏，犹知道之不敢轻侮。其世再下，则人皆畔道而行，但以功名利禄为重，全然不信有此道矣。

老子言及至此，乃叹之曰："此无他，盖由在上者自信此道不足，故在下者不信之耳。"然民既已不信矣，而在上者，就当身体力行无为之道，以启民信，清净自正，杜民盗贼之心，可也。不能如此，见民奸盗日作，犹且多彰法令，禁民为非，而责之以道德仁义为重，愈责愈不信矣，岂不谬哉？故曰"犹兮其贵言"。贵，重也。此上乃历言世道愈流愈下，此下乃想复太古无为之治，曰："斯皆有为之害也。安得太古无为之治，不言而信，无为而成，使其百姓日出而作，日入而息，凿井而饮，耕田而食。人人功成事遂，而皆曰我自然耶？"

盖老氏之学，以内圣外王为主，故其言多责为君人者，不能清静自正，启民盗贼之心。苟能体而行之，真可复太古之治。

【按】德师一句"盖老氏之学，以内圣外王为主"，真老子之知音，《道德经》之确诂者也。

黄元吉：太上治身之道，即治世之道，总不外一真而已。真以持己则己修，真以应物则物遂，虽有内外之分，人己之别，而此心之真，则无或异焉。人能至诚无息，则人之感之者亦无息；人或至诚有间，则物之应之者亦有间。盖人同此心，心同此理，修其身而天下自平，丧其真而天下必乱也。自三皇五帝以逮于今，从未有或异者。太上欲人以诚信之道自修，即以诚信之道治人。不见而章，不动而变，无为而成，在己不知有治之道，在人观感熏陶，亦不觉其自化而不知其所之。此上古之淳风，吾久不得而见矣，故太上曰：太上，不知有之。以君民熙熙皞皞，共嬉游于光天化日之下，倘非诚信存存，乌有如斯之神化乎？至皇古之休风已邈，太上之郅治无闻，则世风愈降，大道愈乖，有不堪语言见闻者。若去古未远，斯道尚存，天性未漓，真诚尚在，但非太古之笃实，亦为今世之光华。同一治也，一则无心而自化，一则有意以施仁，保民如保赤子，爱民如爱家人，斯时之尊上而敬长者，亦若如响所应；即感孚不一，德化难齐，亦惟亲之爱之，奖之誉之，绝不加以词色，俾之怀德畏威，是虽不及乎太上，然亦遵道遵路之可嘉，所谓"大道废，有仁义"者是。是皇降为帝，帝降为王，皆本天德以行王道者也。以后古风愈远，大道愈偷，王降为霸，假以行真，心各一心，见各一见，与帝王之一德感孚者，远矣。故礼教犹是，政刑犹是，法制禁令亦犹是，而此心之真伪，则杳不相若焉。惟借才华以经世，凭法度以导民，处置得宜，措施合法，使民望而畏之，不敢犯法违条，即是精明之主，太平之世。等而下之，不堪言矣。恃智巧以驱民，逞奸谋而驭众，以神头鬼面之心，为神出鬼没之治；当其悻悻自雄，嚣嚣自得，未有不以为智过三王、才高五霸，而斯世之百姓，卒惕惕乎中夜各警，其侮民也实甚，斯民虽不敢言，而此心睽违，终无一息之浃洽，所以不旋踵而祸乱随之矣。孔子曰："上好信则民用情。"倘信不足于己，安能见信于民？此上与下所以相欺而相诈也。夫制度文诰条教号令之颁，虽圣人亦所不废，然情伪分焉，感应殊焉。惟帝王以身作则，以信孚民，法立而政行，言出而民信，卒至光被四表，功成事遂，如尧之于变时雍，舜之慕己无为，而百姓皆谓"我自然"。噫！此真信之所及，以视信不足于内者，相判何啻天渊哉？

道德一经，原是四通八达，修身在此，治世在此，推之天下万事万物，亦无有出此范围者。即如此章"太上"二字，言上等之人，抱上等之质，故曰太上。上德清净无为，六根皆定。其次爱敬化民，有感即通。其次以威严驭世。其次以智巧导民，所谓术也。而其极妙者，莫如信。信属土，修炼始终，纯以意土为妙用，故太上云"其精甚真，其中有信"，是丹本也。信非他，一诚而已。人能至诚无息，则丹之为丹，即在是矣。但信与伪，相去无几。克念作圣，罔念作狂。人禽界，生死关，所争只一间耳。吾愿后学，寻得真信，以为真常之道，可也。信在何处？即是玄关一窍。人其知之否？

【按】黄师"道德一经，原是四通八达，修身在此，治世在此，推之天下万事万物，亦无有出此范围者。……而其极妙者，莫如信……信非他，一诚而已"，释曰"信为道源功德母""信心清静则生实相"，明莲池大师曰"往生净土，要皆有信，千信即千生，百信即百生"，儒曰"至诚无物"，诚者，至信也。信之为义大矣哉，信为义大矣！

十八章

大道废，有人（仁）义。智惠出，有大伪。六亲不和，有孝慈。国家昏乱，有忠臣。

三家注按

林希逸：大道行，则仁义在其中，仁义之名立，道渐漓矣，故曰"大道废，有仁义"。譬如智慧日出，而后天下之诈伪生。六亲不和，而后有孝慈之名。国家昏乱之时，而后有忠诚之名。此三句皆是譬喻，以发明上一句也。

【按】大道行，只是蓦直行去，别无奥秘。蓦直行，即是当下，是以仁义在其中。如此释"大道废，有仁义"，当为确诂。

释德清：此承上章言世道愈流愈下，以释"其次亲之誉之"之意也。

大道无心爱物，而物物各得其所；仁义则有心爱物，即有亲疏区别之分，故曰"大道废，有仁义"。

智慧，谓圣人治天下之智巧，即礼乐权衡斗斛法令之事。然上古不识不知，而民自朴素。及乎中古，民情日凿，而治天下者，乃以智巧设法以治之。殊不知智巧一出，而民则因法作奸，故曰"智慧出，有大伪"。

上古虽无孝慈之名，而父子之情自足。及乎衰世之道，为父不慈者众，故立慈以规天下之父；为子不孝者众，故立孝以教天下之子。是则孝慈之名，因六亲不和而后有也。

盖忠臣以谏人主得名，上古之世，君道无为，而天下自治，臣道未尝不忠，而亦未尝以忠立名。及乎衰世，人君荒淫无度，虽有为而不足以治天下，故臣有杀身谏诤，不足以尽其忠者。是则忠臣之名，因国家昏乱而有也。

此老子因见世道衰微，思复太古之治，殆非愤世励俗之谈也。

【按】德师此释甚平淡。

黄元吉：尝观上古之世，俗尚敦庞，人皆浑朴，各正其性，定其命，安其俗，乐其业，一如物之任天而动，率性以行，无事假借，不待安排，顺其性之常然，有不知其所以然者。庄子谓臃肿鞅掌之徒，蠢朴劳瘁，动与天随，饶有真意，此所以"不识不知，顺帝之则"，是何如之化理哉！要不过浑浑沦沦，无思无虑，与大道为一而已矣。无如皇风日降，大道愈衰，为上者于是有仁义之说，兢兢业业，无敢或荒。夫由义居仁，亦圣贤美事，未可厚非，而特拟诸古昔盛时，大道昌明，人心浑噩，不言仁义而仁义自在个中者，固大有闲矣。故太上为之叹曰：大道废，有仁义。由是上与下，慕仁义者窃其名，假仁义者行其诈，虽仁义犹是，而作为坏矣。此岂仁义之不良耶？殆由穿凿日甚，拘于仁、狃于义者之为害耳。然犹曰仁义也，虽不及大道之真，尚未至于大伪也。自此以后，世俗愈乖，人心弥坏，即仁义之传，其所存者亦几希。但见朝野内外，上下君臣，一以智而炫其才，一以慧而施其伎，此来彼往之内，大都尔诈我虞矣，不能一道同风，安望齐家治国？所以父子生嫌，兄弟起衅，甚至夫妇朋友，亲戚乡邻，人各一心，心各一见，几如胡越之不相亲也，何况其他？万一有子能孝，朝廷特为奖之；有父能慈，乡里共为称之。噫！父慈子孝，原是天地之常经，家庭之正轨，又何足表扬哉？乃自三党六亲不知，而忤逆之风日炽，阋墙之衅时闻，所以有能孝能慈者，固不胜郑重而表其里居，以风天下焉。不诚远逊大道隆盛之期，子有孝而不知其为孝，父克慈而并其为慈者哉！虽然，即此能孝能慈，亦是因不和而返为和之道。但今之世，好为粉饰，徒事铺张，言慈孝而袭取夫慈孝之名者，殊难枚举。又况五霸而后，骨肉相摧，君臣交质，无怪乎上有昏庸之主，下有跋扈之臣，而国家自此不靖矣。赖有忠肝义胆者，出而安邦定国，虽成败利钝未可预知，而尽瘁鞠躬，一片孤忠可表，数不可回，以力挽，势不可救，以心全，如诸葛武侯之六出祁山、姜伯约之九伐中原是也。况人臣事主，愿为良臣，不愿为忠臣。幸而国祚承平，同襄补衮之职；不幸而强梁迭起，各展济世之才。世有昏乱，天所以显忠臣也；世有忠臣，天所以维昏乱也。然忠臣出矣，即使昏乱能除，一洗干戈之气，化为礼义之邦，亦不及皇古之无事远矣。呜呼！忠靖之臣，愿终身埋没而不彰！不然，一人获忠臣之名，天下蒙昏乱之祸，不大可痛哉！

此太上感慨世道，伤今思古，欲人返朴还真，上与下同于无知，其德不离，同乎无欲，其道常足，熙熙皞皞，大家相安于无事而不知其所之者。即有仁义智慧，孝子忠臣，一概视为固然，不知其为有，且羞称其为有，此何如之浑朴乎！虽然，此为治世之论，推之修身之法，亦不外是。

首句喻言浑沦之俗，太朴未雕，犹童贞之体，不假作为，自成道妙。若一丧本来之天，则不得不借先天阴阳以返补之。夫阴阳，一仁义也，即"大道废，有仁义"之说。至于审取一身内外两个真消息，凭空以智慧采之取之，温之养之，此中即不纯正，多杂后天，不能不有伪妄，此又"智慧出，有大伪"之意也。他如采阴补阳，所以和六根之不和，使归于大定，即孝慈之喻也。猛烹急炼，所以靖一身之昏乱，使跻于清明，即忠臣之旨也。知此，则道不远矣。此太上明复命归根之学，究有何道哉？不过率其浑然粹然之天而已，修之者亦修此而已。

【按】黄师此释，从世道与修身两方面着手，高出古人多矣。儒曰："自天子以至于庶人，壹是皆以修身为本。"黄师此释，可谓深得儒门心法矣，儒道同源而异流，证之此释，谁谓不然。

【综按】为救周文疲惫，孔子发明周礼内在的根据——仁，发明礼的核心精神——和，发明义之内核为合符仁之行持。盖仁者，觉知之性也，为心体之用，王阳明之良知良能近之。然则，若执仁义之外相而刻意为之，则所行之仁之义亦皆为伪，是以老子不取。盖大道行也，蓦然直去，如行云般随风涌动，如流水般随方就圆直行底处，别无奥秘。蓦直之行，即是当下，是以仁义在其中，故老子取道而不取仁义也。"智慧出，有大伪"，即庄子所谓"机心深者，道心浅"也。"六亲不和，有孝慈。国家昏乱，有忠臣"，读来不禁心酸。

十九章

绝圣弃智，民利百倍。绝民（仁）弃义，民复孝慈；绝巧弃利，盗贼无有。此三者，为文不足，故令有所属：见素抱朴，少私寡欲，绝学无忧。

三家注按

林希逸：圣知之名出，而后天下之害生，不若绝之弃之，而天下自利。仁义之名出，而后有孝不孝、慈不慈分别之论，不若绝而去之。与道相忘，则人皆归于孝慈之中，而无所分别也。巧利作而后盗贼起，不若绝而弃之，即所谓"不贵难得之货，使民不为盗"也。"圣知""仁义""巧利"三者，皆世道日趋于文，故有此名。以知道者观之，是文也，反不足以治天下，不若属民而使之见素抱朴，少私寡欲，而天下自无事矣。令，使也。属，犹《周礼》"属民读法"之"属"也。此意盖谓文治愈胜，世道愈薄，不若还淳返朴，如上古之时也。此亦一时愤世之言。

【按】谓此章为一时愤世之言，盖不知圣人立言之妙也。

释德清：此承前章而言智不可用，亦不足以治天下也。

然中古圣人，将谓百姓不利，乃为斗斛权衡符玺仁义之事，将利于民，此所谓圣人之智巧矣。殊不知民情日凿，因法作奸。就以斗斛权衡符玺仁义之事，窃以为乱。方今若求复古之治，须是一切尽去，端拱无为，而天下自治矣。

且圣智本欲利民，今既窃以为乱，反为民害。弃而不用，使民各安其居，乐其业，则享百倍之利矣。且仁义本为不孝不慈者劝，今既窃之以为乱，苟若弃之，则民有天性自然之孝慈可复矣。此即庄子所谓"虎狼仁"也，意谓虎狼亦有天性之孝慈，不待教而后能，况其人为物之灵乎？且智巧本为安天下，今既窃为盗贼之资，苟若弃之，则盗贼无有矣。

然圣智仁义智巧之事，皆非朴素，乃所以文饰天下也。今皆去之，似乎于文则不足，于朴素则有余。因世人不知朴素浑全之道，故逐逐于外物，故多思多欲。今既去华取实，故令世人心志有所系属于朴素之道。若人人果能见素抱朴，则自然少思寡欲矣。

若知老子此中道理，只以《庄子》之《马蹄》《胠箧》做注解，自是超足。

【按】"智不可用，亦不足以治天下"，所以"绝圣弃智"者以此。

黄元吉：天下人物之众，贤愚贵贱不等，总不外理气贯通而已。其所以扞格不通，情睽意阻者，皆由上之人无以为感，下之人无以为化耳。古来至圣之君，顺自然之道，行无为之政，不好事以喜功，不厌事而废政，虽有聪明睿智，一齐收入无为国里，清净乡中；而下观而化，自然亲其亲，长其长，安其俗，乐其业，无一民不复其性，无一物不遂其生者。此上古之世，人皆敦厚，物亦繁衍，其利不诚百倍哉？若至仁之主，素抱慈良之性、恻怛之心，一以济人利物为事，浩浩荡荡，浑浑沦沦，不言是非，不言曲直，而任天以动，率性以行，自然无党无偏，归于大中至正之域；斯民之观感而化者，为子自孝其亲，为父自慈其子，虽有不孝不慈之人，相习成风，旋且与之俱化，此何如隆盛也耶？后世聪明绝顶，敏捷超群之君，出而宰物治世，不知道本无为，顺而导之则易，逆而施之则难，故或喜纷更而扰民，设法兴条，究至国家多难，民不聊生；或好功烈而荒政，穷兵黩武，卒至府库空虚，民不堪命，无怪乎民穷国病，攘窃劫夺之风起，而盗贼公行天下。若是者，皆由至巧之君，不知用巧于无为之天、自在之地，欲富国而贪利，以至国势不振、民风不靖如此也。苟能至巧无巧，如其心以出之，顺其势以导之，"正其谊不谋其利，明其道不计其功""君子之德风，小人之德草"，自然如水之趋下，火之炎上，有不可遏抑者焉。斯时之民，犹有不顾廉耻，作盗贼，好非为者乎？无有也。此大智若愚，大仁若忍，大巧若拙，后人视之，若有不堪为君，不足为政者然。然而圣德之涵濡，仁恩之感被，知巧之裁成，虽文采不足于外，而质实则多于内也。理欲原不相谋，足于外，自歉于中，减其文，自饶其实。圣之所以弃智，仁之所以弃义，巧之所以弃利，无非自敦其实，自去其文而已。虽然，下民至愚，恒视上之所为以为去就。如此黜华崇实，自使小民一其心于本原之地而不雕不琢，盖所见者为质实无文之政，斯所抱者皆太朴不凿之真。如此浑完自然，衣服饮食，各安其常，酬酢往来，各率其分，虽气禀有限，难保无私欲之偶萌，然亦少矣寡矣。总之，圣也、仁也、巧也，皆质也；智也、义也、利也，皆文也。绝圣弃智，绝仁弃义，绝巧弃利，皆令文不足，质有余，而各有专属也。民之食德饮和于其中者，又乌有不利益无穷，孝慈日盛，盗窃化为善良耶？此隆盛之治，吾久不得而见之矣。

　　此喻修养之道，先要存心养性。心性一返于自然，斯后天之精气亦返为先天之精气。倘未见性明心，徒以后天气质之性、知觉之心为用，则精属凡精，气属凡气，安得有真一之精、真一之气，合而成丹乎？修行人，须从本原上，寻出一个大本领、真头脑，出来做主，于是炼精、炼气、炼神，在在皆是矣。悟得此旨，不但知太上之经，治世修身，处处一串，即四书五经，无在非丹经矣。他注言，在上之人，绝弃圣智，而民只知有利，故趋利者百倍；绝弃仁义，而民不知爱亲，故大反乎孝慈，此不当绝弃者而绝弃之，其弊如此。至于巧利，与圣智仁义相悖，能绝之弃之，盗贼何有？此当绝弃者而绝弃之，其效如此。此讲甚高。三者以下，谓治民不必以令，但命令必本于躬行所系属者为要。见素则识定，抱朴则神全，少私寡欲，所谓"有天下而不与也"，非裕无为之化者，曷克臻此？

　　【按】"此喻修养之道，先要存心养性。心性一返于自然，斯后天之精气亦返为先天之精气。倘未见性明心，徒以后天气质之性、知觉之心为用，则精属凡精，气属凡气，安得有真一之精、真一之气，合而成丹乎"？今之言修者，多以后天气质之性、知觉之心为用，黄师此说，可谓顶门一针！

　　【综按】"圣""智""民（仁）""义""巧""利"，皆名也，见也。名立而相生，执相而求，离道愈远，见立则无明相随，不若皆弃之。外无名相之求，内无知见之扰，心自淳朴，私自少而欲自寡，则几于道矣，老子一片婆心，有几人领会得来。

二十章

唯之与阿，相去几何？善之与恶，相去何若？人之所畏，不可不畏。忙口(兮)其未央！众人熙熙，若而享太牢，若春登台。我魄未兆，若婴儿未孩，乘乘无所归！众人皆有余，我独若遗。我愚人之心，纯纯。俗人昭昭，我独若昏。俗人察察，我独闷闷。淡若海，漂无所止。众人皆有已，我独顽似鄙。我独异于人，而贵食母。

三家注按

林希逸："为道日损，为学日益"，此等字义不可与儒书同，论学则离道矣。绝学而归之无，则无忧矣。唯、阿，皆诺也。人之学者以善为胜恶，是犹曰唯胜阿也，不若并善之名无之，此即"天下皆知美之为美，斯恶矣"之意。虽然，古之知道者，虽以善恶皆不可为，而何尝无所畏。凡人之所畏者，我未尝不畏之。若皆以为不足畏，则其为荒乱何所穷极。荒，乱也。未央，无穷极也。禅家曰豁达，空拨因果，便是"人之所畏而不畏"也。莽莽荡荡招殃祸，便是"荒兮，其未央"哉。众人之乐于世味也，如享太牢，如春登台，而我独甘守淡泊，百念不形，如婴儿未孩之时，乘乘然无所归止。兆，形也，萌也。此心不萌不动，故曰"未兆"。婴，方生也。孩，稍长也。婴儿之心，全无知识。乘乘，若动不动之意。无所归，不着迹也，此我之所以异于众人也。众人皆有求赢余之心，而我独若遗弃之，我岂愚而如此沌沌然乎？沌沌，浑沌无知之貌。此意盖谓我之为道以不足为乐，而无有余之心，非我愚而汝智也。昏昏闷闷，即沌沌是也。俗人昭昭察察，而我独昏昏闷闷，此其所以异于人也。其心淡泊，如乘舟大海之中，风飔然而无所止宿，此即乘乘若无归之意也。有以，有为也。众人皆有为，而我甘于不求，故若顽若鄙。我岂真顽鄙哉？我之所以异于人者，味于道而已。有名万物之母，母，即道也。食，味也。贵求食于母，言以求味于道为贵也。

【按】林公谓"禅家曰豁达，空拨因果，便是'人之所畏而不畏'也"。林公此评当否，学人自可判断。据愚所知，"空拨因果"最为禅家垢病。最显空拨因果者,莫若永嘉大师《证道歌》。《证道歌》开篇曰"绝学无为闲道人,不除妄想不求真,无明实性即佛性,幻化空身即法身,法身觉了无一物,本源自性天真佛",此正是大师婆心深切处,大师以此表"实相无相"义,却被不明禅理之慧业文人,目为"空拨因果",良可叹也。果"空拨因果",则"无价珍,用无尽,利物应机终不吝",当无由安立也。读林公此释,当注意及之。

释德清:此承前二章言圣智之为害,不但不可用,且亦不可学也。

然世俗无智之人,要学智巧仁义之事,既学于己,将行其志。则劳神焦思,汲汲功利,尽力于智巧之间。故曰"巧者劳而智者忧,无知者又何所求"。是则有学则有忧,绝学则无忧矣。然圣人虽绝学,非是无智,但智包天地而不用。顺物忘怀,澹然无欲,故无忧。世人无智而好用,逐物忘道,汩汩于欲,故多忧耳。斯则忧与无忧,端在用智不用智之间而已,相去不远。譬夫唯之与阿,皆应人之声也,相去能几何哉?以唯敬而阿慢,忧与无忧,皆应物之心也,而圣凡相隔,善恶相反,果何如哉?此所谓"差之毫厘,失之千里"也。

老子言及至此,恐世俗将谓绝学,便是瞢然无知,故晓之曰:然虽圣人绝学,不是瞢然无知,其实未尝不学也。但世俗以增长知见,日益智巧,驰骋物欲以为学;圣人以泯绝知见,忘情去智,远物离欲以为学耳。

且夫声色货利,皆伤生害道之物,世人应当可畏者,我则不可不畏惧而远之。故曰"人之所畏,不可不畏"。苟不知畏,汨没于此,荒淫无度,其害非细,故曰"荒兮,其未央哉"。央,尽也。由是观之,世人以增益知见为学,圣人以损情绝欲为学,所谓"为学日益,为道日损,损之又损,以至于无为"耳。众人忘道逐物,故汩汩于物欲之间,酷嗜无厌,熙熙然如享太牢之味,以为至美、方且荣观不休,如登春台之望,以为至乐。

老子谓我独离物向道,泊于物欲未萌之前,不识不知,超然无欲,故曰"我独泊兮其未兆,若婴儿之未孩"。兆,念之初萌也。婴儿,乃无心识爱恶之譬。孩,犹骸骨之骸。未骸,所谓骨弱筋柔,乃至柔之譬。众人见物可欲,故其心执着而不舍。老子谓我心无欲,了无系累,泛然应物,虚心游世,若不系之舟。故曰"乘乘兮,若无所归"。乘乘,犹泛泛也。众人智巧多方,贪得无厌,故曰"有余"。我独忘形去智,故曰"若遗"。遗,犹忘失也。

然我无知无我，岂真愚人之心也哉？但只浑浑沌沌，不与物辨，如此而已。故俗人昭昭，而我独若昏。昭昭，谓智巧现于外也。俗人察察，而我独闷闷。察察，即俗谓"分星擘两丝毫不饶人"之意。昏昏、闷闷，皆无知貌。我心如此，澹然虚明，若海之空阔不可涯量；飂然无着，若长风之御太虚。众人皆自恃聪明知见，各有所以。以，犹自恃也。我独无知无欲，顽而且鄙，亦似庸常之人而已。

然我所以独异于人者，但贵求食于母耳。凡能生物者，谓之母；所生者，谓之子。且此"母"字，不可作"有名，万物之母"的"母"字，此指虚无大道，能生天地万物，是以道为母，而物为子。食，乃嗜好之意。众人背道逐物，如弃母求食于子；圣人忘物体道，故独求食于母，此正绝学之学。圣人如此，所以忧患不能入也。

前章"绝圣弃智"，乃无用之用；此章"绝学无忧"，乃无学之学；后章"孔德之容"一章，乃无形名之形名耳。

【按】德师之释与林公之释对参，思过半矣。

黄元吉：圣人造诣极高，称为绝学，纯是一腔生意，融融泄泄，无虑无思。《诗》曰："上帝临汝，毋二尔心。"以故素位而行，一任穷通得丧，无入而不自得，故曰无忧。此等境界，以常人不学无术者较之，殆不啻天渊之别。然亦所隔不远焉，如应声然：同一应也，唯者之直与阿者之谀，应犹是也，而所以应者，相去究竟有几何哉？自古圣凡之分不过善恶，而善恶之别只在敬肆，所争仅一念之间耳，又相去何若哉？人能尘根悉拔，色相俱空，自有真乐，不待外求，又何忧之有？虽然，无忧之诣，惟圣能之，凡人之所畏而却步者也。有志圣学者，切不可视以为难，而畏人之所畏也。古德云："绝学无为闲道人，不除妄念不求真。"《易》曰："乐天知命故不忧。"只在还于虚寂，纯任自然，适己之天，复己之命而已矣，又何足畏之有耶？但下手之初，务须收敛神光，一归混沌，于动于静，处常处变，俱如洪荒之世，天地未辟，浩浩荡荡，不啻夜之未央。如此，则中有所主，外物不扰，于以施之事为，措诸政令，自然众人化之，熙熙然，食圣人之德者，如享太牢之荣，游圣人之宇者，如登春台之乐，此岂孤修寂静可比其性量哉？所以，"功满天下而不知功，行满天下而不知行"。众人所喜，我独淡泊恬静，渺无朕兆，如婴儿初胎，孩子未成之时，一团元气浑然在抱，上下升降，运行不息，适与天地流通，杳不知其归宿矣。人有为而我无为，是众人有余地以自容，我竟遗世而独立，迥非众人所能知、所能及也。自人视之，鲜不谓为愚；返而观之，惟觉洗心退藏于密，安其天，定其命，此岂愚人之心哉？不过大智若愚，大巧若拙焉耳。不然，何以使人乐业安居，如此之感而神、化而速也？若此者，皆由太极一团浑沦在抱，沌沌兮如鸡子之未雏，无从见为阴阳，亦且毫无知识。俗人则昭昭然无事不详，我独昏昏然一无所识；俗人则察察然无事不晓，我独闷闷然一无所明。岂真昏而无知、闷而不觉哉？殆晦迹韬光，寓精明于浑厚，日增月益，丹成九转，德极圣人，而成万古不磨之仙也。其大而化也，若天地之晦蒙，万象咸包念内；其妙而神也，若行云流水之无止所，群生悉毓个中。由其外而观之，众人皆有用于世，我独愚顽而鄙陋；就其中而言，道则高矣美矣，为超群拨萃，绝世特立之圣人，此所由独异于人，而为人不可及也。盖凡人纷驰于外，失其本来之天；圣人涵养于中，保其固有之性。圣异于凡，皆由后天以返先天故耳。夫后天为情，子气也；先天为性，母气也。由情以归性，一如子之恋母，依依不舍，故曰：贵求食于母。孟子曰："学问之道无他，求其放心而已矣。"圣狂之分，只在一念，道岂远乎哉？术岂多乎哉？人欲修道，不于冲漠无朕之际求之，又从何处用功？故曰："玄牝玄牝真玄牝，不在心兮不在肾。穷取生身受气初，莫怪天机都泄尽。"生身之初，究何有乎？于此思之，道过半矣。

首言圣人绝学，已得常乐我静，并无忧虑，日用行习，一归混沌之天，不雕不琢，无染无尘，所谓"仰之弥高"，令人无从测度，真有可望而不可及者。顾功虽如此之极，究其相隔，不过一念敬肆之分。人可畏其高深莫测而却步不前耶？颜子谓"舜何人？予何人？有为者亦若是"，洵不诬矣。然却非等顽空之学，了无事功表现于世。圣人自明其德，以至新民，使群生食德饮和，嬉游于光天化日。斯道也，何道也？至诚尽己性、人性、物性之道也。噫！尽性至此，复何学哉？不过食母之气而已。

他注云，绝学是圣学，断绝之时，别无他忧，惟是非得失之间，有应答而无问难，为可惧耳。唯者未必即阿，而相去正自不远；善恶原是各异，而辨别介于几希，此人所宜戒惧者，不可不知。又云，本文是"不可不畏"，此连二"畏"字，有错。"未央"以下，言修道人要混混沌沌，方得玄关一窍，故人皆智而我独愚，人皆明而我独暗，正养此玄关一窍。"无极之真，二五之精"，正吾人受气之本，是为母气，又曰一粒阳丹，号为母气，人得食之，可以长生，此讲亦是。

【按】"圣人绝学，已得常乐我静，并无忧虑，日用行习，一归混沌之

二十章

天，不雕不琢，无染无尘"，此过来人语也，非修之有证，绝说不出此等话来。

【综按】绝"学"只是绝"见"，见犹无见，真绝学矣，绝非不学无术之比，真绝学自无忧，有忧非绝学矣。其后数句，皆真绝学之境界也，衡之真绝学境界，可杜绝空拨因果之假绝学。

二十一章

孔得之容，唯道是从。道之为物，唯恍唯忽。忽恍中有象，恍忽中有物。窈冥中有精，其精甚真，其中有信。自古及今，其名不去，以阅众甫。吾何以知众甫之然？以此。

三家注按

林希逸：孔，盛也。知道之士，唯道是从，而其见于外也，自有盛德之容。德之为言得也，得之于己曰德。道不可见，而德可见，故以德为道之容。孟子曰："动容周旋中礼，盛德之至。"与此句差异。但读庄老者当以庄老字义观之，若欲合之孔孟，则字多窒碍矣。唯恍唯惚，言道之不可见也。虽不可见，而又非无物，故曰"其中有象""其中有物""其中有精"，此即真空而后实有也。"其精甚真，其中有信"，此两句发明无物之中真实有物，不可以为虚言也。信，实也。道之名在于古今，一日不可去，而万善皆由此出。众甫，众美也。阅，历阅也。万善往来，皆出此道也。以此者，以道也。言众甫之所自出，吾何以知其然，盖以此道而已。此等结语，亦其文字之精处。

【按】"真空妙有"释"唯恍唯忽。忽恍中有象，恍忽中有物。窈冥中有精，其精甚真，其中有信"似觉牵强。林公既不知道，亦不知佛，终归还是儒者。"读庄老者，当以庄老字义观之"，此读庄老之然则也，甚善甚确。

释德清：此章言道乃无形名之形名也。

孔，犹盛也。谓道本无形，而有道之士，和气集于中，英华发现于外，而为盛德之容。且此德容，皆从道体所发，即是道之形容也。故曰：孔德之容，惟道是从。

然此道体本自无形，又无一定之象可见。故曰：道之为物，惟恍惟惚。恍惚，谓似有若无，不可定指之意。然且无象之中，似有物象存焉，故曰：惚兮恍，其中有象。恍兮惚，其中有物。

其体至深至幽，不可窥测，且此幽深杳冥之中，而有至精无妄之体存焉。故曰：杳兮冥，其中有精。其精甚真，此正《楞严》所谓"唯一精真""精色不沉，发现幽秘，此则名为，识阴区宇"也，学者应知。然此识体虽是无形，而于六根门头，应用不失其时，故曰"其中有信"。

此上皆无形之形，下言无名之名。谓世间众美之名自外来者，皆是假名无实，故其名易去。惟此道体有实有名，故自古及今，其名不去，以阅众甫也。阅，犹经历。甫，美也。谓众美皆具。是以圣人功流万世而名不朽者，以其皆从至道体中流出故耳。其如世间王侯将相之名，皆从人欲中来，故其功亦朽，而名亦安在哉？

唯有道者，不期于功而功自大，不期于名而名不朽。是知圣人内有大道之实，外有盛德之容，众美皆具，惟自道中而发也，故曰：吾何以知众甫之然哉，以此。

【按】以"识阴区宇"释"道之为物，唯恍唯忽。忽恍中有象；恍忽中有物。窈冥中有精，其精甚真，其中有信"值得商榷。愚见虽狭隘，然却窃以为：不同思想文化之间，可以会通，却不可以画等号。

黄元吉：孔德之容，即玄关窍也。古云："一孔玄关窍，乾坤共合成。中藏神气穴，名为坎离精。"又曰："一孔玄关大道门，造铅结丹此中存。"《契》曰："此两孔穴法，金气亦相胥。"故道曰玄牝之门，儒曰道义之门，佛曰不二法门，总之皆孔之德器能容，天地人物咸生自个中，无非是空是道，非空非道，即空即道，空与道两不相离，无空则无道，无道亦无空，故曰：唯道是从。欲求道者，舍此空器，何所从哉？但空而无状，即属顽空，学者又从何处以采药而炼丹乎？必须虚也而含至实，无也而赅至有，方不为一偏之学。修行人，但将万缘放下，静养片晌，观照此窍，惚兮似无，恍兮似有，虚极静笃之中，神机动焉，无象者有象，此离己之性光，木火浮动之象，即微阳生时也。再以此神光偶动之机，合目光而下照，恍兮若有觉，惚兮若无知，其中之阳物动焉，此离光之初交于坎宫者。其时气机微弱，无可采取，惟有二候采牟尼法，调度阴跷之气，相会于气穴之中。调度采取为一候，归炉温养为一候。依法行持，不片晌间，火入水底，水中金生，杳杳冥冥，不知其极，此神气交而坎离之精生矣。然真精生时，身如壁立，意若寒灰，自然而然，周身苏软快乐，四肢百体之精气，尽归于玄窍之内，其间大有信在，溶溶似冰泮，浩浩如潮生，非若前此之恍恍若有，惚惚似无，不可指名者也。此个真精，实为真一之精，非后天交感之精可比，亦即为天地人物发生之初，公共一点真精是矣。如冬至之阳，半夜之子，一岁一日之成功，虽不仅此，而气机要皆自此发端，俨若千层台之始于累土，万里行之始于足下一般。此为天地人物生生之本，本原一差，末流何极？以故自古及今，举凡修道之士，皆不离此真气之采，然后有生发之象。遍阅众物初生，无不同此一点真精，成象而成形，我又何以知众物之生有同然哉？以此空窍之中，真气积累久，则玄关开而真精生焉。要之，恍是光之密，惚是机之微，离中真阴是为恍惚中之物，坎中真阳是为杳冥中之精。学者必知之真，而后行之至也。

此恍兮惚，是性光发越，故云有象；惚兮恍，是以性光下照坎宫，而真阳发动，故云有物。窈冥之精，乃二五之精，故云甚真。欲得真精，须知真信。真信者，阴阳迭运，不失其候之调，俟其信初至，的当不易，即行擒伏之功，得矣。凡人修炼之初，必要恍惚杳冥，而后人欲净尽，天理常存，凡息自停，真息乃见。此何以故？盖人心太明，知觉易生；若到杳冥，知觉不起，即元性元命打成一片。此个恍惚杳冥，大为修士之要。学人当静定之时，忽然偶生知觉，此时神气凝聚胎田，浑然粹然，自亦不知其所之，此性命返还于无极之天也。虽然，外有是理，而丹田中必有融和气机，方为实据。由此一点融和，采之归炉，封固温养，自能发为真阳一气。但行功到此，大有危险。惟有一心内守，了照当中，方能团聚为丹药，可以长生不老。若生一他念，此个元气即已杂后天而不纯矣。若动一淫思，此个气机即驰于外，而真精从此泄漏矣。古人云："泄精一事，不必夫妻交媾，即此一念之动，真精已不守舍，如走丹一般。"学人必心与气合，息与神交，常在此腔子里，久之自有无穷趣味生来。然而真难事也。设能识透玄机，亦无难事。起初不过用提掇之功，不许这点真气驰而在下，亦不许这个真气分散六根门头，总是一心皈命，五体投诚，久久自然精满不思色矣。愿学者，保守元精，毫不渗漏，始因常行熟道，觉得不易，苟能一忍再忍，不许念头稍动，三两月间，外阳自收摄焉。外阳收摄，然后见身中元气充足，而长生不老之人仙，从此得矣，仙又何远乎哉？

【按】黄师以功夫境界释本章，别开生面，旧瓶装新酒，别有一番新境界、甜滋味，但若谓此释为本章确诂的解，则吾岂敢！

【综按】"孔德之容"。"孔，通也"（《说文》）。洞孔也，一孔之见也，大也，如孔武有力。"德，得也，德其天性之谓也"（《淮南子》），得已于心也。容，容貌，引申为仪容、样貌、样子，内得于心，形容于外，所谓

"诚于中而形于外也"。有从己心发现了一个通孔，通达于"绝学无忧"的境界，自有不同的样貌、不同的气质、不同的学问见解，只有与道相从，才能取证。

二十二章

曲则全，枉则正；洼则盈，弊则新；少则得，多则或。是以圣人抱一为天下式。不自见，故明；不自是，故彰；口（不）自伐，故有功；不自矜，故长。夫惟不争，故天下莫能与之争。古之所谓"曲则全"，岂虚语？故成全而归之。

三家注按

林希逸：能屈而后能全，能枉而后能直，能洼而后能盈，能弊而后能新，能少而后能多。此皆能不足而后能有余，能真空而后能实有之意。少则得，多则惑，只是"少则多"三字，又细译作两句也。一者，虚也，无也，不足也。圣人所抱只这一件道理，所以为天下之法式。不自见、不自是、不自伐、不自矜，皆是不有其有之意。我既虚心而无所争于天下，又何争之有？长，可久也。既如此说了，却提起前面"曲则全"一句，作如此归结，亦是文之奇处。天地之与我无所欠缺，我但当全而归之耳，又他何所事也。诚者，实也，言实当如此也。"曲""枉""洼""弊"四句皆是设喻，以发明下面之意而已。

【按】林公所释，随文演义，甚是圆明。

释德清：此承前章言圣人所以道全德备众美皆具者，盖由虚心体道，与物无竞，故众德交归也。

曲，委曲，即"曲成万物而不遗"之意。谓圣人委曲以御世，无一事不尽其诚，无一人不得其所。譬如阳春发育万物，虽草芥毫芒，春气无不充足。若纤毫不到，则春气不全。圣人之于人，无所不至。苟不曲尽其诚，则其德不全矣，故曰"曲则全"。

"枉则直"者，屈己从人曰枉。直，伸也。谓圣人道高德盛，则大有径庭，不近人情。若不屈己从人，俯循万物，混世同波，则人不信。人不信，则道不伸，由人屈而道伸，故曰"枉则直"。

"洼则盈"者，众水所聚，地之最下者曰洼。譬如江海，最为洼下，故万派皆归。而圣人之心至虚至下，故众德交归，德无不备，故曰"洼则盈"。

"敝则新"者，衣之污损曰敝。不敝，则不浣濯，不见其新，以其敝乃新耳。以譬圣人忘形去智，日损其知见，远其物欲，洗心退藏于密。欲不敝，则道不新，故曰"敝则新"。

圣人忘知绝学，专心于一，故于道有得，故曰"少则得"。世人多知多见，于道转失。故曰"多则惑"。是以圣人因愍世人以多方丧道，故抱一为天下学道之式。式，法也。

智巧炫耀于外曰见。自见者不明，故不自见乃为明耳。执己为必当曰是，自是者不彰，故不自是乃彰耳。彰者，盛德显于外也。夸功曰伐，自伐者无功，故不自伐乃有功耳。司马迁尝谓"韩信假令学道谦让，不伐己功，不矜其能，则庶几于汉家勋，可比周、召、太公之徒矣"，意盖出此。恃己之能曰矜。长，才能也。自矜者不长，不自矜者乃长耳。

此上四"不"字，皆不争之德也。惟圣人有之。故曰"夫惟不争，故天下莫能与之争"者，由其圣人委曲如此，故万德交归，众美备具，故引古语以证之曰："古之所谓曲则全者，岂虚言哉？诚全而归之。"

【按】德师本章，从字词句入，条分缕析，各尽巧妙。

黄元吉：大道之要，必至无而含至有，却至有而实至无，始为性命双修之道。盖以性本无也，无生于有；命本有也，有生于无。若着于虚无，便成顽空，着于实有，又拘名相，纵不流于妄诞不经，亦是一边之学，究难与大道等。修行人必先万缘放下，纤尘不染，于一无所有之中，寻出一点生机出来，以为丹本，古人谓之真阳，又曰真铅，又曰真一之气，是也。太上云"曲则全"，言人身隐微之间，独知独觉之地，有一个浑沦完全、活泼流通之机，由此存之养之，采取烹炼，即可至于丹成仙就。昔人喻冬至一线微阳至于生生不已，又喻初三一弯新月渐至十五月圆，无非由曲而全之意也。夫曲，隐也。隐微之处，其机至微，其成则大，即《中庸》云"曲能有诚"是。要之，一曲之内莫非理气之元，全体之间亦是太极之粹，即曲即全，故曰曲则全。圣人寻得此曲，兢兢致慎，回环抱伏，如鸡温卵，如龙养珠，一心内守，不许外露，久则浩浩如潮，逆而上伸，一股清刚之气，挺然直上，出乎日月之表，包乎天地之外。坤卦谓"坤至柔而动也刚"，皆由致曲之余，潜伏土釜，积而至于滔天，勃不可遏，有如是耳。且夫枉而为阴为柔是此气，直而为阳为刚亦此气，虽曰由枉而直，其实即枉即直。自隐曲中洞彻本源之后，其见则易，为守则难，惟优焉游焉，直养其端倪，更卑以下人，谦以自待，庶无躁暴急迫之性，不生邪见，不动凡火，方能养成金丹。由是以神驭气，以气合神，隐显无端，变化莫测，所谓"至诚无息""体物不遗"，无在而无不在，何其盈乎？然要必谦乃受益，洼乃为盈也。不然乌能包涵万有哉？况乎一曲之微，皆吾人本来之物，所谓弊也，弊即故也，《论语》"温故而知新"是。学人欲得新闻生新意，非从此故有之物温之，何能得新？是亦即弊即新也。虽然，弊亦无几耳，惟从其少而养之浩然之气，大可以塞天地，贯斗牛。若谓：道，浩瀚弥纶，无在不是，取其多而用之，吾恐理欲杂乘，善恶莫辨，时而守中，时而采药，时而进火退符，着相执名，多多益善，究属无本之学，未得止归，终是一个迷团，无怪乎毕生怀疑莫悟也。圣人抱一以自修，又将施之天下，为天下楷模。使不知一曲之道实为一贯之道，而偶有所离，偶离则无式，无式则无成，道何赖乎？夫道本天人一理，物我同原，为公共之物，何今之学者每固执己见，谓人莫己若？即此矜骄之念，已觉障弊灵明，而不知酌古准今，取法乎上。《中庸》云"君子之道，暗然日章；小人之道，的然日亡"，诚修士所宜凛凛矣。纵使几于化神，亦属分所宜然，职所当尽，何必炫耀于世，夸大其功？若使自伐，不但为人所厌，即功亦伪而不真。古人功成告退，并不居功之名，宜其功盖天下，为万世师也。至于自修自炼，犹衣之得暖，食之得饱，皆自得之而自乐之，且为人所各有而各足之，何必骄傲满假，自矜其长？虽云智慧日生，聪明日扩，亦是人性所同然，不过我先得之耳，何长之有？若使自矜其长，则长者短矣。人虽至愚，谁甘居后？争端有不从此起耶？君子无所争，故天下莫与争能。古所谓"曲则全"者，诚非虚言也，谓非"全受而全归之"者欤？

此即《中庸》"其次致曲，曲能有诚"之道。曲即隐曲，道曰玄窍，佛曰那个，儒曰端倪是。又非虚而无物也。天地开辟，人物始生，尽从此一点发端，随时皆有动静可见。其静而发端也，不由感触，忽然而觉，觉即曲也；其动而显象也，偶然感乎，突焉而动，动即曲也。要皆从无知无觉时，气机自动，动而忽觉，此乃真动真觉。但其机甚微，为时最速，稍转一念，易一息，即属后天，不可为人物生生之本，亦不可为炼丹之根。吾人受气成形，为人为物，都从此一念分胎。是修道之邪正真伪，孰不自此一息发源耶？《周书》曰："罔念作狂，克念作圣。"圣狂一念之分，如此其速，此即一曲之谓也。古人喻如电光石火，又如乘千里骥绝尘而奔，此时须有智珠朗照，方能认得清楚。既识得此个端倪，犹要存养之、扩充之，如孟子所谓"火始然，泉始达"，浩浩炎炎，自然充塞天地。然扩充之道，又岂有它哉？非枉屈自持，则不能正气常伸；非卑洼自下，则不能天德常圆。惟守吾身故物，不参以二，不杂以三，温其故，抱其一，不求之于新颖之端，不驰之于名相之繁，斯乃不至于愈学愈迷，而有"日新又新"之乐矣。古圣人知一曲为成仙证圣之阶，遂将神抱气，气依神，神气合一而不离，以为自修之要，以为天下之式。倘自见自是，即昧其明而不彰，况自伐则劳而无功，自矜则短而不长，智起情生，往往为道之害。惟不自见、自是、自伐、自矜，斯心平气和，自然"在彼无恶，在此无斁"，又谁与之争哉？道之潜移默契如此，非抱一者，乌能全受全归，以返其太始之初乎？

【按】黄师以性命双修之理，演绎金丹大道，天机尽泄。所谓"修行人必先万缘放下，纤尘不染，于一无所有之中，寻出一点生机出来，以为丹本"，诚千古不易之理也。何者，以生机者，生物之机也，天地万物由此机而演化故也。

【综按】林公圆解，德师妙释，黄师尽泄天机，皆符圣心，吾唯心香祷敬矣。

二十三章

希言自然。飘风不终朝，骤雨口（不）终日。熟为此？天地。天地上不能久，而况于人？故从事而道者，道德之；同于德者，德德之；同于失者，道失之。信不足，有不信。

三家注按

林希逸： 天地之间，只"自然"两字可以尽天地之理。希，少也。谓此二字，其言不多，而天地之理不过如此而已。飘风骤雨，虽天地为之，而亦不终朝，不终日，人之得丧穷达，又岂可常哉？从事于道者，言学道者也。道，行也。德，得也。可行则行，我亦无违焉。可得则得，我亦无违焉。可失则失，我亦无违焉。同者，随顺而无违之意。可行，我亦乐得之；可得，我亦乐得之；可失，我亦乐得之。行止得失，我皆乐之，此所以为知道之士。然此事须信得及方可，若信处才有未足，则于此有不能自信者，故曰"信不足焉，有不信焉"。

【按】"天地之间，只'自然'两字可以尽天地之理"。真能明白此自然两字，真能任得这自然两字，方能行止得失皆乐之。道法自然，良有以也。

释德清： 此章言圣人忘言体道，与时俱化也。

希，少也。希言，犹寡言也。以前云"多言数穷，不如守中"，由其勉强好辩，去道转远，不能合乎自然，惟希言者合乎自然耳。向下以"飘风不终朝，骤雨不终日"以比好辩者之不能久。然好辩者，盖出愤激不平之气，如飘风骤雨，亦乃天地不平之气，非不迅激于人，特无终朝之久。且天地不平之气，尚不能久，而况于人乎？此甚言辩之不足恃也。

盖好辩者，只为信道不笃，不能从事于道，未得玄同故耳。惟圣人从事于道，妙契玄同，无入而不自得。故在于有道者，则同于道；在于有德者，则同于德。失者，指世俗无道德者。谓至于世俗庸人，亦同于俗，即所谓"呼我以牛，以牛应之；呼我以马，以马应之"，无可不可。且同于道德，固乐得之；即同于世俗，亦乐而自得。

此无他，盖自信之真，虽不言，而世人亦未有不信者。且好辩之徒，哓哓多言，强聒而不休，人转不信。此无他，以自信不足，所以人不信耳。

【按】"好辩者，盖出愤激不平之气"，非深入心性情理，说不出如此话来。解"失者"为世俗之人，可谓确见。其解同于道者等三句，为"'呼我以牛，以牛应之；呼我以马，以马应之'，无可不可"。和光同尘，此之谓也。

黄元吉：道本无声无臭，故曰希言。道本无为无作，故曰自然。夫物之能恒、事之能久者，无非顺天而动，率性以行，一听气机之自运而已。若矫揉造作，不能顺其气机，以合乾坤之运转，日月之升恒，适有如飘荡之风，狂暴之雨，拔大木，涌平川，来之速者去亦速，其势岂能终日终朝哉？虽然，孰是为之？问之天地，而天地不知也。夫天地为万物之主宰，不顺其常，尚不能以耐久，况人在天地，如太仓一粟，又岂不行常道而能悠久者乎？故太上论道之原，以无为为宗，自然为用。倘不从事于此，别夸捷径，另诩神奇，误矣。试观学道之士，虽东西南北之遥，声教各异，然既有志于道，不入邪途，无不吻合无间。行道而有得于心，谓之德。既知修道，自然抱德。凡自明其德，绝无纷驰者，无不默契为一，故曰：道者同于道，德者同于德。又何怪诞之有耶？下手之初，其修也有道有德，有轨有则，脱然洒然，无累无系，到深造自得之候，居安资深，左右逢源，从前所得者，至此爽然若失；功夫纯粹，打成一片，恰似闭门造车，出而合辙，无不一也，故曰：失者同于失。此三者功力不同，进境各别。至于用力之久，苦恼之场亦化为恬淡之境，洋洋乎别饶佳趣，诩诩然自畅天机，苦已尽矣，乐何极乎？故曰：同于道者，道亦乐得之；同于德者，德亦乐得之；同于失者，失亦乐得之。可见，无为之体，人所同修；自然之功，人所共用。虽千里万里之圣，千年万年之神，时移地易，亦自然若合符节，有同归于一辙者焉。倘谓自然者不必尽然，则有臆见横于其中，有异术行乎其内，或执于空而孤修寂炼，或着于实而固执死守，如此等类，不一而足，皆由不信无为之旨、自然之道，而各执己见以为是，无惑乎少年学道，晚景无成，志有余而学不足，终身未得真谛，误入旁门也，可悲也夫！可慨也夫！

此言无为自然之道，即天地日月，幽冥人鬼，莫不同此无为自然，以生以遂，为用为行而已矣。凡人自有生后，聪明机巧，昼夜用尽，本来天理，存者几何？惟有道高人，一顺天理之常，虽下手之初，不无勉强作为，及其成功，一归无为自然之境，有若"不思而得，不勉而中，从容中道"者焉。故以圣人观大道，则无为自然之理，昭昭在人耳目，有不约而同者；若以后人观大道，则无为自然之诣，似乎惟仙惟圣方敢言此，凡人未敢语此也。《中庸》云：生学困勉，成功则一，不将为欺人之语哉？非也，缘其始有不信之心，由不道之门，其后愈离愈远，所以无为自然之道不能尽同，而分门别户从此起矣。学者明此，方不为旁门左道所惑也夫。

【按】"论道之原，以无为为宗，自然为用"，诚不刊之论也，明乎此，"方不为旁门左道所惑"焉。"天地为万物之主宰，不顺其常，尚不能以耐久，况人在天地，如太仓一粟，又岂不行常道而能悠久者乎"？此着相者顶门之针也。

二十四章

企者不久，夸（跨）者不行，自见不明，自是不彰，自伐无功，自矜不长。其在道，曰：余食、赘行，物或有恶之，故有道不处。

三家注按

林希逸：足不着地曰跂，跂而立则不能久。跨者，两股不相着也，跨则不可以行，此两句是譬喻也。自见、自是、自伐、自矜，皆是有其有而不化者。不明，自蔽也。不彰，名不显也。不长，不可久也。《易》曰："盈不可久也。"亦是此意。余食、赘行，皆长物也。有道者无迹，有迹者则为长物矣。曰余，曰赘，《庄子》"骈母枝指"之意也。食之余弃，形之赘疣，人必恶之，此有道者所以不处也。言不以迹自累也。

【按】"自见、自是、自伐、自矜，皆是有其有而不化者"，此释甚是。若比之德师"自见，谓自逞己见。自是，谓偏执己是，此一曲之士，于道必暗而不明。自伐，谓自夸其功。自矜，谓自恃其能，此皆好胜强梁之人，不但无功，而且速于取死"，则又天壤矣。

释德清：此承前章言好辩者不能持久，犹如跂跨之人不能立行，甚言用智之过也。

跂，足根不着地也。跨，阔步而行也。盖跂者止知要强高出人一头，故举踵而立，殊不知举踵不能久立。跨者止知要强先出人一步，故阔步而行，殊不知跨步不能长行，以其皆非自然，以此二句为向下"自见""自是""自伐""自矜"之譬喻耳。自见，谓自逞己见。自是，谓偏执己是，此一曲之士，于道必暗而不明。自伐，谓自夸其功。自矜，谓自恃其能，此皆好胜强梁之人，不但无功，而且速于取死。

然此道中本无是事，故曰其在道也，如食之余，如形之赘，皆人之所共恶。而有道之士，以谦虚自守，必不处此，故曰"有道者不处"，以其不能合乎自然也。

【按】德师本章，从"跂（企）""跨""自伐""自矜"拈出"好胜"二字，老婆心切，寓意殊深。宋儒成圣成贤功夫，有一生唯行化矜者，矜去而贤圣成。盖好胜之心平则"矜""伐"自化,"见""是"自消,而合于中道矣。

黄元吉：前云希言自然,非若世之蚩蚩蠢蠢,顽空以为无为,放旷以为自然者比,其殆本大中至正之道,准天理人情,循圣功王道,操存省察,返本还原,以上合乎天命,故无为而无不为,自然而无不然也。《易》曰"穷理尽性,以至于命",殆其人欤？过则病,不及亦病,《书》曰"无偏无党,王道荡荡"是也。即如人之立也,原有常不易。跂者,两足支也,《诗》曰"跂予望之",以之望人则可高瞻而远瞩,若欲久立,其可得乎？跨者,两足张也,以之跨马则可居于鞍背,若欲步行,又焉能乎？明者不自是,自是则不明。彰者不自见,自见则不彰。自伐者往往无功,有功者物莫能掩,何用伐为？自矜者往往无长,有长者人自敬服,奚用矜为？若不信无为自然之道,不知"莫之为而为,莫之致而至",致为皆听诸天,何等自在？"行乎不得不行,止乎不得不止",行止浑于无心,何等安然？倘不知"虚而无朕"即是"大而能容",或加一意,参一见,若食者之过饱,行者之过劳,非徒无益,而又害之。学者须顺天德之无违,循物理之自得,不惟人不可参杂作伪于其间,即物亦当听其安闲,调其饮食；苟稍不得其宜,越乎常度,或多食之,或苦行之,如犬之过饱则伤,牛之过劳则困,是亦不安于内而有恶于己焉,故曰：物或恶之。彼矫揉造作,以期能立能行,昭明表彰,功堪动人,长可迈众者,断断乎其难之也。有道之君子,深为鄙之,不屑处己。

此希言自然,不外一个清净。何谓清？一念不起时也。何谓净？纤尘不染候也。总要此心如明镜无尘,如止水无波,只一片空洞了灵之神,即清净矣。倘若世之庸夫俗子,昏昏罔罔,终日无一事为,即非清净。惟清中有光,净中有景,不啻澄潭明月,一片光华,乃得清净之实。若有一毫自见自是自伐自矜之意,便是障碍。所以学道人,务使心怀浩荡,无一物一事,搅我心头,据我灵府,久久涵养,一点灵光普照,恍如日月之在天,无微不入焉。只怕一念之明,复一念之肆,则明者不常明矣。昔孟子之所长在于养气,气不动则神自灵,神灵则心自泰,故不曰养心而曰养气,诚以志一则动气,气一则动志也。苟不求养气而徒曰养心,无惑乎终身不得其心之宁者多矣。心果清净,真阳自生,一切升降运行,顺其自然为要。如跂者必使之立,跨者必使之行,余食过饱,赘行过劳,皆未得其当,物犹恶之,而况人乎？是以有道之君子,不忍出此也。

【按】黄师此章分别"一念不起"、一尘不染之真清净与"庸夫俗子，昏昏罔罔，终日无一事为"之假清净，清清楚楚明明白白，可救多少昏庸修士也，其功岂仅当代乎？曰功在千秋，当不为过也。

【综按】企，踮起脚跟站立，跨，跳跃前行。自见，逞己见，自是，执己非人，自伐，夸己功，自矜，恃己能。此皆逞强好胜之徒，学养浅薄之辈，多有此弊，今之人尤甚焉，美其名曰"自我营销"。然而此心此行，非道之所固有，故曰"余食赘行"。修道之人，心怀浩荡，无一事一物一念于心头，何况"自见、自是、自伐、自矜"乎？故不处焉。

二十五章

有物混成，先天地生。寂漠，独立不改，周行不殆，可以为天下母。吾不知其名，字之曰道，吾强为之名曰□（大）。□□（大曰）逝，逝曰远，远曰返。道大，天大，地大，王大。域中有四大，而王处一。人法地，地法天，天法道，道法自然。

三家注按

林希逸：有物混成，道也，无极而太极也。其生在天地之先，言天地自是而出也。寂兮寥兮，不可见也。独立而不改，常久而不易也。周行而不殆，行健而不息也。可以为天下母，天下万物之所由生也。吾不知其名，不可得而名也。名不可得，字之曰道。字者，代名之谓也。曰道不足以尽之，又强而名之曰大。大不足以尽之，又名之曰逝。逝者，往也，不可追逐也。逝不足以尽之，又强而名之曰远。远者，不可近也，不可得而亲附也。远又不足以尽之，又强而名之曰反。反者，复归于根之意也。此皆鼓舞之文，在《庄子》此类尤多。或以反为反求诸身，则非矣。域中有四大，王居其一，盖言人居天地之间，但知有王之为大，而不知王之上，其大者又有三焉。然而人则法地，地则法天，天则法道，道又法于自然，是自然又大于道与天地也。其意但谓道至于自然而极，如此发挥，可谓奇论。

【按】"反者，复归于根之意也"，甚是。

释德清：此承前言世俗之士，各以己见己是为得，曾不知大道之妙，非见闻可及，故此特示大道以晓之也。

"有物"者，此指道之全体，本来无名，故但云有一物耳。浑浑沦沦，无有丝毫缝隙，故曰"混成"。未有天地，先有此物，故曰"先天地生"。且无声不可闻，无色不可见，故曰寂寥。超然于万物之上，而体常不变，故曰独立而不改。且流行四时，而终古不穷，故曰周行而不殆。殆，穷尽也。天地万物，皆从此中生，故曰"可以为天下母"。老子谓此物至妙至神，但不知是何物，故曰：吾不知其名，特字之曰道，且又强名之曰大道耳。

　　向下释其"大"字。老子谓我说此"大"字，不是大小之大，乃是绝无边表之大，往而穷之，无有尽处，故云"大曰逝"。向下又释"逝"字，逝者，远而无所至极也，故云"逝曰远"。远则不可闻见，无声无色，非耳目之所到，故云"远曰反"。反，谓反一绝迹。道之极处，名亦不立，此道之所以为大也。

　　然此大道，能生天生地，神鬼神王。是则不独道大，而天地亦大。不独天地大，而王亦大。故域中所称大者有四，而王居其一焉。世人但知王大，而不知圣人取法于天地，此则天地又大于王。世人但知天地大，而不知天地自道中生，取法于道，此则道又大于天地也。虽然，道固为大，而犹有称谓名字。至若离名绝字，方为至妙，合乎自然，故曰"道法自然"。

　　且而大道之妙，如此广大精微。而世人岂可以一曲之见，自见自是，以为得哉？此其所以"自见者不明，自是者不彰"耳。

　　【按】德师此释，行云流水，一气呵成，绝佳绝妙，增一字即酽，减一字又淡也。

　　黄元吉：道者何？即鸿蒙未判之前，天地未兆，人物无形，混混沌沌，浑然一气，无涯无际，无量无边，似有一物，由混沌而成，盘旋空际，先天地而生者，所谓"无极"是也。寂虚而育生机，寥廓而含动意，所谓"太极"是也。万物皆有两，惟太极无二。自一动而开天地、分阴阳，四象五行包含个内，人物繁衍，日月充盈，岂不生育多而太极衰乎？不知此个混成之物，视不见，听不闻，无物不有，无时不在，孑然独立，浑然中处，却又生生不已，化化无穷，自混沌以迄于今，初不改其常度，且独立之中，一气流行，周通法界，开阖自如，循环不已。以凡物而论，似乎其有困殆矣。孰知周流三界，充满群生，天赖之以清，地赖之以宁，谷赖之以盈，人赖之以生，无非顺其自然之运。其间生者自生，成者自成，而太极浑然完全，却不因之而稍殆，虽千变万化，迭出不穷，莫不由此而有兆有名，故可为天下母也。夫天，至高也，以高而可名；地，至厚也，以厚而可名；惟此无极之极、不神之神，无声无臭，无象无形，而于穆不已，吾亦不知其所名，惟字之曰道，以道为天地群生共由之路，公共之端。道可包天地，天地不能包道；道可育群生，群生不能育道。以其浩浩渊渊，靡有穷极，强名之曰大。大哉道乎！何其前者往，后者续，长逝而靡底乎？大之外又曰逝。何其超沙界，充绝域，悠远而难测乎？逝之外又曰远。凡事变极则通，穷极则反，何其宛转流通，回环而不已乎？故又名之曰反。如此之名，不一其称，只可稍状其大。然大孰有过于道哉？道之外惟天为大，天之外惟地为大，地之上惟王为大，故东南西北之中有四大焉，王处其一。王为庶物首出之元，以管理河山，统辖人物，可与天地并称为大。但王为地载，故王法地以出治也。地为天覆，故地法天以行令也。且天为道育，故天法道以行政也。而要皆本于自然，无俟勉强，不待安排。是道岂别有法哉？吾亦强名之曰"道法自然"而已矣。学者性命交修，惟法天地之理气以为体，法天地之功效以为用，斯修性而性尽，炼命而命立矣，岂空言自然者所可比欤？

天地间浑沦磅礴，浩荡弥纶，至显至微，最虚最实，而凡形形色色，莫不自个中生来。此何物耶？生于天地之先，宰乎天地之内，立清虚而不稍改易，周沙界而无有殆危，真可为天下母也。未开辟以前，有此母气而后天地生，既开辟以后，有此母气而后人物肇，吾不知其名，强字之曰道、曰大。大则无所不包，逝则无所不到。无曰远莫能致，须知穷极必反，道之大，不诚四大中所特出者哉？学人欲修至道，漫言自然，务须凝神调息。凝神则神不纷驰，人之心正，即天地之心亦正；调息则息不乖舛，人之气顺，即天地之气亦顺。参赞乾坤，经纶天地，功岂多乎哉？只在一心一身之间，咫尺呼吸而已矣。《中庸》云"致中和，天地位，万物育"，其即此欤？人果时时存心，刻刻养气，除饥时食饭、困时打眠之外，随时随处，常常觉照，不许一念游移、一息间断，方免疾病之虞。否则，稍纵即逝，外邪得而扰之，正气不存，邪气易入，有必然者。古云"人能一念不起，片欲不生，天地莫能窥其隐，鬼神不能测其机"，洵非诬也。人谓筑基乃可长生，那知学道人就未筑基，只要神气常常纽成一团，毫不分散，则鬼神无从追魂摄魄，我命由我不由天也。吾不惜泄漏之咎，后之学者，苟不照此修持，则无以对我焉。

【按】"人之心正，即天地之心亦正……人之气顺，即天地之气亦顺。参赞乾坤，经纶天地……只在一心一身之间"，今日量子领域研究人与宇宙的关联性，与黄师此论如出一辙。如美国的格雷格·布雷登说："从量子可能性领域来看，我们好像是为了参与到创造之中而被造化出来的。我们是天生的创造者！因为我们广泛地参与到了量子层面，最终，我们的连接将预示：这些看起来微乎其微的生活转变，会对我们的世界乃至整个宇宙产生巨大的影响。"（胡尧译，格雷格·布雷登《无量之网》，中国青年出版社，2015年8月，北京，第99—100页）即其例。

【综按】本章精妙绝伦，若与德、黄二师，反复参究，于道家学养，必然有个入处。又"自然"二字，绝不可作自然界理会。此自然乃自然而然，自己如此，自在，绝待，离四句，绝百非之绝待圆融，不可不知。

二十六章

重为轻根,静为躁君。是以君子终日行,不离辎重,虽有荣观,燕处超然。如何万乘之主,以身轻天下?轻则失臣(根),躁则失君。

三家注按

林希逸:有重则有轻,有静则有躁。根者,言轻自重而生也。君者,言躁以静为主也。有道之人,终日行而不着于辎重之间,言无重则无轻也,无静则无躁也。离,丽也。其胸中之所见,极天下之至美,故曰"荣观"。虽有此荣观,而居之以安,故超然在于轻重静躁之外。燕,安也。处,居也,犹吾书所谓"安行广居"也。为万乘之主,若不知身之为重,则不能超然于事物之外,必至有轻躁之失。失臣者,不足以臣服天下也。失君者,言自失所主也。以身轻天下者,言以天下为重,以身为轻也。不轻其身则知道矣,知道则知自然矣,知自然则无静无重矣,而况有轻躁乎?

【按】林公"有道之人,终日行而不着于辎重之间,言无重则无轻也,无静则无躁也",此有得之言也,字字珠玑。

释德清:此诫君人者,当知轻重动静,欲其保身重命之意也。

然"重"字指身,"轻"字指身外之物,即功名富贵。"静"字指性命,"躁"字指嗜欲之情。意谓身为生本,固当重者;彼功名利禄,声色货利,乃身外之物,固当轻者。且彼外物必因身而后有,故重为轻之根。性为形本,固至静者。彼驰骋狂躁,甘心物欲,出于好尚之情者,彼必由性而发,故静为躁之君。世人不知轻重,故忘身徇物,戕生于名利之间。不达动静,故伤性失真,驰情于嗜欲之境。

惟圣人不然,虽终日行而不离辎重。辎重,兵车所载粮食者也。兵行而粮食在后,乃大军之司命,虽千里远行,深入敌国,戒其掳掠,三军不致鼓噪以取败者,赖其所保辎重也。圣人游行生死畏途,不因贪位慕禄,驰情物欲,而取戕生伤性之害者,以其所保身心性命为重也。故曰"不离辎重"。纵使贵为天子,富有四海之荣观,但恬澹燕处,超然物欲之表。

此其"尧、舜有天下而不与"也。

奈何后之人主，沉冥荒淫于声色货利之间，戕生伤性而不悟，是以物为重而身为轻也。故曰"身轻天下"。"奈何"者，怪叹之词。物重则损生，故曰"轻则失根"。欲极则伤性，故曰"躁则失君"。君，谓性也。

庄子《养生》《让王》，盖释此篇之意。子由本云"轻则失臣"，然"臣"字盖亦指身而言。《齐物》以身为臣妾，以性为真君，源出于此。

【按】德师"重""轻""躁""静"之释，可谓确诂。

黄元吉：修炼之道，不外神气二者，调之养之，返乎元始之天而已。其在先天，气浑于无象，厚重常安，神寓于无形，虚灵难状；一到后天，气之重者而轻扬，神之静者而躁动，气不如先天之活泼，常氤氲而化醇，神不似先天之光明，脱根尘而独耀，此命之所以不立，性之所以难修也。学者欲得长生，须知气必归根。夫根何以归哉？必以气之轻浮者，复还于敦厚之域，屹然矗立，凝然一团，则气还于命，而浩浩其天矣；以神之躁妄者，复归于澄彻之乡，了了常明，如如自在，则神还于性，而浑浑无极矣。如此神返元性，气返元命，不啻天地未兆之前，浑沦无际，浩荡靡穷，斯其凝愈固，其行愈速也；其虚无朕，其用无方也。由是气愈重而愈轻，所谓"浩然之气，至大至刚，充塞天地"是；神能静而亦能动，《易》所谓"妙万物而为神"，子思子曰"至诚如神"是。是以君子之于道也，终日行不离乎辎车之重，恐气轻而累重，反滞其行之机。如此稳重自持，不愈速其行乎？纵有声色之美，货利之贵，是为众人所荣观，不为君子所介意，当前寓目，君子一如燕居独处，超然于物色之外，莫知其为有焉。奈何以万乘之主、至尊至贵、可仙可佛之身，而不自爱，反以世路荣观、人寰乐趣为缘，不亦轻其身而自视太小耶？夫轻则失臣，臣即气也，失臣则失气矣；躁则失君，君即神也，失君则失神矣。神气两失，而谓身能存，有几乎？此殆不知人身难得，中土难生，而反自轻其身也，不诚大可慨欤？在彼恋尘世之荣华，慕当途之仕宦，只说利己者多、肥家者盛，那知富贵之场即是干戈之地，古来象以齿焚身，璧因怀获罪，其为害可历数也。人奈何只见其小，而不从其大耶？噫嘻！痛矣！

此言水轻而浮，为后天之气，属外药；金沉而重，为先天之元命，号真铅，又号金丹，又号白虎初弦之气，其名不一，是为内药。先天金生水，为顺行之常道，生人以之，故曰：重为轻根。夫人生于后天，纯是狂荡轻浮之气作事，以故水气轻而浮，情欲多生，命宝丧失，所以易老而衰。君子有逆修之法，无非水复生金，轻返于重，以复乎天元一气，是以终日行之而不离乎辎重，不过亭亭矗矗，屹然特立，厚重不迁，养成浩气，充塞乾坤而已矣。此为逆修之仙道，炼丹以之。总之，由有形以复无形，丹道之一事也。火燥而动，为后天之神，属外药；木静而凝，为先天之元性，曰真汞，曰真精，又曰青龙真一之气，其名亦多，要皆内药。先天木生火，为顺行之常道，生人以之，故曰：静为躁君。夫人成形而后，纯是智虑杂妄之神用事，以故火性飞扬，变诈百出，性真牿没，所以易弱而倾。君子有倒施之功，无非火复生木，躁返于静，以还乎不二元神，于此虽有荣观，燕处超然，无非万象咸空，一真在抱，养成大觉金仙，昭回霄汉而已矣。此为逆炼之丹道，成仙以之。要之，自有觉以还无觉，又修道之一端也。皆由外药以修内药，自后天而返先天也。吾更为之畅言曰：生人之道，顺而生，修仙之道，逆而克，盖不克则不能生，亦不克则不能成，河图洛书之所以生克并用也。今之儒释修养与吾道有异者，大抵彼用顺行，一循自然之度；吾道独逆炼，则有勉强作为之功，倘有不克，无以为生成也。但顺而修则易，逆而炼则难，不得真师，不明正法，妄采妄炼，鲜不为害。既得真师，明正法矣，不结仙缘，不修功善，则神天不佑，魔魅来缠，必有将成而败，倾丹倒鼎，连身命俱丧者，此诚不可不慎也。何以逆之克之？始用顺道之常，效夫妻交媾之法，以火入水乡，即是以神入气中，此为凡父凡母交而产药；迨至火蒸水沸，水底金生，斯时玄窍开而真信至，是为真阳生而小药产，此为外药；金气既生，真铅自足，于以火促水腾，木载金升，切切催之，款款运之，上升乾鼎，以真铅配真汞，以真火真意引之，下入丹田，即入坤腹，以炉鼎和药物炼丹，此返坎为男，复离为女，颠倒女男，迭为宾主，收归坤炉，烹炼一晌，再候真阳火动，以为金火大药，此为内药生，又曰大药产，此为灵父圣母交媾而育者也。且前小药之生，动在肾管外，其气小，故曰小药、外药；此则动于气根之内，生时有天应星、地应潮、六根震动之状，故曰内药、大药，又曰金丹。再以此金丹，运起河车，鼓动巽风，施用坤火，合离宫真精而煅之。真气合真精，即以先天阳气制伏后天阴精，阴精亦合真气而化为圣胎。夫真气，自真精而生者也，为子气，气复归精，故喻子投母胎，所谓"子恋母而来，母恋子而住，子母相抱，神气相依"。即内用天然真火，外用阴符阳火，内外交炼，即结为圣胎，所谓"铅将尽，汞亦干，化成一块紫金霜"。金丹大道与生人异者，只此处处逆施造化，颠倒乾坤耳。凡有功德有缘有道之士，遇吾此注，尽可施功，不受异端祸乱。然而天机尽泄于此，如有功德之人，得天启沃，明白此旨，亦毋得轻泄，致干罪咎焉。至若经云"万乘之主"，即人心中之元神也。夫人之心，莫不欲一身安泰，百岁康强，奈何知诱物化，欲起情生，而以身轻用于天下也？此气虚浮而丧气，此神躁率而失神，身之存者盖亦鲜矣，何况金丹大道乎哉？此注已将筑基炼己、结丹还丹、玉液金液、小大周天之法则，详细剖明，生等当书诸绅，佩服不忘，庶知之真而行之至也。由是功成道就，永为天上神仙，不受人间苦恼，岂不甚幸？各宜勉旃！

【按】黄师此释，结合经文，直将安炉立鼎之功夫，和盘托出，有缘修炼金丹大道者，何异于明师在前！又"火复生木"，似不通，此先天之五行之体也，为道家绝密，非入室弟子，发大心，真求金仙而炼至不用先天真火不能再进时则绝不相传。"顺为凡，逆为仙，只在其中颠倒颠"者，即阴阳五行之颠倒颠也。如本章"火生水"即生克之颠倒也，又"火蒸水沸"者，先天五行之用也，又不可不知。黄师谓"天机尽泄于此"者以此。至其"筑基炼己、结丹还丹、玉液金液、小大周天"等之泄天机与此实不可同日而语。

【综按】"重为轻根，静为躁君"，喻也，言天地万物皆相对待相对立而又互为其根者也。故唯有超越此相对待相对立而又互为其根之事物的两个方面，方能几于道。何以知之？以"虽有荣观，燕处超然"故知。

二十七章

善行无辙迹；善言无瑕谪；善计不用筹策；善闭无关键不可开；善结无绳约不可解。是以圣人常善救人，而无弃人；常善救物，而无弃物。是谓袭明。善人，不善人之师；不善人，善人之资。不贵其师，不爱其资，虽知大迷，此谓要妙。

三家注按

林希逸： 善言、善行、善计、善闭、善结，五者皆譬喻也。其意但谓以自然为道，则无所容力，亦无所着迹矣。圣人虽异于众人，而混然与之而处，未尝有自异之心，所以不见其迹也。圣人之道，可以救人，可以救物。其于人物也，亦甚异矣，而未尝有弃人弃物之心。和光同尘，而与之为一，故曰"袭明"。袭者，藏也。袭明，即庄子所谓"滑疑之耀"也。善人可以师范一世，虽异于不善之人，而天下若无不善之人，则谁知善人之为善，是不善人乃为善人之资也。资者，言其赖之以自别也。此两句又发明上面"无弃人""无弃物"之意。若有弃人弃物之心，则是有师而不知贵，有资而不知爱，虽自以为智，而不知乃迷之大者。知此道者，可谓要妙之道。

释德清： 此言圣人善入尘劳，过化存神之妙也。

辙迹，犹言痕迹。世人皆以人我对待，动与物竞，彼此不忘，故有痕迹。圣人虚己游世，不与物忤，任物之自然，所谓"忘于物者，物亦忘之"，彼此兼忘。此行之善者，故无辙迹。

瑕谪，谓是非辨别，指瑕谪疵之意。圣人无意必固我，因人之言，然然，不然不然，可可，不可不可，未尝坚白同异。此言之善者，故无瑕谪。

筹策，谓揣摩进退，算计得失利害之意。圣人无心御世，迫不得已而后应，曾无得失之心。然死生无变于己，而况利害之端乎。此计之善者，故不用筹策。

关键，闭门之具，犹言机关也。世人以巧设机关，笼罗一世，将谓机密而不可破。殊不知能设之，亦有能破之者。历观古之机诈相尚之士，造为胜负者，皆可破者也。唯圣人忘机待物，在宥群生，然以道为密，不设网罗，而物无所逃。此闭之善者，所谓"天下莫能破"，故无关键而不可开。

绳约，谓系属之意。世人有心施恩，要以结属人心。殊不知有可属，亦有可解。然有心之德，使人虽感而易忘，所谓"贼莫大于德有心"。圣人大仁不仁，利泽施乎一世，而不为己功，且无望报之心，故使人终古怀之而不忘。此结之善者，故无绳约而不可解。

是以圣人处世，无不可化之人，有教无类，故无弃人。无不可为之事，物各有理，故无弃物。物，犹事也。如此应用，初无难者，不过承其本明，因之以通其蔽耳，故曰"袭明"。袭，承也，犹因也。《庄子》庖丁游刃解牛，因其固然，动刀甚微，划然已解。意出于此。观留侯蹑足附耳，因偶语而乞封，借四皓以定汉，以得老氏之用。故其因事处事，如此之妙，可谓善救者也，其他孰能与之。

故世之善人，不善人之师。不善人，善人之资。由其饰智矜愚，修身明污，故皆知师之可贵。择类而教，乐得而育，故皆知资之可爱。若夫圣人为举世师保，而不知其师之可贵。化育亿兆，而不知其资之可爱。

所谓"兼忘天下易，使天下忘己难"，此虽在智者，犹太迷而不知，况浅识乎？斯所过者化，所存者神，是谓要妙。

黄元吉：圣人之心，只求诸己，不求诸人。其施之于事物也，无为不通，随在皆当，内无歉于己，外无恶于人。《易》所谓"时止则止，时行则行，动静不失其时，其道光明"，殆斯人欤？其于行也，时而可行，行之而已，前不见其所来，后不见其所往，抑何辙迹之俱无哉？其行之善有如此。其于言也，时当可言，言之而已，内不见辱于己，外不贻羞于人，抑何瑕摘之悉化哉？其言之善有如此。至于物之当计，事之宜筹，揆之以理，度之以情，顺理而施，如情而止，宜多则多，当少则少，何须筹策之劳？即此因应无心，物我俱化，非善计而何？更有宜闭宜结之事，其在他人，不闭则乱，不结则散，而圣人外缘胥绝，内念不生，完完全全，非所谓善闭善结者乎？虽无绳约之束，关键之防，而无隙可乘，俨若弥缝甚固，其不可开不可解也，不诚天理浑全，无懈可击耶？之数者，殆顺乎自然之天，不参以人为之伪，故其效如此。要皆内修而外慕，自正而无他求，所以立己立人，人无遗类，成己成物，物无弃材，其济人利物之善，为何如者？是皆自明明德，又推之以理民及物，不谓之重袭其明哉？然而善人初不自知也。善人浑忘物我，故不善者感之而尊为师；善人亦不自满也，见不善人，善人即以之为资，见善则从，不善则改，善人所由益进于善，而至于美大化神之域焉。若凡人，自恃其才，自逞其能，见善者，置之不问，不知奉以为模；不善者，弃之如遗，反鄙之而不屑，不知：见贤思齐，不贤内省，善恶虽殊，而为己之师资则一也。似此不贵其师，不爱其资，殆愚而好自用，贱而好自专者，不诚昏昧人哉？夫善者师之，恶者戒之，随在皆有益于己，无人不有益于身，是诚修己之要术，治身之妙道也。人其勉之！

  此见圣人之语，无所不通。事物之理，即性命之道，体用原是兼赅，本末由来不离。如云善行无辙迹，推之气机流行，河车自运，亦是如此；若有迹象，即属搬运存想，非自在河车，上合天道之流行。曰善言无瑕摘，即"无法可说，是名说法"，又曰"祖师西来意"，孔子曰"天何言哉？四时行焉，百物生焉"。有瑕可摘，即有言可见，非圣人心领神会之宗旨。释氏曰"道本无言，却被人说坏了"，是其意矣。曰善计无筹策，周天之数，不过喻名三百之数，实非有爻策可计，有则非自然之火候。曰善闭无关键，本是鸿蒙未破，元神默默，元气冥冥，返还于元始之初，以结胎而成圣；若有闭则有开，非内炼之道也。曰善结无绳约，言神恋气而凝，命依性而住，神气吻合，复还太极，以结成黍米之珠，阳神之体；若有，则勉强撮合，非自然之凝聚，而不可以复命归真。顾其功效如此，而修养之要，不过见善则迁，有过则改，取法乎善与不善之类，返观内省，以为功也。倘矜才恃智，傲法凌人，不贵其师，不爱其资，纵有才智，亦愚昧之夫，终不足以入道矣。于此见修道之要妙，圣凡原同一辙焉。

  【综按】本章三贤之释，各臻其妙，吾不可置一词。然仍有说焉。"圣人常善救人，而无弃人；常善救物，而无弃物。是谓袭明"。救人救物，仁民爱物也，释曰慈悲，救一人，救一家，救一族，救一国，救一教，救一类，此之谓善救乎？救一人，以一人观之，自然是善救；救一家，以一家观之，亦为善救，救一族，以一族观之，无不曰善救，大而广之，救一国，救一教（如道教全体信众、佛教全体信众、回教全体信众、基督教全体信众）等，自然更曰善救了。然则以道观之，此虽是善救，但非圆满的善救。本章"善救人"是以"无弃人"为基础的，"无弃人"唯无条件的救，方能做到。无条件的救，方是善救，方是圣人。比之佛教，唯大慈大悲的大菩萨始能之。善救人如是，善救物亦复如是，故谓之"无弃物"。何以能做到"人无弃人，物无弃物"呢？是因为承袭了无上的道智，天地本然的大光明，人性自具的无上智慧，故曰"是谓袭明"。又本章乃对前章超越既相对待又互为其根的二元对立之万事万物的进一步说明。

二十八章

知其雄，守其雌，为天下蹊。为天下蹊，常德不离，复归于婴儿。知其白，守其黑，为天下式。常得不忒，复归于无极。知其荣，守其辱，为天下谷。为天下谷，常得乃足，复归于朴。朴散为器，圣人用为官长。是以大制无（不）割。

三家注按

林希逸：知雄守雌，不求胜也。知白守黑，不分别也。知荣守辱，无歆艳也。知字有能为而不为之意。谿谷在下，水所归也，言如此则天下归之。式，天下以为式也。常德，即首章所谓"常道"也。不离，无间断也。不忒，无差失也。乃足，备全之也。婴儿，无知也。无极，无物也。朴，太朴也，天地之始也。太朴既散，而后有器，即"形而上者谓之道，形而下者谓之器"也。圣人以形而上者用形而下者，则天地之间各有其职。圣人兼三才，以御万物，虽职覆职载，亦听命于我，是为天地之间，官于物者之长也。庄子曰："官天地。"天地之职，亦造化之一官守耳。割，离也。以道制物谓之大制，大制则道器不相离也，此亦无为而为、自然而然之意。

【按】释"知字有能为而不为之意""以道制物谓之大制，大制则道器不相离也。此亦无为而为、自然而然之意"，甚善。余则儒门释经之常，难言独到。

释德清：此承上章行道之妙，而言圣人不以知道为难，而以守道为要妙也。

古德云："学道，悟之为难；既悟，守之为难。"然行道之妙，实出于守道之要耳。盖此中"知"字即悟也。"知雄守雌"者，物无与敌谓之雄，柔伏处下谓之雌。溪，乃窊下之地，众水所归之处也。婴儿者，柔和之至也。前云"专气致柔，能如婴儿乎"，然气虽胜物，物有以敌之；而道超万物，物无与敌者，故谓之雄。圣人气与道合，心超物表，无物与敌，而能顺物委蛇，与时俱化，不与物竞，故曰"知其雄，守其雌"。由守其雌，故众德交归，如水之就下，故为天下溪也。由乎处下如溪，故但受而不拒，应而不藏，流润而不竭，故曰"常德不离"。以入物而物不知，如婴儿终日号而嗌不嗄，和之至也，以能胜物而不伤，故曰"复归于婴儿"。

"知白守黑"者，白，谓昭然明白，智无不知之意；黑，昏闷无知之貌。式，谓法则。忒，差谬也。谓圣人智包天地，明并日月，而不自用其知，所谓"明白四达，能无知乎"，故曰"知其白，守其黑"。由其真知而不用其知，故无强知之过谬，故可为天下式。然强知则有谬，谬则有所不知。既有所不知，则知不极矣。今知既无谬，则知无不极，故曰"复归于无极"。

"知荣守辱"者，荣，乃光荣贵高。辱，乃污辱贱下。谷，乃虚而能应者也。朴，谓朴素，乃木之未雕斲也。谓圣人自知道光一世，德贵人臣，而不自有其德，乃以污辱贱下，蒙耻含垢以守之，所谓"光而不耀"，仁常而不居者，虚之至也，故为天下谷。由其虚，故常德乃足。德自足于中，则不缘饰于外，故复归于朴素也。

以虚而能应物，故朴散则为器。圣人以此应运出世，则可以官天地，府万物，故能范围天地而不过，曲成万物而不遗，化行于世而无弃人弃物，故曰"大制不割"。割，截断也。不割者，不分彼此界限之意。

【按】"物无与敌谓之雄，柔伏处下谓之雌""婴儿者，柔和之至也""顺物委蛇，与时俱化，不与物竞，故曰'知其雄，守其雌'""白，谓昭然明白。智无不知之意。黑，昏闷无知之貌""谷，乃虚而能应者也"，此皆确诂。"圣人自知道光一世……不自有其德，乃以污辱贱下，蒙耻含垢以守之"。兹以例证之：晚清镇江某寺附近有逆子，常呵斥、埋怨、数落其母，其母悲苦不能自已。寺中妙善禅师闻之，发大悲心，常抽空慰安其母，解说佛陀妙法，令其深信因果，消除悲苦，发出离心，闻修佛法。子知之，心生怨怼，谋惩禅师。一日，禅师慰其母出门时，子早候门外，以粪浇禅师，粪桶倒扣禅师头上，禅师不以为忤，头顶粪桶，继续前行，至河中清洗污秽，围观者大笑不止。师曰："人身皮囊，内藏污秽，七窍常流不净，与粪桶何异？此不过粪桶上罩粪桶啊！"问："受此大辱，不愤怒不委屈吗？"曰："子为我'灌顶'，待我慈悲，为成就我，何辱之有？"话传至子，子深受感动，比之禅师的宽容、慈悲，顿觉羞愧，遂来寺求禅师忏悔，皈依佛门，为师弟子，受师法化，痛改前非，除前恶习，成就孝行。

"蒙耻含垢以守之"，两千年后，禅师以行为注，诚可为天下式也。

黄元吉：修炼之道，气从阳生，运转河车，行凭子午，到得铅气抽尽，汞精已足，是铅汞会合为一气。此既得雄归以合丹，尤要雌伏以养丹，故曰：知其雄，守其雌。夫雄，阳也；雌，阴也。阴阳和合，雌雄交感，而金藏于水；复水又生金，金气足而潮信至，其势有如溪涧然，自上注下，犹溪涧之所蓄靡穷。修行人知阳不生于阳而生于阴，故不守雄而守雌，久之，微阳渐生，阴滓胥化，而归根复命之常德，不可一息偶离。从此阴阳交媾，结就仙胎，于是逐日温养以成婴儿，有必然者，《悟真》云"雄里怀雌结圣胎"是也。既铅汞混合，打成一片，复将此交媾之精，养于坤宫煅炼，先天真铅生矣，此谓知其白，守其黑。夫白，精也；黑，水也。此精未产之日，坤体本虚，因上与乾交，坤实为坎，是水中金生，赖坤母以养成，故称母气，《悟真》云"黑中取白为丹母"是也。到得真铅既至，即运一点己汞以迎之，左提右挈，静候白虎首经，果听地下雷鸣，实有丹心贯日、浩气凌霄之状，我仍守吾虚无窟子，不稍惊惶，此即炼精化气时也。以后运辘轳，升三车，由夹脊双关上至泥丸，行子午卯酉四正之功，合春夏秋冬四时之序，此即为天下式。凡人物之生长收藏，亦无丝毫差忒不与天合度焉。由是上升下降，送归土釜，化有象以还无象，复归无极之天，此大周之候，玉炼之丹即在此矣。斯时也，金丹既归玄窍，复合青龙真一之气，炼成不二元神，此即炼气化神时也。再修向上一层炼神还虚之道，惟混混沌沌，涵养虚无，浑浑沦沦，完全理气，化识成智，浑圣如愚，一日一夜，言不轻发，心无他思，有如椎鲁之夫，毫无知见，纵有侮辱频来，俨若不识不知，一如舜之居深山，无异于深山野人焉。此即知成人之荣，守成仙之辱也，不如此，不足以养虚合道，故曰"口开神气散，意乱火功寒。能知归复法，金宝重如山"。若妄发一言，妄生一念，即同走丹。道愈高，势愈险，炼丹到此，尤为危险之地。是以古人道果圆成之后，装聋卖哑，作癫放狂，殆为养虚合道计也。否亦何乐为此耶？所以心中无一物，实为天下谷。既为天下谷，尤须意冷于冰，心清似水，而真常之玄德，于此方能充足。然而真空不空，妙有不有，始而从无入有，继而从有归无，终则有无不立，此所以由太极而复归浑朴，返本还原之道得矣。虽然，其聚则一，其散则万，以至生生不已，化化无穷，何莫非器之所在，亦何莫非朴之所散？此朴散为器之说也。而圣人用之，不尚器而尚朴，殆谓：虚寂为一身之主宰、万变之总持，犹人世官长无二。又曰大制不割者何？盖以浑然之道，范围不过，曲成不遗，足为宰制之需；若或割焉，亦是矫揉造作，初非本来性天。圣人不割，亦还其混沌之天而已，学者知之否？

此合孔德之容章并看，则知化精、化气、化神之旨，尽于此矣。虽然，其中细密处，吾不妨再言之。"昔日逢师亲口诀，只要凝神入气穴"。若非回光返照丹田，则金水必然浑浊。既知凝神坤宫，或作辍不常，则水火必然散漫，先天真一之气又从何生？虽然，修炼之法，凝神要矣，而调息亦不可少焉。苟知神凝气穴，而不知调呼吸之息下入阴跷穴中，则神虽住而息不畅，无以扇风动火，使凡息停而真息见，凡心死而真心生；又况神火全凭神息，若无神息吹嘘，不惟水火不清，亦且金胎不化。既凝神调息，知所归宿矣，尤要于神融气畅之际，如天地未开，冥冥晦晦，然后一切游思浊气方能收拾干净，犹日月剥蚀一番，自有一番新气象。如此絪絪缊缊，于无知无觉时，忽然有知有觉，即是太极开基，玄关现象，又是"一阳初动处，万物未生时"。此际能把得住，拿得定，正所谓"捉雾拿云手段"。丹经云"时至神知"，又云"真活子时"，正此之谓也。此时急当采取，若稍迟晷刻，又起后天知觉之私，不堪为金丹之药矣。此个机关，总要于万缘放下，一念不起时，急以真意寻之，方得真清药物。总要静之又静，沉之又沉，于无知无觉时，寻有知有觉处，庶乎得之。既曰一念不起，又何事用意去寻？岂不是有意去寻，又落后天识神乎？殊不知，此个真意，如种火然，不见有火而火自在，不过机动而神随，自然之感触，有如此者。若谓真属有意，则落于固执；若谓真果无意，又堕于顽空。此在有意无意之间，学人当自会之，《易》曰"寂然不动，感而遂通"，是也。如此方是真知真觉，要皆真意为之。虽然，真意由于真心，必其心空洞了灵，不以有物而增、无物而减，有此真心，方有真意，有此真意，乃有真息。总要具有慧照，不错机宜，则炼一次自有一次之长益。到此地步，常常采取，自有真阳发生。还要炼己待时，不可略有一点求动之意，则后天识神不来夹杂，即先天至阳之精、真一之气，久久熏蒸积累，自有大药发生，可以返老还童。只怕不肯积功累行以立外功、敦伦饬纪以修内德，无以为承受之基耳。俗云："不怕一，只怕积。不怕骤，只怕凑。"诚哉是言也！学人欲知用意之道，切勿徒听自然焉，可。

【按】前言"火生木"，此又言"水又生金"，先天五行之生克可推知矣，难怪天机都泄尽。

【综按】 本章三家所释，各有侧重。林公偏于训诂，文化意味浓；德师从心性入，生命哲学意味深；黄师纯从金丹大道入，修炼经验真。如炼丹以"意"为媒，此意为何意，后世修炼者，多有不知，甚至有以后天心意识为"意"者，为害非浅。黄师慈悲，直将"真意"揭示明白，利益千万丹士："真意由于真心，必其心空洞了灵，不以有物而增、无物而减，有此真心，方有真意，有此真意，乃有真息。"何其清楚明白！

二十九章

　　将欲取天下而为之，吾见其不得已。天下神器，不可为（不可执也）。为者败之，执者失之。夫物或行或随，或嘘或吹，或强或羸，或接或隳。是以圣人去甚，去奢，去泰。

三家注按

林希逸： 天下神器，岂人力所可得。道盛德至，天下归之而不得辞，而后可以有天下。若萌取天下之心，而强为善，以求有得，决不可得矣。此三句是譬喻也，其意盖言凡天下之事，不可以有心求也。为者则必败，执者则必失，是皆有心之累也。故有道者之于物，行者听其自行，随者听其自随，嘘者听其自嘘，吹者听其自吹，强者听其自强，羸者听其自羸，成者听其自成，隳者听其自隳，是皆自然而然而已。行、随，犹先后也。载，成也。"甚""奢""泰"三者，皆过当之名，亦前章"余食赘行"之意。圣人去之者，无心无累，无为无求也。此章结得其文又奇，"甚""奢""泰"三字只是一意，但如此下语，非唯是其鼓舞之笔，亦申言其甚不可之意。其言玄妙，则曰"玄之又玄"，则曰"大"，曰"逝"，曰"远"，皆是一样文法。读者不悟其意，故不见他文字奇处，又多牵强之说。

　　【按】 林公此释甚确甚备。"故有道者之于物，行者听其自行，随者听其自随，嘘者听其自嘘，自吹者听其自吹，强者听其自强，羸者听其自羸，成者听其自成，隳者听其隳，是皆自然而然而已"，此一段行云流水，自由自在，直将道者之境托出无余。

　　释德清： 此言圣人道全德备，应运出世，为官为长，当任无为无事，而不可有为太过也。

　　由上章云"朴散则为器，圣人用之则为官长"，故老子因而诫之曰："将欲取天下者，当任自然，不可有心为之。而有心为之者，吾见其必不可得已。"何也？且天下者大器，有神主之，岂可以人力私智取而夺之耶？故曰"不可为"也。而为之者，必反败之。纵为而得之，亦不可执为己有。而执之者，必反失之。故如强秦，力能并吞六国，混一天下，是为之也。且誓云一世以至万世，是执之也。故不旋踵而败，二世而亡，岂非"为者败之，执者失之"之验欤？

然而所以败之、失之者，以其所处过甚，而奢泰之极也。凡物极则反，此亦自然之势耳。故物或行而在前，或复随而在后，或呴而暖，或反吹而寒，或强而壮，或又尪羸而弱，或正载而成，或即隳颓而毁。此何以故？是皆用力过甚，而奢泰之极也。此皆圣人所不处，故曰"是以圣人去甚，去奢，去泰"。

【按】俗云"富贵不过三代"，何也？德师在此揭其秘要曰："所以败之、失之者，以其所处过甚，而奢泰之极也。凡物极则反，此亦自然之势耳。"近世处富贵者多一世而败，读德师此释，不禁唏嘘，世人何其昧也。

黄元吉：道本无声无臭，清净自然，修道者亦当不识不知，纯任自然，此历代祖师心印，自开辟以至于今，无有或外者。无如世之异端旁门，反讥吾道为孤修寂炼，卒至顽空无用，我岂不自思哉？将欲取天下而行有为之政，吾见其不为而不得已，愈为而愈不得已也。盖天下虽大，原有神器为之先，所谓"先天大道，希言自然"者是。是天下为神器之匡廓，神器乃天下之主宰，天下可为，而神器不可为也。苟有为焉，始则纷更多事，究至荡检逾闲，而天德尽废，为之正所以败之也；若或执之，始则胶固自苦，究至反道败德，而天真无存，执之正所以失之也。审是，与其有为而偾事，何如无为而成功乎？与其有执而失常，何如无执而得道乎？况道原于天，天道无为而自化，生其中者又何异耶？试观初生之时，乾元资始，或阳往而行先，坤元资生，或阴来而随后，一动一静，互为其根，有必然者。他如气之由伸而屈，吸之则油然而呴；气之由屈而伸，呼之则悠然而吹，如是则生气畅，生机永矣。至于禀受不同，刚柔亦异，或受气多而精强，或受气少而精羸，要皆后天之不齐，物生之各别。故有时而伸，气机蓬蓬上载，有时而降，气机油油下隳，是皆天道之自然，非人力所可致也。虽下手之初，不无勉强之迹，然亦因其势，顺其时，可行则行，可止则止，勉强中寓自然，固久远而不弊耳。是亦圣人于采药炼丹时，要知去其已甚，去其太奢，去其过泰，在在归于中正，时时处以和平，虽曰有为，而亦等于无为矣，虽曰有作，而亦同无作矣。故有无相生，始可言大道。

此言大道无为，无为者先天养性之学；然亦有为，有为者后天炼命之工。须知：有为、无为，性命之修持各异，而其中之主宰，总不可以偶动，动则非中，无论有为不是，无为亦非。惟中有主而不乱，知时识势，见可而进，知难则退，则无为得矣，即有为亦得焉。主宰者何？即天下之神器是也。人能知得本原，一归浑浑沦沦，虚灵不昧，始而有为，有为也是，终则无为，无为也是。不然，概曰无为自然，则孔子何必言道，何必言困知勉行，何必言择善固执？知修身之道，端在性命，性命之功，须分安勉，不必强为分别，总在人，神明其德。如治国然：治则用文，乱则用武，相时而动，听天而行，庶乎左右逢原，无在不得其宜矣。第此可为知者道，难为板滞者言也。

【按】黄师自"人能知得本原"至"难为板滞者言也"一大段文字，虽是说理言事，实则自己之境界也，由此足证黄师已得"金丹"秘旨。

【综按】大道之行也，自由自在，自自然然，行云流水，所谓"或行或随，或嘘或吹，或强或羸，或接或隳"者，皆状大道之行也。"甚""奢""泰"，凡夫之劣根，唯明理者可以去之，故垫于说理之后。

三十章

以道作人主者，不以兵强天下，其事好还：师之所处，荆棘生。故善者果而已，不以取强。果而勿骄，果而勿矜，果而勿伐，果而不得以，是果而勿强。物牡（壮）则老，谓之非道，非道早已。

三家注按

林希逸： 佐人主以强兵为心，则非知道者矣。何者？兵，凶器也。我以害人，人亦将害我，故曰"其事好还"。用师之地，农不得耕，则荆棘生矣。用兵之后，伤天地之和气，则必有凶年之灾。此意但言好战求胜，非国之福。七句只是譬喻。若人之为善，其果者在我，而何尝敢以此求胜于人？故曰不敢以取强。果，《易》言"果行有德"是也。其果者在我，而不形诸外，则无矜伐骄强之名。而其应事也，常有不得已之意。此亦知雄守雌之论。强者不能终强，矜者不能终矜，譬喻万物既壮，则老必至矣。不知此理，而欲以取强于天下，皆不道者也。既知此为不道，则当急急去之，故曰"早已"。已者，已而勿为也。

【按】 林公此释，公允平正。其开篇一段"佐人主以强兵为心，则非知道者矣。何者？兵，凶器也。我以害人，人亦将害我，故曰'其事好还'"，更是触目惊心也。

释德清： 此承上言圣人不为已甚，故诫之不可以兵强天下也。

凡以兵强者，过甚之事也。势极则反，故其事好还。师之所处，必蹂践民物，无不残掠，故荆棘生。大军之后，杀伤和气，故五谷疵疠而年岁凶，此必然之势也。

然于济弱扶倾，除暴救民，盖有不得不用之者，惟在善用。善用者，果而已。已者，休也，止也。果，犹言结果，俗云"了事便休"，谓但可了事，令其平服便休，不敢以此常取强焉。纵能了事，而亦不可自矜其能，亦不可自伐其功，亦不可骄恃其气到底，若出不得已，此所谓果而不可以取强也。取强者，速败之道。

且物壮甚则易老，况兵强乎？凡物恃其强壮而过动者，必易伤。如世人恃强而用力过者，必夭死于力；恃壮而过于酒色者，必夭死于酒色。盖伤元气也。元气伤，则死之速。兵强亦然。故曰：是谓不道，不道早已。已者，绝也。又已者，止也。言既知其为不道，则当速止而不可再为也。亦通。孟子言"威天下不以兵革之利"，其有闻于此乎。

【按】武汉归元禅寺有一首刻于石柱的对联："世外人，法无定法，然后知：非法，法也；天下事，了犹未了，何妨以：不了，了之。"据传为清代何元普撰，此联较之此释，境界是同是别？

黄元吉：上古之世，各君其国，各子其民，熙熙皞皞，共安无事之天，人己浑忘，畛域胥化，又焉有战争之事哉？迨共工作乱而征伐起，蚩尤犯上而兵革兴，于是文则有玉帛，武则有兵戎，治则用礼乐，乱则用干戈，朝廷所以文武并重也。然有道之君子，达而在上，辅佐熙朝，赞襄郅治，惟以道事人主，不以兵强天下。此是何故？盖杀人之父兄，人亦杀其父兄，人心思返，天道好还，冤仇报复，靡有休息。又况兵过之乡，人民罹害，师行之处，鸡犬亦空，以故杀戮重而死亡多，尸填巨港，血满长城，无贵无贱，同为枯骨，生之数不啻杀之数，死之人多于生之人，由是井里萧条，田野荒废，而荆棘生矣。且肃杀之气，大伤太和，乖戾之风，上干天怒，因而阴阳不燮，雨旸不时，旱干水溢，频来凶荒，饥馑荐至，民不聊生，朝不及夕。古云"大军之后，必有凶年"，势所必至也。然而饥寒交迫，盗心日生，年岁凶荒，乱民迭作，亦有不得不为兵戎之诘者。古云"兵贵神速，不贵迟疑"，故善用兵者，亦果而已矣。行仁义之师，望若时雨；解倒悬之苦，迎以壶浆。如武王一戎衣而天下定，无非我武维扬，歼厥渠魁已耳，何敢逞杀戮于片时，取强威于一己？其果而胜也，切勿自矜，矜则有好兵之念；切勿自伐，则伐有黩武之心。就令除残暴于反掌，登人民于春台，亦安邦定国之常，救世扶危之道，为将帅者分所应尔，何足骄于人哉？夫骄人者，好杀人者也。纵使果敢弭乱，出斯民于水火，然有此三心，虽无杀之事，而杀之机已伏于中，非道也。须知：行兵之事，圣人不得已而用之，即未损一兵，未折一将，不伤一民，不戕一物，亦未足语承平之雅化，何况非圣王所期许者，果而勿强焉，可也。诗云："劝君莫觅封侯事，一将功成万骨枯。"以此思之，兵危事，战凶机，非天下生生之道也。况乎主宾相敌，旷日持久，师老财殚，臣离民怨，可已而不已，其何以为国乎？更有坚壁相持，连年转饷，一旦偶疏，而敌或扼其险要，绝其粮饷，士闻风而预走，军望气以先逃，昔日雄师，今成灰烬，亦何怪其然耶？夫亦曰物壮则老，其势有必然者。且夫用兵之事，以有道诛无道者也。如此喜兵好战，欲安民，反致害民，欲弭乱，反将生乱，不道极矣。夫诛无道而自行不道，何如屯田防寇，休兵睦邻，早已之之为愈也。否则，如舜伐三苗，苗民负固，舜不修戎而修德，舞干羽于两阶，七旬而有苗格。此不威之威、不武之武，甚于威武者多矣。为上者知之否？

　　此言用火、行符、采取、烹炼之道，是有为有作，比之用兵克敌，大是一场凶事，不可大意作去。如曾子之战兢自惕，子思之戒慎时严，方可变化气质之躯，复还先天面目。若童真之体，未经凿破，未曾损坏者，固可相时而动，遵道而行，无偏无党，无险无危，直臻神化之域。如破漏之人，与年老之体，后天铅汞将尽，性命何依？不得不用敲竹唤龟、鼓琴招凤二法，而后有玉芝灵苗，刀圭上药，可采可炼，化凡躯于乌有，结圣胎于灵关。第火候至密，非得真师口授，万不能洞彻精微；即得秘密天机，然内德外功，一有不满，犹为神天所不佑。惟虚心访道，积德累仁，事事无愧，在在怀仁，以谦以柔，以忍以下，神依于气，气恋夫神，绵绵不绝，造到固蒂深根，决不时而忘之，纷纷驰逐，时而忆之，切切不已，故曰：以道佐人主者，不以兵强天下。即使尽善，而火煅之后，凡气已除，真气未曾积累，势必似无似有，微而难测；且有不炼而气散，愈炼而气愈散者，皆由心有出入，似蔓草之难除，故曰：师之所至，荆棘生焉。况夫神火一煅，而多年之残疾，自幼之沉疴，阳火一逼，阴气难留，其轻者，或从汗液浊溺而出，其重者，或外生疮毒而化，种种不一，修士不可惊为病也，只要心安即能化气。可见炼己之道，必化凡体为玉体，变浊躯为金躯，切不可惊，惊则又动后天凡火，而大伤元气也。故曰：大军之后，必有凶年。善用兵者贵果敢，善用火者贵神速。故曰：果而已矣。在修士，当此体化纯乾之时，切不可恃。恃其才以为不饥不渴，可以行步如飞，冬不炉，夏不扇，无端妙用，迥异凡人，而自以为强也；自谓为强，又动后天凡火，不遭外人诽谤，必至内药倾危。况生一自强之心，即令十月怀胎，三年乳哺，件件功成告毕，不差时刻，而自矜自伐，骄傲凌人，殊非载道之器；纵果于成功，亦必果于偾事。倾倒之患，有不可胜言者。又况自恃其强，而不知谦下存心始可修德凝道，是犹草木之柔脆者有生机，坚强者无生气，日复一日，年复一年，光阴愈迈，岁月云遥，而年华不待，身体难康，精衰气弱，故曰：物壮则老。以此言之，自高者适以自下，自豪者适以自危，不道甚矣！不如去其刚强之心，平平常常，安安稳稳，认理行将去，随天摆布来，庶几不强而自强，不道而有道耶？此下手用火之工，大有危险存焉，学者其慎之。

三十一章

　　夫佳兵者不祥之器，物或恶之，故有道不处。君子居则贵左，用兵则贵右。兵者不祥之器，非君子之器，不得已而用之，恬惔为上，故不美，若美之，是乐杀人。夫乐杀者，不可得意于天下。故吉事尚左，凶事尚右。是以偏将军居左，上将军居右。杀人众多，以悲哀泣之；战胜，以哀礼处之。

三家注按

　　林希逸：此章全是以兵为喻，兼当时战争之习胜，故以此语戒之。佳兵，喜用兵者也。以用兵为佳，此不祥之人也，以不祥之人而行不祥之事，故曰"不祥之器"。此天下之所恶，故有道者不为之。且君子之居，每以左为贵，而兵则尚右，便是古人亦以兵为不祥之事，非君子之所乐用，必不得已而后为之。不幸而用兵，必以恬淡为尚。恬淡，无味也，即是不得已之意也，虽胜亦不以为喜。不美者，言用兵不是好事也。若以用兵为喜，则是以杀人为乐，岂能得志于天下？孟子曰："不嗜杀人者能一之。"亦此意也。偏将军之职位本在上将军之下，今上将军居右，而偏将军居左，是古人以兵为凶事，故以丧礼处之。左，阳也，右，阴也。丧礼则尚阴，幸而战胜，亦当以居丧之礼，泣死者而悲哀之可也。以势而言，下反居上，故曰"言居上势"。此章之意，盖言人之处世，有心于求胜者，皆为凶而不为吉也。

　　【按】林公此释，最末一句"此章之意，盖言人之处世，有心于求胜者，皆为凶而不为吉也"，诚不刊之论也。

　　释德清：此承上言"不以兵强天下"，故此甚言兵之不可尚也。

　　佳兵，乃用兵之最精巧者，谓之佳兵。凡善用兵者，必甘心于杀人。兵益佳而祸益深，故为不祥之器。历观古今善用兵者，不但不得其死，而多无后。此盖杀机自绝，而造物或恶之者。以其诈变不正，好杀不仁，故有道者不处。不但有道者不处，而苟有仁心者，亦不处也。何以知其然耶？观夫君子所居则以左为贵，用兵则以右为贵，然右乃凶地。由是而知兵者乃不祥之器，非君子之器也。万一不得已而用之者，老子诫曰："当以恬淡为上。"恬淡者，言其心和平，不以功利为美而厌饱之意。既无贪功欲利之心，则虽胜而不以为美。纵不贪功利，而若以胜为美者，亦是甘心乐于杀人。夫乐于杀人者，必不可使其得志于天下，所谓"造物或恶之"也。若使此辈得志于天下，将为残害而无涯量矣。

且世之吉事必尚左，凶事则尚右。凶事，谓丧事也。所以用兵则贵右，言其可哀也。故兵家以偏将军居左，以上将军居右者，盖上将军司杀之重者。"言居上势"者，则当以丧礼处之也。故杀人众多，则当以悲哀泣之。即战胜，亦当以丧礼处之。甚言其不得已而用之，即不得已而处之也。

上二章，通言人臣不能以道佐人主，而反以兵为强者，故切诫之。

黄元吉：圣人之治天下也，道德为上，政教次之。至不得已而兴征伐之师，备干戈之用，"长子帅师，弟子舆尸"，为贞为凶，《易》所深戒也，又况逞虎视之雄，奋鹰扬之烈，耀兵革于疆场，肆威武于边鄙，以侵伐为利用，以争战为能事者乎？如此用兵，非弭乱也，实佳兵也。夫佳兵者，不祥之器。古人以止戈为武，此则以穷兵为能，非君子常用之器也。君子常用之器为何？道也，德也，好生恶杀也。若言兵，则杀机见矣。夫杀伐声张，河山震动，虽鸡犬亦为之不安，惨何极乎？况蚯蚓尚且贪生，蝼蚁亦知畏死，物之至微至蠢者犹深恶之，何论乎人？是以有道之士不屑处也。凡物贵阳而贱阴。左为阳，生气也；右为阴，杀机也。是以君子之居，平常尚左，独至用兵之际，则不尚左而尚右，其贱兵可知矣。就令除残去暴，伐罪吊民，悬正正之旗，布堂堂之阵，要属不祥之器，圣王所不乐耳。夫国家承平，固无需乎武备；一旦边陲告急，畔乱频生，万不得已而用兵，亦惟是步伍整齐，赏罚严肃。凡师行之处，乐供壶浆，兵过之乡，仍安耕凿，所谓"克柔克刚，以威以德"者，于此可验矣。不逞兵威，弗夸将略，惟是恬淡无为，从容自得，虽处戎马纷争之地，俨具步伍安祥之风。以此攻城，何城不克？以此制敌，何敌不摧？其胜有必然者。虽然，其胜也亦兵家之常，乌得谓钟鼎铭勋，旗裳纪绩，遂以此为后世美观乎？倘以此为美观，是必忍万姓之荼毒，博一己之功名，无生人之德，而有杀人之心，亦奚可哉？夫乐杀人者，其心残忍，其法森严，不能大度以容人，常苛刻而自是，斯人也，不可得志于天下。如得志于天下，苍生无遗类矣。古者吉事尚左，凶事尚右。彼偏将军，将之次也，反居其左；

上将军，将之上也，转居其右。亦知专杀伐之权者为上将军，而偏将军必禀命于其上，不得逞杀伐之威，是以丧礼处军礼矣。夫岂若国书对垒，命士卒咸歌送葬之词也哉！此谨慎小心之至也。又曰"杀人众多，以悲哀泣之"者何？明战伐之事，伤彼苍好生之心，实出于无可奈何。故吊古战场者，睹此尸满城濠，血盈沟壑，天地一若含愁，草木一若生悲，而况于人乎？即使战而胜，群酋率服，万姓乂安，而反己思维，觉宇下苍苍赤子，遭锋镝而流离者半，死亡者亦半，心滋戚矣，何敢以奏凯还朝，歌功颂德，而自炫其才能耶？念及此，而毫无德色，反多戚容，仍以丧礼处之而已矣。孟子曰："我善为陈，我善为战，大罪也。惟国君好仁，天下无敌焉。"又曰："威天下不以兵革之利。"足见神武不杀，仁者无敌，允为治世之良模。而用兵，非圣人之常道，王者所不贵也。

　　此喻临炉用火，实为老弱之人，扶衰救弊，不得已而为之，何敢矜奇立异，自诩为功耶？彼旁门左道，以进火退符，采药炼丹，一切有为有作之法，视为神仙之道，误矣，远矣！然少壮之体，不须采炼之功，可以得药结丹，而衰老之躯，气质物欲，濡染已久，不加猛烹急炼之功，则气质不化，物欲难除，以污浊之身而欲行无为自然之道，安可得乎？是犹屋宇不洁，嘉宾难迎。人须扫除身中污垢，而后色相俱空，尘根悉拔，本来真性自在个中。虽然，勉强修持亦要安然自在，方不动后天凡火，有伤性命，故太上以恬淡为上，胜而不美。否则，有后天而无先天，仅凡气而无真气，一腔火性，其能久耶？故曰：美之者，是以杀人为乐也。以杀人为乐，则杀机满腹，乌足为天下之主，受天下之福？其不可得志于天下也，必矣。是知：修炼之士，虽用作为功夫，亦要有仁慈恻怛、谦下柔和之心，斯后天中方有先天。古人火候无爻策，药物无斤两，顺天而动，率性以行，虽有作为，亦不为害也已。

　　【综按】本章林公以为老子所鞭者为求胜之心，吾以为确而又确之论也。德师与黄师俱以此章为诛心之设。如德师："纵不贪功利，而若以胜为美者，亦是甘心乐于杀人。"又如黄师："其胜也亦兵家之常，乌得谓钟鼎铭勋，旗裳纪绩，遂以此为后世美观乎？倘以此为美观，是必忍万姓之荼毒，博一己之功名，无生人之德，而有杀人之心，亦奚可哉？"二师虽佛道不同，慈悲恻隐而不忍人之心则一也。

三十一章

三十二章

道常无名，朴虽小，天下不敢臣。王侯若能守，万物将自宾。天地相合，以降甘露，人莫之令而自均。始制有名。名亦既有，天将知止。知止不殆。譬道在天下，犹川谷与江海。

三家注按

林希逸： 道常无名，即"可名非常名"也。无名之朴，道也。虽若至小，而天下莫不尊之，孰敢卑之？故曰"不敢臣"。为侯王者若能守此道，则万物自宾服之矣。天至高也，下而接乎地，天气下降，地气上腾，而后甘露降焉。天地和，则甘露降。民之在天下，自生自养，莫不均平，谁宾使之，自然之道也。若容心而使，则不得其均平矣。道之始，本无名焉，万物即作，而后有道之名。制，作也，是朴散而为器也。此名即有，则一生二，二生三，何所穷已。知道之士，当于此而知止，则不循名而逐末矣。循名逐末，则危殆之所由生也。知止，则不殆矣。川谷之水，必归之江海而后止；天下万物，必归之道而后止。故曰"道之在天下，犹川谷与江海"也。

【按】此章随文演义，无甚深意。

释德清： 此承上章"不以兵强天下"，因言人主当守道无为，则万物宾而四海服，天地合而人民和，自然利济无穷也。

常者，终古不变之义。凡有名者，必迁变。道之所以不变者，以其无名也，故曰"道常无名"。朴，乃无名之譬。木之未制成器者，谓之朴。若制而成器，则有名矣。小，犹眇小，谓不足视也。且如合抱之材，智者所不顾。若取径寸以为冠，则愚者亦尊焉。是以名为大，而以无名为小。甚言世人贵名，概以朴为不足视，故以道曰朴曰小也。然道虽朴小，而为天地万物之本，即愚夫愚妇，而亦知所尊，故曰"天下不敢臣"。

但侯王不能守耳。借使侯王若能守，则万物自然宾服矣，奚假兵力哉？然兵者凶器，未必宾服一国，且上干和气，必有凶年。若以道服之，不但万物来宾，抑且和气致祥，天地相合，以降甘露。兵来未必尽和民人，若以道宥之，则民莫之令而自然均调，各遂其生。无名之朴，利济如此，惜乎侯王不能守之善用耳。

若散朴为器，始制则有名矣。始，犹方才也。谓朴本无名，方才制作，则有名生焉。且从无名而有名，既有名，而名又有名，将不知其所止矣。庄子所谓"从有适有，巧历不能得"，故曰"名亦既有"。而殉名者愈流愈下，逐末忘本，不知其返矣。故老子戒之曰："夫名者，不可驰骛而不返，亦将知止而自足。苟不知止足，则危殆而不安。知止，所以不殆也。"

由是而知道在天下，为万物之宗，流润无穷，犹川谷之于江海也。然江海所以流润于川谷，川谷无不归宗于江海。以譬道散于万物，万物莫不宾服于大道。此自然之势也，意明侯王若能守，其效神速如此。

黄元吉：道本冲漠无朕，而实万象森列，无人不具，无物不有。人物未生以前，此物实为之本；人物既生以后，此物又为之根；虽至隐至微，而要不可一刻离也，离则万事万物皆瓦裂矣，故曰：道常无名。为学人计，不得不强为之名曰：黍珠一粒，阳神三寸，自在玄宫，周通法界，犹之太朴完全，其物虽小，其用则大，天下万事万物俱赖此以为君，孰得臣而后之耶？即如侯王，操生杀之权，为万民之主，孰敢不奉其命令？人苟得此太朴，拳拳服膺，守而弗失，虽殊方异域，莫不航海梯山而来，况近者乎？可见万国宾服，皆由斯朴之能守也。夫人自有生后，气质拘之，物欲蔽之，斯道之存者几希。若欲抱朴完真，惟效法天地而已。天气下降，地气上腾，犹人身坎离交媾，水火调和，天地相合，而甘露垂珠，自然降于中宫。此阴阳燮理，日月同宫，谁为为之，孰令致之？皆由以道为之主宰也。然道究有何名哉？或曰真铅，或曰金丹，古人制此名，皆为后之修士计耳。修士既知其名，即当求其实。彼自阴阳交媾，一点落于黄庭，就当止其所而不迁，安其居而不动，斯大道乃常存矣。既知所止，中有主而不易，又奚至生灭而遭危殆之辱耶？可见道散于外，浩森无痕，浑沦莫测，及敛之于内，混混沌沌，退藏有密。学者苟莫知统宗，无从归宿，则散而无纪，即立己犹不能，焉能及人？故曰：道之在天下，犹川谷之于江海。惟有主归，所以成其大也。子思谓"君子之道费而隐"，其即此"一本散万殊，万殊归一本"之道也欤？

此章甘露是铅汞合而始降，知止是神气萃于中宫。太上俱浑言之，吾再详道之。学人欲修性命，先明铅汞。古云："汞是我家固有之物，铅乃他家不死之方。"若但言心性，无从捉摸，古仙真借名为汞。此个汞非他，乃心中之灵液，从涕唾津精气血液，后天所生阴滓物中，加以神火下照，久久化为至灵之液。此个灵液，元性所寄。盖以本性原来真常清净，不染纤尘，与太空等，非从后天色身所有之精，用起文武火，加以神光了照，则灵液不化，灵性无依，故炼丹之士必先炼精化气，所谓"其精不是交感精，乃是玉皇口中涎"。玉皇比心也，心中灵液即涎也。既得精生汞化，由是灵液下降坎宫，真阳亦复上升，交会于黄庭土釜，我以神气凝注于此，久之，真铅从此蓬勃絪缊而有象，此即所谓得药也。然灵液即真水，真水即汞也；真阳即真气，真气即铅也。汞为精，铅为气，二者皆后天有形有象之铅汞，只可顺而生男育女，不可为长生大药。必从此汞之下降，铅之上升，会合中宫，凝神调息，片刻间，兀兀腾腾，如雾如烟，如潮如海，才算是真铅，可为炼丹之本，所谓"坎离交而得药"是也。于是运起阳火阴符，逆从尾闾直上泥丸，泥丸久积阴精，与我者点真铅之气，配合为一，即所谓"乾坤交而结丹"是也。阳气上升泥丸，有何景象？觉得头首爽利，非等平日之昏晕，有如风吹云散而天朗气清，另有一番气象，才算是真汞。以前之汞，还是凡汞，不可以养成仙胎。铅汞会于泥丸，斯时之凡精凡气，合同而化，不见有铅，并不见有汞，只是一清凉恬淡之味，化为甘露神水，香甜可口，不似平日粗精浊气，即古人谓"醍醐灌顶"是，从上腭落下，吞而服之，送入黄庭温养，即封固矣。此个真精一生，浑身苏软如绵，欲睡不睡，欲醒不醒，而平日动荡之身心，至此浑然湛然，不动不摇，自安所止而得所止，又何殆之有哉？此境非大静大定不能。若夫采取之法，即一意凝注，毫不分散，古人谓"不采之采胜于采"是。所谓交媾者，即"神入气中，气包神外，两两不分"是。学人行一步，自有一步之效验。若无真实处，工犹未至。天机毕露。人其自取证焉，可。

【综按】本章"知止，所以不殆"，"止"于何地？《大学》谓："止于至善。"何谓"至善"？本经二十七章"圣人常善救人，故无弃人；常善救物，故无弃物"即"至善"也。人能止于至善圆满之地，则自能明"明德"而见人性本来之面目。本来之面目为何？"譬道在天下，犹川谷与江海。"川谷之于江海，虽有狭小与阔大之不同，但其性湿，则一也。虽然"自有生后，气质拘之，物欲蔽之，斯道之存者几希"，但苟能止于至善，自能冲破气质之拘，尽净物欲之蔽，而成道矣。

三十三章

知人者智，自知者明。胜人有力，自胜者强。知足者富，强行有志。不失其所者久，死而不亡者寿。

三家注按

林希逸：智，私智也。明，在内者也。有力，角力于外者也。强，在内之果也。自胜者强，胜己之私谓之克也。知足者富，无不足则常有余也。志胜气则其强也不弱，得其所安则久而不变，故曰"不失其所者久"。孔子曰："朝闻道，夕死可矣。""死而不亡者寿"，亦此意也。此一句非言语所可解，自证自悟可也。

【按】林公此释，甚是明白，最后一句"孔子曰：'朝闻道，夕死可矣。''死而不亡者寿'，亦此意也。此一句非言语所可解，自证自悟可也。"意味深远。

释德清：此因上言侯王当守道无为，故此教以守之之要也。

"知人"者，谓能察贤愚，辨是非，司黜陟，明赏罚，指瑕摘疵，皆谓之智。但明于责人者，必昧于责己。然虽明于知人为智，不若自知者明也。老子谓孔子曰："聪明深察而近于死者，好议者也。博辩宏大而危其身者，好发人之恶也。去子之恭矜与智能，则近之矣。"谓是故也。庄子云："所谓见见者，非谓见彼也，自见而已矣。所谓闻闻者，非谓闻彼也，自闻而已矣。"能自见自闻，是所谓"自知者明"也。

世之力足以胜人者，虽云有力，但强梁者必遇其敌，不若自胜者强。然欲之伐性，殆非敌国可比也，力能克而自胜之，可谓真强。如传所云"和而不流，中立而不倚"者，所谓"自强不息"者也。

凡贪得无厌者，必心不足。苟不知足，虽尊为天子，必务厚敛以殃民。虽贵为侯王，必务强兵而富国。即纵适其欲，亦将忧而不足，故虽富不富。苟自知足，则鹪鹩偃鼠，藜藿不糁，抑将乐而有余，此"知足者富"也。强志，好过于人者，未为有志。惟强行于道德者，为有志也。

"所"者，如"北辰居其所"之"所"。又故有之义，盖言其性也。

孟子曰："性者，故而已矣。"世人贪欲劳形，冀立久长之业，殊不知戕生伤性，旋踵而灭亡，谁能久哉？惟抱道凝神，而复于性真者，德光终古，泽流无穷，此所谓"不失其所者久"也。世人嗜味养生，以希寿考，殊不知厚味腐肠，气惫速死，谁见其寿哉？惟养性复真，形化而性常存，入于不死不生，此所谓"死而不亡者寿"也。

老子意谓道大无垠，人欲守之，莫知其向往。苟能知斯数者，去彼取此，可以入道矣。侯王知此，果能自知自胜，知足强行，适足以全性复真，将与天地终穷，不止宾万物，调人民而已。又岂肯以蜗角相争，以致戕生伤性者哉？

【按】德师此释，无往而不确，其随文发挥，亦文从字达，明白晓畅，指点人生，不无小补，如"明于责人者，必昧于责己""欲之伐性，殆非敌国可比也，力能克而自胜之，可谓真强"等是。而"嗜味养生，以希寿考，殊不知厚味腐肠，气惫速死"之文，尤具现实意义，闻者足戒。

黄元吉：修身之道，不外性命。人欲尽性立命，必先存心养性，保命全形，于以修之炼之，积之累之，则本性长圆，天命在我矣。然欲尽性，必先知性。知得人生之本，纯乎天理，不杂人欲，谓之睿智。由此遏欲存理，时时省察，刻刻防闲，务令私欲尽净，天理流行，洞见本来面目，惺惺不昧，了了常昭，即是圆明妙觉。此非外面之想象，乃自家之真知，他人莫能喻也，故曰：知人者智，自知者明。若欲立命，必先炼己。炼己有两端。一曰物欲，物欲不除，天真难现，舍此而欲得药结丹，亦犹嘉谷杂莨稗之中，不先芟夷，势必苗莠并植；非先胜人欲，常操常存，则有定守，未必有定力也，故曰：胜人者有力。一曰气质，气质不化，身何由固？所以剥肤存液，剥液存神，剥神还虚，层层剥尽，方能与道合真。苟非精固气壮，焉能战退群阴，扫除六贼，致令一身内外精莹如玉，变化凡躯，炼成仙体哉？故曰：自胜者强。如是性已了矣，命已立矣，功不于此尽乎？道不于此成乎？虽然，起火有时，止火有候。若当火足之时，不行止火之功，精必随气之动而动，故知止养丹，如贫者之积财而富，常觉有余。既知止火，尤要进火以养丹，退火以温丹。非有志修士，断不能绵绵密密，不二不息如此也。《易》曰："天行健，君子以自强不息。"其即此强行者有志之谓欤？自此温养之后，但安神息，一任天然，无一时一刻之失所，子思子谓"至诚无息，不息则久"者此也。至若凡身脱化，真灵飞升，亦犹凡人之死。但凡人之死，死则神散；而圣人之死，死犹神完。形虽死而神如生，乌得不与天地同寿耶？

此云知人道，胜人欲，犹是穷理尽性一边之学；惟性见心明，洞彻本原，神强气壮，煅尽渣滓，始能了性而立命，性命不分二途，复归于混沌未开之天，而阴神尽灭，阳神完成矣。其间炼精化气，炼气化神，尚有止火养丹。《悟真》云："若也持盈未已心，不免一朝遭殆辱。"此之谓也。夫炼精化气，为入胎之始；炼气化神，为成胎之终。不知止火，则气不入于胎，精虽炼而为气，犹可因气之动而复化为精；且不知止火，则神不凝于虚空，气虽炼而成神，犹可因神之动而复化为气。故知足常足，终身不辱。太上之言，非欺我也。至若神归大定，气亦因之大定，百年之久，浑同一日，一念游移，即同走丹。如此任重道远，非强行有志者，不能常止其所，历久而不敝也。三昧火化，立上凌霄，虽死犹生，其精神直与天地同寿。金丹始终，尽于此矣。

【综按】禅家注重于日用平常中用功，所谓"道在平常日用中"也。相传大慧宗杲禅师住径山，派门下道谦送信长沙，道谦嫌路远费时，心生埋怨，恐荒废禅修。道友宗元曰："师岂可违？我陪你走一遭吧。你只需将二十年来所学、所修、所体验全抛弃，管好自己穿衣、吃饭、便尿即可，余事我替你做。"道谦依计直往长沙，宗元遂回径山。过半年道谦回径山，大慧宗杲禅师一见，遂道恭喜，道谦悟了。

道家最重炼己，炼己如何用功，各说各话，不一而足。黄师在此说得明白，人人能懂，个个可行。黄师曰："炼己有两端。一曰物欲，物欲不除，天真难现，舍此而欲得药结丹，亦犹嘉谷杂莨稗之中，不先芟夷，势必苗莠并植；非先胜人欲，常操常存，则有定守，未必有定力也，故曰：胜人者有力。一曰气质，气质不化，身何由固？所以剥肤存液，剥液存神，剥神还虚，层层剥尽，方能与道合真。苟非精固气壮，焉能战退群阴，扫除六贼，致令一身内外精莹如玉，变化凡躯，炼成仙体哉？故曰：自胜者强。如是性已了矣，命已立矣，功不于此尽乎？"

三十四章

大道氾（泛），其可左右。万物恃之以生而不辞，成功不名有。爱养万物不为主，可名于大。是以圣人终不为大，故能成其大。

三家注按

林希逸： 泛兮其可左右，无所系着也。物物皆道之所生，何尝辞之？既生矣，何尝居之以为功？衣被，蒙赖也。万物皆蒙赖其利，而道何尝有主宰之心？湛然而无所欲，可谓之自小矣，故曰"可名于小"。道虽小，而万物归之以为主，道亦不自知，岂不谓之大乎？惟其能小，所以能大，圣人之所以不为大者，故能成其大也。此"即守其雌""为天下豀"之意。

释德清： 此言道大无方，圣人心与道合，故功大无外，以实前"侯王能守"之效也。

氾者，虚而无着之意。以道大无方，体虚而无系着，故其应用无所不至，故曰"其可左右"。以体虚无物，故生物而不辞。以本无我，但任物自生，故生物功成而不名己有。以与物同体，故虽爱养万物而不为主。

其体所以真常者，以其至淡无味，无可欲也。由无可欲，故不足视，似可名于小。若夫万物归焉而不为主，则可名为大矣。然小大因物以名之，道岂然耶？是以圣人忘形释智，图于至细，志与道合，终不为大，故能成其大。若夫侯王专务于大，岂能成其大哉？言外之教，亦深切矣。

黄元吉： 道本渊涵无极，浩荡无涯。《诗》曰："左之左之，君子宜之；右之右之，君子有之。"观此可见，道之随时取用，无人不遂，无物不充焉。斯道也，何道也？万物生生之本也。道在天地，万物资以为生，而不辞其纷扰，以道无不足，故其生无不畅也。虽然，生之遂之之道既足，而物赖以成，亦若物之自生自遂，而道不见为有，其成功为奚若乎？虽不名为有，而天地之大，四海之遥，无人不被其涵濡，无物不荷其骈幪，且听物之自生自育，而道若不知其为生为育，普护一切，包涵万有，斯诚"衣被万物而不以为主"焉。道之功成，浩浩乎无可名也，常无欲也，无欲即常清常净，真常之道也。就其小而名之，虽一草一木之微，无有或外，弥纶万物，无隙可寻，浑然一团，纤尘悉化，此"小莫能破"之义也，故曰：常无欲，可名于小。就其大而名之，铺天匝地，统育群生，亘古及今，包含万汇，而究无一物之不归并，无一夫之或外，此"大莫能载"之旨也，故曰：万物归焉而不为主，可名为大。圣人之道，何其费而隐哉？夫圣人，与道合真，静则守中抱一，浑同于穆之天，动则因物随缘，俨寓时行之象。惟天为大，惟圣则之，圣实与天同其大也。然圣终不以为大也。惟不以为大，故能成其大，此所以为大圣人欤？

　　此言道之浩浩，生万物而有余，被万物而至足，无小无大，悉包含个中。圣人能成其大，皆由修造有本。今特详下手之功：如打坐之时，先凝神，继调息，到得神已凝了，不必有浩然正气，至大至刚，充塞天地，只要心无烦恼，意无牵挂，觉得心如空器，一点不有，意若冰融，片念不生，此身耸立，恍如山岳静镇，不动不摇，由是以神光下照于气穴之中，默视吾阴跷之气与绛宫之气两相会于丹鼎之中，我即以温温神火细细烹炼，微微巽风缓缓吹嘘，自然精融气化，此即炼精化气也。何以知其炼精化气哉？前此未采外来之气与吾心内之神两相配合，会成一家，此个坎离各自分散，全不相依，呼吸亦不相调；到得收回外气以制内里阴精，气到之时，阴精自化，上下心肾之气既合为一，自然绛宫安闲，肾府自在，外之呼吸与内之真息合为一气，浑如夫妇配成，聚而不散，日充月盈，真阳从此现象矣，此即化气之明征也。既已化气，再行向上之事。何谓向上之事？斯时呼吸合，神气交，凝聚丹田，宛转悠扬，几如活龙游泳，一日有无数变化；我惟凝神于中，注息于外，听其天然，自然静极而动，动极而静，此即炼气化神也。到得静定久久，我气益调，前此宛转流行于丹田者，此时烹炼极熟，觉得似有似无，若动若静，粗看不觉，细会始知。此际务将知觉之心一齐泯去，百想无存，万虑全消，即丹田交会之神气，听他自鼓自调，自温自煅，我惟致虚守寂，纯任自然，神入气中而不知，气周神外而不觉。如此烹炼一阵，自有一阵香风上冲百脉，遍体熏蒸，此所谓神生气也。又觉精神日长，智慧日开，一心之内，但觉一念从规中起，清净微妙，精莹如玉，此所谓气生神也。如此神气交养，两两相生，斯时正宜撒手成空，不粘不脱，若有心，若无意，此炼神还虚之实际也。此三件功夫，一时可行可到。学人须遵道而行，不可但到神气粗交，未至大静，即行下榻；又不可但到神气大交，凝成一片，两不分明，未到虚无清净自然之境，速离坐地。必须照此行持，从炼精起，至于气长神旺，久久化为清净自然，再加归炉封固功法，然后合乎天地盈虚消息，与一年春夏秋冬气象，如此始完全一周功夫。照此修持，自然我气益调，我神益静，中有无穷变化，不尽生机。由是日夜勤功，绵绵密密，寂照同归，自有真气熏蒸，上朝泥丸，下流丹府，透百脉而贯肌肤，勃然有不可遏之状。此河车之路，自然而通，我不过顺其所通而略微为引之，足矣，非若旁门左道，以自家私意，空空去运，死死去行，不观他自动自静，而为之起止也。久之，丹成道立，走雾飞空，与天为徒。圣人之成其大，诚非轻易也已。

【综按】本章三家所释，大同小异，足资参者。泛，借作汜，广泛，普遍也。大道普遍兮，无所不适，可左可右也。"万物恃之以生而不辞，成功不名有。爱养万物不为主"，因其易理会而以之喻道也。道，吾人当前能明之一念心性也，通谓之自性，自性光明，湛寂明彻，遍周尘刹。以人而言之，则是有欲无欲之境，无欲则心不动，一念不生，视之不见，听之不闻，故以小言之；心包太虚，周尘刹，故又以大言之，此不可言而言也。末后一句"是以圣人终不为大，故能成其大"者，可谓"自见、自是、自伐、自矜"者顶门一针。

三十五章

执大象，天下往。往而不害，安平太。乐与饵，过客止。道出言，淡无味，视不足见，听不足闻，用不可既。

三家注按

林希逸： 大象者，无象之象也。天下往者，执道而往行之天下也。以道而行，则天下孰得而害之。天下无所害，则安矣，平矣，泰矣，三字亦只一意也。乐，钟鼓之乐也。饵，饮食也。张乐设馔，以待嘉客，乐终食尽，客过则止矣。过者，去也，是筵席必有散时也。道之可味，虽若甚淡，视之虽不可见，听之虽不足闻，言其不足悦耳目也，而用之于今古而不尽。此即物有尽而道无穷之意。道之出言，道形于言也，犹曰道之为言也。

【按】林公此释甚言道用之广大无穷，即所谓"以道而行，则天下孰得而害之"也。

释德清： 此明前章未尽之意也。

无象谓之大象，大象无形，而能入众形，有形者无不归。圣人执无我以御天下，故天下莫不往，以其与物同体也。万物恃之以生，故无往而不利，故云"往而不害"。然忘于物者，物亦忘之，故物各得其所而无不安。物物相忘而无竞，故无不平。暖然如春，故无不泰。此所谓万物宾，而天地合，人民和，故圣人终不为大，而能成其大也。

前云道之所以常者，以其淡然无味，无可欲也。若夫乐之于耳，饵之于口，皆有味而可欲者。若张之于途，虽过客亦止之。然虽暂止，而不能久留，以其用之有尽，盖不常也。

若夫道之出口，则淡乎无味，不若饵之可欲。视之不足见，听之不足闻，不若乐之可欲。此可名于小。然而其体真常，故用之不可既。既，尽也。故可名为大。

此大象之譬，以譬人君苟能执大象以御天下，恬淡无为，虽无声色以悦天下之耳目，无货利以悦天下之心志，而天下归往，乐推而不厌。此所谓"万物归焉而不为主，可名为大"也。如此用之，岂有尽耶？

【按】德师以"无我"释"大象"，可谓大胆之甚。细思之：大象无象，道之本体，言语道断，心行路绝，何以执之？无我是一种境界，一种入道的境界，执无我非执道而何？阅者明鉴。

黄元吉：何谓大象？即生天、生地、生人、生物之大道。以其无所不包，故曰大；象，究何象哉？殆无极而已矣。顾无象为象，究将何所执乎？亦无执为执，斯于道不悖矣。人能常操常存，勿忘勿助，则大象执焉，大道在焉。昔孔子告颜渊曰："一日克己复礼，天下归仁。"是知大道所归，即天下所归；无论归人归道，俱是心悦诚服，又何害之有耶？吾知一气相贯通，万物皆默化，融融泄泄，上下相安于泰运之天。此皆自然之依归，非一时所感激。苟徒饰片时之耳目，未始不源源而来，但如世之雅乐可怀，香饵可口，亦足令过客停骖，流连不去，然可暂而不可常也。惟道无味，不似肥浓甘脆，令人咀嚼不已，餍饫无穷，而人之爽口悦心者，自不厌焉。此无味中有至味，非世味之浓所可拟。虽然，道无方所，亦无形状，难想像，亦难捉摸，故曰：视不见，听不闻；而取之靡穷，用之不竭，有如是也，诚"范围天地而不过，曲成万物而不遗"，斯道之所以为大耳。学者其知所向往哉！

此言人必效天地交泰，而后融融泄泄，不啻雅乐可怀、香饵堪味，令人叹赏不置。然其境地非易到也，苟当私欲甚炽，血气将衰之候，不先从极动之处，渐而至于静地，则人心不死，道心不生，凡息不停，真息不见。惟动极而静之际，忽来真意以主持之，此意属阴，为之己土。少焉恍恍惚惚，阴阳交媾，大入杳冥之境，似梦非梦，似醒非醒。于此定静之中，忽觉一缕热气，混混续续，气畅神融，两两交会于黄房之间，将判未判，未判忽判，此即真铅现象；心花发露，暖气融融，元神跃跃，不由感触，自然发生，斯乃玄关兆象，太极开基也。斯时惟用一点真心发真意以收摄之，此意属阳，为戊土。其实一意，不过以动静之基，分为戊己之土而已。盖玄牝未开，混沌之中，有此真意为主，即无欲观妙之意，谓之阴土；及玄牝开而真机现，即有欲以观其窍，谓之阳土。一为无名天地之始，一为有名万物之母。生天、生地、生人、生物，皆此一点真意为之贯注。修行人能以真意主宰运行，庶不至感而有思，动而他驰。所谓"天关由我，地轴由心""宇宙在乎身，万化生于心"，皆此时之灵觉，为之运用而主持也。故曰：略先一息，则真机未现，采之无益；略后一息，则凡念已起，采之又多夹杂，不堪为我炼丹大药。此须有大智慧、大力量，方能于此一息中，认得清，把得定，以为成仙证圣之本。虽然，此个玄关，始而其气柔脆，只觉微有热意从下元起，久则踊跃周身，似有不可遏抑之势。学人须于至微处辨得明白，以我真意主持，毫不分散，久之，气机大有力量，一任兀兀腾腾，随其所至，不加一意，不参一见，斯得之耳。到得气机壮旺，一静即天机发动，迅速如雷，虽一切喧哗之乡，不能禁止。总要有灵觉之心，为之主持，乃无差也已。

【按】戊土己土，以有欲观窍、无欲观妙而分之，甚明甚确。欲修丹道者，当三致意焉。

【综按】大道无象，无象而无不象，道也，天地万物万事因道而有，因道而生而出现，是以又皆在道中，而道亦不离天地万事万物，故《中庸》载"道也者，不可须臾离也，可离非道也"。直言之，道在器中，器因道有，故《庄子》有"道在屎尿"之极言也。明乎此，则自知道之行也，大道无为、无执、无我、无争，故无往而不利，无往而不安，无往而不平，无往而不泰，故曰"往而不害，安平太"。以下数语皆状道之言也，反复吟而味之，或可见道。

三十六章

将欲翕之，必故张之；将欲弱之，必故强之；将欲废之，必固兴之；将欲夺之，必固与之。是谓微明。柔胜刚，弱胜强。鱼不可脱于渊，国有利器，不可示人。

三家注按

林希逸：此章前八句皆是譬喻，只是"得便宜处失便宜"之意。翕，敛也，弛也。张者必弛，强者必弱，兴必有废，得必有失。兴，得也。夺，失也。人惟不知，自以为喜，而不知此理虽晦而实明，故曰"微明"。微，犹晦也，言虽微而甚易见也。但能柔弱，必可以胜刚强，此亦守雌守黑之意。渊，喻道也。鱼，喻人也。人之不能外于道，犹鱼之不可脱于渊也。国之利器，若以示人，盗贼之招也。道之为用，在我若自眩露而以求胜于物，亦犹以国之利器而示人也。此亦前章"善者果而已，不可以取强"之意。

【按】林公释前八句为譬喻，喻"得便宜处失便宜"，后段为释前章"善者果而已，不可以取强"，可谓"持之有故，言之成理"者也。

释德清：此言物势之自然，而人不能察，教人当以柔弱自处也。

天下之物，势极则反。譬夫日之将昃必盛赫，月之将缺必极盈，灯之将灭必炽明，斯皆物势之自然也。故固张者，翕之象也；固强者，弱之萌也；固兴者，废之机也；固与者，夺之兆也。天时人事，物理自然，第人所遇而不测识，故曰"微明"，斯盖柔弱胜刚强之义耳。譬夫渊为鱼之利处，但可潜形而不可脱，脱则块然无能为。柔弱为国之利器，人主但可恭默自处，不可揭示于人，示人则致敌而招侮，将返见其不利也，夫是之谓微明。

世之观此章，皆谓老子用机智，大非本指。盖老子所以观天之道，执天之行是已，殆非机智之端也。

黄元吉：天有盈虚消长，人有寿夭穷通，此亦气数之常，然只可以概凡夫，而不可以律圣人。圣人则有挽回天地之能，扭转乾坤之德，要不外颠倒阴阳，逆施造化而已。即如时至秋也，万物将收，而欲嚅弱而难整，圣人则有张天地之气运，强血气之功能焉；时至冬也，万物皆废，而欲槁夺而难生，圣人则有气象之重兴，岁月之我与者。此至微而至明，实常而实异，非圣人莫喻也。易危为安，反乱为治，非神勇者，不能臻此神化。然究其所为返还之术，不过曰柔曰弱。惟其柔也，故能胜刚；惟其弱也，故能胜强。所用者何？人无精则绝，鱼无水则灭，一旦脱之于渊，则水涸而生机息矣，亦犹人无真一之精则所存者几希。人之与鱼，同一不离乎水，但非天露之水，乃造道渊深而一元之水汨汨乎来频相灌溉也。昔庄子谓"相濡以沫，相响以湿，不若相忘于江湖"，是其旨矣。后世旁门，以有形有质之精，为修炼长生之本，殆不知，道之为物，刚健中正，纯粹以精，都从恍惚杳冥，虚无自然而生者。其中火药之密机、烹调之旨，非圣师不授，非至诚不几，非有功有德，虚心访道，竭诚求师者，未易仙缘凑合。盖天机密秘，天地至重，鬼神最钦，妄传匪人，殃遗九祖，犹国家利用之密器不可以轻示人，是以君子慎密而不出也，学者亦见及此乎？

　　此言修道之士，真有宇宙在手、万化生心之妙，然亦不过：观天之道，执天之行，顺而取之，逆而施之，足矣。其寓生机于杀机之中，即所谓"至阴肃肃，至阳赫赫，肃肃出乎天，赫赫出乎地"；由至阴而取至阳，所谓"盗机"者此也。人能于"黑山窟取阳，鬼窝里取宝"，即是盗生机于杀机之内，要皆在天地虚空中取，人身虚静处夺，此精才是真精，非世之凡精可拟。人能盗之不失其时，用一度功，自有一度之进益。劝学者，以柔以弱，立德立功，庶得神天之佑，自有仙人传授口诀。否则，最大事情，惊天地而动鬼神，纵是神仙，要皆不传者多。盖天机至密，天律最严，不可违也。庄子曰："使道可献人，则人莫不献之于君。使道可进人，则人莫不进之于亲。使道可与人，则人莫不与之于弟兄。使道可传人，则人莫不传之于子孙。而皆不可者何？诚以中无德而道不立，中无主而道不行也。"合数圣之言观之，则知国之利器不可轻以示人矣。后世修士，切勿以大道为公，不择人而授，以致自遭天谴，悔之无及。斯殆有公而不公，不公而公之旨，非下学所能参其微也。尚其懔之。

　　【综按】有何心，则能见何物，反之，见何物，何物即己心之外相。是以有机心用权谋之人，读本章则"谓老子之权术也"。德师所见"盖老子所以观天之道，执天之行已，殆非机智之端也"。黄师所见"天有盈虚消长，人有寿夭穷通，此亦气数之常，然只可以概凡夫，而不可以律圣人。圣人则有挽回天地之能,扭转乾坤之德,要不外颠倒阴阳,逆施造化而已。即如时至秋也,万物将收,而欲噏弱而难整,圣人则有张天地之气运,强血气之功能焉;时至冬也,万物皆废,而欲槁夺而难生,圣人则有气象之重兴,岁月之我与者"。德师、黄师所到之境界于此可以概见矣。

三十七章

道常无为，而无不为。侯王若能守，万物将自化。化而欲作，吾将镇之以无名之朴。无名之朴，亦将不欲。不欲以静，天下将自正。

三家注按

林希逸：此章与《道常无名章》语势皆同。无为无不为，自然而然也。侯王若能守此无为之道，则不求化万物，而万物自化矣。天地之间，万化欲作之时，吾但以无名之朴镇之。化，万物之变也。万变俱作，相寻不已，而我但以自然处之。彼自纷纷，我自安安，故曰"镇"。下一句"化"字不可拈上句"化"字说。无名之朴何也？亦无欲而已。无欲则静，静则天下自正矣。不欲，即无欲也，"不"字又有"勿"字意，用功处也。

释德清：此教人君乘流救弊之意也。

以其道常无为而无不为，故侯王但能守之者，而万物不期化而自化矣。此言守道之效，神速如此。然理极则弊生，且而物之始化也皆无欲，化久而信衰情凿，其流必至于欲心复作。当其欲作，是在人君善救其弊者，必将镇之以无名之朴，而后物欲之源可塞也。若施之以有名，则不济耳。

然无名之朴，虽能窒欲，若执此而不化，又将为动源矣。譬夫以药治病，病去而药不忘，则执药成病。故云"无名之朴，亦将不欲"。此亦不欲，则可专以静而制群动，无敢作者。故云"天下将自正"。"自正"者，谓不待正而自正矣。镇，犹压也。如石压草，非不生也。盖以无名之朴，镇压之而已。若欲朴之心，亦是欲机未绝，是须以静制之，其机自息。机息则心定，而天下自正矣。故虽无名之朴，可用而不可执，况有名乎？

黄元吉：道虽自然无为，然着于无为，又成顽空之学，须于无为植其本，有为端其用，无为而有为，有为仍无为，斯体立而用行，道全而德备矣。所谓"常应常静""常寂常惺""放之则弥纶六合，卷之则潜伏寸衷"，即此冲漠无朕之时，有此坐照无遗之概。虽曰无为，而有为寓其中，虽曰有为，而无为贼其内，斯大道在我，大本常存。任尊贵王侯，若无此道为根本，则万物皆隔阂而难化。惟能持守此道，则天下人物，性情相感，声气相通，自默化潜移，而太平有象矣。虽然，承平日久，古道难敦，此亦情所必至，理有固然，无足怪也。及创造频仍，繁华肇起，人心愈险，祸乱弥多，此又天地之气数，人所不能逃者。惟圣人具保泰持盈之法，久安长治之谋，于文物初开之世，而以无为无作，无思无虑，浑然无名之太朴，为之修诸己而措诸民，导于前而引于后，纯乎天，不杂以人，所以内镇宫庭，外镇天下。屯之初九曰"盘桓，利居贞"，为草昧初开者之一镇也。夫石蕴玉而山辉，水怀珠而川媚，凡朴之镇犹且如此，况无名之朴，合民物而一，为之镇乎？倘不归浑穆，断难使会极归极，咸登衽席之安。惟不识不知，顺帝之则，浑忘道德，不识天人，斯为得之，故曰：无名之朴，亦将不欲，不欲以静，天下自正。此殆恬淡无欲，郅治无为，上不知所为化，下不知所为应，上与下两相安于无为之道，有不知其然而然者。舜之无为而治，所以独隆千古也。为民上者，可不以无为为本哉？

　　此论治世之道，无为为本。修身之道，亦不外此。王侯比人之身，至尊至贵。俗云"一劫人身万劫难，既得人身遇已奇"矣，又闻正法，不更美乎？于此不修，则精神必耗，身命难延，一转眼间，气息泯灭，又不知为鬼为蜮，或兽或禽，轮回六道，辗转不停，何时才得出头？今逢法筵大展，大道宏开，可不急急修持，而令岁月之蹉跎耶？万物比人身中五官百体，血气精神。能守此无为常道，则诸虑自息，百骸俱理，肌肤润泽，毛发晶莹，不啻金相玉质。侯王能守，万物自化，比一心内照，则变化通灵。然火候未纯，气质尚在。当此精神大整，智慧频生，或好谈过去未来以逞其才，或喜语建功立业以夸于世，种种作为，皆由道德未纯之故。惟此玉液丹成，重安炉鼎，再辟乾坤，仍以无名太朴，倾于八卦炉中，内用天然神火，外加增减凡炉，久久火化，连无名之朴亦浑忘焉。如此无知无欲，恬然淡然，则凡身变化，自返还于先天一气，而仙道成矣。所谓"不欲以静，天下将自正"者，太上治世修身之道，其一以贯之者欤！

　　【综按】林公别开生面释"朴"为"无欲"，林公之境界可知矣。

　　德师释本章，犹见功力。如谓：理极则弊生。始化皆无欲。化久则信衰情凿，其流必至于欲心复作。又如：无名之朴，虽能窒欲，若执此而不化，又将为动源矣。譬夫以药治病，病去而药不忘，则执药成病。又再如：欲朴之心，亦是欲机未绝。真如抽蕉剥心，层层深入。

黄师开篇明义释此章曰："道虽自然无为，然着于无为，又成顽空之学，须于无为植其本，有为端其用，无为而有为，有为仍无为，斯体立而用行，道全而德备矣。"其见可谓圆满。

三十八章

上德不德，是以有德。下德不失德，是以无德。上德无为而无以为，下德□□（为之）而有以为。上仁为之而无以为，上义为之而有以为。上礼为之而莫之应，则攘臂而仍之。故失道而后德，失德而后仁，失仁而后义，失义而后礼。夫礼者，忠信之薄而乱之首；前识者，道之华而愚之始。是以大丈夫处其厚，不处其薄，居其实，不居其华。故去彼取此。

三家注按

林希逸： 上德之人，有德而不自知其德化也，惟其能化，是以有德。不失德者，执而未化也。执而未化，则未可以为有德，故曰"无德"。上德下德，只前章"太上""其次"之论。无为而无以为，即无为而无不为也。以者，有心也。无以为，是无心而为之也。下德之有以为，则为容心矣。既言上德下德，又以仁义继之。上仁为之而无以为，以仁为上德也。上义为之而有以为，以义为下德也。老子之学，以礼为强世，先以仁义抑扬言之，而后及于礼，则礼为愈下矣。为之而莫之应，强民而民不从之也。仍，引也。民不从而强以手引之。强，掣拽之也。只是形容强民之意，故曰"攘臂而仍之"。道，自然也。德，有得也。自然者化，有得者未化，故曰"失道而后德"。仁者有爱利之心，比之德又下矣。义者有断制之心，比之仁又下矣。礼者有强民之意，比之义又下矣。老子之言仁义礼，其字义皆与孔孟不同，就其书而求其意可也。若论正当字义，则皆失之。礼者，忠信之薄，言修饰于外而不由中矣。其意以礼为出于人伪，故曰"乱之首"。前识者，多识前言往行也。以多识为智，则非道之实矣。华者，务外也。若以此为智，反以自愚，故曰"愚之始"。曰"厚"曰"实"，只是务内之意。去彼取此者，言其不为礼而为道也。此者，道也。

【按】 林公此释，鞭辟入里，句句精到，如释"上德"为"不自知其德化"，释"下德不失德"为"执而未化"；释"无以为"之"以"为"有心"；释"无以为"是"无心而为"，此明"无以为""有以为"之义，则下之所释，自如行云流水，无往而不自得矣，如："道，自然也。德，有得也。自然者化，有得者未化，故曰'失道而后德'。仁者有爱利之心，比之德又下矣。义者有断制之心，比之仁又下矣。礼者有强民之意，比之义又下矣。"

释德清：此言世降道衰，失真愈远，教人当返其本也。所言道，乃万物之本；德，乃成物之功。道为体而德为用。故道尊无名，德重无为。故道言有无，而德言上下。此道、德之辨也。

"上德"者，谓上古圣人，与道冥一，与物同体，虽使物各遂生，而不自有其德。以无心于德，故德被群生，终古不忘。故云"上德不德，是以有德"。下德者，谓中古以下，不知有道，但知有德。故德出于有心，自不能忘，且有责报之心，物难感而易忘。故云"下德不失德，是以无德"。失，忘也。以，恃也。然上德所以有德者，以德出无为，功成事遂，而无恃为之心，故云"无以为"。下德所以无德者，以德出有心，而又矜功恃为，故云"有以为"。由是观之，道无真伪，而德则有真有伪矣。此世数淳薄之辨也。

德又下衰，上德不称，而下德为尊，于是始有仁义之名。然仁义皆出于下德，故皆不免有心为之。但上仁虽为，而无恃为之心，故云"无以为"。上义则恃之矣，故云"有以为"。且仁义上者为真，三王是已。下则为假，五霸是已，故不足言。

此又下衰，仁义之下，则礼为上矣。礼则但以虚名相尚，不复知有仁义，故上礼为之，有莫之应者。如孔子作《春秋》，虽正名分，而卒莫能正，此莫之应也。不唯不应，且将臂攘而仍之。此五霸之余，战国之习也。且彼既不知仁义，则必相因而报复之矣。仍，相因之意，又复也。此所以为忠信之薄，而乱之首也。故其德下衰，至此已极，圣人亦无可为天下之具矣。故失道而后德，失德而后仁，失仁而后义，失义而后礼，故礼乃忠信之薄，为乱之首也。

所以愈流愈下者，乃用智之过也。前识，犹言蚤智，谓明见利害于未然者。然蚤智在孔子，则为周身之防，所谓"明哲保身"之意；其次则如范蠡、乐毅之俦，以为避名全节之计；又其次则为仪、秦纵横游说之流矣。然在圣人，则谓之权；在乐、范，则谓之好高而务名。名者实之宾，故谓"道之华"。在仪、秦用之，则为"愚之始"也。此所谓才智，君子用之则成名，小人用之则杀身，岂非"愚之始"耶？故太上以道德为尊，而仁义次之。故大丈夫处厚而不处薄，务实而不务华，故去彼取此。

【按】德师此释，经史合参，以经释理，以史证经，阅者自知。又，分辨道德周详，令人望而知道德之分野所在。所谓"道，乃万物之本。德，乃成物之功。道为体而德为用。故道尊无名，德重无为。故道言有无，而德言上下"。又孔子、范蠡、乐毅，同一早智，而在孔子则为圣人从权，而在范蠡、乐毅则是避名全节，其尊重孔圣一如尊重佛、菩萨，非大开圆解而无分毫执着者，绝无此境界也。

黄元吉：上古之风，浑浑噩噩，一任其天，浩浩渊渊，各安其性，上下无为，君民共乐，忠厚成风，讼争不起，何世道之敦庞若此乎？皆由安无为之天，率自然之性，一时各老其老，幼其幼，贤其贤，亲其亲，安耕乐业，食德饮和，不知道德之名，更不闻仁义礼智之说，然而抱朴完真，任气机之自动，与天地以同流，俨若不教而化，无为而成，自与道德为一，仁义礼智不相违焉。夫以道德并言，道为体，而德为用；以道德仁义礼智合论，则道德又为体，而仁义礼智又为用。后世圣人，虽为化民起见，而立道德之名，分为仁义礼智之说，其实道德中有仁义礼智，仁义礼智内有道德，无彼此，无歉缺也。降至后世，而道德分矣；等而下之，仁义礼智亦多狃于一偏，此皆由气数之推迁，人心之变诈，故至于此。太上欲人返本还原，归根复命，乃为之叹曰：上德无为之人，惟率其性，不知有德，是以其德常存；下德有为之士，知德之美，因爱其名，好行其德，惟恐一失其德，顿丧其名，此两念纷驰，浑沦顿破，不似上德之一诚不二，片念无存，由有德而反为无德也。且上德无为，斯时天下之民，一道同风，群安无为之世；下德有为，际此繁华渐起，俗殊政异，共乐有为之常。岂非"忘机者息天下之机，好事者启天下之事"乎？然时穷则复，物穷则变，人穷则返。当此多事之秋，风俗浇漓，人心变乱，滔滔不返，天真梏没久矣，必有好仁之主，发政施仁，清源正本，易乱为治，转危为安，势不能不有为，然虽有为之迹，而因时制宜，顺理行去，有为仍属无为，所以垂衣裳而天下治也；更有好义之人，际此乱离之日，欲复承平，大兴扫除之功，欣欣自喜，悻悻称雄，不能一归淡定，虽或乂安宇宙，人物一新，而上行下效，民物之相争相夺者，不能已也。至于上礼之君，人心愈变矣，习往来之仪，论施报之道，或厚往而薄来，或施恩而报怨，则不能相安于无事；朝有因革，俗有损益，不能彼此相合，远近同情，稍有不应，而攘臂相争，干戈旋起，不能与居与处而相安，故曰：失道而后德，失德而后仁，失仁而后义，失义而后礼。迄于今，人愈变，事愈繁，而忠信之坏已极，不得不言礼以维持之。无如徒事外面之粉饰，不由中心之发皇，酬酢日多，是非愈众。彼缘礼以为维系人心之计者，殆未思：应于外，不由于中，必至凶终而隙末，欲安于反危，故曰：忠信之薄，而乱之首也。他如智非奇计异谋，预度先知之纠察，乃由诚而明，不思而得，不学而能，自然虚明如镜，岂逆诈亿信所能比哉？然道之华，非道之实。且察察为明，必流于虚诬诈伪而不觉，在己或矜特识，其实愚之始也。是以大丈夫有真识定力，知敦厚以为礼，故取其厚，不取其薄；知虚华之非智，故取其实，不取其华。去取攸宜，而大道不难复矣。

此言道德废而有仁义，仁义废而有礼智，愈趋愈下，亦人心风俗使然，无足怪者。至于修养一事，咽津服气出而道一变，采药炼丹出而道一变，迄于今，纷纷左道，不堪言矣，谁复知玄关一窍为修道之要务乎？吾今为人示之：人欲识此玄关，须于大尘劳大休歇后，方能了彻得者个玄机。又曰"念起是病，不续即药"，又曰"放下屠刀，立地成佛"，总不外尘情杂虑纷纷扰扰时，从中一觉而出，即是玄关，所谓"回头是岸"，又曰"彼岸非遥，回光返照即是"。但恐于玄关未开之前，先加一番意思去寻度，于玄关既开之后，又加一番意思去守护，此念虑纷纷，犹天本无云翳，云翳一散即现太空妙景，而却于云翳已散之后，又复加一番烟尘，转令清明广大之天，因之而窄逼难容，昏暗莫辨矣。佛云："应如是住，如是降伏其心。"此等玄机，总着不得一毫拟议，拟议即非，着不得半点思虑，思虑即错。惟于玄关未开时，我只顺其了照之意，于玄关既开候，我亦安其坐照之常；念若纷驰，我即收回，收回即是；神如昏罔，我即整顿，整顿即是，是何如之简而捷、便而易乎？特患人于床上安床，动中寻动，静里求静，就涉于穿凿，而玄关分明在前，却又因后天知虑遮蔽，而不在矣。吾今示一要诀：任他思念纷纭，莫可了却，我能一觉而动，即便扫除，此即是玄关。足见人之修炼，只此觉照之心，亦如天宫赤日，常须光明洞照，一毫昏黑不得，昏黑即落污暗地狱。苟能拨开云雾，青天白日，明明在前，如生他想，即落凡夫窠臼，非神仙根本。总之，仙家无他玄妙，惟明心见性乃修炼要诀。至若丹是何物，即吾丹田中絪缊元气是也。然此元气，与我本来不二元神，会合一处，即是返还太极无极，父母未生前一点天命。人能以性立命，以命了性，即可长生不死。但水府求玄，欲修成金液之丹，不得先天神息，采取烹炼，进退温养，则先天元性与先天元命，不能自家会合为一，攒五簇六而成金丹。虽然，既得元性元命矣，若无真正胎息，犹人世男女，不得媒妁往来交通，亦不能结为夫妇，故丹经云："真意为媒妁。"兹又云"真息为媒妁"，岂不与古经相悖乎？不知：真意者，炼丹交合之神，真息者，炼丹交合之具，要皆以神气二者合之为一而已矣。第无真息，则真气不能自升自降，会合温养，结成玄珠；既得真息，若无真意为之号令，摄持严密，则使真息亦不能往来进退，如如自如。故曰：真意者，炼丹之要。然真意不得真正元神，则真意从何而始？惟于玄关窍开之初，认取这点真意，于是返而持之，学颜子拳拳服膺，斯得之矣。况元神所流露，即是真意，即是"一善"，亦即"得一而万事毕"之道。学人认得分明，大丹之本立矣。昔邱祖云："息有一毫之未定，命非己有。"吾示学人，欲求长生，先须伏气。然伏气有二义：一是伏藏此气，归于中宫，如如不动；二是管摄严密，降伏后天凡息，不许内外呼吸出入动摇吾固有之神气。久久降伏，自能洗心退藏于密。长生即在此伏气中，除此别无他道。修行人须照此行持，乃不负吾一片苦衷耳。

【按】 黄师在此指出，"修道之要务"全在此"玄关一窍"，将识取玄关说得清楚明白，行者果能识得玄关一窍，则修道之门入矣。所谓玄关，就是那"尘情杂虑纷纷扰扰时""一觉而出"的那个识，就是"任他思念纷纭，莫可了却，我能一觉而动，即便扫除"的那个"觉"，就是那个"觉照之心"，真是老婆心切，天机泄尽！

三十九章

昔之得一者：天得一以清，地得一以宁，神得一以灵，谷得一以盈，万物得一以生，侯王得一以为天下正。天无以清将恐裂，地无以宁将恐发，神无以灵将恐歇，谷无以盈将恐竭，万物无以生将恐灭，侯王无以贵高，将恐蹶。故贵以贱为本，高以下为基。是以侯王自谓孤、寡、不穀，此其以贱为本耶非？故致数车无车，不欲琭琭如玉，落落如石。

三家注按

林希逸：一者，道也。天之所以清明而垂象，地之所以安静而载物，神之所以虚而灵，谷之所以虚而盈，皆此道也。万物之所以生亦此道也，侯王之所以保正万邦亦此道也。其致之者，言其"清""宁""灵""盈""生""正"皆因此道而得之。裂，犹《周易》言毁也。发，言动而不定也。歇，消灭而不灵也。竭，尽也。虚则能受，不虚则尽止而不可受矣。蹶，颠也，处贵高之位而无此，则颠蹶矣。曰贱、曰下，即前章所谓"少则得"之意，皆虚而不自有也。"贵贱""高下"两句，亦只是譬喻。无贱何以为贵，无下何以能高？下与贱，乃贵高之基本也。侯王之称曰孤、曰寡人、曰不谷，皆是自卑之辞，又以此为虚而不自有之喻。非乎者，言我如此说，岂有不然者乎？庄子曰"非乎而曾史"是也，亦是此类文势，此两字文之奇处。"数车无车"，一本作"数誉无誉"，"誉"字误也。此两句本是譬喻，若作"誉"字，则与下文"如玉""如石"意不相属矣。致，至也。故致，犹曰其至也。车者，总名也。随件而数之，则为轮、为穀、为辐、为衡、为轼，遂无车矣，车遂为虚名矣。如玉如石，则琭琭然，落落然，终不可易。车则可有而可无，玉石则一定而不可易。可有可无，则近于道，虚而能化也。一定不可易，则不化矣。庄子曰："除日无岁。"亦"数车无车"之意。

释德清：此言道无为而无不为，以明无用之用为大用。欲君人者，当以无为而治也。

一者，道之体也。其体至虚而无为，精一无二。凡诸有为，莫不以之为本。以，用也。意谓天地万物皆以道体而为本也。故天得之而清覆于上，地得之而宁载于下。神，指人心而言。谓人得之而为万物之灵。谷，即海也。海得之而容纳百川，故长盈。万物得之而各遂其生，侯王得之而为天下正。正，犹长，所谓君长也。如此者，虽其迹不同，而推其本则一，故曰"其致之一也"。

其下又返释之曰："天不得此，将恐分裂而不能圆覆于上矣。地不得此，将恐发动而不能宁载于下矣。人不得此，将恐生机休歇，而不能子子孙孙亹亹而无穷矣。万物若不得此，将恐绝灭而无有矣。侯王若不得此，将恐颠蹶而不能安其贵高之位矣。"此老子主意，只重在"侯王无以正，而贵高将恐蹶"这一句，必欲人君当体道无为而治耳。

凡人听其所用而从于人者，谓之下贱。此道之譬也。夫道本无名，故天地万物皆得而用之，如人之下贱也。且侯王不得此道，而处贵高之位，将恐蹶，岂不以是而为基本耶？故云"贵以贱为本，高以下为基"。且侯王自谓曰孤、寡、不谷，此三名者，皆贱者之称也，而侯王以之，其意岂不是以贱为本耶，非乎？所以称此者，正欲人君忘其贵高之名，而体道凝神，知其无用为用耳。

且而侯王所以贵高者，以百官执事总之而为君。若指其所用，而各有所事。至若人君，则无所用其事矣。所谓"臣道有为，而君道无为"也。若夫轮辐衡轭，会之而为车。故数其车，则件件可数，其车则无可数矣。以无可数，故得车之用。是故侯王以无为之道，而后方大有为也。然道之在物，本无贵贱高下之分，故侯王当体道忘怀，不可执贵高之名，而取颠蹶之患。故诫之曰："不欲琭琭如玉，落落如石。"谓不可视己琭琭如玉之贵，视物落落如石之贱也。苟忘贵贱之分，则人人皆为我用矣。岂非无用之为大用耶？

黄元吉：大道无他，一而已矣。一者何？即鸿蒙未判之元气，混沌未开之无极，生成万物之太极。要之，元气无形，谓之无极；万物皆从无极而有形，实为天下之根，谓之太极。即此是道，圣人无可名而名之，故曰一。若无一，则无物，无物便无一，得之则生，失之则没。自昔元始以来，其得一而成形成象，绳绳不已，生生不息者，大周沙界，细入微尘，无或外也。《中庸》云"视之不见，听之不闻，体物不可遗"，孰非此一乎？故综而计之，天之清也，得一而清；地之宁也，得一而宁；神之灵也，得一而灵；谷之盈也，得一而盈；万物之生也，得一而生；侯王之正己以正天下也，无非得一以贞而已。纵或大小异象，贵贱殊途，表里精粗，幽明人鬼，至于不可穷诘，孰能外此一以为包罗哉？即如天至高也，无一将恐崩裂；地至厚也，无一将恐发决；神至妙也，无一将恐不灵；空谷传声，气至盈也，无一则恐竭矣；万物负形，气至繁也，无一则恐灭矣；侯王至高而至贵也，无一以贞天下，恐位高则危，名贵则败矣，是一安可忽乎？果能由一散万，浩荡无垠，渊深莫测，则天地神谷万物侯王俱赖此一以为主宰，而蟠天际地，弥纶无隙，充周不穷，如此其极，是高莫高于道，贵莫贵于一也。虽然，自无而有，有何高焉？由微而著，又何贵焉？即使贵莫与京，亦由气之自微而显，故曰：贵以贱为本；即使高至无极，亦由气之自下而上，故曰：高以下为基。他如世之位高如侯，分贵如王，知道之自下而高、由贱而贵，故自称曰孤、曰寡人、曰不谷，此非以贱为本欤？否或不居于贱，自置太高，则中无主而道不立，心已纷而神不凝，欲于事事物物之间，合夫大中至正，复归于一道，盖亦鲜矣。犹推数车者，不能居中制外，反不如驱一车者之尚处其内而得以操纵自如。噫！有车而等于无车，贪多诚不如抱一。又如玉之琭琭而繁多，多则贱生焉，如石之落落而层叠，叠则危起焉，均太上所不欲也。何若抱一者之自贱而自下，后终至于高不可至、贵莫可言之为愈哉！

此言修道成真，只是此一，无有二也。孔子曰："吾道一以贯之。"孟子曰："夫道，一而已矣。"然，究何一哉？古人谓：鸿鸿蒙蒙中，无念虑，无渣滓，一个虚而灵、寂而惺者之一物也。此物，宽则包藏法界，窄则不立纤尘，显则九夷八荒无所不到，隐则纤芥微尘无所不察，所谓无极之极，不神之神，真无可名言、无从想像者。性命之道，惟此而已。太上以侯王喻人之心。心能常操常存，勿忘勿助，刻刻返观，时时内照，即不失其一。一即独也。独知独觉之地，戒慎恐惧，斯本来之至高至贵者，庶可长保。然此是修性之学，故一慎独便可了得。若炼命，则有为有作。倘非从下处做起，贱处炼来，药犹难得，何况金丹？下即下丹田也，贱即下部污秽处也。学者欲一阳来复，气势冲冲，非由下而升至于顶上，安得清刚之气，以为我长生至宝？非从下田浊乡，以神火下照，炼出至阳之气，何以为药本丹基？古人谓"阴中求阳，鬼窟盗宝"，洵不诬矣。尤须一心，无两念，方是守一之道。到得自然，人我俱忘，即得一矣。修士到此地位，一任天下事事物物，无不措之而咸宜，处之而恰当，所谓"得一而万事毕"，其信然耶？倘着形着象，纷纷驰逐，与夫七情六欲，身家妻孥，死死牵缠，不肯歇手，则去道远矣。莫说外物纷纭，不可言道，即如存心养性，修道炼丹，进火退符，采取封固，一切名目，皆是虚拟其象，为后之学者立一法程。若其心有丝毫未净，即为道障。太上所以说：致数车无车，不欲琭琭如玉，落落如石焉。夫道只一道，学者又何事他求哉？

【综按】"一"者何，林公释为道，至当也。然，未分体用，稍欠深细。德师释"一"为"道之体"，而"清""宁""灵""盈""生""天下贞"者，皆道之用也。则当而又深细矣。又德师释"神"为"人心"，释"谷"为"海"，皆有益于修行，诚为可贵。黄师释"一"为"元气"，为"无极"，为"太极"。以"无极"为道，是宋儒观念，见周敦颐《太极图说》《周子通书》；以"太极"为道，是先秦儒知见，见《易传》，此不为错。释"一"为"元气"，虽不能说错，但有着相之瑕，又不可不知矣。然，黄师讲修炼时释"一"为"无念虑、无渣滓，一个虚而灵、寂而惺者之一物也。此物宽则包藏法界，窄则不立纤尘；显则九夷八荒无所不到，隐则纤芥微尘无所不察。所谓无极之极，不神之神，真无可名言，无从想象者"，则又确而又确矣。如何得"一"，如何不失"一"，指点修持，尤为明白。"到得自然，人我俱忘，即得一矣""心能常操常存，勿忘勿助，刻刻返观，时时内照，即不失其一"，余心香祷祝（三叩首）矣。

四十章

反者道之动，弱者道之用。天下万物生于有，有生于无。

三家注按

林希逸： 反者，复也，静也。静者动之所由生，即《易》所谓艮所以成终成始也。能弱而后能强，专于强则折矣。动以静为用，强以弱为用，故曰"反者道之动，弱者强之用"。如此造语，文法也。有天地然后有万物，故曰"物生于有"。然，天地孰生之？天地之始生于太虚，是生于无也，因动静强弱而又推言有无之始也。老子之学，大抵主于虚，主于弱，主于卑，故以天地之间有无动静推广言之，亦非专言天地也。

【按】林公释"反"为"复"，诚是，释"反"为"静"，用"动以静为用"作理据，却可商榷。盖"动"本道之用也，何时转为道之"体"？至其"老子之学，大抵主于虚、主于弱、主于卑"，虽是，却不细也，序讲言之甚明。

释德清： 此承上章以明道为天地万物之本也。

反者，道之体也。谓道体虚无至静，为群动之主。世人只知动之为动，不知动处即静。《易》云"天下之动贞夫一者也"。以其群动之动，皆自虚无至静而发，不动而动，故云"反者道之动"也。

然道体至虚，柔弱无用，而为天下有用之本。世人只知有用之用，不知无用之用为大用也，故云"弱者，道之用"。

是故世人只知天下之物生于有，而不知有生于无也。苟知有生于无，则自然不事于物，而能体道凝神矣。岂易得哉？

【按】德师以"反"为"道之体"，似未得"反"之精义。其"只知动之为动，不知动处即静"之说，据牟宗三《中国哲学十九讲》，此识来自天台圆教。盖天台圆教始能安排"动"相、安排"有界"也。其"世人只知有用之用，不知无用之用为大用"之说，可为世人顶门一针。

黄元吉： 夫道，人人具足，个个圆全，又何待于复哉？不知人自有生而后，气拘欲蔽，知诱物化，斯道之为所汩者多矣。苟非内祛诸缘，外祛诸扰，凝神调息，绝虑忘机，安得一阳发生，道气复返乎？故曰：反者道之动，炼丹之始基也。迨至药已归炉，丹亦粗结，汞铅浑一，日夜内观，而金丹产焉。自此采取之后，绵绵不绝，了了常存，以谦以下，以辱以柔，就是还丹之妙用。然非但还丹当如此，自下手以至丹成，无不当冥心内运，专气致柔。盖丹乃太和一气炼成，修道者当以谦和处之，苟稍有粗豪，即动凡火，为道害矣，故曰：弱者道之用。天下万事万物，虽始于有形有象，有物有则，然其始不自有而肇也。圣人当大道之成，虽千变万化，无所不具，而其先必于至虚至无中采之炼之，然后大用流行，浩气充塞于两大；若非自无而炼，焉得弥纶天地，如此其充周靡尽乎？故曰：有生于无。学人修养之要，始也，自无而有，从静笃中炼出微阳来；继也，自有而无，从蓬勃内复归于恬淡；其卒也，又自无而有，混混沌沌，人我俱忘，久之，自炼出阳神三寸，丈六金身。可见有有无无，原回环不已，迭运靡穷。学者必照此行持，方无差忒。

　　此言金丹大道，非有他也，只是真气流行，充周一身，其静也，如渊之沉，其动也，如潮之涌。惟清修之子，冥心内照，自考自证，方能会之，非言语所能罄也。人能明得动机是我生生之本，彼长生不老之丹，岂外是乎？况人人共有之物，无异同，无歉缺，只为身动而精不生，心动而气不宁，于是乎生老病死苦，辗转不休，轮回不已。若欲脱诸一切，非先致养于静，万不能取机于动，反我生初元气。但此个动机，其势至微，其气至嫩，稍不小心，霎时而生癸水，变经流，为后天形质之私，不可用矣，故曰"见之不可用，用之不可见"。由此一动之后，采不失时，则长生有本，大丹有根。如执所有而力行之，笃所好而固守之，虽得药有时，成丹可俟，无如冲气至和，而因此后之采取不善、烹炼不良，一团太和之气，遂被躁暴凡火伤之。道本至阳至刚，必须忍辱柔和，始克养成丹道，太上所以有"挫锐，解纷，和光，同尘"之教也。然道虽有气动，犹是无中生有；有而不以弱养之，则不能反于虚无之天，道又何自而成乎？人第知一阳来复乃道之动机，而不知反本还原，有象者仍归无象。盖有象者，道之迹，无象者，道之真也。知此，则修炼不患无基矣。

【按】黄师仍以"道"为"元气"一路，故黄师直以修道为"反我初生元气"也。

【综按】"反"者，返也，复也，《易》曰"复见天地之心"。"天地之心"者，道也，以之与此"反者，道之动"相较，诚可谓异曲同工。盖道者，生生之本，天地万物自道而创生，诚所谓"道生一，一生二，二生三，三生万物"。人，万物之一，亦自道而创生。天地万物皆自道而创化，故天地万物皆具道之性无疑。道创生万物，万物生生不已，道即流散无穷而不知返。人为万物之灵，故知反。"反"，逆用创生之序。"弱"者，柔弱也，不自见、自是、自伐、自矜、不有为而谦卑自牧。"天下柔弱莫过于水"，水，道用之喻也，故曰"弱者道之用"。微小水滴，久可穿石，汹涌洪流，刹那移山，"攻坚强者莫之能胜"，道之用若此。"天下万物生于有，有生于无"，天地万物创生之序也。

四十一章

　　上士闻道，勤而行之；中士闻道，若存若亡；下士闻道，大咲（笑）之。不咲（笑）不足以为道。故《建言》有之：明道若昧，进道若退，夷道若类，上德若谷，大白若辱，广德若不足，建德若偷，质真若渝，大方无隅，大器晚成，大音希声，大象无形。道隐无名，夫唯道，善贷且善（成）。

三家注按

　　林希逸： 勤而行者，言闻而必信也。若存若亡者，且信且疑，又以为有，又以为无也。最下鄙俚之人，则直笑之耳。惟最下之人以之为笑，方见吾道之高。退之论文且曰"人笑之则以为喜"，况道乎？建言者，立言也，言自古立言之士有此数语，"明道若昧"以下数句是也。此亦是设辞，言此数句不出于我，自古有之也。明道若昧，惟昧则明。前章曰"自见者不明"，又曰"不自见故明"，即此也。进道若退者，能退则为进也。杨子所谓"以退为进"也。夷，平也。夷道，大道也，大道则无分别。类，同也，和光同尘之意也。上德若谷，能虚而不自实也。大白若辱，不皎皎以自异也。广德若不足，若自足则狭矣。偷，窃也，欲为而不敢为也。建立其德，是有为者而为之，以不敢为，所以能建立也。质真若渝，真实之质，纯一而无变，而自有若已渝变之意，此亦足而不自足之意。大方者，太虚也，太虚之间虽有东西南北，孰见其方隅哉？大器晚成，如铸鼎之类，岂能速成就哉？大音希声，天地之间音之大者，莫大于风霆，岂常有哉？希者，不多见也。大象，天地也。《易》曰："法象莫大于天地。"天地之形，谁得而尽见之？道隐无名，不可得而名也。此数句，或是指实之语，或是譬喻之语，其意皆主于能虚能无而已。贷者，与也，推以及人也。有道者能以与人而不自有也。成者，道之大成也，成己成物，而后谓之大成也。后章又曰"既以与人己愈多"，亦此意也。

　　【按】林公此释，简洁平正，可谓要言不繁，唯释"建言"为"自古立言之士有此数语"，似失之武断。以"建言"下十三句与老子平素所言一如故也。

释德清： 此言道出常情，而非下愚小智之所能知，必欲上根利智，可能入也。

谓上根之人，志与道合，一有所闻，便身体而力行之。如颜子，闻者未尝不知，知之未尝不行。故曰"上士闻道，勤而行之"。若夫中人之资，则且信且疑，或日月至焉。故曰"若存若亡"。至若下根之士，即有所闻，了不相蒙，而且以为怪，故大笑之矣。以道出常情，非愚所测，此辈不笑，不足以为道。

以其道与常情，每相反而已矣。何以知之？故古之建言者有云，"明道若昧"此下十二句，皆古之立言者之辞，老子引之，以明相反之意。谓小人用智恃知以为能；圣人光而不耀，以有智而不用，故明道若昧。小人矜夸竞躁；圣人以谦自守，以卑自牧，故进道若退。世人崖嶷自高；圣人心与道合，同尘混俗，和而不同，故夷道若类。世人局量扁浅，一毫不容；圣人心包天地，德无不容，如海纳百川，故上德若谷。小人内藏瑕疵，而外矫饰以为洁；圣人纯素贞白，一尘不染，而能纳污含垢，示同庸人，故大白若辱。小人一德不忘，必恃自多而责报于人；圣人德被群生，而不以为功，故广德若不足。小人一善之长，必炫弄自售，欲求知于人；圣人潜行密用，凡有所施于人者，惟恐人之知己也，如泰伯三让，民无德而称，故建德若偷。小人随时上下，见利而趋，望势而变；圣人之心，贞介如玉，而不可夺，而能与世浮沉，变化无穷，无可不可，故质贞如渝。渝，变也。

世人圭角自立，一定而不化；圣人心如太虚，无适不可，故大方无隅。隅，犹定向也。世人小智自用，以图速效；圣人深畜厚养，藏器于身，待时而动，迫不得已而后应，乘运而出，必为天下之利具，故大器晚成。所以然者，譬夫大音之希声，大象之无形，殊非常情之所易见易闻，宜乎下士闻而大笑之也。

以其世之所尚者名也，然道隐于无名，又岂常情所易知耶？所以圣人之广大难测者，以其有大道也。夫惟道也，万物皆往资焉而不匮，曲成万物而不遗，故曰"善贷且成"。圣人如此，所以世人皆以大似不肖而轻笑之。然不笑，不足以为道也。

【按】德师释"善贷且成"为"万物皆往资焉而不匮，曲成万物而不遗"，可谓确诂。

黄元吉：天地未有之先，原是虚虚无无，鸿鸿蒙蒙，一段氤氲太和之气，酝酿久之，气化充盈，忽焉一觉而动，太极开基矣。动而为阳，轻清之气上浮为天；静而为阴，重浊之气下凝为地。天地开辟而人物滋生，芸芸万姓有几能效天地之功用哉？惟圣人从混沌中一觉而修成大丹，以此治身，即以此淑世；虽未敢缄口不言，却亦非概人而授；随缘就缘，因物付物，方合天地大公无我之量。时而遇上士也，闻吾之道，欣然向往，即勤而行之，略无疑意，此其人，吾久不得见之矣。时而遇中士也，出于予口，入于伊心，亦属平常，了无奇异，未始不爱之慕之，一蹴而欲几之，无奈世味浓而道味淡，圣念浅而俗念深，或迁或就，若存若亡，知不免焉。至于下等之士，习染日深，气性多戾，一闻吾道，不疑为妖言惑世，便指为聚众敛财，讵知君子之修，造端夫妇，圣人之道，不外阴阳，顺则生人，逆则成仙，其事虽殊，其理则一，而贸贸者乃谓神仙为幻术，岂有如此修持遂能上出重霄乎？否则谓天地至广，万物至繁，如此成性存存，即上下与天地同流乎？何以自古仙圣至今无几也？于是笑其言大而夸，行伪而僻。噫，斯道只可为知己者道，难与浅见寡闻者言矣！夫蜉蝣不知晦暮，蟪蛄不知春秋，井蛙不知江海，又何怪其笑耶？不笑不足以见道之至平而至常，至神而至奇，神奇即在平常中也。况道本无声色，何有所言？其有所言，亦因后之修士无由循途而进，历阶而升，故不得不权建虚词、假立名号以引之。人果知虚无为道，自然为功，尤须自阴而阳，由下而上，昧为明本，退为进基，虽明也而若昧，庶隐之深而明之至焉，虽进也而若退，庶却之愈速而进之弥远焉。道原远近皆具，我虽与道大适，亦若于己无增，于人无减，夷若类焉。道本大小兼赅，我虽与德为一，亦若无而不有，虚而不盈，德若谷焉。时而大显于世也，啧啧称道，不绝人口，我若无益于己，反多抱愧，故曰：大白若辱。时而德充于内也，处处施为，不穷于用，亦若有缺于中，益形支绌，故曰：广德若不足。即其修德立身，建诸天地而不悖，我若自安偷薄，绝无振拔之心，故曰：建德若偷。或已至诚尽性，质诸鬼神而无疑，我若常变可渝，毫无坚固之力，故曰：质直若渝。如此存养心性，惕厉神明，虽有逸言，无间可入，纵多乱德，何隙可乘？世有修道明德而遭侮辱者，其亦返观内省？果如此藏踪敛迹，卑微自下，怍辱为怀，德广而不居，德建而弗信，亦若忠直难言，诪张为幻者耶？吾知其未有此也。纵或数有前定，劫莫能逃，天之所为，人当顺受，安于命而听诸天，是以"君子有终身之忧，无一朝之患"，我于此益信焉。且道无方所形状声臭可言，彼世之廉隅自饬者，规规自守，不能圆转自如，我则大方无方，浑然一团，不落边际，又何模棱之有？凡物之易就者无美观，急成者非大器，我能循循善造，弗期近效，不计浅功，久于其道，自可大成，又何歉于己乎？要之，道本希言自然，恍惚为状，我能虚极静笃，则无音而大音出矣，无象而大象形矣。施之四海皆准，传之万世不穷，岂仅推重于一时而不能扬徽于万代耶？《诗》曰："在彼无恶，在此无斁。"道之建施，实有如此神妙者。其间孰是为之，孰是与之？亦曰：夫惟道，善贷且成而已。此言抱道人间，用无不足，给万物而不匮，周沙界而有余，且使化功大成，真上士也。

太上为世之不自韬光养晦、立德修身者言，彼稍有所得，便矜高自诩，五蕴未空，六尘不净，犹屋盖草茅，火有所借而然。若只修诸己，不求诸人，浑浑乎一归于无何有之乡、广漠之野，纵有外侮，犹举火焚空，终当自息。如此修己，真修己也。惟其如此，故人与己两相安于无事之天，否则于道无得，反招尤也。孔子曰："无而为有，虚而为盈，约而为泰。"其见恶于人也，宜矣。修道者如此，可以免务外之思，亦可无外侮之患焉。

【综按】本章上、中、下三士闻道之态度，虽可测人之根机，然究非老子本意，从"不笑不足以为道"句可以知之。其本意当为表道那玄之又玄，无名、无象、无声、无色，视不见、听不闻、搏不得之特性也。道之所以被误解、怀疑、嘲笑者，以其与日常所见之事物相反，故曰"玄德深矣，远矣，与物反矣"（见六十五章）。执着越深，与道越不相容，是以闻道则大笑之。

又，"大器晚成"句，《帛书·乙本》（甲本缺损）作"大器免成"，《释文》释"免"为"晚"之借字，释者多从之。亦有曰：当读如本字者，"免成"就是"无成""不成"，"可以跟前文'无''不'呼应"（李先耕《老子今析》，中国社会科学出版社，2002年，第185页）。此说甚是，盖"大器"者，道也，就人言，有根身器具之说，如儒家言圣贤之质、道家言神仙之根、佛家言佛门之龙象。要之，大道圆满者，不可有圆满之念，此"大器无成"之真意也。

又本章，余见过一段译文，印象深刻，故稍改数字，录于次，以供参考："上士听闻了真道就勤勉地践行，中士听闻到了真道却将信将疑，下士听闻到了真道则轻蔑地嘲笑。道如果不被嘲笑，那也就不是道了。给道安立的名言：明明白白的道却好像摸不着头脑，按照大道行进却好像是后退，隐没的大道又好像特别显眼，至上的德好像无德，圆满的德好像沾满圬垢，德布广大仍像不足，刚健前行的德又好像犹豫、懈怠，坚贞纯正之德，反似随波逐流，圆满方正的德反而像没有方向，成就了圆满的道永远没有一点证得了圆满道果的念头，圆满的声音听起来好像没有声音，圆满的道看起来像没有道的样子，道幽隐不现，不可名状又没有名称。只有道，善于帮助万物、成就万物。"（参见张剑伟《夫唯道，善贷且成——关于〈老子〉第四十一章的解读》，《文化艺术报》2015年9月23日）

四十二章

道生一，一生二，二生三，三生万物。万物负阴而抱阳，冲气以为和。人之所恶，唯孤、寡、不穀，而王公以为称。故物或损之而益，或益之而损。人之所教，我亦教之：强梁者不得其死，吾将以为教父。

三家注按

林希逸： 一，太极也。二，天地也。三，三才也。言皆自无而生。道者，无物之始，自然之理也。三极既立，而后万物生焉。万物之生，皆抱负阴阳之气，以冲虚之理行乎其间，所以为和也。人之所恶，莫如孤、寡、不谷，而王公以为称，此亦譬喻有道者自卑自贱之意。其意盖谓天地人皆自无而有，万物以阴阳为质，而其所以生生者，皆冲虚之和气。学道者当体此意，则必以能虚能无为贵。天下之物，或欲损之而反以为益，或欲益之而反以为损。损益之理，有不可常。如月盈则必缺，此益之而损也。既缺则必盈，此损之而益也。人之所教，犹言今世人之所以设教。彼亦曰："我之所教，皆义理也。"但知求益，但知求胜，而不知刚者必折，盈不可久，故曰"强梁者不得其死"也。若吾以道教之，则皆在众人之上，是世之所师者又当以我为师也，故曰"吾将以为教父"。

【按】本章林公释"一"为"太极"，释"二"为"天地"，"三"为天、地、人，是儒家创生之道。"一"为"太极"，"二"为"天地"，可备一说。释"三"为天地人三才，则有可商，容后再述。

释德清： 此承前言道体冲虚，而为天地万物之本，诫人当以道为怀，以谦自处也。

谓道本无名，强名之一，故曰"道生一"。然天地人物，皆从此生，故曰"一生二，二生三，三生万物"，是则万物莫不负阴而抱阳也。所以得遂其生，不致夭折者，以物各含一冲虚之体也。和气积中，英华昭著，秀实生成，皆道力也，故云"冲气以为和"，是则物物皆以冲虚为本也。

且冲虚柔弱，与物不类，似乎无用，人皆恶之而不取，殊不知无用之用为大用也。即如世人之所恶者，唯孤、寡、不谷，以为不美，而王公反以此为称者，岂不以柔弱为天下之利器耶？且孤、寡、不谷，皆自损之辞也，然而侯王不自损，则天下不归。故尧、舜有天下而不与，至今称之，泽流无穷，此自损而人益之。故曰"或损之而益"。若夫桀、纣以天下奉一己，暴戾恣睢，但知有己，而不知有人。故虽有天下，而天下叛之，此自益者而人损之，故曰"或益之而损"。

以人人皆具此道，但日用不知，须待教而后能。且人之所教者，我亦未尝不教之也。惟人不善教人，只知增益知见，使之矫矜恃气，好为强梁，殊不知强梁者不得其死。我唯教人以日损其欲，谦虚自守，以全冲和之德。是故吾将以为教父，而风天下以谦虚之德也。教父，犹木铎意。

【按】德师曰："道本无名，强名之一，故曰'道生一'。"此认"一"为"道"也。道即是一，老子何以曰"道生一"，此处着一"生"字，当有深意。详后。

黄元吉：道家始终修炼，惟以虚无为宗。元始天王，道号虚无自然，即是此义。由虚而实，是谓真实；由无而有，是谓妙有。倘不虚不无，非但七情六欲，窒塞真灵本体，无以应万事，化阳神，即观空了照，有一点强忍意气持之，亦是以心治心，直将本来面目遮蔽无存。总之，虚无者，道之体，冲和者，道之用，人能如是，道庶几矣。太上曰道生一，道何有哉？虚而已矣。然至虚之中，一气萌动，天地生焉，故曰：有物混成，先天地生也。无极之先，混混沌沌，只是一虚；及动化为阳，静化为阴，即"易有太极，是生两仪"是，所谓道生一，一生二也。其在人身，即微茫之中，一觉而动，乾坤阖辟，气机往来，静而凝聚者，为阴为精，动而流行者，为阳为气；若无真意主之，则阴阳散乱，无由生人而成道。可见阴阳二气之间，甚赖元神真意主持其际，所谓二生三也。由是一阴一阳，一动一静，气化流行，主宰如故，而万物生生不穷矣，所谓三生万物也。或曰："天一生水，金生水也；地二生火，木生火也；天三生木，水生木也；地四生金，土生金也。"以五行所生，解太上一二三万物生生之义，总属牵强；不若道为无极，一为太极，二为阴阳，天一地二合而成三，斯为明确之论。"万物负阴而抱阳，冲气以为和"，明明道元始虚无一气，化生阴阳，万物之生即阴阳为之生。冲者，中也，阴阳若无冲气，则中无主而主不宁，物之生也犹且不能，况修道乎？《易》曰："天地絪缊，万物化醇。"可见精气神三者俱足，斯阴阳合太极而不分。使阴阳虽具，太极无存，则造化失权，万物之生机尽灭。大凡修道炼丹，虽离不得真阴真阳，若无太和元气，则丹无由结，道亦难成，盖道原太和一气所结成也。生人生仙，只是一理，所争在顺逆间耳。惟以元气为体，阴阳为用，斯金丹之道于是得矣。试观王公大人，位至高也，分至贵也，而自称曰孤、曰寡、曰不谷，其意何居？盖高者易危，满者易倾，电光之下，迅雷乘之。惟高不恃其高，贵不矜其贵，而以谦下柔和之心处之，斯可长保其富贵，而身家不至危殆焉，所以孤、寡、不谷，凡人所恶，王公所以之自称也。然则道为天地至宝，修之者可不谦柔之意乎？《书》曰："满招损，谦受益。"从无有易之者。夫益不始于益，必先损而后益；损不始于损，必先益而后损。可见富贵贫贱，穷通得丧，屈极则伸，伸极必屈，此天道循环，自然之运，虽天地莫能逃，何况乎人？噫，人道如斯，大道奚异？修士欲得一阳来复，必先万缘俱寂，纯是和平之气，绝无躁切之心。如此损之又损，以至于无，则群阴凝闭之中，始有真阳发生，为吾身之益不少。倘或自恃其才，自多其智，必不虚而志自满，未有不为识神误事，邪火焚身者。欲益而反损，天下事大抵如斯，岂独修道乎哉？至于一切事宜，无非幻景，不足介意，而人犹以为后起者教。须知：金丹大道，所为在一时，所关在万世，岂可不以为法耶？太上所以云：人之所教，我亦教之也。所教维何？至柔已耳。若不用柔而用刚，必如世上强梁之徒，横行劫夺，终无一人不罹法网而得以善终。是知：横豪者，死之机，柔弱者，生之路，此诚修道要术，吾之教人所以柔弱为先也，修士其可忽乎？《悟真》云："道自虚无生一气，便从一气产阴阳。阴阳自是成三体，三体重生万物昌。"此即"一生二，二生三，三生万物"之谓。修行人打坐之初，必先寂灭情缘，扫除杂妄，至虚至静，不异痴愚，似睡非睡，似醒非醒，此鸿蒙未判之气象，所谓道也。忽焉一觉而动，杳冥冲醒，我于此一动之后，只觉万象咸空，一灵独运，抱元守一。或云真意，或云正念，或云如来正等正觉，此时只一心，无两念焉。观其阳生药产，果能蓬勃绸缊，即用前行二候法，采取回宫一候，归炉封固一候。是即一动为阳，阳主升；一静为阴，阴主降。再看气机壮否？若已大壮，始行河车运转，四候采取烹煎，饵而服之，立乾己汞。此即采阳配阴，皆由一而生者也。至于一呼一吸，一开一阖，无不自一气而分为二气。然心精肾气，心阴肾阳，无不赖真意为之采取、烹炼、交媾、调和。此即阴阳二气合真意为三体，皆自然而然，无安排，无凑合也，而要必本于谦和退让；稍有自矜自强之心，小则倾丹，大则殒命，故曰：强梁者不得其死，吾将以为教父。学者须知：未得丹时，以虚静之心待之；既得丹后，以柔和之意养之，慎勿多思多虑、自大自强，可也。此为要诀中之要诀，学者知之。否则，满腔杂妄，道将何存？如此而炼，是瞎炼也。一片刚强，即得亦丧，如此而修，是盲修也。似此无药无丹，遽行采炼运转，不惟空烧空炼，且必伤性伤精，其为害于身心不小，乃犹不肯自咎，反归咎于大道非真，金丹之难信，斯其人殆不知：道之为道，至虚至柔，惟以虚静存心，和柔养气，斯道乃未有不成也已。

此言道家修炼，却病延年，成仙作圣，不外精气神三宝而已。然精非交感之精，所谓"元始真如，一灵炯炯"，前云"惚兮恍，其中有象"是，是由虚而生。虚即道。道生一，即虚生精，精即性也。气非呼吸之气，所谓"先天至精，一气氤氲"，前云"恍兮惚，其中有物"是，是由一而生。一即精，一生二，即精生气，气即命也。神非思虑之神，所谓"灵光独耀，惺惺不昧"，前云"杳兮冥，其中有精，其精甚真，其中有信"是，自二而化。二即气，二生三，即气化神，神即元神真意也。要皆太和一气之所化也，惟以柔和养之，斯得之耳。若着一躁心，生一暴气，皆不同类，去道远矣。去道既远，保身犹难，安望成仙？所以有强梁之戒也。太上以忍辱慈悲为教，故其言如此。孔子系《易》，尝于谦卦三致意，而金人、欹器之类，示训谆谆，其即此意也欤？

【按】黄师释"道"为"虚"，为"至虚"，为"无极"，释"一"，为"一气萌动"，释"二"为"太极"，为"两仪"（"两仪"即"阴阳"），释"三"为"元神真意"。黄师曰："道何有哉？虚而已矣。然至虚之中，一气萌动，天地生焉，故曰'有物混成，先天地生'也。无极之先，混混沌沌，只是一虚；及动化为阳，静化为阴，即'易有太极，是生两仪'是，所谓'道生一，一生二'也。其在人身，即微茫之中，一觉而动，乾坤阖辟，气机往来，静而凝聚者，为阴为精，动而流行者，为阳为气；若无真意主之，则阴阳散乱，无由生人而成道。可见阴阳二气之间，甚赖元神真意主持其际，所谓'二生三'也。由是一阴一阳，一动一静，气化流行，主宰如故，而万物生生不穷矣，所谓'三生万物'也。"

【综按】黄师释"三"为"元神真意"颇具现代意义。现代研究结果发现，"意识能够直接影响我们的现实"（胡尧译，[美]格雷格·布雷登《无量之网》，中国青年出版社，2015年8月，北京，第130页）。真意者，专注力也。"上士闻道，勤而行之"，信道而勤行时之专注力也。以"真意"行道，道尚可成，以"真意"加诸任何一事，又何事不办！欲用"真意"成就世间事物或成就自己之健康者，请参各宗教原典及诸灵性研究之现代著作。

四十三章

　　天下之至柔，驰骋天下之至坚，无有入于无间。是以知无为有益。不言之教，无为之益，天下希及之。

三家注按

林希逸： 坚者易折，柔者常存。以至柔而行于至坚之间，如水之穿石是也。无间，无缝罅也。无有，即无形也。如人身营卫之间，可谓无间，而气脉得行之。无隙之隙，而日月之光亦入之。此皆无有入于无间也，此两句譬喻也。以此而观，则为知无无不为者至理也。不言而教自行，无为而功自成，此皆至道之妙用，而天下之人知不及之，故曰"天下希及之"。有益，有功用也。

释德清： 此承上言无为之益，以明不言之教也。

　　然天下之至坚，非至柔不足以驰骋之，如水之穿山透地，浸润金石是已。若以有入有，即相触而有间。若以空入有，则细无不入，如虚空遍入一切有形，即纤尘芒芴，无所不入，以其虚也。若知虚无之有用，足知无为之有益矣。

　　前云人不善教人者，以其有言也。有言则有迹，有迹则恃智，恃智则自多，自多者则矜能而好为。凡好为者必易败，此盖有言之教、有为之无益也。如此，则知不言之教，无为之益，天下希及之矣。

黄元吉： 道者何？鸿蒙一气而已。天地未开以前，此气在于空中；天地既辟而后，此气寓于天壤。是气，固先天地而常存，后天地而不灭也。天地既得此气，天地即道，道即天地，言天地而道在其中矣。惟天地能抱此气，故运转无穷、万年不敝者此气，流行不息、群类资生者亦此气，一气原相通也。圣人效天法地，其诚于中者，即所以形于外，内外虽异，气无不同；其尽乎己者，即所以成乎人，人己虽殊，气无不一。究何状哉？空而已矣。空无不通，一物通而物物皆通；空无不明，一物明而物物俱明。孔子云："为政如北辰居所而众星自共。"孟子云："君子过化存神，上下与天地同流。"是诚有不待转念移时，而自能如此一气潜孚、一理贯注者，故曰："天下之大，自我而安。人物之繁，自我而育。古今之遥，自我而通。"圣道之宏，真不可及也。以是思之，宇宙何极，道能包之，抑何大乎？金玉至坚，道能贯之，不亦刚乎？然闻之《诗》曰："维天之命，于穆不已。"又曰："上天之载，无声无臭。"是柔莫柔于此矣。虽然，天地无此气，则块然而无用；人物无此气，亦冥顽而不灵；有之则生，无之则没，是天下之至柔驰骋天下之至刚，以无气则无物也。大而三千世界，小而尘埃毫发，无不包含个中。不惟至柔，抑且无有，非孔子所谓"视之不见，听之不闻，体物不可遗"者欤？夫何相间之有？顾物至于极柔，则无用矣，惟道之至柔，乃能撑持天下之至坚；物至于无有，又何为哉？惟道之无有，乃能主宰天下之万有，此不过浑然一气，周流不滞焉耳，故太上曰：吾是以知无为之大有益焉。且夫天地无为而自化，圣人无为而自治，究无一民一物不被其泽，非由此气之弥纶而磅礴也哉？其在人身，浩气流行，不必搬运，自然灌溉周身，充周毛发，其获益良匪浅矣。至于教之一事，古人以身教，不以言教，是有教之教，诚不若无教之教为倍真也。夫天不言而四时行，圣不言而天下化，视之端拱垂裳，无为而平成自治者，不同一辙耶？故曰：不言之教，无为之益，天下希及之。孔子曰："中庸之为德，民鲜能久。"不诚然哉？何今之执迷不悟，甘居下流者，竟甚多也？噫，良可慨矣！

　　此状道之无为自然，包罗天地，养育群生，本此太和一气，流行宇宙，贯彻天人，无大无小，无隐无显，皆具足者也。是至柔而能御至刚，至无而能包至有，以故一通百通，一动群动，如空谷传声，声声相应。道之神妙，无有加矣！非圣人，孰能与于此哉？若在初学之士，具真信心，立大勇志，循途守辙，自浅而深，由下而上，始由勉强，久则自然，方能洞彻此旨。总要耐之又耐，忍之又忍，十二时中，不起厌心，不生退志，到深造有得，居安资深，左右逢源，乃恍然于太上之言，真无半句虚诳。至于修炼始基，古云："精生有调药之候，药产有采取之候。"先天神生气，气生精，是天地生物之理，顺道也。若听其顺，虽能生男育女，而精耗气散，败尽而死。太上悲悯凡人流浪生死，轮回不息，乃示以逆修之道，反本归根，复老为少，化弱为强，致使成仙证圣，永不生灭。始教人致虚养静，从无知无觉时，寻有知有觉处，《易》曰"寂然不动，感而遂通"是也。后天之精有形，先天之精无迹，即"恍恍惚惚，其中有物"，所谓"玄关一动，太极开基"也。自此凝神于虚，合气于漠，冥心内照，观其一呼一吸之气息，开阖往来，升降上下，收回中宫，沐浴温养，少顷杳冥之际，忽焉一念从规中起，一气自虚中来，即精生气也。此气非有形也。若有形之气，则有起止，有限量，安望其大包天地，细入毫毛，无微不入，无坚不破者哉？是气原天地人物生生之本也，得之则生，失之则亡，虽至柔也，而能御至坚，虽至无也，而能宰万有，古仙喻之曰药，以能医老病，养仙婴也，故曰"延命酒、返魂浆"，又曰"真人长生根"，诚为人世至宝，古人谓万两黄金换不得一丝半忽也。凡人能得此气，即长生可期。然采取之法，又要合中合正，始可无患。若有药，而配合不善，烹煎不良，饵之不合其时，养之不得其法，火之大小文武，药之调和老嫩，服之多少轻重，一有失度，必如阴阳寒暑，非时而变，以致天灾流行，万物湮没矣。学者能合太上前后数章玩之，下手兴功方无差错。吾点功至此一诀，诚万金难得。能识透此诀，则处处有把握，长生之药可得，神仙之地无难矣。

【综按】本章三贤所释，大致相同，尤以林公、德师至简至当。黄师仍是以气释道，故黄师曰："道者何？鸿蒙一气而已。天地未开以前，此气在于空中；天地既辟而后，此气寓于天壤。是气，固先天地而常存，后天地而不灭也。天地既得此气，天地即道，道即天地，言天地而道在其中矣。"道之与气，衡之哲理，则道为存在之根据，气乃存有之原质，二者本不可分。故道气共存，本无先后。道在气中，气因道化。以逻辑言之，则道在气先。朱熹以道为理，谓理在气先，其理气之辨，最为详析明白，可往资焉。

四十四章

名与身熟（孰）亲？身与货熟（孰）多？得与亡熟（孰）病？是故甚爱必大费，多藏必厚亡。故知足不辱，知止不殆，可以长久。

三家注按

林希逸： 名、货皆外物也，无益于吾身，则虽得虽亡，何足为病。而不知道者，每以此自病。爱有所着，则必自费心力以求之，爱愈甚，则费愈大，此言名也。贪而多藏，一日而失之，其亡也必厚。无所藏则无所失，藏之少则失亦少，多藏乃所以厚亡也，此二句发明下三句也。惟知足者不至于自辱，知止者不至于危殆，如此而后可以长久。此三句，却是千古万古受用不尽者。

释德清： 此言名利损生，诫人当知止足也。

谓世人只知名之可贪，故忘身以殉名，殊不知名乃身外之虚声耳。与身较之，身亲而名疏。故曰"孰亲"。货，利也。谓世人只知利之可贪，故忘身以殉利。殊不知利乃身之长物耳。与身较之，身在则有余。故曰"孰多"。世人不察，每役役于名利之间，贪得而无厌，戕生而伤性。与夫贪得而身亡，不若身存而远害。故曰"得与亡孰病"。

故凡爱之甚者，费必大；藏之多者，亡必厚。如以隋侯之珠，弹千仞之雀，雀未得而珠已失。此爱之甚，而不知所费者大矣。如敛天下之财，以纵鹿台之欲，天下叛而台已空。此藏之多，而不知所亡者厚矣。不唯爱者费而藏者亡，抑且身死名灭，国危而不安，斯皆不知止足之过也。故知足则不辱，知止则不殆，即斯可以长久矣。

噫，老氏此言，可谓破千古之重昏，启膏肓之妙药，昭然如揭日月于中天也。而人不察乎此，惜哉！

黄元吉： 夫人之好名好货者，莫不以名能显扬我身，货足肥润我身，身若无名则湮没不彰矣，身若无货则困苦难堪矣，是以贪名者舍身而不顾，黩货者丧身而不辞。贾子曰："贪夫徇财，烈士徇名。"人情类然，古今同慨。然亦思名与身孰亲耶？以名较之，名，外也，身，内也，人只为身而求名，何以因名而丧身？岂名反亲而身反疏乎？货与身孰多耶？以身拟之，身，贵也，货，贱也，人皆求货以为身，何以亡身而因货？岂身反少而货反多乎？亦未思之甚也！夫有名而性不存，与有身而名不显，孰得焉？孰失焉？舍身而货虚具，与失货而命常凝，孰存耶？孰亡耶？以是思之，与其得名货而失身，不如得身而失名货之为愈。况好名位者，损精神，伤生命，甚爱所以大费也；厚储蓄者，用机谋，戕身心，多藏所以厚亡也。望重为国家所忌，积厚为造物所尤，古来势大而罹祸，财多而受诛者，不知凡几？皆由不知敛抑，不自退藏，贪多不止，以致结怨于民，获罪于天也。惟知足知止者，一路平常，安稳到底，无辱无殆，不危不倾，而长保其身家，并及其孙子。范蠡所以无勾践之患，张良所以有赤松之游也，诚知几之士哉！后起者将有鉴于斯文。

此借知止知足者，喻止火养丹，以名喻景，货喻药。贪幻景者多被魔缠，好搬运者难免凶咎。药未归炉，宜进火以运之；药既入鼎，宜止火以养之。火足不知止火，非但倾丹倒鼎，致惹病殃，亦且丧命焚身，大遭危殆。又况大道虚无，并无大异人处。或贪美酒美味、艳色艳身、金玉珠玑、楼台宫殿，又或天魔地魔、鬼魔神魔，种种前来试道，或充为神仙，夸作真人，自谓实登凌霄宝殿，因此一念外驰，以致精神丧败，大道无成者不少；又或识神作祟，三尸为殃，自以为身外有身，而金丹至宝遂戕于顷刻者亦多。若此等等，总由火足不止火，丹回不养丹，所以志纷而神散，外扰而中亡。修炼之士，幻名、幻象、幻景、幻形，须一笔勾销，毫不介意，如此知止知足，常养灵丹，则止于至善，永无倾颓焉。

【综按】本章三公所释皆当，无可说焉。黄师最后以"知足知止喻止火养丹"，盖"名喻景，货喻药"也。静坐修炼金丹大道者，当常温常习焉。

修行成道，大碍在贪念难除。所贪之事物无穷，要之，名利而已。果能知止知足，熄灭贪心，道成有日矣。《红楼梦·好了歌》劝世人放逐贪念，简洁明了，人人能懂，今录之于次，为修道证果之警策耳。歌曰："世人都晓神仙好，惟有功名忘不了！古今将相在何方？荒冢一堆草没了。世人都晓神仙好，只有金银忘不了！终朝只恨聚无多，及到多时眼闭了。世人都晓神仙好，只有姣妻忘不了！夫妻日日说恩情，君死又随人去了。世人都晓神仙好，只有儿孙忘不了！痴心父母古来多，孝顺儿孙谁见了？"宜常讽颂焉（周汝昌校订批点本《石头记》，漓江出版社，2010年1月，桂林，第15页）。

四十五章

大成若缺,其用不弊。大盈若冲,其用不穷。大直若屈,大巧若拙,大辩若讷。躁胜塞(寒),静胜热,清静以为天下正。

三家注按

林希逸：有成则有缺,大成者常若缺,则其用不敝矣。有盈则有虚,大盈者常若虚,则其用不穷矣,前章曰"洼则盈,敝则新"即此意。大直则常若屈然,枉则直也,曲则全也。大巧者常若拙然,不自矜也。大辩者常若讷然,不容言也。躁之胜者,其极必寒。静之胜者,其极必热。躁静只是阴阳字,言阴阳之气滞于一偏,皆能为病。惟道之清静,不有不无,不动不静,所以为天下之正,犹曰"为天下之式"也。

【按】"清静"者,以天地言,则无不清静,以人言,则一念不生之"无"的境界也。人之念千差万别,然老子括而言之,曰"静"曰"躁",可谓尽矣。林公此处释"清静"为"不有不无,不动不静"可谓确诂；释静躁为阴阳,亦可备一格。

释德清：此言圣人法天制用,与道为一,故能胜物而物不能胜,以申明前章"不言之教,无为之益"也。

"大成若缺,其用不敝"者,若天地生物,曲成万物而不遗,可谓成之大矣。然必春生而夏方长之,秋杀而冬方成之。以此观之,似若有所缺。苟不如此,若一径生长而无秋冬之肃杀,不但物不能成,而造物者亦将用之而敝矣。由其若缺,故所成者大,而其用不敝也。

"大盈若冲,其用不穷"者,若阳和之气,充塞天地,无处不至,无物不足,可谓盈矣。其体冲虚而不可见。若块然可见,亦将用之有尽矣。由其若冲,故既已与人己愈有,既已为人己愈多,故其用不穷也。

"大直若屈"者,若一气浩然,至大至刚,可谓直矣。然潜伏隐微,委曲周匝,细入无间,故若屈。由若屈,故能伸其生意也。

"大巧若拙"者,若天之生物,刻雕众形而不见其巧,故云"若拙"。若恃其巧者,巧于此而拙于彼,则巧非大矣。

"大辩若讷"者，上云"若"缺，则天地无全功，故人犹有所憾。然天何言哉，四时行焉，百物生焉，是则生物之功，不辩而自白矣，故曰"若讷"。

　　是以天地不言而万物成，圣人不言而教化行。以圣人法天制用，故以不言之教，无为之化，似乎不胜，而物卒莫能胜之也。且躁能胜寒而不能胜热，静能胜热而不能胜寒，斯皆有所胜，则有所不胜。是故圣人贵乎清净为天下正，此其不言之教，无为之益，天下希及之矣。

　　【按】德师此释，理清事明，为后学式。

　　黄元吉：道本虚无自然，顺天而动，率性以行，一与天地同其造化，日月同其升恒，无有而无不有，无为而无不为也。当大道未成未盈之时，不无作为之迹，犹有形象可窥，觉得自满自足，不胜欣然；及至大成之候，又似缺陷弥多，大成反若无成焉；大盈之余，又似冲漠无朕，大盈反若未盈焉。是岂愈学而愈劣、愈优而愈绌乎？非也。盖道本人生固有之良，清空无物，静定无痕。一当形神俱妙，与道合真，我即道，道即我，有何成何盈之有？若使有成有盈，犹是与道为二，未底神化之域。是以修道之士，愈有愈无，愈多愈少，绝不见有成与盈也，故大成若缺，大盈若冲。以故万象咸空，一真独抱，因物为缘，随时自应，诚塞乎天地，贯乎古今，放之而皆准也，其用岂有敝哉？其用岂有穷哉？当其心空似海，神静如岳，又觉毫无足用者然；及其浩气常伸，至刚至大，抑何直也，乃反觉屈郁之难堪。神妙无方，可常可变，抑何巧也，乃惟觉愚拙之无知。言近指远，词约理微，非义不言，非时不语，辩何大乎，而总觉讷讷然，如不能出诸口。惟其如屈如拙如讷若此，是以心愈虚，志愈下，德愈广，业愈崇焉。此殆道反虚无，学归自在，一与天地之运转而不知，日月之往来而不觉，所以其成大且久也。若皆本太极之理，顺阴阳之常。久久熏蒸，铅火充盈，寒数九而堪御，蒲团镇定，伏经三而可忘，太上所谓"躁胜寒，静胜热"者，其即此欤？至于清明在躬，虚灵无物，一归浑穆之天，概属和平之象，又何静、何躁、何寒、何热之有哉？学者具清静之心，化寒暑之节，而吾身之正气凝，即天下之正道立矣，又何患旁门之迭出耶？

　　此明道之至虚至无，至平至常。人未造虚无之境、平常之域，只觉其盈，不见其缺，只觉其优，不见其绌，所以太上云："少则得，多则惑。"谚云："洪钟无声，满瓶不响。"洵不虚矣。大德不德，是以有德，大为无为，是以有为，非谦词也。道原虚无一气，惟其有得，是以无得，惟其无得，是为有得。故道愈高，心愈下，德弥大，志弥卑，斯与道大适焉。若一有所长，便诩诩然，骄盈矜夸，傲物凌人，其无道无德，大可见矣，太上故云为学日益，为道日损，损之又损，以至于无，方为得之。学者切勿视修道炼丹一如百工技艺之术，自觉有益，斯为进境。若修道，总以虚无为宗。功至于忘，进矣；至于忘忘，已归化境。夫以学道之士，退则进，弱则强，虚为盈，无为有，以反为正，以减为增，故学之进与不进，惟视心之忘与不忘耳。

【综按】 本章明道之德相与德用。"大成若缺"道之德相，"其用不弊"道之德用；"大盈若冲"道之德相，"其用不穷"道之德用；"大直若屈"道之德相；"大巧若拙"道之德相；"大辩若讷"道之德相，此诸相，皆道在各领域之相也，亦可谓之偏相。道之总相为"清静"，故"清静"又可谓之正相。故老子曰"清静为天下正"。

又黄师释"躁胜寒，静胜热"为"铅火充盈，寒数九而堪御，蒲团镇定，伏经三而可忘，太上所谓'躁胜寒，静胜热'者，其即此欤"可备一格。

四十六章

天下有道，却走马以粪；天下无道，戎马生于郊。罪莫大于可欲，祸莫大于不知足，咎莫大于欲得。故知足之足，常足。

三家注按

林希逸：以善走之马却以粪田，即"不贵难得之货"之意。戎马生于郊，言争战也。战争之事，皆自欲心而始，欲心既萌，何时而足？唯得是务，所以为罪、为祸、为咎也。惟知足者以不足者为足，则常足矣。此又发明前章"知足不辱"之意。

释德清：此承上清净无为之益，甚言多欲有为之害，以诫人君当以知足自守也。

谓上古之世，有道之君，清净无欲，无为而化。故民安其生，乐其业，弃却走马而粪田畴，所以家给人足，而无不足者。及世衰道微，圣人不作，诸侯暴乱，各务富国强兵，嗜欲无厌，争利不已，互相杀伐，故戎马生于郊，以致民不聊生，奸欺并作。

此无他，是皆贪欲务得，不知止足之过也。故天下罪之大者，莫大于可欲。以其戕生伤性，败乱彝伦，以至君臣父子皆失其分者，皆见可欲之罪也。以致败国亡家、覆宗灭族之祸者，皆不知止足所致也。由不知足，故凡见他人之所有，而必欲得之。然欲得之心，为众罪大祸之本。故咎之大者，莫大于欲得。欲得者，心不足也，古人云："若厌于心，何日而足。"以贪得不止，终无足时。惟知足之足，无不足矣，故常足。

黄元吉：天下有道，君民皆安，征伐无用，故放马归林，开田辟地，以期粪其田而已。天下无道，世已乱矣，时有为焉，盗贼迭兴，干戈日起，不用兵马，乌能已乎？故戎马养于郊野，以待国家之需用。是马之却也为有道，马之生也因无道，马之关于天下，大矣。呜呼！安得君君臣臣，父父子子，型仁讲义，敦诗说礼，长安有道之天乎哉？无如升平久而享用隆，嗜好兴而贪婪出，既得乎此，又羡乎彼，而奇技淫巧之物悉罗列于前，鲜衣美食之不足，又思及乎琼室瑶台，千里邦畿犹不广，复念及于万里圻封。吁嗟！内作色荒，外作禽荒，又益之以尚利急功，穷兵黩武，苛求不已，贪得无厌，内外侮乱，不亡何待？缘其故，皆由一念之欲肇其端也。欲心起而贪心生，贪心生而未得期得，既得恐失。若此者，纲常不坏，祸患不兴，国家不至覆败，天下不底灭亡，未之有也，故曰：罪莫大于可欲。假使无欲，贪何由生？贪既不生，则苟合苟完苟美之风不难再见也。其曰祸莫大于不知足：夫人既欲心不起，此志常满，此心常泰，无求于世，无恶于人，事之得也听之，事之不得也亦听之，祸从何而起乎？又曰咎莫大于欲得：人既知足，自能守分安命，顺时听天，无谄无骄，不争不夺，率由坦平之道，长沐太和之风，又何咎之有哉？况真心内朗，真性内凝，修己以敬，常乐于中，素位而行，不愿乎外，自然有天下者常保其天下，有国家者常保其国家，有身命者常保其身命。所患者，欲心一起，不克剪除，卒至穷奢极欲而莫之救也，欲求天下有道，得乎？自古得失所关，只在一念，一念难回，遂成浩劫，此罔念所以致弥天之祸也；存亡所系，介于几希，几希克保，定启鸿图，此克念所由造无穷之福也。如此则知，一念之欲，其始虽微，其终则大，可不慎欤？故曰知足。知足常足，彼不知足者，愈求愈失，因愈失而愈求，遂至力倦神疲，焦劳不已，有何益耶？岂知穷通得丧，主之在天，非人力所能为。与其劳劳日拙，何若休休之为得也？若知足者，顺其自然，行所无事，何忧何虑？不忮不求，又焉往而不臧耶？人其鉴诸！

　　此以天下比人身，以马比用火炼丹。人如有道，则精盈气足，何事炼为？惟顺而守之，足矣。如其无道，则精消气散，不得不用元神真息以修治其身心。但下功之始，养于外田，故曰：戎马生于郊。俟其阳生药产，而后行进火退符之功，野战守城之法，收归炉内，慢慢温养，追垢秽除尽，清光大来，一如天下又安，国家无事，归马华山，故曰：却走马以粪。但天下之乱，与一身之危，莫不由一念之欲所致；若不斩除，潜滋暗长，遂至精髓成空，身命莫保，可悲也夫！凡人欲心一起，必求副其愿而后快，即令事事如愿，奈欲壑难填，贪婪无厌，得陇望蜀，辗转不休，有天下者遂失天下，而有身命者又岂不丧其身命乎？《诗》曰："不忮不求，何用不臧？"惟知足者，可以安然无事，而常居有道之天，不须功行补漏，但顺其自然，与天为一而已矣。太上戒人曰"罪莫大于可欲"三句，是教人杜渐防微、戒欺求慊功夫，与孔门言"慎独"，佛氏云"正觉"，同一道也，学者曾见及此否？

【综按】本章三贤所释，无有不确。"走马"，戎马也，天下有道，则世界和平，虽有戎马，自无用武之地，故"却走马以粪"。生于郊之马，耕马也，征耕马为戎马，必战事急迫，故曰"天下无道，戎马生于郊"。此有道无道之事例，而究其深因，则在人心之贪得无厌，故曰："罪莫大于可欲，祸莫大于不知足，咎莫大于欲得。"

又，解脱之道，全在于去其贪欲，以贪为障碍之最故。贪则务得，欲得之心被阻则嗔，嗔则理智尽失，而百万障门开矣。欲灭其贪，务在明理。浅言之，深信因果可矣；深言之，则当发大慈恻隐之心，誓愿普救含灵之苦。果如是，则贪心渐息而事理渐明心性渐正矣。如是，自能明心见性，证得大道。

四十七章

不出户,知天下;不窥牖,见天道。其出弥远,其知弥近(少)。是以圣人不行而知,不见而名,不为而成。

三家注按

林希逸: 天下虽大,人情物理一而已矣,虽不出户亦可知。天道虽隐,阴阳变化,千古常然,虽不窥牖亦可见。若必出而求之,则足迹所及,所知能几;目力所及,所见能几。用力愈劳,其心愈昏,故曰"其出弥远,其知弥少"。此亦设喻以发明下句而已。不行而自知,不求见而自有名,不为而自成,圣人之道,其为用也如此。《易》曰"不疾而速,不行而至",亦此意也。

释德清: 此承上言圣人所以无为而成者,以其自足于己也。

谓圣人性真自足,则智周万物,无幽不鉴。故天下虽大,可不出户而知;天道虽微,可不窥牖而见。以其私欲净尽,而无一毫障蔽故也。

若夫人者,沉瞑利欲,向外驰求,以利令智昏,故去性日远,情尘日厚,尘厚而心益暗,故其出弥远,其知弥少。

是以圣人淡然无欲,不事于物,故寂然不动,感而遂通天下之故,故曰"不行而知"。如此,则尸居而龙见,渊默而雷声。故曰"不见而名"。道备于己,德被群生,可不言而化。故曰"不为而成",是皆自足于性也。

【按】"圣人不行而知,不见而名,不为而成"者,以其"私欲净尽,而无一毫障蔽故也",此释最为明白晓畅。盖私欲尽则天心见,而心性本具之光明、本有之智慧自现也。

黄元吉: 君子万物皆备,不出户庭以修其身。而世道之变迁,人心之更易,与夫推亡固存,反乱为治之机,无不洞晰于方寸。此岂术数为之哉?良以物我同源,穷一己之理即能尽天下之理,是以不出户而知天下也。古人造化由心,不开窗牖以韬其光,而无言之帝载,不息之天命,与夫生长收藏,阴阳造化之妙,无不了彻于怀来。此岂揣摩得之哉?亦以天人一贯,修吾身之命即能契帝天之命,是以不窥牖而见天道也。若遨游他乡，咨询天下之故，交接良友，讲求天命之微，未尝不有所知，吾恐不求诸己而求诸人，不索之内而索之外，纵有所知，较之务近者，为更少矣，故曰：其出弥远，其知弥少焉。明明道在户牖之间，奈何舍近而图远耶？孟子曰："言近指远者，善言也；守约施博者，善道也。"以此思之，为学愈近愈远，弥约弥博，近与约，安可忽乎哉？是以圣人抱一函三，观空习定，身不出门庐，足不履尘市，木石与居，鹿豕与游，一步不移，一人不友，似乎孤寂矣，而神定则慧生，虽不行而胜于行者多矣，虽无知而胜于知者远矣。凡人以所见为务，圣人则不见是图，故终日乾乾，惟于不睹不闻之地，息虑忘机，莫见莫显之间，戒欺求慊，只有内知，绝无外见，似乎杳冥矣，而无极则有生，虽不见而弥彰矣，虽无名而愈着矣。至于天下人物之繁，幽冥鬼神之奥，皆此无为之道为之，有伦而有要，成始以成终。所患者，拘于知觉，着于名相，功好矜持，心多见解，致令此志纷驰，不能一德，此心夹杂，不如太虚，所以道不成而德不就，无惑乎枉劳一世精神，终无所得也。若此者，以之治世，不能顺理成章，无为而天下自归画一；以之修身，不能炼虚合道，无为而此身自获成真。彼徒外求，奚益耶？故君子惟慎其独，而人道之要，天命之原，有不求而自知者。

此言道以无为为宗，慎独为要，则无为而无不为，无知而无不知矣。然非枯木槁灰以无为也。吾前云"万象咸空，一灵独照"，此为真意；又曰"一觉而动，一阳发生"，是为元气。采药炼丹，不过炼此性命二者。若无真意，性将何依？若无真气，命何由修？以真意采真气，两者浑化为一，即返于太极之初，斯谓之丹。故无为之中又要有作有为，无知之内又要有知有觉，方不堕空，不着有。迨至功力弥深，空即是色，色即是空，久之，空色两忘，浑然物化，斯与道大适矣。不知人道，观天道可知。孔子曰"天何言哉？四时行，百物生"，即是无为之为，斯为至道之精。盖无为是天性，有作是天命；无知是元神，有觉是元气。天地间，非二则不化，非一则不神。神而不神，不神而神，斯得一而两、神而化之妙境焉。此非吾言所能罄也，在尔修士，长养虚静，常守虚灵，斯性命常存，而大道可成矣。切勿以无为有为，各执一边，虽正宗也，而旁蹊开焉。请各自揣量，可也。

【综按】"不出户……不窥牖"者，不外求而求诸内、求诸己也；"其出弥远"者，只知向外求而不知向内求、向自我心中求也；道为自心本具之心性，故有"道在心中不远求"之谚。是以求道之人，当向内求，向自心中求，而不向外求也，孟子"学问之道无他，求其放心而已矣"即具斯义。"不行而知，不见而名，不为而成"者，证道之圣人随缘而自化之外功，此又不可不知。

四十八章

为学日益，为道日损，损之又损之，以至于无为。无为无不为。取天下常以无事，及其有事，不足以取天下。

三家注按

林希逸：为学则日日求自益，为道则日日求自损。故前言"绝学无忧"，盖言道不在于见闻也。大慧云"读书多者，无明愈多"，亦此意也。黜聪明，堕肢体，去智与故，则损之又损，则可以无为无不为矣。取天下者必以无心，有心者反失之。三代之得天下，何容心哉？因当时战争之俗，借以为喻，其言亦足以戒，此书多有此意。无事有事，即无心有心也。

【按】林公"无事有事，即无心有心"，此"无心"即"无为"，"有心"即"有为"，别具一格，于理亦通。

释德清：此承上言无为之德，由日损之功而至也。

为学者，增长知见，故日益。为道者，克去情欲，隳形泯智，故日损。初以智去情，可谓损矣。情忘则智亦泯，故又损。如此则心境两忘，私欲净尽，可至于无为。所谓"我无为而民自化"。民果化，则无不可为之事矣。此由无为而后可以大有为，故无不为。

是故取天下者，贵乎常以无事也。无事，则无欲。我无欲，而民自正。民自正，而天下之心得。天下之心得，则治国如视诸掌，此所以无事足以取天下也。若夫有事则有欲，有欲则民扰，民扰则人心失。人心既失，则众叛亲离，此所以有事不足以取天下也。无为之益，天下希及之者，此耳。旧注"取"字训为摄化之意。应如《春秋》"取国"之"取"，言得之易也。

【按】德师释"为道日损"之"损"为"克去情欲"，故是，然义窄，不可为的释。以"有欲无欲"释"有事无事"，则简洁明白，易于操作，极便指导修身。

黄元吉：学者记诵词章，与百工技艺之务，皆贵寻师访友，多见多闻，而后才思生焉，智巧出焉，知能愈广，作为愈多，始足以援笔成文，运斤成风，故曰：为学日益。若为道，则反是。如以博览群书、泛通故典为事，不克返观内照，静守一心，则搜罗遍而识见繁，必心志纷而神明乱，虽学愈多，道愈少，久则浑然太极汩没无存矣。故为道者，须如剥蕉抽茧，愈剥愈少，弥抽弥无，以至于无无之境，斯为得之。修道至此，自然神妙莫测，变化无方，其聚则有，其散则无，欲一则一，欲万则万，日月星辰随我运转，风云雷雨听我经纶，其大为何如哉？虽然，学者行一节丢一节，如食蔗然，吃尽丢尽，仍返于无，故曰：为道日损，损之又损，以至于无为，无为而无不为得矣。试观取天下者，不得不兴兵动马，称干比戈，乌得无事？然有事之中，须归无事，庶能一心一德，运筹帷幄，则心志不纷，谋猷始出。故出征者，号令严明，耳不听外言，目不见外事，心不驰外营，始能运用随机，取天下犹如反掌。不然，纷纷扰扰，事愈多则心愈乱，心愈乱则神愈昏，贼甫至而不能镇静自持，兵初交而遂至凌乱无节，如此欲一战成功，难乎不难？又况东夷未靖，西戎又兴，彼难未平，此波复起，若不知静以制动，逸以待劳，鲜有不委去者。古之败北而走，倾城而亡，莫不由有事阶之厉也。兵法所以有出奇制胜、设疑设伏之谋，敌人望之，旌旗满目，草木皆兵，虽大敌当前，亦心惊胆落，未有不望风先遁者。惟有事视如无事，万缘悉捐，一心内照，如武侯于百万军中纶巾羽扇，自在清闲，所以西蜀偏安，得延汉祚于危亡之际；若有事于心，则方寸已乱，灵台无主，似徐元直之为母归曹，不能再献奇谋，佐先帝以中兴，乌足取天下乎哉？

　　此言修道之人，若见日益，不见日损，则心昏而道不凝矣，故曰：德惟一，二三则昏。惟随炼随忘，随忘随炼，始不为道障。若记忆不置，刺刺弗休，实为吾道之忧也。故必渐消渐灭，至于一无所有，斯性尽矣。然后由无而生有，实为真有，所以能出没鬼神，变化莫测焉。经中云天下喻道，取天下喻修道，有事无事喻有为无为。人能清净无为，纯是先天一气，道何难成？此即取天下之旨也。若搬运有为，全是后天用事，便堕旁门，此又不足取天下之意也。或曰：采药炼丹，进火退符，安得无为？须知：因其升而升之，非先有心于升也，随其降而降之，非先有心于降也，即至采取不穷，烹炼多端，亦是纯任自然，并无半点造作，虽有为也，而仍属无为矣。彼徒咽津服气者，乌足以得丹而成道哉？

　　【按】黄师释"为道日损"为"返观内照，一心内守"，是内丹功夫之用功心法，修炼内丹之人，可参考焉。

　　【综按】"为学日益"，求世间学问技艺之事也；"为道日损"，损去私欲心，损去纷繁念，损去有所为有所得心。此修道用功之心法也。"损之又损之，以至于无为"，私欲尽净，心如止水，清静无为。佛言"以无所得故，心无挂碍，无挂碍故，无有恐怖，远离颠倒梦想，究竟涅槃"，证得无上大道矣。以无私心故，天下心为心，故"无为而无不为"。所以"取天下常以无事"者，以此。

四十九章

圣人无心，以百姓心为心。善者，吾善之，不善者，吾亦善之，得善。信者，吾信之，不信者，吾亦信之，得信。圣人在天下，惵惵；为天下浑其心。百姓皆注其耳目，圣人皆孩之。

三家注按

林希逸：无常心者，心无所主也。以百姓之心为心，则在我者无心矣。善不善者在彼，而我常以善待之，初无分别之心，则善常在我。在我之善，我自得之，故曰"得善"矣。子曰："苟志于仁矣，无恶也。"与此意同。信不信者在彼，而我常以信待之，初无疑问之心，则信常在我。在我之信，我自得之，故曰"得信"矣，子曰"不亿不信"亦此意也。其曰"吾亦善之""亦信之"者，非以其不善为善，非以其不信为信也，但应之以无心而已。惵惵，不自安之意。圣人无自矜自足之心，故常有不自安之意。浑其心者，浑然而不露圭角。此心浑然，所以无善不善、信不信之分也。注其耳目者，人皆注其视听于圣人，而圣人皆以婴儿待之，故曰"皆孩之"，此无弃人之意也。

释德清：此言圣人不言之教，无心成化，故无不可教之人也。

常者，一定不移之意。谓圣人之心，至虚无我，以至诚待物，曾无一定之心，但以百姓之心为心耳。

以圣人复乎性善，而见人性皆善。故善者固已善之，即不善者亦以善遇之。彼虽不善，因我以善遇之，彼将因我之德所感，亦化之而为善矣，故曰德善。以圣人至诚待物，而见人性皆诚。故信者固已信之，即不信者亦以信待之。彼虽不信，因我以信遇之，彼将因我之德所感，亦化之而为信矣，故曰德信。

以天下人心不古，日趋于浇薄，圣人处其厚而不处其薄，汲汲为天下浑厚其心。惵惵，犹汲汲也。

"百姓皆注其耳目"者，谓注目而视，倾耳而听，司其是非之昭昭。圣人示之以不识不知，无是无非，浑然不见有善恶之迹，一皆以淳厚之德而遇之，若婴孩而已。故曰"皆孩之"。若以婴孩待天下之人，则无一人可责其过者。圣人之心如此，所以不言而信，无为而化，则天下无不可教之人矣。

【按】德师"德善德信"之"德"为"因我之德所感，亦化之"之意，释"圣人皆孩之"为"不识不知，无是无非，浑然不见有善恶之迹，一皆以淳厚之德而遇之，若婴孩而已"，均为不刊之论！

黄元吉：圣人之心，空空洞洞，了了灵灵，无物不容，却无物不照，如明镜止水，精光四射，因物付物，略无成心，何其明也？大无不载，小无不包，妍媸美恶，毫无遗漏，何其容也？虽然，究何心哉？不矫情，亦不戾物，故曰：圣人无常心。盖谓圣人，未至不先迎，已过不留恋，当前不沾滞，无非因物赋形，随机应变，以百姓之心为心而已。夫百姓又有何心？不过好善恶恶而已。所以圣人于百姓之善者，奖之劝之，于百姓之不善者，亦无不诱之掖之，是善与不善，圣人皆以阔大度量包容之，自使善者欣然神往而益勉于为善矣，不善者亦油然心生而改不善以从善矣，斯为德善矣。上好善则民莫敢不从，其感应之机自有如此之不爽者。圣人又于百姓之信者，钦之仰之，于百姓之不信者，亦无不爱之慕之，是信与不信，圣人俱以一诚不二包涵之，自使信者怡然理顺而弥深于有信矣，不信者亦奋然兴起而易不信以从信矣，斯为德信矣。上好信则民莫敢不用情，其施报之理，不诚有如此之至神哉？民德归厚，又何疑乎？况人同此心，心同此理，圣人以一心观众心，一理协万理，天下虽大，纳之以诚，百姓虽繁，括之以义；纵贤奸忠伪，万有不齐，而圣人大公无我，一视同仁，开诚布公，推心置腹，浑天下为一体，自有民日迁善而不知为之者，其过化存神之妙，岂若后世劝孝劝忠，示礼示义，所能几及耶？故曰：惵惵然为天下浑其心焉。盖视天下为一家，合中国如一人，其仁慈在抱，浑然与百姓为一如此，故百姓服德怀仁，无不爱之如父母，敬之若神明，仰之为师保，凡系耳之所闻、目之所见，恒视圣人之声容以为衡，此外有所不知，故曰：百姓皆注其耳目。百姓之望圣人如此，圣人亦岂有他哉？惟御众以宽，使众以慈，如父母之于孩子，贤否智愚，爱之惟一，提携保抱，将之以诚。如此而天下有不化者，未之有也。无为之治如此，以视夫言教法治者，相隔不啻天渊矣。

经中圣人喻心，天下喻身。圣人之修身，不外元神元气。然人有元神，即有凡神，有元气，即有凡气。下手之初，岂能不起他念，不动凡息？惟知道者，养之既久，自有元神出现，我以平心待之，即他念未除，我亦以平心待之。如此元神有不见者，未之有也。元神既生，修道有主，又当静守丹田，调养元气，我于此时，于元气之自动，当以和气处之，即凡气之未停，亦当以和气待之。如此而元气有不生者，亦无之也。须知：元神为凡神遮蔽，如明镜为尘垢久封，不急磨洗，岂能遽明？元气被凡气汩没，犹白衣为油污所染，不善瀚濯，焉得还原？于此而生一躁心，动一恶念，是欲寻元神以为体，而识神反增其势，欲求见性，不亦难乎？是欲得元气以为主，而凡气愈觉其盛，欲求复命，岂易事哉？惟圣人之治天下，不论善恶诚伪，一以仁慈忠厚之心待之，善者善之，不善者亦善之，信者信之，不信者亦信之，一团天真，浑然在抱。即此是虚，即此是道。虚自生神，道自生气，应有不期然而然者。否则，心若不虚，已先无道，而欲虚神之克见，道气之长存，其可得乎？修身治世，道同一道，理无二理，知治世即知修身，明外因即明内理，故以此理喻之，其示学者至深切矣。学人用功，当谨守真常，善养虚无，则元神元气自然来归。若起一客念，动一客气，恐不修而道不得，愈修而道愈远矣。学者慎之戒之！

【按】黄师用"明镜止水"，鉴照万物，释"圣人无心，以百姓心为心。善者，吾善之，不善者，吾亦善之，得善。信者，吾信之，不信者，吾亦信之，得信"，甚有见地，存之可也。

【综按】"圣人无心"，无心者，无成心也。成心缘于成见，因成见而固执之，则为成心。佛言"知见立，知即无明本，知见无，见斯即涅槃"（见《首楞严经》）。无成心者，近乎《金刚经》之"无所住"也，"以百姓心为心"者，近乎《金刚经》之"生无所住心"也。圣贤清静无为，故无事则无心，有事则因事而生心也，故曰"圣人无心，以百姓心为心"。以下数句，三家释之甚详，不再赘言。

五十章

出生入死。生之徒，十有三；死之徒，十有三；人之生，动之死地，十有三。夫何故？以其生生之厚。盖闻善摄生者，陆行不遇兕虎，入军不被甲兵。兕无所投其角，虎无所措（措）其爪，兵无所容其刃。夫何故？以其无死地。

三家注按

林希逸：出生入死，此四字一章之纲领也。生死之机有窍妙处，出则为生，入则为死。出者，超然而脱离之也。入者，迷而自汩没也。能入而出，惟有道者则然。天有十二辰，岁有十二月，日有十二时，十二者，终始之全也。十二而下又添一数，便是十三，分明只是一个一字，不谓之一而曰十三，此正其作文之奇处，言人之生死皆原于此一。一者，几也。即其几而求之，养之得其道，则可以长生久视。养之不得其道，则与万物同尽。徒者，言其类也。一字本难言，且以一念之始强名之，亦未为的切，却要自体认也。民之生者，言人之在世，其所以动而趋于死地者，皆在此一念之初，才把得不定，动即趋于死地矣。动非动静之动，乃动辄之动也。之，往也。死地，死所也。夫何故者，发问之辞也。此数语为今古养生者学问之祖，故老子于此说得亦郑重。生者，我所以生也。生生者，我所以养其生也。养其生而过于厚，所以动即趋于死地。此亦轻其身而后身存，无而后能有，虚而后能盈，损而后能益之意。说到此处，又提起个"盖闻"，言我闻古之善养生者，虽陆行于深山而不遇兕虎，入于军旅之中而不被兵甲，惟其无心则物不能伤之。兕所以不能触，虎所以不能害，兵所以不能伤，惟其无心故也。庄子曰："入水不濡，入火不热。"亦是此意。夫何故，又发一问，言物之所以不能伤者，以我能虚、能损、能无，而无所谓死地也。此章凡下两个"夫何故"，其意甚郑重，乃老子受用之妙处，所以如此申言之。昔有某寺，前一池，恶蛟处之，人皆不敢近。一僧自远来，初不之知，行至池边，遂解衣而浴。见者告之曰："此中有蛟甚恶，不可浴也。"僧曰："我无害物之心，物无伤人之意。"遂浴而出。

老子之说似于虚言，以此而观，则其言亦不虚矣。

【按】林公释"出生入死"之"出"为"超然而脱离之"，释"入"为"迷而自汩没"，别是一格，理事皆能融通。所引某僧于某寺恶蛟池中洗浴而不为伤之事证，以明"陆行不遇兕虎，入军不被甲兵。兕无所投其角，虎无所措其爪，兵无所容其刃"之真实不虚，尤为难得者也。

释德清：此言圣人所以超乎生死之外者，以其澹然无欲，忘形之至，善得无生之理也。

"出生入死"者，谓死出于生也。言世人不达生本无生之理，故但养形以贪生，尽为贪生以取死。是所以入于死者，皆出于生也，大约十分而居其九，而不属生死者，唯有一焉，而人莫之知也。"生之徒"者，养形寿考者也。"死之徒"者，汩欲忘形，火驰而不返者也。"动之死地"者，嗜欲戕生，无所避忌者也。举世之人，尽此三种，而皆不免入于死者，以其出于贪生也。何所以故？以其生生之厚耳。

是皆但知养生，而不知养生之主。苟不知养生之主，皆为不善养生者也。摄，养也。盖闻善养生者，不养其生，而养其生之主。然有其生者，形也。主其生者，性也。性为生主。性得所养，而复其真，则形骸自忘。形忘则我自空，我空则无物与敌。故陆行不遇兕虎，入军不避甲兵。色欲伐性，甚于兕虎甲兵也。以无我故，纵遇之而亦无可伤，故兕无所投其角，虎无所措其爪，兵亦无所容其刃矣。夫何故？以其无死地焉。

是知我者生之寄，生者死之地也。无我无生，又何死之有？孔子曰："未知生，焉知死。"是知生本无生，则知死亦不死，此所以贵朝闻道而夕死可矣。非超乎生死之外者，不易致此。

【按】德师释"生之徒"为"养形"以求"寿考者也"，释"死之徒"为"汩欲忘形，火驰而不返者也"，释"动之死地"者为"嗜欲戕生，无所避忌者也"；"举世之人，尽此三种，而皆不免入于死者，以其出于贪生也"。

黄元吉：天地之生物也，虽千变万化，无有穷极，而其道不外一阴一阳，盈虚消长，进退存亡而已，其间亦无非一太极之理气流行而已。夫生死犹昼夜也，昼夜循环运行不息，亦如生死之循环迭嬗不已。但其中屈伸往来，原属对待两呈，无有差忒。自出生入死者言之，则遇阳气而生者十中有三，逢阴气而死者亦十中有三；其有不顺天地阴阳之常，得阳而生，犹是与人一样，自有生后，知识开而好恶起，物欲扰而事为多，因之竭精耗神，促龄丧命，所谓动之死地者亦十中有三。是生之数不敌其死之数，阴之机更多于阳之机，造化生生之理气，不虞其竭乎？然而太极之元，无声无臭，动而生阳，静而生阴，发为五行，散为万物，极奇尽变，莫可名言，亦无欠缺。所以顺而出之，源源不绝，逆而用之，滴滴归宗。生者既灭，死者又添，死者既静，生者又动，此造化相因之道、鬼神至诚之德，寓乎其间，自元始以至于今，未有易也。不然，万物有生而无死，将芸芸者充满乾坤，天地不惟无安置之处，亦且难蓄生育之机。此消者息之，盈者虚之，正所以存生生之理也。人能知天地生生之厚即在此消息盈虚，于是观天之道，执天之行，于杀中觅生机，死里求生气，行春夏秋冬之令，合生长收藏之功，顺守逆施。彼天地生化众类而成万年不蔽之天，以此人身返本还原以作千古非常之圣，亦莫不由此，此岂靡靡者所能任哉？惟善于摄生之人，用阴阳颠倒之法，造化逆行之方，下而上之，往而返之，静观自在，动候阳生，急推斗柄，慢守药炉，返乎太极，复乎至诚，出有入无，亘古历今，同乎日月，合乎乾坤，以之遗大投艰，亦无入不得，即猛如虎兕，亦且化为同俦，利若甲兵，亦皆销为乌有，又何畏兕角之投，虎爪之措，兵刃之加，而计生死存亡于一旦耶？此何以故？以其无死地也。况圣人炼性立命有年，聚则成形，散则成气，日月随吾斡旋，风雷任其驱使；虎兕纵烈，兵刃虽雄，只可以及有形，安能施于无形？天下惟无形者能制有形，岂有有形者而能迫夫无形乎？噫，万物有形则有生死，圣人无形则无生死，且主宰乎生生死死之原，万物视之以为生死，有何人灾物害而漫以相加者哉？

　　此言十为天地之全数，三为三阳三阴。人禀乾三阳而生，遇坤三阴而死。此原是天地一阴一阳，屈伸往来，循环相因之理，非阴无以成阳，非死无以为生，故休息退藏，无非裕生生之厚德于无疆也。其在纵情肆欲，灭理丧心，不顺阴阳，自戕身命，所谓动之死地，非耶？其生虽与人同，其死却与人异。盖顺阴阳而生死者，固太极之浑然在抱，俱两仪之真气流行；若逆造化而生死者，皆本来之元气无存，因后起之阴邪太甚，故皆曰"十有三"也。十者全数，即道之包罗天地；三者，天一生水，地二生火，一天二地，合水火而为三。且天一生水，金生水也，地二生火，木生火也，四象具焉；土无定位，游行于四象之中，即太极之"纯粹以精"者，主宰阴阳之气，运行造化之机，在天地则为无极，而太极之原在人身，静则无声无臭、不二之元神，动为良知良能、时措之真意，合之即五行也。

此天地人物公共生生之厚德，有物则在物，无物则还太虚，不以人物之生死而有加减也。是以善摄生者，入室静修，观我一阳来复，摄之而上升，摄之而下降，摄之而归炉温养，丹成九转，火候十分，所谓"道高龙虎伏，德重鬼神钦"者是，有何虎兕兵刃之害哉？试观古人深山僻处，虎兕为群，豺狼与伍，甘心驯伏，自乐驰驱者不少；又有单骑突出，群酋倾心，弃甲抛枪，敬如神明，爱若父母者；他如孝心感格，贼寇输诚，节烈森严，奸回恻念，皆由至诚之德，有以动之也。观此而"兕无以投其角，虎无所措其爪，兵无所容其刃"，洵不诬矣。要之，一元之理气，非造化有形之阴阳，我能穆穆缉熙至于光明，又何生死之有？彼有生死者，其迹也，我能泯其迹，一归浑沦之命，太和之天，虽迹有存亡，而理则长存而不敝，又何生之足乐，死之堪忧乎？古圣人舍生取义，杀身成仁，视刀锯为寻常，烹鼎镬为末事，此何以故？良以有得于中，无畏于外焉耳，故曰：无死地。

他注：水之成数六，火之成数七，合为十三亦是。

【按】黄师此释，全符《道德经》本旨。其释"出生入死"至"十有三"一段，精妙绝伦，法之可也。

又，"十有三"古注纷纭，莫衷一是，而黄师所释，融理学佛道三家之理于一炉，曰："十者全数，即道之包罗天地；三者，天一生水，地二生火，一天二地，合水火而为三。且天一生水，金生水也，地二生火，木生火也，四象具焉；土无定位，游行于四象之中，即太极之'纯粹以精'者，主宰阴阳之气，运行造化之机，在天地则为无极，而太极之原在人身，静则无声无臭、不二之元神，动为良知良能、时措之真意，合之即五行也。此天地人物公共生生之厚德，有物则在物，无物则还太虚，不以人物之生死而有加减也。"可谓深得老子之心矣。

五十一章

道生之，德畜之，物形之，势成之。是以万物莫不尊道而贵德。道之尊，德之贵，夫莫之命而常自然。故道生之，德畜之，长之育之，成之熟之，养之覆之。生而不有，为而不恃，长而不宰，是谓玄德。

三家注按

林希逸： 道，自然也，无也，凡物皆自无而生，故曰"道生之"。德则有迹矣，故曰"畜之"。畜者，有也。物则有形矣，故曰"物形之"。势则有对矣，故曰"势成之"。阴阳之相偶，四时之相因，皆势也。莫之命者，犹曰莫之为而为也，非有所使然，则为常自然矣。尊贵者，言其超出乎万物之上也。命，或作爵，非也。长之育之，成之熟之，养之覆之，皆言既生既有之后，其在天地之间，生生不穷，皆造化之力也。然造物不有之以为有，不恃之以为功，虽为之长，而无主宰之心，此所以为玄妙之德。玄德，即造化也。前章言"失道而后德"，此言道生德畜，尊道贵德，则此章"德"字比前章又别，读《老子》者不可如此拘碍。

【按】 林公释"玄德"为"造化"，简易明了，存之可也。

释德清： 此言道德为万物之本，欲人体道虚怀，而造乎至德也。

然道为天地根，故万物非道不生。且道但能生之而已，然非德不畜。畜，长养也。如阳和之气，含有而培养之，皆其德也。故道德无形，乃因物以形。形，犹见也。苟不知道德之大，但即物而观，可知已，故曰"物形之"。

且道之生物，唯一气流行。苟无四时寒暑之序，生杀之势，则虽生之畜之，而亦不能成熟之也。所以成万物者，又因其势也。势者，凌逼之意。若夫春气逼物，故物不得不生。秋气逼物，故物不得不成，此其皆以势成之也。

观其成物之功，故知其道，无位而尊，无名而贵。所以如此尊贵者，乃道体之自然，又非有以命之者，故曰"莫之命而常自然"。若侯王之尊，则受命于天。卿相之贵，则受命于君。故凡禀命而得之者，亦可夺而失之也。岂常然耶？以道德乃天然尊贵，故莫之命而常自然耳。

所以常然而不失者，以其体至虚，故其用至大，所以万物赖之以生长之。既生长而又含育之，既育而又成熟之，既成熟而又爱养以覆护之，此所谓成始成终，而道德之量何如耶？且如此生之，生生不已，而不自有其生。如此作为，以成熟之，而不自恃其为。虽为万物之主，而不自以为宰。所以为玄德也。是故君天下者，贵乎体道虚怀，而造乎德之至也。

【按】德师释"物形之"之"形"为"见"，因物以见道也；释"德畜之"之"畜"为"长养"，以"阳和之气，含有而培养"万物之德为例说明之；释"势成之"之"势"为"凌逼"，以"春气逼物，故物不得不生；秋气逼物，故物不得不成"为例，说明"万物""皆以势成之"，可谓明白晓畅。

黄元吉：道，无名也，无名即无极，所谓清空一气，天地人物公共生生之本。以其非有非无，不大不小，无物不包涵遍覆，故曰大道。德者，万物得天之理以成性，得地之气以成形，物各得其所得，无稍欠缺者，故曰大德。道即万物所共之太极也，德又万物各具之太极也。是故万物资生，本太虚之理、一元之气，溥博弥纶，无巨细，无隐显，莫不赖此道以为生而托灵属命；阴阳燮理于其中，日月斡旋于其内，有如草木然：日夜之所息，雨露之所润，而得以培植其本根，是即道生之，德畜之也。万物得所涵育，则熏蒸陶镕，始而有气，久则有形，由是潜滋暗长，日充月盛，而人成其为人，物成其为物，又即物形之，势成之也。惟其生也以道，蓄也以德，万物虽繁，皆无遗漏，是以万物莫不以道为尊，以德为贵焉。盖道为生人之理，非道则无以资生；德为蓄物之原，非德则无由蕴蓄。道之尊，德之贵，为何如乎？然皆自天而授，因物为缘，不待强为，天然中道，无事造作，自能合德，若或使之，莫或命之，而常常如是，无一勉强不归自然者。是道也，何道也？天地大中至正之途，圣人成仙证圣之要也。欲修金仙者，舍道奚由入哉？是以凝神于虚，合气于漠，虚无之际，淡漠之中，一元真气出焉，此即道之生也。道既生矣，于是致养于静，取机于动，一真在抱，万象咸空，常操常存，勿忘勿助，则蓄德有基矣。然顺其道而生之，则道必日长；因其德而蓄之，则德必日育。以长以育，犹物之畅茂繁殖，一到秋临，而成熟有期也。夫道既成且熟如此，而其间以养以覆，又岂有异于人哉？要不过反乎未形之初，复乎不二之真而已矣。究之，生有何生？其生也，一虚无之气自运，我又何生之有，而敢以为有乎？虽阳生之候，内运天罡，外推斗柄，似有为也，而纯任自然，毫无矜心作意于其际，非"为而不恃"者欤？以此修道，则德益进而道日长，自然造化在手，天地由心，虽万变当前，亦不能乱我有主之胸襟。此不宰而宰之胜于宰也，非深且远之玄德哉？

此言人能盗天地之元气以为丹本，而后生之蓄之，长之育之，以还乎本来之天，即得道矣。然欲盗天地之元气，须先识无地之玄关。玄关安在？鸿蒙未判之先，天地初开之始，混混沌沌中，忽然感触，真机自动，此正元气所在也；而修炼者必采此以为丹头，有如群阴凝闭，万物退藏，忽地冬至阳回，即道生矣。由是成性存存，温养于八卦炉中，久久气势充盈，一如夏日之万物畅茂，即德畜矣。物生既盈，花开成实，一如秋来之万宝告成；其在人身，养育胎婴，返转本来面目，即成之熟之矣。物既成熟，仍还本初，一如冬日之草木成实，叶落归根，还原返本，《易》云"硕果不食"，又为将来生发之机；其在人身，三年乳哺，九载面壁，炼就纯阳之体，实成金色法身，必须养之覆之，而后可飞空走电。然下手之初，岂易臻此？必须万缘齐放，片念不存，空空洞洞，静候阳生。虽然，其生也，原来自有，而不可执以为有；即用升降之术，进退之功，未免有为，要皆顺气机之自然，而无一毫矫强，非有为而不恃所为耶？至德日进，道日长，而文武抽添、沐浴封固，无不以元神主宰其间，此有主而无主，无宰而有宰存焉。如此修道，道不深且远哉？故曰玄德。

【综按】本章以天地万物演化程序为例，说明道德为天地万物之本也。世间本无天地万物，之所以有天地万物者，赖道以生之，德以生之养之，道德之生养不可见，因天地万物而见之也。既生之又养之，故其势必成之。由此以知天地万物莫不因道德而生而养，故老子曰"万物莫不尊道而贵德"。天地万物之生之畜之、长之育之、成之熟之、养之覆之，皆造化也。造化之机甚是渊深玄远秘奥，故老子从其体而言曰"道"，从其用而言曰"德"，从其渊深玄奥难测而言曰"玄德"。

五十二章

天下有始，以为天下母。既知其母，又知其子；既知囗（其）子，复守其母。没身不殆。塞其兑，闭其门，终身不勤。开其兑，济其事，终身不救。见小曰明，守柔曰强。用其光，复归其明，无遗身殃，是谓习常。

三家注按

林希逸：天下有始，以为天下母，即"有名，万物之母"也。母，造化也。子，万物也。知有造化而后知有万物，知有万物又当知有造化，盖言无能生有，有出于无，知有者不可以不知无。常无欲以观其妙，常有欲以观其徼，亦是此意。没身不殆者，言如此则终身无危殆之事也。兑，口也，人身则有口，人家则有门，皆以喻万物所自出之地，前言"玄牝"便是此意。塞其兑，闭其门，藏有于无而不露也。不勤，不劳而成功也。开其兑，出而用之也。济其事，用之而求益也。济，益也。如此，则其危不可救矣。所见者大，能敛而小，则为至明。所主者刚，退而守柔，则为至强。既不自见故明，不自矜故长也。光者，明之用；明者，光之体。用其光而归之于明，则无殃咎矣。知用而不知藏，则遗殃之道也。袭者，藏也。常者，不易也。袭常者，言藏其用而不穷也。常，或作裳，非。

【按】林公释"母"为"造化"，释"子"为"万物"，简洁明了，唯谓"光者，明之用；明者，光之体"则似有可商。盖光之体者，光那能明之性也；光之相者，光之自身也；光之用者，光之照明也。

释德清：此言体道之方，当以背物合道为要妙也。由万物皆资始乎道。故曰"天下有始，以为天下母"，所谓"道生之"也。是知道为体，而物为用，故道为母，物为子。人若但知道体虚无，而不知物从此生，是知母而不知子，则沦于断灭；若但知物而不知道，是殉物而忘道，则失其性真。所以既知其母，亦复要知其子，所谓"有体有用"也；既知物从道生，则不事于物。故曰"既知其子，复守其母"，所谓"用不离体"也。体用两全，动静不二，故没身不殆。殆，危也，又尽也。

下示守母之方。兑为口，门乃眼耳，为视听之根。谓道本无言，言生理丧，妄机鼓动，说说而不休，去道转远。唯是必缄默以自守，所谓"多言数穷，不如守中"，故曰"塞其兑"。然道之于物，耳得之而为声，目得之而为色。若驰声色而忘返，则逐物而背性。是必收视返听，内照独朗，故曰"闭其门"。如此，则终身用之而不勤矣。勤，劳也。若徒执言说以为得，以资耳目之欲，火驰而不返，则是开兑济事，丧心于物，则终身不可救矣。

是皆不能戒谨于隐微之间，而忽于欲机之兆，非为明也。孔子曰："知机其神乎。"故曰"见小曰明"。以道自胜，故曰"守柔曰强"。是故学人当用其光，复其明，则无遗身殃矣。然光，道之用也；明，道之体也。用不离体，故用愈光，而体愈明，此所以能无遗其殃也。

袭，承也。且真常之道，吾固有之，但凡人不能承袭而自绝耳。苟能如此做功夫，则绵绵而不绝矣。故曰"是谓袭常"。

【按】德师谓"人若但知道体虚无，而不知物从此生，是知母而不知子，则沦于断灭；若但知物而不知道，是殉物而忘道，则失其性真"，此二者，皆非中道，修真体性者，皆当远离之。故老子曰"多言数穷，不如守中"。

黄元吉：金丹一物，岂有他哉？只是先天一元真气，古人喻为真铅，为金花，为白雪，为白虎初弦之气，种种喻名，总不外乾坤交媾之后，乾失一阳而落于坤宫，坤得此乾阳真金之性，遂实而成坎。故丹曰金者，盖自乾宫落下来的，在人身中谓之阳精。此精虽在水府，却是先天元气，可为炼丹之母。修士炼药临炉，必从水府逼出阳铅以为丹母，故曰："一身血液总皆阴，一物阳精人不识。"此个阳精，不在内，不在外，不入六根门头，不在六尘队里，隐在形山，视而不见，听而不闻，却又生生不息，是人身之真种子，大根本也。一己阴精，不得先天阳铅以为之母，则阴精易散，无由凝结为丹。是以古仙知：己之阴精，难擒易失，不能为长生至宝，乃以真阴真阳，二八初弦之气，同类有情之物，烹炼鼎炉，然后先天真一之气，至阴之精，从虚极静笃，恍惚杳冥时，发生出来，此丹母也，亦母气也。用阳火以迫之飞腾而上至泥丸，与久积阴精混合融化，降于上腭，化为甘露，此阴精也，亦号子气。由是降下重楼，倾在神房，饵而吞之，以温温神火调养此先天真一之气，至阴之精，此即太上云：既得其母，以知其子；既知其子，复守其母。始也母恋子而来，继也子恋母而住，终则子母和谐而相育，阴阳反覆以同归，虽没身无殆也。从此恪守规中，一灵内蕴，务令内想不出，外想不入，缄口不言，六门紧闭，绵绵密密，不贰不息，勿助勿忘，有作无作，若勤不勤，如此终身，金仙证矣。否则，有济于外图，先已自丧其内宝，所谓"口开神气散，意乱火功寒"，重于外者轻于内，命宝已失，命根何存？故终身不救也。人能塞兑闭门，宝精裕气，母气子气合化为丹。古云："元始天王悬一黍珠于空中，似有非有，似虚非虚，惟默识心融者乃能见之。"小莫小于此丹，能见者方为明哲之士。当其阳气发生，周身苏软如绵，此至柔也。能守此至柔之气，不参一意，不加一见，久之自有浩气腾腾，凌霄贯日，故守柔曰强。然下手之初，神光下照于气海，继则火蒸水沸，金精焕发，如潮如火，如雾如烟，我当收视返听，护持其明，送归土釜，仍还我先天一气，小则却病延年，大则成仙证圣，身有何殃可言哉？不然，老病死苦，转眼即来，能不痛耶？要皆人自为之，非天预为限之也。夫人既不爱道，独不爱身乎？切勿自遗身殃，后悔无及。此为真常之道，惟至人能袭其常，不违其道，故日积月累，而至于神妙无方，变化莫测。语云"有恒为作圣之基，虚心实载道之器"，人可不勉乎哉？

此言真阳一气，原从受气生身之初而来。人之生，生于气，气顾不重哉？试思未生以前，难道无有此气？既死而后，未必遂灭此气。所谓先天一气，悬于太空之中，有物则气在物，无物则气还空。天地间，举凡一切有象者，皆有生灭可言；惟此气，则不生不灭，不垢不净，不增不减，空而不空，不空而空，至神而至妙者也，故为天下万物生生不息之始气。学道人知得此个始气，则长生之道可得，而神仙之位可证焉。夫神仙亦无他妙，无非以此阳气留恋阴精，久久烹煎，则阴精化为阳气，阳气复还阳神，所谓"此身不是凡人身，乃是大罗天上大仙真"。倘若独修一物，焉得此形神俱妙，与道合真，而极奇极变，至圣至灵者哉？故火候到时，金丹发相，自然口忘言，舌忘味，鼻忘臭，视而不见，听而不闻，所谓"丹田有宝"，自然"对境忘情"。此轻外者重内，守内者忘外，一定理也。然在未得丹前，又当塞兑闭门，为积精累气之功。且知小丹者为明哲，守太和者自刚强。以神入气，即气存神，忽然一粒黍珠光通法界，此即金光焕发，大道将成之候矣。始也以神降而候气，继则气生，复用神迫之使上，驱之令归，即长生之丹得，而身何殃之有哉？是在人常常操守，源源不息，可也。

【综按】无虽为道之本体，但无不能直接生物，能直接生物者，乃造化之机、生物之机也。此机虽能生物，却仍是一片寂静，无形无象，故可谓之无，但毕竟能生物，故又可谓之有。只是此有是存在之有，而非存有之有也，故曰"天下有始，以为天下母"。若只知虚无为道，而不知道在天地万物之中而天地万物亦无不是道，此非真知道者；若只知天地万物，以天地万物为真实而不知天地万物为虚幻，不知天地万物当体即是虚无、是道，此亦非真知道者，故憨山大师曰此为"殉物而忘道，则失其性真"。"既知其母，又知其子；既知其子，复守其母"，如是则有无双遣，有无双融，从容中道，是谓得道，故能"没身不殆"。"塞其兑，闭其门，终身不勤"者，谓初明道者，当和光同尘，不矜不夸，则吉。"开其兑，济其事，终身不救"者，谓初明道者，不知藏拙，不知潜龙勿用之旨，急于教化，常自矜夸，故"终身不救"。

五十三章

使我介然有知，行于大道，唯施是畏。大道甚夷，而人好径。朝甚除，田甚芜，仓甚虚，服文彩，带利剑，厌饮食，财货有余，是谓盗夸。非道也哉！

三家注按

林希逸： 介然，固而不化之意。至道无知无行，若固执而不化，有知而有行，则凡所施为皆有道者之所畏也。故曰"惟施是畏"。夷，平也。大道甚平，人之求道不知适正，好行斜径之路。譬如有国家者，治其朝廷则甚整。除，治也。为宫室台榭之类也。朝廷虽美，而田亩皆芜，食廪皆虚，而且以文采为服，佩带利剑，厌足饮食，积其资财，务为富强，此如盗贼之人自夸其能，是岂可久。此譬喻语也，言人不知大道，而自矜聪明，自夸闻见，此好径之徒也，岂知至道，故曰非道哉。老子之文，如此等处可谓工绝。

【按】林公释"介然有知"之"介然"为"固而不化之意"，可谓见解独到，雷霆霹雳。

释德清： 此言世衰道微，人心不古，而极叹道之难行也。介然，犹些小，乃微少之意，盖谦辞也。老子意谓使我少有所知识，而欲行此大道于天下，奈何天下人心奸险可畏，而将施之于谁耶？故曰"唯施是畏"。且有施而无受者，非徒无益，而又害之。所谓"生乎今之世，反古之道，灾及其身"者，故可畏。何也？以大道甚坦夷直捷，而民心邪僻，不由于大道，皆好径矣。民好径，则教化衰。教化衰，则奸愈甚。奸愈甚，则法益严。故曰"朝甚除"。除，谓革其弊也。且法令滋彰，贼盗多有，是以朝廷之法日甚严，而民因法作奸，更弃本而不顾，好为游食，故田日甚芜。田甚芜，则仓日甚虚。仓甚虚，而国危矣。风俗之坏，民心之险，一至于此。君人者，固当躬行节俭，清净无欲，以正人心可也。且在上之人，犹然不知止足，而虚尚浮华，极口体之欲，而服文采，带利剑，厌饮食，而积货财。且上行下效，捷如影响。故上有好之，而下必有甚焉者。是则民之为盗,皆由上以唱之也,故曰"是为盗竽"。竽,乐之首,而为先唱者也。如此,岂道也哉?上下人心之如此,所以道之难行也。

黄元吉:君子之道,造端夫妇;圣人之道,不外阴阳。苟能顺天而动,率性以行,成己为仁,成物为智,合内外而一致,故时措而咸宜,有何设施之不当,足令人可畏乎哉?无如道本平常,并无隐怪,末世厌中庸而喜奇异,遂趋于旁蹊曲径而不知。有如朝廷之上,法度纪纲,实为化民之具,而彼昏不觉,概为改除,且喜新进而恶老臣,好纷更而变国政,先代典型尽为除去,犹人身之元气伤矣。朝无善政,野少观型,于是惰农自安,田土荒芜,草莱不治,财之源穷矣;靡费日甚,仓廪虚耗,菽粟无存,财之储罄矣,非犹人身之精气概消磨而无复有存焉者乎?不图内实,只壮外观,由是衣服必极光华,刀剑务求精彩,饮食须备珍馐,财货更期充足,不思根本之多匮,惟期枝叶之争荣,如此而欲取之无尽,用之不竭,在在施为俱无碍也,不亦离乎?是皆由不顺自然之天,日用常行之道,有以致之也。犹盗者窃物,藏头露尾,如竽之立,见影而不见形,喻修道者之以假乱真也,大道云乎哉!

此介然有知,是忽然而知,不待安排,无事穿凿,鸿鸿蒙蒙,天地初开之一气,先天原始之祖气是,是即孟子"乍见孺子之入井",皆有怵惕恻隐之一念,吾道云"从无知时,忽然有知",真良知也。此等良知之动,知之非艰,而措之事为,持之永久,则非易耳。当其动时,眼前即是,转瞬而智诱物化,欲起情生,不知不觉流于后天知识之私,此"顺而施之"所以可畏也。惟眼有智珠,胸有慧剑,照破妖魔,斩断情丝,自采药以至还丹,俱是良知发为良能,一路坦平,并无奇怪,此大道所以甚夷也。无奈大道平常,而欲躁进以图功者,往往康庄不由,走入旁蹊小径,反自以为得道,竟至终身不悟,良可慨也夫!朝喻身也,身欲修饬,不至覆灭,必须闲邪存诚,而后人欲始得尽净,天理乃克完全。久久灵光焕发,心田何致荒芜之有?精神团结,仓廪何至空虚之有?不文绣而自荣,匪膏粮而克饱,又何服文彩、厌饮食之有?且慧剑锋锐,身外之利刃无庸;三宝克全,身内之货财不竭。若此者,真能盗天地灵阳之气以为丹者也。胡今之人,不由中庸,日趋邪径,一身尘垢,除不胜除,而且妄作招凶,元阳尽失,于是纷来沓往,并鲜空洞之神,荒芜已极,关窍非尽塞乎?力倦神疲,毫无充盈之象,空乏堪嗟,精气非尽耗乎?徒外观之有耀而文采是将,徒利剑之锋芒而腰带是尚,亦已末矣,乃犹厌饮食以快珍馐,好货财以期丰裕，何不思：学道之人，巧用机关，盗回元气，固求在内而不在外者也。《易》曰："作易者，其知盗乎？"正此之谓也。若舍此而他图，支离已甚，敢云大道？他注云，"介然"数句，是倏忽间有一线之明，何尝非知？但验诸实行，每多穷于措施，故云可畏，此明大道之不易也；下一节言，学者不探本原而徒矜粉饰，不求真迹而徒骛虚名，是犹立竿见影，得其似，不得其真，故谓之盗竽，此讲亦是。古来凡有道者，肌肤润泽，毛发晶莹，等等效验，要皆凡人所共有然，未可以为定论也。又况炼精炼气，阳火一临，阴霾难固，犹霜雪见日而化，故神火一煅，陈年老病悉化为疮疡脓血，从大小二便而出，不但初学有之，即至大丹还时，亦有变化三尸六贼，流血流脓，臭不堪闻者。惟有心安意定，于道理上信得过，于经典中参得真，足矣。须知：遏欲存诚，去浊留清，层层皆有阴气消除，阳气潜长，学道人不可不知。以外之事，莫说身体光荣，行步爽快，不可执以为凭，即飞空走雾，出鬼没神，霎时千变，俄顷万里，亦不可信以为道。盖奇奇怪怪，异端邪教，剑客游侠之类，皆能炼之，未可以为真。若认外饰为真，必惑奇途，造成异类，可惜一生精力，竟入左道旁门，欲出世而涉于三途六道，不亦大可痛哉！太上此章大意，教人从良知体认，方无差误。无奈今之学道者，只求容颜细腻，身体康强，岂知外役心劳，而良田荒芜，宝仓空旷，先天之精气为所伤者多矣，后天虽具，又何益乎？果然三宝团聚，外貌自然有光。彼驰之于外而矜言衣食者，何若求之于内而先裕货财也？内财既足，外财自贱，岂同为盗者，不盗天地灵阳之气，而徒盗圣人修炼之名也哉？

【综按】本章三家之注各有特色，皆言之成理，持之有故，令人好生欢喜，以"使我介然有知，行于大道，唯施是畏"为例。

林公释"介然"为"固而不化之意"，他说："介然，固而不化之意。至道无知无行，若固执而不化，有知而有行，则凡所施为皆有道者之所畏也，故曰'惟施是畏'。"

德师释"介然"为"些小""乃微少之意"，他说："介然，犹些小，乃微少之意，盖谦辞也。老子意谓使我少有所知识，而欲行此大道于天下。奈何天下人心奸险可畏，而将施之于谁耶。故曰唯施是畏。"

黄师释"介然"为"忽然"，他说："是忽然而知，不待安排，无事穿凿，鸿鸿蒙蒙，天地初开之一气，先天原始之祖气是，是即孟子'乍见孺子之入井'，皆有怵惕恻隐之一念，吾道云'从无知时，忽然有知'，真良知也。此等良知之动，知之非艰，而措之事为，持之永久，则非易耳。当其动时，眼前即是，转瞬而智诱物化，欲起情生，不知不觉流于后天知识之私，此'顺而施之'所以可畏也。"

　　三家所释，无不文从字顺，林公从文字的角度解释"介然"，该词义亦可见于他书，如《汉书·卷八十二·傅喜传》："介然守节，以故斥逐就国。"此介然，即坚定不移的样子。德师则从行持的品德方面剖析，而黄师呢，却又从功夫境界上诠释。三种解读，虽各不同，然则于事于理，无不皆相吻合，皆可给人以启迪。

五十四章

善建者不拔，善抱者不脱，子孙祭祀不辍。修之身，其德乃真；修之家，其德有余；修之乡，其德乃长；修之于国，其德乃丰；修之于天下，其德乃普。故以身观身，以家观家，以乡观乡，以国观国，以天下观天下。吾何以知天下之然？以此。

三家注按

林希逸：建者无不拔，抱者无不脱，建德而抱朴，则不拔不脱矣。有子孙之家，祭祀必不辍。道生一，一生二，二生三，三生万物，生生而不穷，亦犹子孙之嗣其家也。此三句皆是设喻，以言道虽无有而实长存也。修诸身则实而无伪，修诸家则积而有余庆，修诸乡则为一乡之所尊，修诸国则其及人者愈盛，修诸天下则其及人也愈遍。长，尊也。丰，盛也。普，遍也。即吾一身而可以观他人之身，即吾之一家而可以观他人之家，即吾之一乡而可以观他人之乡。推之于国于天下皆然，言道之所用皆同也。以此者，道也。以道而观，则天下无不然。

【按】林公"建德而抱朴，则不拔不脱"典型之以儒释道矣。

释德清：此言圣人所以功德无穷，泽及子孙者，皆以真修为本也。

举世功名之士，靡不欲建不拔之功，垂不朽之业。至皆不能悠久者，以其皆以智力而建之，则有智力过之者，亦可以拔之矣。抱，守也。脱，犹夺也，谓失脱也。以机术而守之，则有机术之尤者，亦可以夺之矣，是皆不善建、不善守者也。至若圣人复性之真，建道德于天下，天下人心感服，确乎而不可拔，故功流万世，泽及无穷，杰然而不可夺。此皆善建、善抱，所以福及子孙，故祭祀绵远而不绝也。

是故学道之人，修之于身，故其德乃真。庄子曰："道之真以治身，其绪余以为国家，其土苴以为天下。"故曰修之家，其德乃余。修之乡，其德乃长。修之国，其德乃丰。修之天下，其德乃普。故以性观身，则性真而身假。若以我身而观天下之身，则性同而形忘。以此观家则家和。以此观乡则乡睦，以此观国则国治，以此观天下则天下平，所谓以性融物，则天下化；会物为己，则天下归，故其德乃普。是以圣人一真之外无余事，故唯以此。

【按】德师认为"以智力""机术"所建之功业，必然有以"拔之""夺之"也。唯真修之士，以"性融物"而"化天下"，而善建、善抱者也，故曰"一真之外无余事"。

黄元吉：天地之生人也，赋之气以立命，即赋之理以成性，理气原来合一，性命两不相离，要皆清空一气，盘旋天地，盈虚消息，纯乎自然，造化往来，至于百代者也。人类虽有不齐，造物纵有不等，而此气同，即此理同，终无有或易者。圣人居中建极，亭亭矗矗，独立而不倚，中行而不殆，虽穷通得丧，忧乐生死，万有不同，而此理此气，流行于一身之中，充塞乎两大之内，绝不为稍挫，谓非善建者不拔乎？否则，有形有质，即岩岩泰山，高矣厚矣，犹有崩颓之患，盖以有形者，虽坚固而难久；惟无形之理气，不随物变，不为数迁，历万古而常新焉。此道立于己，化洽诸人，自然深仁厚泽，沦肌浃髓，斯民自爱戴输忱，归依恐后，无有一息之脱离而不相联属者。虽曰胶漆相投，可谓坚矣，水乳融洽，可谓和矣，而聚散无常，变迁亦易，不转瞬而立见睽违。惟仁心仁闻，被其泽者爱之不忘，即闻其风者亦怀之不置，何异子弟之依父兄，臂指之随身心，无有隔膜不属者，谓非善抱者不脱乎？自此君子贤其贤而亲其亲，小人乐其乐而利其利，无非垂裳以治，共仰无为之休。圣人虽不常存，而其德泽之深入人心者，终古未常稍息。《诗》曰："子子孙孙，勿替引之。"其斯之谓乎？昔孔子赞舜之大孝曰："宗庙享之，子孙保之。"足见德至无疆，子孙祭祀亦万古蒸尝不绝，千秋俎豆维新。语云："有十世之德者，必有十世子孙保之。有百世之德者，必有百世子孙保之。"至于大德垂诸永久，虽亿千万年，而子孙继继绳绳，愈悠久，愈繁盛，其理固有如是之不爽者。

此皆以无为自然之道，内修诸己而不坠，外及诸人而勿忘，所以天休滋至，世享无穷焉。人以此道修之一身，而形神俱妙，与道合真，道即身，身即道，是道是身，两无岐也，德何真乎！以道修诸一家，亲疏虽异，一道相联，亲者道亲，疏者道疏，亲疏虽别，道无二也，德何余乎！且道修之乡，乡里联为一体，道修之国，国家视如一人，其德之长之丰又何如乎！果能静镇无为，恬淡无欲，自然四方风动，天下归仁，民怀其德，无有穷期，德何普乎！此非以势迫之，以利啖之也，盖本固有之天良，以修自在之身心，如游子之还家，故老之重逢，其乐有莫之致而至者。人与己，异体而不异心，同命而应同性，故明德即新民，安人由修己，无或异也。况乡为家之所积，国为乡之所增，天下之大，万民之众，无非一家一乡一国之所渐推而渐广，愈凑而愈多。知一人之道即家国天下之道，一己之修即家国天下之修，反求诸己，顺推诸人，自有潜孚默化，易俗移风，而熙熙皞皞，共乐其乐也，故曰："有德化而后有人心，有人心而后有风俗。"其道在乎身，其德及乎家，而其化若草偃风行，无远弗届，将遍乡国以至于天下。呜呼！噫嘻！吾何以知天下之然哉？以此故也。

《易》曰："大哉乾乎，刚健中正，纯粹精矣！"是知：道为先天乾金，至刚至健，卓立于天地之间，流行于万物之内，体物不遗，至诚不息，势常伸而不屈，直而不挠，擎天顶地，摩汉冲霄，固未尝稍拔也。然皆无极之极，不神之神，以至于卓卓不摇如此。人能以无极立其体，元神端其用，即古云"采大药于不动之中，行火候于无为之内"，居中建极，浩然之气常充塞于宇宙间焉。自此一得永得，一立永立，神依于气，气依于神，神气交感，纽结一团，即归根复命，道常存矣。夫人之生也，神与气合；其死也，神与气离。人能性命会合，神气融和，即抱元守一，我命在我不由天矣，何脱之有？由是神神相依，气气相守，一脉流传，一真贯注，自能千变万化，没鬼出神，有百千万亿之化身，享百千万亿大年，谓非"子生孙，孙又生子，子子孙孙，根深叶茂，源远流长，万代明禋不辍"乎？要不过以元气为药物，以元神为火候而已。夫元气者，无气也，元神者，不神也，以神炼气而成道，如以火炼药而成丹。凡丹有成毁，神丹则无终始，故曰"金丹大道，历万古而不磨"。无非以己之德，修己之身，非由后起，不自外来，其德乃真矣。

天地生人，虽清浊不同，贤否各异，而维皇诞降，由家庭以及天下，无不厥有恒性，故一心可以贯万姓，一德可以孚万民，是修身齐家，德有余矣，修身化乡，德乃长矣。至于治国平天下，莫非垂衣裳而天下化，究无有外修身而可以普获骈臻者，此治世之常道也。反之修身，又何异耶？论国家天下，原是由近而远，一层深一层之意，如精气神三者一齐都有，不是一步还一步。自初功言曰炼精，而气与神在焉；二步曰炼气，而神与精在焉；三步曰炼神，而精与气亦在焉。即还虚合道，道合自然，自始至终，俱不离也，离则无道矣。身比精，精非交感之精，乃受气生形之初所禀太虚中二五之元精。修之身，即炼精化气。修行人初行持也，人得此精以生，亦得此精以长，以精修身，不啻以身修身矣，其真为何如哉？以气而论，精为近于身者，气则稍远。故曰：修之家，其德乃余。夫采外边真阳之气，炼内里真阴之精，即如以身齐家，其得于己者不绰绰然有余裕耶？乡视身又更远，比家稍近，犹之神然。神如火也，热者属气，光者为神，是二而一，修之乡即炼神还虚，故曰：其德乃长，以其长生而悠久也。至于国视乡为近，比身又更远，其广宽非一目可睹。国比虚也，修之国即炼虚合道。夫炼至于虚，与清虚为一，朗照大千，而况天下乎？故曰：其德乃丰。至于天下，则与道为一，纯乎自然，可以建天地而不悖，质鬼神而无疑，百世以俟圣人而不惑矣，此皆自然之精之气之神之虚之道，非有加增者也，故曰：其德乃普。他如以身观身、家观家、乡观乡、国观国、天下观天下，无非以一己之身家为天下身家之表率，以一人之乡国为天下乡国之观型，默契潜孚，相观而化，天下皆然，何况托处宇内者哉？太上取喻，其意切近，其义精微。大道无他，精之又精，以至于虚无自然，尽矣！学大道者亦无他，惟损之又损，以至于无为自然，无为而无不为，尽矣！

然内药外药，内丹外丹，取坎填离，抽铅添汞，种种喻象比名，要无非以身中禀受于天地之精气神，以其生来素具，只因陷于血肉躯壳之中，故曰阴精、阴气、阴神；以其与生俱来，故曰内药。修士兴功之始，必垂帘塞兑、凝其神，调其息，将三元混合于一鼎，一鼎烹炼夫三元，名曰炼精，实则神气俱归一窍；直待神融气畅，和合为一，于是气机发动，蒸蒸浮浮，是曰气化，又曰水底金生，又曰凡父经母交而产药。此是人世男女顺以生人之道。若不知逆修之法，顷刻化为后天有形之精，从肾管而泄，故"固气留精，决定长生"。人欲长生，此精之化气，即是长生妙药。如有冲突之状，急须内伏天罡，外推斗柄，进退河车，收回中宫再造，此为炼内药也，精气神亦混合为一者也，岂仅气化云哉？一外一内，一坎一离，始而以身之所具，交会黄房，温养片晌，则气生焉。此以神入气，以身中之精，炼出天地外来灵阳之气，即炼精化气。继以此气采之而升，导之而降，送归土釜，再烹再炼，即是以铅制汞，以阳气伏阴精。盖精原己身素具，故曰离己阴精；气由精化而产，故曰坎戊阳气。非精属心中，气生肾内也。自涌泉以至气海皆属阳，阳则为坎；自泥丸以至玄关皆属阴，阴则为离。是水火之气为坎离，非以心肾为坎离也，明矣。又曰坎中有气曰地魄，在外药，白虎是也，在内药，金丹是也。此丹从抽铅添汞合一而生者也，均属水府玄珠。内外之说，一层剥一层，非真有内外也。离宫有精曰天魂，在外药，青龙是也，在内药，己之真精是也。水中金生，即精中气化，在外药，白虎初弦之气是也，在内药，铅中之银是也。又曰金丹长生大药，只此乾元一气，陷入人身，非以神火下煅，则沉而不起，且欲动而倾。此如灯之油，灯无油则息，人无气则灭，人之生，生于此，故为长生大药。以其自乾而失于坎，今复由坎还乾，金丹之说所由来也。夫人欲求长生，除此水乡铅一味，别无他物。但此金丹，虽曰人人自有，然非神火烹煎，别无由生。及真金一生，再将白虎擒龙，自使青龙伏虎，龙虎二气复会黄房，二气相吞相唊而结金丹。运回土釜，会己真精，再以神火温养而结圣胎。既结胎，内用天然真火，绵绵于神房之中，外加抽添凡火，流转于一身之际，即日运己汞包固真精，久则脱胎而出，升上泥丸，炼诸虚空，复归本来自然之地。不是精气神三宝攸分，亦不是内外二药各别，苟非坐破蒲团，磨穿膝盖，自苦自炼，安能了悟底蕴？吾今聊注大概，不过为后学指条大路耳。且道本平常，非有奇异，愈精深，愈平常。

　　他如变化莫测，在世人视之，以为高不可望，妙无从窥，而以太上道德一经思之，即如三清太上，亦只是一个凡人造成。但凡人以生死为喜忧，仙则视生死如昼夜。一生一死，即如一起一卧，顺而行之，不尽安然？有谓长生不死为仙家乐事者，非也。人以长生为荣，仙则以顺理为乐，虽杀生成仁，舍生取义，亦所素甘。不然，刀锯之惨，谁不畏哉？古来志士仁人，多视鼎镬为乐地、死亡为安途者，盖见得理明，信得命定，其生其死，无非此心为之运行，生而不安，不如速死，犹醒而抱痛，不如长眠。只要神存理圆，生何足荣，死何足辱，一听造化流行，决不偷生于人世。如好生恶死，是庸夫俗子之流，非圣贤顺时听天之学也。否则，孔子何以七十而终，颜子何以三十而卒？顺天而动，不敢违也。此岂凡人所能见哉？窃愿学者，只求于内，无务于外，患难生死，一以平等视之，此心何等宽阔，何等安闲？谚云："认理行将去，凭天摆布来。"如此落得生安死泰，永为出世真人，岂不胜于贪生怕死之徒，时而欣欣于内，时而戚戚于怀，此心终无宁日耶？况有道高人，天欲留之以型方训俗。我不拒之，亦不求之，但听之而已，初何容心于其间乎？盖生死皆道也，尽其道而生，尽其道而死，又何好恶之有哉？凡有好恶于中者，神早乱，性早亡，不足以云仙矣。

　　【按】黄师融新儒家理气一贯与佛家无我真我之旨而以道家修炼为依归，横道竖说，均甚通达。

　　【综按】本章以"善建""善抱""祭祀不辍"为譬，以明长生久视之在于真修其德，而真修之功，要在无我。无我之方，首在大其心。大心之法，以"修之于家""修之于乡"直至"修之于天下"为喻，意在从齐家开始，逐步扩大其心量，大而化之，直至以"百姓心为心"方可谓之无我。何以知其有我无我哉，从是否取消了"画"以知之（画，义见《论语》"冉求曰：'非不说子之道，力不足也。'子曰：'力不足者，中道而废。今汝画'"）。画者，自设之疆界也（疆界，义见［美］肯威尔伯《没有疆界》）。"以身观身"，以身为疆界；"以家观家"，以家为疆界；"以乡观乡"，以乡为疆界；"以国观国"，以国为疆界；"以天下观天下"，则疆界取消，进入一真恒常之悟道境界。

五十五章

含德之厚，比于赤子。毒虫不螫，猛兽不据，玃（攫）鸟不搏。骨弱筋柔而握固，未知牝牡之合而㕣（朘）作，精之至。终日号而不嗄，和之至。知和曰常，知常曰明，益生曰祥，心使气曰强。物壮则老，谓之不道，不道早已。

三家注按

林希逸：含德，藏蓄而不露也。厚者，至也。含德而极其至，则如赤子然。毒虫不螫、猛兽不据、攫鸟不搏，言物不能伤之也，亦"入水不濡，入火不热"之意。赤子之骨至弱，其筋至柔，而手之所握甚固。未知有雌雄之事，而其朘亦作者，精气盛也。朘，赤子之命原也。终日虽号而其嗌不嗄者，心无喜怒，气本和也。嗌，咽喉也。嗄，气逆也。赤子纯一专固，故能如此，而有道者亦然，只是不动心也。和者，纯气之守也。知此至和之理，则可以常久而不易矣。知此常久之理，可谓明于道矣。生不可益，强求益之，则为殃矣。祥，妖也，故曰"益生曰祥"。《传》曰："是何祥也？"即此"祥"字之意。以心使气，是"志动气"也。强者，暴也，暴则非道矣，故曰"心使气曰强"。以此为强，无有不折，如物之壮，无有不老，此皆不谓之道。早已，速已之而勿为也。已者，止也。三句已见第三十章。

【按】 林公释"祥"为"妖"，典出《书经·孔传》。《书经·序二》："亳有祥，桑谷共生于朝。"孔颖达《书经·序二·孔氏传》曰："祥，妖怪。"

释德清：此承上言圣人善建善抱，而不为外物之所摇夺者，以其所养之厚也。

然人之所以有生者，赖其神与精、气耳。此三者苟得其养如赤子，则自不被外物所伤矣，故曰"含德之厚，比于赤子"。且毒虫猛兽攫鸟，皆能伤人之物，至于赤子，则毒虫虽毒而不螫，猛兽虽恶而亦不据，攫鸟虽枭而亦不搏，何也？以其赤子不知不识，神全而机忘也。所谓忘于物者，物亦忘之。入兽不乱群，入鸟不乱行。彼虽恶而不伤，以其无可伤之地。此言圣人神之王也。且如赤子之骨最弱，筋极柔，手无执，而屈握极固，不可擘。且又不知阴阳之合，而朘亦作者，乃精满之至。圣人筋骨亦柔弱，而所握亦坚固者，以其精纯之至也。故草木之有精液者，则柔弱而连固，精竭者则枯槁而萎散。是知圣人如婴儿者，以精得其养故也。然赤子终日号啼而咽嗌不嘎哑者，以其心本不动，而无哀伤怨慕之情，乃气和之至。圣人之心和亦然。斯三者，皆得其所养之厚，故所以比赤子之德也。

且此三者，以神为主，以精为卫，以气为守。故老子教人养之之方，当先养其气，故曰"知和曰常"。何也？盖精随气转，气逐心生。故心妄动则气散，气散则精溢，所谓"心着行淫，男女二根，自然流液"。故善养者，当先持其心，勿使妄动。心不妄动则平定，心平则气和，气和则精自固，而神自安，真常之性自复矣。故曰"知和曰常"。如所云不认缘气之心为心，则真常之性自见。故曰"知常曰明"。意谓知真常之性者，可称明智矣。

苟不知真常之性，徒知形之可养，而以嗜欲口腹以益其生，殊不知生反为其戕，性反为其伤。故曰"益生曰祥"。祥，妖也。言益生反为生之害也。心不平，则妄动而使气，气散则精竭，精竭则形枯。故曰"心使气曰强"。强，木之枯槁也。过强曰壮，故曰"物壮则老"。草木之物过壮，则将见其枯槁而老。人之精神元气不知所养，而斲丧太过，可谓不道之甚矣。不道之甚，乃速其死也。故曰"不道早已"。已者，绝也。

此老氏修养功夫，源头盖出于此。而后之学者，不知其本，妄构多方，傍门异术，失老氏之指多矣。

【按】德师认为：老子修养之根本在其心"不为外物之所摇夺"，而"能不为外物之所摇夺"者，又在"神全而机忘"，机忘而神全，此二而一一而二者也。"机"，妄求之心也。人无妄求，自无妄念，妄念净尽，自然精满气足而神全。

黄元吉：《易》曰："天地絪缊，万物化醇。男女媾精，万物化生。"以发生之初，去天不远，其气柔脆，顺其势而导之，迎其机而养之，犹可底于神化之域、太和之天。孟子曰："大人者，不失其赤子之心者也。"以赤子呱地一声，脱离母腹，虽别具乾坤，另开造化，然浑浑沦沦，一团天真在抱，无知识，无念虑，静与化俱，动与天随。古仙真含宏光大，厚德无疆，较诸赤子，殆相等也。当父母怀抱之时，鞠育顾复，足不能行，手不能作，虽有毒虫，不能螫焉，虽有猛兽，不能据焉，虽有攫鸷，无从搏焉，以动不知所之，行不知所往，是无虞于毒虫，而毒虫不得螫之也，无虞于猛兽，而猛兽不得据之也，且危居在榻，偃息在床，不为攫鸷所窥，而攫鸷亦不得搏之也。倘年华已壮，动履自如，虽有游行之乐，不获静室之安，其能免恶物之患者，盖亦鲜矣。况赤子初生，气血调和，筋骨柔软，而手之握者常固，盖以阴阳不乱，情欲不生，未知牡牝之交欢合而朘作，足见元精溶溶，生机日畅。人能专气致柔，如婴儿之初孩，则自有精之可炼。第其时，呱呱而泣，声声不断，虽至终日呼号，而咽嗌不嗄，此非随意而唤，任口而腾也，要皆天机自动，天籁自鸣，无安排，无造作，和之至矣。知得元和内运，适为真常之道，不假一毫人力以矫强之，而守其真常，安其固有。《诗》曰"既明且哲，以保其身"，其斯之谓欤？若非以和柔之气，修诸身心之中，安得生而益生，天休滋至于勿替？人之祥，莫祥于此。第自强壮而后，天心为人心所乱，精神之耗散者多。今以太和为道，大静乃能大动，至柔方克至刚，于是以心役气，务令此气同归赤子，不以气动心，致使此心乖夫太和，庶几"和而不流，强哉矫"矣，非独赤子为然也。观之万物，其始柔脆，其终强壮。柔脆者，生之机，强壮者，死之兆，是以物强则老，不如物稚则生。生者其道存，老者其道亡，故曰物老为不道，不道不如其早已。世之修道者，盍早已其老之气，而求赤子之气乎？果得同于赤子，无恐无怖，无识无知，一片浑沦，流于象外，所谓和也。夫天道以和育物，人能知之，则健行不息，故曰常。知常则洞达阴阳，同乎造化，故曰明。修身立命，夺天地生杀之权，人之祥瑞莫大于此。炼神还虚，得长生不坏之道，强斯至矣，又何不道之有哉？

　　此教人修身之法，取象于赤子。庄子曰："儿子动不知所为，行不知所之，身若槁木，心如死灰，祸亦不至，福亦不来。祸福无有，乌有人灾物害哉？"毒虫等句即此意。后云采药炼丹，须取天一新嫩之水，此水即人生生之本，犹如一轮红日，夜半子初，清清朗朗，照耀于沧海之中，又如一弯秋月，发生庚震之方，正是修士玄关窍开，恍惚杳冥，方有此境。盖以初气至柔，犹万物甲坼抽芽，于此培之养之，方能日增月长，至于复命归根，以成硕果之用。若桑榆晚景，则物既老而将衰，不堪采以为药。但老非年迈之谓也，是云药老不可以为丹。若以年而论，即老至八九十岁，俱可修炼以成长生不老之仙。何者？一息尚存，此个太和之气俱足于身，无稍欠缺。非至人抉破水中之天，一身内外两个消息，则当面错过者多矣。学者欲修金丹大道，非虚心访道，积德回天，则真师无由感格，白虎首经莫觅，一任青年入道，必至皓首无成，更有误认邪师，错走歧路，一生之精力竟流落于禽兽之域者不少。学者慎之！

【按】黄师谓赤子："浑浑沦沦，一团天真在抱，无知识，无念虑，静与化俱，动与天随。"含德之厚者若此。

【综按】初生之婴，其气至柔至和，其心至清至静，虽念虑俱无，却感应不爽。"含德之厚，比于赤子"者以此。相传海边一小男孩，每日海边玩耍，饭时未归，其母问曰："海边有何美景，令你忘饭？"孩曰："海边多鸟，每日与儿玩耍，其乐融融。"母曰："明日抓一只回家，吾杀与你吃。"次日孩照例海边玩耍，鸟俱远离，不再陪其玩耍。盖其心已生抓鸟之心念，其心已不净，已生鸟可食之见也。《信心铭》曰："不用求真，唯须息见。"良有以也。盖见除则心净，心净则国土净也，《首楞严经》谓"知见立，知即无明本，知见无，见斯即涅槃"。

五十六章

知者不言，言者不知。塞其兑，闭其门，挫其锐，解其忿，和其光，同其尘，是谓玄同。故不可得而亲，不可得而疏；不可得而利，亦不可得而害；不可得而贵，亦不可得而贱。故为天下贵。

三家注按

林希逸：知者不言，言者不知，谓道不可容言也。必塞兑闭门，而藏之于密。必挫其锐而磨砻之，使无圭角。必解其纷而条理之，使不紊乱。必和光同尘，而不自眩露，此所谓至玄至妙、同然而然之理也。有此玄同之道，则天下不可得而亲，又不可得而疏，言其超出于亲疏利害贵贱之外也，此道之所以为天下贵也。

【按】林公谓道之所以为天下贵者，以其"超出于亲疏利害贵贱之外也"。亲疏、利害、贵贱皆二元对立之谓，道超二元，绝对圆融。

释德清：此言圣人所以为天下贵者，以其善得所养，妙契忘言，而能与道玄同也。

谓圣人自知之明，故善能含养于心，而不形于言。以自知之真，言有所不及也。若夫常人哓哓资于口谈者，皆非真知者也，故曰"知者不言，言者不知"。

下言养之之方。兑为口，为悦。谓圣人缄默自守，不事口舌，故曰"塞其兑"。不事耳目之玩，故曰"闭其门"。遇物浑圆，不露锋芒，故曰"挫其锐"。心体湛寂，释然无虑，故曰"解其纷"。纷，谓纷纭杂想也。含光敛耀，顺物忘怀，故曰"和其光，同其尘"。此非妙契玄微者，不能也，故曰"是谓玄同"。

圣人造道之妙，大而化之至于此。其心超然尘表，故不可得而亲。精诚动物，使人见而不能舍，故不可得而疏。淡然无欲，故不可得而利。妙出死生，故不可得而害。视王侯之如隙尘，故不可得而贵。披褐怀玉，故不可得而贱。以其圣人，迹寄寰中，心超物表，不在亲疏利害贵贱之间，此其所以为天下贵也。

【按】 德师此释，字字珠玑，直将本章之旨，和盘托出，无余蕴矣。

黄元吉： 大凡无德之人，当其闻一善言，见一善行，辄欣欣然高谈阔论，以动众人之耳，取容悦于一时，不知革面洗心，返观内证。孔子曰"道听而途说，德之弃"，洵不诬也。若真知大道之人，方其偶有所知，朝夕乾惕之不暇，安有余力以资口说，徒耸外人之听闻耶？即令温故知新，悠然有会意处，亦自有之而自得之，犹饮食餍饫，既醉既饱，惟有自知其趣味，难为外人道也。彼好与人言者，殆有不足于己者焉。而况德为己德，修为己修，知之既真，藏之愈固，窃恐一言轻出，即一息偶离，斯道之失于吾心者多矣，此知者所以不言也。若言焉者，其无得于己，实不知夫道；使果有所知，又孰肯轻泄如斯乎？是言者不知，益审矣。又况不可言者精华，可言者皆糟粕。知者非不言，实难言也。言者非不知，盖徒见其皮肤耳。所谓"得了手，闭了口"者，诚知得道匪易，讵容以语言耗其气，杂妄损其神，矜才炫能标其异，徒取恶于流俗哉？以故有道高人，塞兑闭门，养其气也；挫锐解纷，定其神也；和光同尘，则随时俯仰，与俗浮沉，如愚如醉，若讷若痴，众人昏昏，我亦昏昏，不矜奇，不立异，与己无乖，于世无忤也。苟有一毫粉饰之心、驰骛之意，即不免放言高论，以取快于一堂。如此者，非为名，即为利。岂不闻太上告孔子之言乎："可食以酒肉者，我得而鞭扑。可宠以爵禄者，我得而戮辱。"惟闭户潜修，抱元守一，神默默，气冥冥，沉静无言，恬淡无欲，无为为为，无事为事，则人不可得而亲，亦不可得而疏，不可得而利，亦不可得而害，不可得而贵，亦不可得而贱。此求诸己，不求诸人，尽其性，复尽其命，故为天下之所最贵。三界内外，惟道独尊。我修我道，即我贵我道，天下无有加于此者。太上曰："知我者希，则我贵焉"。学者亦知之否耶？

此言有道之人，必不轻言，以世上知道者少，苟好腾口说，不惟内损于己，亦且外侮于人。《易》曰："机事不密则害成。"古来修士，因轻宣机密以致惹祸招灾者不少，是以君子慎密而不出也。即使可与言者，亦兢兢业业，其难其慎，试之又试，然后盟天质地，登坛说法，亦不敢过高过远，刺刺不休。足见古人韬光养晦之功，即见古人重道敬天之意。彼轻易其言者，皆无得于己，不知道者也。若果知之，自修自证之不遑，又安有余闲以为谈论地耶？彼放言无忌者，非欲人亲之利之贵之乎？不知有亲即有疏，有利即有害，有贵即有贱，何如缄默不言，清净自养，使人无从亲疏利害贵贱之为得欤？夫以我贵我道，自一世可至万世，天下孰有加于此者？学者修其在己，刻刻内观，勿使议论之风生，可也。

【按】黄师此释，直与修养相连，无不利于行者矣。

五十七章

以正治国，以奇用兵，以无事取天下。吾何以知其然？以此：天下多忌讳，而人弥贫；人多利器，国家滋昏；人多伎巧，奇物滋起；法物（令）滋彰，盗贼多有。故圣人云："我无为，人自化，我好静，人自正；我无事，人自富，我无欲，人自朴。"

三家注按

林希逸： 以正治国，言治国则必有政事。以奇用兵，用兵则必须诈术，二者皆为有心。无为而为，则可以得天下之心，故曰"以无事取天下"。吾何以知其有心之不可，而无心之为可？以此道也。忌讳，防禁也。利器，人世便利之用也。技巧，工匠之巧也。奇物，如桔槔机械等物是也。机心既胜，机事愈生。故法令愈明，而盗贼愈盛。此言有心之害，皆譬喻语也。故古之圣人但曰无为好静，无事无欲，而天下自治矣。"圣人云"又见后章。

【按】林公以有心无心释本章，可谓得老子之心矣。

释德清： 此言治天下国家者，当以清净无欲为正，而不可用奇巧以诱民也。

且奇巧诈术，是为诡道，但可用之于兵，不可以治国，故曰"以正治国，以奇用兵"。然兵者不祥之器，不得已而用之，乃好事者为之耳，非取天下之具也，故以无事取天下。吾何以知无事可以取天下之然哉，以此。此，指下文有事而言。

盖忌讳、利器、技巧、法令，皆有事也，此何以不足取天下？且天下多忌讳，而民弥贫。忌，谓禁不敢作。讳，谓不敢言。只如文王之囿七十里，与民共之，刍荛雉兔取之者无禁。即有不便于民者，言之不讳，所以民得安其生。故在上者无事，而民日富。今则杀其麋鹿者如杀人之罪，取之者死，民有不便，言之者戮。故民不聊生，且又无所措手足。此多忌讳之事，而民弥贫也。贤者，国之利器也。今国无道，贤者在野，是利器在民不在朝，所以国家滋昏。由上多欲好奇，故人心雕琢，技巧日生。技巧生，而奇物滋起。奇物起，则贪愈甚。贪愈甚，而盗贼生。故法令滋彰，而盗贼多有也。

以此天下扰扰而不安，是皆有为妄动，有事多欲之过也。故古之圣人有言曰："我无为而民自化，我好静而民自正，我无事而民自富，我无欲而民自朴。"宜矣。

【按】德师释"利器"为"贤者"，贤达多在于野者，以国家滋昏之故也。征之事理，皆通达之论也。

黄元吉：孔子曰："吾道一以贯之。"是知：道只一道，而天下万事万物，无不是此道贯通流行，所谓"一本散为万殊，万殊仍归一本"是。治身治世，其大端也。治世之道，无过士农工商，各安生理，孝弟忠信，各循天良。此日用常行之事，即天下之大经，万古之大法，固常道也，亦正道也。人人当尽之事，即人人固有之良。为民上者，躬行节俭，力尽孝慈，为天下先，而又庄之莅之，顺以导之，不息机以言静镇，不好事以壮规模，一正无不正，自有风行草偃，捷于影响者焉。孟子曰："一正君而国定矣。"又曰："天下之生久矣。"一治一乱，循环相因。自古及今，未有或爽。虽然，治则用礼乐，乱则用兵戎。一旦两军对垒，大敌交锋，社稷安危，人民生死，系于一将，顾不重哉？虽权谋术数之学，智计机变之巧，非君子所尚，然奉天命以讨贼，仗大义以吊民，又不妨出奇制胜也，兵法所以有掩袭暗侵、乘劳乘倦、离间反间、示弱示强、神出鬼没之奇谋焉。惟以奇用兵，战无不克，攻无不取，不伤民命，不竭民财，而万民长安有道之天，共享太平之福，不诚无事也哉？然联山河为一统，合乾坤归一人，此中岂无事事？但任他事物纷投，而此心从容静镇，自然上与天通而天心眷顾，下为民慕而万民归依，天下于焉可取也，故曰："唐虞揖让三杯酒，汤武征诛一局棋。"惟见天下不甚希奇，取天下亦不介意，所以胸中无事，其量与天地同，故莅中国，抚四夷，有不期然而然者，此治世之道如是。

吾何以知其然哉？以治世之道，不外治身，身犹国也。视听言动，一准乎礼，心思智虑，一定以情，内想不出，外想不入，性定而身克正矣。至于静养既久，天机自动，以顺生之常道，为逆修之丹法。临炉进火，大有危险，太上喻为用兵，务须因时而进，相机而行，采取有时，烹炼有地，野战有候，守城有方，不得不待时乘势，出之以奇计也。他如药足止火，丹熟温炉，超阳神于虚境，养仙胎于不坏，又当静养神室，毫无一事于心，而后丹可成、仙可就。此治身之道，即寓治世之功。吾所以知治世之道者，即此治身之法而知之也。

夫取天下者在无事，而守天下者又不可以多事，否则，兴条兴款，悬禁悬令，使斯民动辄龃龉，势必奸宄因之作弊，民事于焉废弛，天下多忌讳，而民所以日贫也。金玉玑珠，舆马衣服，民间之利器弥多，而贪心一起，欲壑难填，神焉有不昏，气焉有不浊者哉？浑朴不闻，奸诈是尚，一有技巧者出，人方爱之慕之，且群起而效尤之，于是奇奇怪怪之物，悉罗致于前。呜呼！噫嘻！三代盛时，君皆神圣，民尽淳良，令悬而不用，法设而不施，所以称盛世也。今则法网高张，稠密如罗，五等刑威，违者无赦，三章法律，犯者必诛，顾何以法愈严而奸愈出，令愈繁而盗愈多乎？盖德不足以服民心，斯法不足以畏民志耳。古来民之职为乱阶者，未有不自此刑驱势迫使然也，秦汉以来，可知矣。古圣云："天以无为而尊，人以有为而累。"我若居敬行简，不繁冗以扰民，不纷更以误国，但端居九重之上，静处深宫之中，斯民日迁善而不知为之者；且淡定为怀，渊默自守，惟以诚意正心为事，而孰知：正一己即以正朝廷，正百官即以正万民，皆自此静镇中来也。万民一正，各亲其亲、长其长，无越厥命，永建乃家，于是耕田而食，凿井而饮，日出而作，日入而息，仓箱有庆，俯仰无虞，而民自富矣。若此者，皆由上之人，顺其自然，行所无事，有以致之也。又况宁静守寂，恬默无为，一安浑浑噩噩之真，而民之感之化之者，有不底于忠厚长者之风、浑朴无华之俗，未之有也。《书》曰："一人元良，万国以贞。"其机伏于隐微，其效察乎天地。吾愿治世者以正君心为主，治身者以养天君为先焉。

此理已明，不容再赘。吾想打坐之顷，其始阳气沉于海底，犹冬残腊尽，四顾寂然；以神光下照，即是冬至阳回，此时虽有阳生，而阒寂无声，四壁萧条，仍如故也。从此慢慢气机旋运，不觉三阳开泰，而万物回春，花红叶绿，水丽山明，已见阳极之甚。天道如斯，人身奚若？惟有以头稍稍向下，以目微微下顾，即是阴极阳生。第此个功夫，不似前此下手执着一个意思去数呼吸之息，须将外火不用，内火停功，一任天然自然，随其气机之运动，但用一个觉照之心以了照之，犹恐稍不及防，又堕于夙根习气而不自知。此即"存有觉之心，以养无为之性"是也。迨至觉照已久，义精仁熟，又何须存，又何须养？一顺其天然之常而已。不然，起初不用力操持，则狂猿烈马，一时恐难降伏；及至猿马来归，即孟子所谓"放豚入苙"，切不可从而束缚之，反令彼活泼自如者，转而踢踘难安也。其法维何？《易》曰："天地絪缊，万物化醇。"这个絪缊之气，在人身中，即是停内火外符，浑然不动，任气息之流行。在功夫纯熟者，斯时全不用意；若未到此境，觉照之心不可忘也。若或忘之，又恐不知不觉，一念起，一念灭，转转生生，将一个本来物事，竟为此生灭之心而汩没焉。古佛云："了知起处，便知灭处。"如此存养，久久而见起灭之始，又久久而见未有念之始，斯得之矣。

至于黄庭之说，在不有不无，不内不外，又在色身中，又不在色身中。此个妙窍，到底在何处？古所谓"凝神于虚，合气于漠"是也。夫凝神于虚，合气于漠，亦犹是在丹田中，但眼光不死死向内而观耳，神气不死死入内而团耳，惟凝神于脐下，离色身肉皮不远，此即不内不外之说也。以意凝照于此，但觉口鼻呼吸之气一停，而丹田之气，滚滚辘辘，在于内外两相交结之处，纽成一团，直见细细缊缊、浑浑沦沦、悠扬活泼之机，一出一入，真与天之元气，两相通于无间。生精、生气、生神，即在此处，与天相隔不远，此即"合气于漠"之说也。昔人谓之"元气""胎息""真人之息以踵"者，非此而何？所谓元气者，即无思无虑、无名无象中，浑沦一团，清空一气是也。所谓胎息者，盖人受气之初，此身养于母腹，此时口鼻未开，从何纳气而生？惟此脐田之气，与母之脐轮相通，是以日见其长。及至呱地一声，生下地来，此气即从口鼻出入往来，所谓"各立乾坤"者此也。吾示脐轮之气与外来之天气相接，不内不外，缊缊混合，打成一片，即是返还于受气之初而与母气相连之时，即是胎息也。所谓真人之息以踵者，盖以真人之息，藏之深深，达之亹亹，视不见，听不闻，抟不得，深而又密，如气之极于脚底是也。彼口鼻之气，非不可用，但当顺其自然，不可专以此气为进退出入。若第用此气，而不知凝神于脐下一寸三分之地，寻出这个虚无窟子，以纳天气于无穷，终嫌清浊相间，难以成丹。昔人云"天以一元之气生人"，此气非口非鼻，非知觉运动之灵可比。又云："玄牝之门世罕知，休将口鼻妄施为。饶君吐纳经千载，怎得金乌搦兔儿？"即此数语观之，明明道"出玄入牝"，实在脐下丹田，离肉一寸三分之间，氤氤氲氲，凝成一片者是。学道人，无论茶时饭时，言语应酬时，微微用一点意思，凝神于虚无一穴之中，自然合气于漠，直见真气调动，有不可名言之妙。然于此调息，则知觉不入于内，而坎水自然澄清。此历代仙圣不传之秘，吾今一口吐出，后之学者，勿视为具文而忽之也。

【按】黄师此释前半部分合参儒道，贴近平常日用。如谓"治世之道，莫过士农工商，各安生理，孝弟忠信，各循天良。此日用常行之事，即天下之大经，万古之大法，固常道也，亦正道也。……奉天命以讨贼，仗大义以吊民，又不妨出奇制胜也，兵法所以有掩袭暗侵、乘劳乘倦、离间反间、示弱示强、神出鬼没之奇谋焉，惟以奇用兵"等皆是，人人能解亦能行也。

【综按】正者，不偏、中、合法、合理、纯一之谓也，故"以正治国"。兵者，"不祥之器"，专杀戮，故贵神速而出奇兵，以少伤性命，不竭民财故也，故曰"以奇用兵"。为万世富贵而争天下是为有事，是私欲膨胀。一己、一家、一党，皆私也，私则不正，不能以正治国，则民不平，民不平则国乱。为护安定，则多忌讳，滋法令，忌讳多、法令滋则盗贼反多，民益贫而国滋昏，故不可以有事取天下也。若吊民伐罪，救民于水火，顺势而为，虽有天下而无有天下之心，只为民众谋福祉，如是则民自化、自正、自朴，故当"以无事取天下"也。

五十八章

其政闷闷，其人醇醇；其政察察，其人缺缺。祸，福之所倚；福，祸之所伏。熟（孰）知其极？其无正。政复为奇，善复为妖。人之迷，其日固久。是以圣人方而不割，廉而不害，直而不肆，光而不曜。

三家注按

林希逸： 闷闷者，不作聪明也。察察者，烦碎也。醇醇，自乐也。缺缺，不足也。此亦有心则为害，无心则自治之意。祸福无常，更相倚伏，孰知其所极止？正者，定也。其无正耶，言倚伏无穷，不可得而定也。天下之事，奇或为正，正或为奇，善或为妖，妖或为善，是非利害，莫不皆然，此亦祸福倚伏之意。世人迷而不知，徒分奇正，徒分妖善，其迷盖非一日矣。惟圣人之为道，虽有方而无隅，虽有廉而无刿，虽直而不可伸，虽光而不见其耀。割，削也，无隅则不削矣。廉，"上廉远地"之"廉"。不刿，不伤也。廉利则易伤。肆，伸也。不伸，不见其直也。耀，光之焰者也，此皆藏有于无之意。

【按】林公释"方而不割，廉而不刿，直而不肆，光而不耀"为"皆藏有于无之意"，可谓不刊之论。

释德清： 此详言上章有为之害，而示之以无为之方也。

闷闷，无知貌。所谓"民可使由之，不可使知之"之意。由百姓皆注其耳目，若示有知，即上云"法令滋彰，盗贼多有"矣。故圣人潜行密用，令其闷闷然若无所知，则民情不凿，奸伪自然不生，故其政闷闷，其民醇醇。若其政令察察然分星擘两，则民多不自安，缺缺然忧有余矣。故云"其政察察，其民缺缺"。缺缺，多忧不足之意。

盖祸福之机，端在人心之所萌。若其机善，则祸转为福；若其机不善，则福转而为祸，此祸福相倚伏也。由人机心不息，则祸福旋转，如循环之无端，人孰能知其止极耶？故孔子曰："知机其神乎。"谓是故也。

然祸福循环之如此，岂无真人而以理正之耶？但世衰道微，人心不古，邪正不分，善恶颠倒。本示之以正，则彼反以为奇诡；本教之以善，而彼反以为妖怪。正所谓"未信而劳谏，则以为厉谤"，此人心之迷固已久矣，纵有圣人之教，亦不能正之矣。庄子曰："三人行，一人迷方，犹有解者。二人惑，则不能易。今天下皆迷，其谁能解之耶？"

是以圣人游浊世以化民，贵在同尘和光，浑然无迹。故虽方而不伤其割。割，谓割截，乃锋棱太露也。虽廉而不伤于刿，刿，谓刻削太甚也。虽直而不伤于肆。肆，谓任意无忌也。虽光而不伤于耀。耀，谓炫耀己见也。此圣人有所长，而能养其所长，故为天下贵。此所以无为而治，好静而自安，无为而民自化矣。

【按】 德师谓："祸福之机，端在人心之所萌。若其机善，则祸转为福；若其机不善，则福转而为祸，此祸福相倚伏也。由人机心不息，则祸福旋转，如循环之无端，人孰能知其止极耶？故孔子曰：'知机其神乎。'谓是故也。"诚可谓既知老氏，亦知《易》之言也。

黄元吉：天地无心而化育，帝王无为而平成，此无为之道，圣人开天辟地、综世理物之大经大法，人主统摄万民，纲纪庶物，无有过于此者。若涉于有为，则政非其政，治非其治，虽文章灿著，事业辉煌，而欲其熙熙暤暤，共乐时雍之化也，不能，故太上云"政者，正也"，以己正，正人之不正也。自古为民上者，肇修人纪，整饬天常，有知若无知，有作若无作，一任天机之自动，初无有妄作聪明，创矩陈规，悬书读律，而一德相感，自有默喻于语言之表者，故其政闷闷，若愚朴无知者然，而其民之感孚，亦淳淳有太古之风，无稍或易；上以无为自治，下以无为自化，上下共安无事之天，休哉，何其盛欤？苟为上者，励精图治，竭力谋为，拔去凶邪，登崇俊杰，小善必录，大过必惩，赏罚无殊冰镜，监观俨若神明，其政之察察，无有逃其藻鉴者，此岂不足重乎？而无如上好苛求，下即化为机巧，缺缺然无不以小智自矜；上以有为倡之，下以有为应之，甚矣，民心之难治也！夫非上无以清其源，斯下无以正其本也哉！盖无为者，先天浑朴之真；有为者，后天人为之伪。闷闷、察察，其效纯驳如此。此可知：道，一而已，二之则非。况先天，太极未判，纯朴未分，无阴阳之可名，无善恶之可见。《易》曰"易则易知，简则易从"，其政之所以"可大可久"也。若后天太朴不完，贯阴阳于始终，互祸福为倚伏，祸中有福，福中有祸，祸福所以循环无端也。故有为之为，未必不善，但物穷则变，时极则反，阴阳往复之机，原属如此，有孰知其底极而克守其正耶？且正之复则为奇，善之反则为妖。无为之政，政纯乎天；有为之政，政杂以人。杂以人者，正中有奇，善中有妖，其机肇于隐微，其应捷于影响，其势诚有不容稍间者，无怪乎尔虞我诈，习与性成，执迷而不悟也，其日固已久矣。是以圣人御宇，一本无为之道，整躬率物，正己化人；本方也，不知其为方，殆达变通权而不假裁截者欤？本廉也，竟忘其为廉，殆混俗和光而不致伤残者欤？时而直也，虽无唯诺之风，亦非径情之遂，认理行持，不敢自肆，其梗概风规，真有可敬可畏者。他如化及群生，恩周四表，几与星辉云灿，上下争光，而独自韫藏，不稍炫耀，其匿迹销声为何如哉？此无为为体，自然为用，从欲以治，顺理以施，四方风动，有不于变时雍，共游于太古之天也，有是理乎？

　　道曰大道，丹曰金丹，究皆无名无象，在天则清空一气，在人则虚无自然。修炼始终，要不出此而已。人能知：冲漠无朕，是大道根源、金丹本始，从虚极静笃中，养得浑浑沦沦，无知识，无念虑之真本面，则我之性情精气神，皆是先天太和一气中的物事，以之修道则道成，以之炼丹则丹就，又何奇邪可云，危险可畏哉？惟不知无为为本，第以有为为功，则知识不断，纷扰愈多，虽有性有情，皆后天气质之私，物欲之伪，至于精气神，又乌得不落后天有形有色之杂妄耶？太上以政喻道，以民比身。道炼先天无为，则成不坏法身；道炼后天有识，安有不二元神？纵炼得好，亦不过守尸鬼耳，乌能超出阴阳，脱离生死，永为万代神仙？又况一堕有为，则太极判而阴阳分，阴阳分而善恶出，祸福于以相往来也。孰知修道之极功，虽其中炼命一步，不无作为之用，然必从"有用用中无用，无功功里施功"，方不落边际。孟子曰"必有事焉而勿正"，修道之要，即在于此。论人心，一动则有一静，一阴则有一阳，邪正善恶，原是循环相因，往来不息，故有正即有邪，有善即有恶。惟一归浑忘，不分正邪，安有善恶？否则，正反为奇，善复为妖。庄子曰："天以无为为尊，人以有为为累。"是知有为之时，亦必归于无为，方免倾丹倒鼎之患。无奈世上凡夫俗子，开口言丹，即死守丹田，固执河车路径即在身形之中，其未了悟无为之旨也久矣。惟圣人知修炼之道，虽有火候药物、龙虎男女、鼎炉琴剑，种种名色，犹取鱼兔之筌蹄：鱼兔未得，当用筌蹄，鱼兔入手，即忘筌蹄；若着名着相，皆非道也。故方则方之，廉则廉之，直则直之，光则光之，要皆为无为，事无事，一归浑穆之天焉。愿学者，以无为自然之道为体，体立然后用行，虽有为，仍是无为也。知否？信否？

　　【按】黄师谓"道炼先天无为，则成不坏法身；道炼后天有识，安有不二元神？纵炼得好，亦不过守尸鬼耳，乌能超出阴阳，脱离生死，永为万代神仙"，直为修炼内丹者顶门一针！

【综按】"祸兮福之所倚，福兮祸之所伏"，此千古之名言也。非圣哲睿智，既能考察古往今来，而又久经生活历练，孰能悟此真理！西汉刘安《淮南子·人间训》中一个故事可为之注脚："近塞上之人，有善术者，马无故亡而入胡。人皆吊之，其父曰：'此何遽不为福乎？'居数月，其马将胡骏马而归。人皆贺之，其父曰：'此何遽不能为祸乎？'家富良马，其子好骑，堕而折其髀。人皆吊之，其父曰：'此何遽不为福乎？'居一年，胡人大入塞，丁壮者引弦而战。近塞之人，死者十九。此独以跛之故，父子相保。"（刘文典《淮南鸿烈集解》，中华书局，1989年5月，北京，第597—599页）

五十九章

治人事天，莫若啬。夫唯啬，是谓早服。早服谓之重积德，重积德则无不克，无不克则莫知其极。莫知其极，可以有国。有国之母，可以长久。是谓深根固蒂，长生久视之道。

三家注按

林希逸：啬者，有余不尽用之意。啬则能有而无，能实而虚，宜其可以治人，宜其可以事天。早复者，言啬则归复于根。极者，早矣。早，不远也。复，返本还元也。德至此，则愈积愈盛矣。重，愈积之意也。克，能也。德愈盛，则于事无不可能也。莫知其极者，用之不穷也。用之不穷，则可以为国而长久。母者，养也，以善养人者，服天下也。治国者如此，养生者亦如此。养生而能啬，则可以深其根，固其柢，可以长生，可以久视。根柢，元气之母也。久视，精神全，可以久视而不瞬也。今之服气者或有此术，虽非老子之学，可以验老子之言，此章乃以治国喻养生也。

【按】林公此释，随文演义，于疏通句读，了解字义，大有功德，对文字功底差者，多读几遍可也。

释德清：此言圣人离欲复性，以为外王内圣之道也。

啬，有而不用之意。老子所言人天，庄子解之甚明。如曰"不以人害天，不以物伤性"，盖"人"指物欲，"天"指性德也。言"治人事天莫若啬"者，然啬，即复性功夫也。谓圣人在位，贵为天子，富有四海，其子女玉帛，声色货利，充盈于前。而圣人以道自守，视之若无，澹然无欲，虽有而不用。所谓"尧、舜有天下而不与"，此以啬治人也。圣人并包四海，智周万物，不以私智劳虑，而伤其性真。所谓"毋摇尔精，毋劳尔形，毋使汝思虑营营"。盖有智而不用其智，此以啬事天也。

复性功夫，莫速于此，故曰"是谓之早复"。此"复"字是《复》卦"不远复"之意，言其速也，又如"一日克己复礼，天下归仁"之意。庄子曰："贼莫大于德有心。"然有心之德施于外，故轻而不厚。复性之功，天德日全，不期复而自复，所谓"复，见天地之心"，故曰"早复谓之重积德"。能重积德，则无不克矣。此"克"字乃"克敌"之"克"，即颜子"克己"之"克"。以性德日厚，则物欲消融，而所过者化，无物与敌，则其德高明广大，民无得而称焉。故曰"无不克则莫知其极"。极，至极，犹涯量也。

此内圣之德既全，虽无心于天下，乃可以托于天下。故曰"莫知其极，可以有国"。此内圣之道，真以治身，其绪余以为天下国家。故曰"可以有国"。此道先天地不为老，后天地不为终。故曰"可以长久"。古人所言深根固蒂长生久视之道者，如此而已。结句盖古语，老子引证，以结其意耳。

【按】德师释"治人事天，莫若啬"之"人"指"物欲"，"天"指"性德"，"啬"指"复性功夫"。只此一句，天机道尽矣。

黄元吉：治人之道，即事天之道，天人固一气也，故治人所以事天，事天不外治人。莫谓天道甚远，即寓于人道至迩之中。不知天道，且观人道。能尽人事，即合天道。虽一高一卑，迥相悬绝，惟在于安民为主，民治定则天心一矣。其要在于重农务本，教民稼穑为先。夫以民为邦本，食为民天，啬事既治，则衣食有出，身家无虞，孟子所谓"树艺五谷，五谷熟而民人育"，又曰："圣人治天下，使有菽粟如水火，而民焉有不仁者乎？"是知为人上者，以啬为急图，而民得以乐业安居，养生送死，早有以服民心于不睹不闻之际，而欣然向往，如享太牢之荣，如登春台之乐矣，是不言修德而德自修，不言尚德而德日尚。且耕三余一，耕九余三，多黍多稌，为酒为醴，以畀祖妣，以洽百礼，其德之积与积之重，不谓此而谁谓耶？如此重开有道之天，大被无穷之泽，自然兼弱攻昧，取乱侮亡，而无往不克矣。即所向披靡，无敢交锋，非特接壤邻封，云霓慰望，即彼殊方异域，亦时雨交欢。若此东被西渐，北达南通，声教四讫，伊于胡底，夫谁知其极也哉？既无其极，立见帝道遐昌，皇图巩固，而得有其国也。《汉书》云："黄河如带，泰山若砺。国以永宁，爰及苗裔。"夫固有不爽者。人既抚有一国，即有得国之由，其由维何？国之母气也。若无母气，焉能得国？此根本之地，人所宜急讲者。在未有其国，必须寻母；既有其国，尤当恋母。国之有母，犹树之有根，水之有源，可以长久而不息。此治世之道，通乎治身。学道人能守中抱一，凝神调息，始以汞子求铅母，继以铅母养汞子，终则铅汞相投，子母混合，复乎本来，还乎太朴，是谓深根固蒂，长生久视之道。如此则凡也而圣，人也而天矣。治身之道，又岂异治世哉？

此治人事天，即尽人事以合天道。以"天人本一气，彼此感而通。阳自空中来，抱我主人翁"，非易易事也。其道不外虚无，其功同乎稼穑。始而存养省察，继而以性摄情，迨水火混融，坎离和合，先天气动，运转周天，所谓"乾坤交媾罢，一点落黄庭"是。此取坎中之满，填离中之虚，即命基巩固，人仙之功了矣。此犹治啬者，开田辟土，载芟载柞，然后可得而耕种，以树艺乎五谷也。由是再将离中阴精，下入于坎户之中，将坎中阳气，合离中阴精，配成一家，种于丹田，炼而为药，所谓"彼家无而我自有之，彼家虚而由我实之"。直待此中真铅发生，即以阳铅制阴汞，汞性之好飞者不飞矣；又以阴汞养阳铅，铅情之好沉者不沉矣。《悟真》曰："金鼎欲留朱里汞，玉池先下水中银。"待至铅金飞浮，如明窗中射日之尘，片片飞扬而去，将坎府外之余阳化尽，收入离宫，又将离己阴汞私识一并消化，复还纯阳至宝之丹，可以升汉冲霄，飞灵走圣，即神胎成，仙婴就矣。虽然，其功岂易及者？始须持志养气，如农者之耕耘，不无辛苦，终则神闲气定，内而一理浑然，外而随时处中，非偶一为之即与道大适，由其修性炼命，早有以宾服乎后起之缘，而万累齐绝，一丝不存，尽人道以合天德也，匪伊朝夕矣。犹国家然，保赤诚求，深仁厚泽入于民心，沦肌浃髓，其德之积与积之重也，岂有涯哉？自是欲无不除，己无不克，天怀淡定，步武安详，无论处变处常，自有素位而行，无入炼不得之概。若此者，以之炼性而性尽，以之炼命而命立矣，冲漠无朕之中，万象森然毕具，真有莫知其底极者焉。太上所谓"内观其心，心无其心。外观其身，身无其身。远观其物，物无其物。空无所空，无无亦无。能悟之者，可传圣道"，此即外其身而身存。身犹国也，即如王者无为而治，可以正南面而有天下有国，亦犹阴精在己，杂于父精母血之中者已久，非得先天阳气，不能自生自长，盖后天阴精原从先天生来，但阴精难固，情欲易摇，非得天地外来灵阳之气，必不能结而成丹，长生不死，故曰：有国之母，可以长久。惟圣人以真阴真阳二气合为一气，三家融成一家，煅出黍米一珠，号曰金丹，曰真铅，曰白虎首经，要无非先天一气而已，从色身中千烧万炼，千磨万洗，渐采渐凝，时烹时炼，而金丹乃成，英英有象，所谓"人盗天地之气以为丹母"者是，是即深根固蒂，长生久视之道。夫以天地灵阳，合一己真气，结成圣胎，即古仙云"先天一阳初动，运一点己汞以迎之，于是内触外激而有象，外触内感而有灵，如磁吸铁，自然吻合"，即汞子造水府而求铅母，既得其母，复依其子，子母和谐，团结中宫，而大丹成，神仙证矣。炼丹始终本末，太上已曾道尽，学者细心体会，迹象虽相似，而精粗大有分别。然未到其时不能知，非得真师指授，亦无由明，此须天缘地缘人缘三缘凑合，始可入室行功。后之学者，第一以积诚修德，虚己求师，庶可结三缘而入室，切勿一得自喜，即无向上之志，务要矢志投诚，一力前进，迤逦做去，可也。惟下手之初，无缝可入，无隙可乘，不啻咀嚼蜡丸，淡泊无味。朱子云："为学须猛奋体认，耐烦辛苦做一晌，久之，苦尽甘回，闷极乐生，道进而心有得矣。"当此理欲杂乘，天人交战，最难措手。其进其退，就在此关。此关若攻得破，孔子所谓"宗庙之美，百官之富"，赏玩之不置矣。切不可萎靡不振，自家精神放弱，则终身不得其门而入焉。尤要虚其心，大其志，鼓其神，立德立功，修性修命，须知是天地间第一大事，非有大力量不能成。吾闻对云："修来铁肩担当道义，放开辣手做出文章。"噫！世间一材一艺，小小科名之取，犹要辛苦耐烦，做几件大功德，用满腹真精神，始可为神天默佑，用观厥成，何况道也者，天大一件事乎？所以佛说"我为大事因缘下界"，吾亦尔尔。学者既遇真师，须以真心诚意体认吾言，始可算人间一大丈夫也。

【按】黄师"治人之道，即事天之道，天人固一气也，故治人所以事天，事天不外治人。……不知天道，且观人道。能尽人事，即合天道"，以庄释老，一气贯通。

【综按】格除人欲，涵养性天，复归于婴儿，无上快捷、高效、究竟、圆满之方法唯有"啬"。盖"啬"者，有余不尽用、有而不用之意也，比之儒家，即是"闲邪存诚"。以下数句，皆是用啬之成效，老子说得极为明白，唯愿天下愿欲格除人欲，涵养性天之士，早早用"啬"，以圆满其愿。

六十章

治大国，若亨（烹）小鲜。以道莅天下，其鬼不神。非其鬼不神，其神不伤人。非其神不伤人，圣人亦不伤人。夫两不相伤，故得交归。

【三家注按】

林希逸：此章先顿一句，以言不扰之意。烹小鲜者，搅之则碎。治国者，扰之则乱。清净无为，安静不扰，此治国之道也。既提起一句如此，下面却言三才之道，皆是不扰而已。以道莅天下，此"天下"字包三才而言之。凡在太虚之下，临之以道，天则职覆，地则职载，圣人则职教，三者各职其职而不相侵越，则皆得其道矣。神，阳也。鬼，阴也。不曰阴阳而曰神鬼，此正其著书立言之意，不欲尽显露也。其鬼不神者，言地主于阴，而不干于阳。非其鬼不神者，言不特地为然也。地尽地之道，不干于天；而天尽天之道，亦不干于人，故曰"其神不伤人"。非其神不伤人者，言非特天尽天之道，而不干于人；圣人亦尽圣人之道，而不干于天地也。幽则为阴阳，明则为圣治，此两者自不相伤，则其德皆归之。言天地得自然之道，圣人亦得自然之道，各有其德，而不相侵越，故曰"交归"之。不相伤者，不相侵也。"圣人亦不伤"之下一本多一"民"字，误也。

【按】林公释鬼神为阴阳，以阳为神，阴为鬼，于理甚通，故其所释，皆甚精到。

释德清：此言无为之益，福利于民，反显有为之害也。

凡治大国，以安静无扰为主，行其所无事，则民自安居乐业，而蒙其福利矣，故曰"若烹小鲜"。烹小鲜，则不可挠。挠，则糜烂而不全矣。

治民亦然。夫虐政害民，灾害并至，民受其殃。不知为政之道，乃以鬼神为厉而伤人，反以祭祀以要其福，其实君人者不道所致也。若以道德君临天下，则和气致祥，虽有鬼而亦不神矣。不神，谓不能为祸福也。

且鬼神非无，然洋洋乎如在其上，如在其左右，岂不昭格于上下耶？第虽灵爽赫然，但只为民之福，不为民害。故曰"非其鬼不神，但其神不伤人"耳。然非其神不伤人，实由圣人含哺百姓，如保赤子，与天地合其德，鬼神合其吉凶，而绝无伤民之意，故鬼神协和而致福也，故曰"非其神不伤人，圣人亦不伤之"。

如汤之时，七年大旱，汤以身代牺牲，借茅以祷，致雨三尺，故民皆以汤王克诚感格所致，斯盖由夫两不相伤，故其德交归焉。此无为之德，福民如此。

黄元吉：夫道者，天下人物共有之理也。以此理修身，即以此理治世，欲立立人，欲达达人，不待转念，无俟移时，何其易而简欤？故太上曰：治大国，若烹小鲜。夫国大则事必烦，人必众，苟不得其道，则必杂乱繁冗，犹治乱丝之不得其绪，势必愈治而愈棼。惟以人所共有之道，修诸一人之身，统御万民之众，其理相通，其气相贯，而其势亦甚便焉。不然，徒以法制禁令、权谋术数之条，号召天下，明则结怨于民，而民心变诈多端矣，幽则触怒于鬼，而鬼怪灾殃叠见矣。盖人者，鬼神之主也。人君横征暴敛，淫威肆毒，民无所依，则鬼怪神奸亦无所附丽，而不得不兴妖作祟，凶荒疫疠所不免焉。故石言于晋，彗见于齐，蛇斗于郑，伯有为厉，申生降灵，二竖梦而病入膏肓，有莘降而虢遂灭亡，若皆鬼神为之，亦由上无道以致之也。为民上者，诚能以道修身，即以道化民，鬼虽阴气，得所依归，鬼即冥顽，咸为趋附，人无怨讟，鬼不灾殃，山川弗见崩颓，物产不闻怪异，熙熙皞皞，坐享升平。《书》曰"古我先王，方懋厥德，罔有天灾，山川鬼神亦莫不灵"是也。此岂鬼之不神哉？盖魑魅魍魉，以及山精水怪，亦皆依傍有所，血食有方，顺其自然，毫无事事，虽有神，亦无所施，即有施，亦乌得为祟？故阴阳人鬼共嬉游于光天化日之中，又何伤人之有哉？亦非神不伤人也，由圣人有道，无事察察之智，无矜煦煦之仁，慎厥身修，敦叙彝伦，居敬行简，不务纷纭，无有一毫伤乎人者，在乎阴阳和而民物育，祀典崇而鬼神安，幽冥之间，两不侵害，故天下咸服圣人之德而交归焉。呜呼，无为之治，近取诸身，远取诸物，不识不知，顺帝之则，以视尚政令者严诰诫，希劝勉者重典型，孰难孰易，为简为烦，奚啻云泥之判！人何不反求其本哉？

此大国喻大道，烹小鲜喻炼丹。小鲜者，羔羊鱼肉之类，其烹也，惟以醯醢盐梅，调和五味，扶其不及，抑其太过，而以温养之火，慢慢烹煎，不愆时，而滋味出，口体宜矣。大丹之炼，亦惟取和合四象，攒簇五行，使三花聚于一鼎，五气聚于中田，于是以天然神火慢慢温养，不用加减，无事矫持，逆而取之，顺而行之，七返九还，易于反掌之间矣。古云："慢守药炉看火候，但安神息任天然。"何便如之？是故无为之道，即临驭天下之道，亦即吾人炼大还丹之道。太平盛世，治臻上理，庆治重熙，上无为而自治，下无为而自化，一切鬼怪神奸不知消归何有，非谓其灭迹亡形也，亦化于无为自然之道，而诪张变幻无所施，旱潦疫疠不容作矣。其在人身，鬼，阴静无知觉者也，神，阳动而作为者也。大修行人，心普万物而无心，情顺万物而无情，阴中含阳，阳中含阴，静而无静，动而无动，一动一静交相为用，一阴一阳互为其根。非谓无觉竟无觉、有为竟有为也，其实无觉中有觉，有为中无为焉。曰其鬼不神，非谓蛊蠢而无灵爽也，盖无觉之觉，实为正等正觉，无为之为，无非顺天所为，岂似有觉者之流于伪妄，有为者之类于固守，而有伤于本来之丹也哉？曰其神不伤人，亦非神不伤人也，以无为而为之道，原人生固有之天真，生生不已之灵气，至诚无息，体物无遗，虽有造化，实无存亡，虽有盈虚，原无消息，所谓"不扰不惊，无忧无虑"者此也，又何伤人之有耶？亦非圣之不伤人也，盖以勃发之生机，裕本来之真面，以调和之三昧，养自在之灵丹。立见神火一煅，而鬼哭神号，阴邪退听，真人出现矣，谓为两不相伤，谁曰不宜？天上人间，皆归美其德。噫！幽明交格，非德之神，乌能至此？

【综按】小鲜需小火慢烹静候其熟，火不可急不可猛，急猛则焦枯而不可食，亦不可频繁翻动、搅扰，翻搅则糜烂难食。"治大国，若烹小鲜"者，即治国既不可以扰民，亦不可以躁进，搅扰躁进，皆动国本，以"民为邦本"故。以道治国平天下，当先正名，名正则分立，分立则各司其职，各安其分，各安其分则互不相侵，故"其鬼不神""其神不伤人""圣人亦不伤人"，而"得交归焉"。

六十一章

大国者下流，天下之交，天下之牝。牡（牝）常以静胜牝（牡），以静为下。故大国以下小国，则取小国；小国以下大国，则取大国。故或下以取，或下如取。大国不过欲兼畜人，小国不过欲入事人。此两者各得所欲，大者宜为下。

三家注按

林希逸：此章借大国小国之得所欲，以喻知道之人，宜谦宜静，非教人自下以取胜也。三代而下，世有取国之事，故因其所见以为喻尔。下流者，自处于卑下也。大国之人能自卑下，则可以合天下之交，譬如牝者以静而胜其牡也。自下者以静为道，故曰"以静为下"。以大取小曰以取，以小取大曰而取。此两句文字亦奇特，大国之意，不过欲兼畜天下之人，以为强盛；小国之意，不过欲镌刺求入于人。二者皆非自下不可，惟能自下，则两者皆得其欲。然则知道之大者，必以谦下为宜矣。此句乃一章之结语，其意但谓强者须能弱，有者须能无，始为知道。一书之主意，章章如此，解者多以其设喻处作真实说，故晦庵有"老子劳攘"之论。独黄茂材解云："此一篇全是借物明道。"此语最的当，但不能推之于他章，故亦有未通处。

【按】林公释本章为"借大国小国之得所欲，以喻知道之人，宜谦宜静，非教人自下以取胜也"，可谓深得老子本旨。

释德清：此言君天下者，当以静胜为主，不可以力相尚也。

夫流之在下者，如江海，众水归之。故大国之在天下，众望归之。故如流之在下，以为天下之交。纳污含垢，无所不容。又虚而能受，如天下之牝也。凡物之雌曰牝，雄曰牡，牡动而牝静。动则不育，静能有生，是牝以静胜牡也，以此譬喻圣人之德。然圣人为天下牝者，以天下之人，衣食皆赖之以生，爵禄皆赖之以荣，万几并集于一人。故君道无为，而皆任其所欲，各遂其所生，所谓"万物皆往资焉而不匮"，此似牝以静胜牡也。是则静为群动之归趋，故以静为下。

大字小，小事大，皆有以下之也。取者，得之易也。大字小，如母育子。小事大，如子奉母。精神相孚，相得最易，故如掇之也。然大字小，必有所容。故曰"或下以取"。以，犹左右之也。小事大，必有所忍，故曰"或下而取"。而，因而取之也。皆无妄动之过，故交归焉。且大国之欲，不过兼畜人，非容无以成其大。小国之欲，不过入事人，非忍无以济其事。两者既各得其所欲，而大者更宜下，何也？以大国素尊，难于下耳，故特勉之。

此老子见当时诸侯专于征伐，以力不以德，知动不知静，徒见相服之难，而不知"下"之一字为至简之术，盖伤时之论也。

黄元吉：太上言修道炼丹之学，皆当以柔为主，以静为要。虽曰柔懦无用，孤寂难成，而打坐之初，要必动从静出，刚自柔生，方是真正大道。喻曰大国者下流，言水有上有下，上之水必流于下而后已，如大国自谦自抑，毫无满假之思，必为天下所景仰，犹下流之地为万派所归，其势有必然者，故曰：天下之交。夫天下交归，以其能自下也，自下则其气最柔也，非至刚也。彼物之至刚者，孰有过于牡乎？物之至柔者，孰有过于牝乎？牡为阳为刚，牝为阴为柔，宜乎阳刚之牡常胜阴柔之牝矣，顾何以牝常胜牡耶？夫亦曰牝之能静焉耳。古云"静以制动"，其言不爽，亦同下之承上，其势必然。何况抚兹大国者，卑以自牧，虑以下人，而万国有不来享来王者乎？是下诚为高之基，静又为下之本也。古今来，或大国以下小国，如成汤下葛伯，卒取葛之地，抚而有之是也；或小国以下大国，如勾践下吴王，卒取吴之业，兼而有之是也；又或大国不自大而自小，所以取小国如反掌也；亦或小国安于小而事大，所以取大国如拾芥也。论赫赫大邦，实为诸国表率，而抚绥有道，怀柔有方，不欲并吞天下，以山河为一统，乃欲并蓄小国，以天下为一家，是非有大过人之德者，不能休休有容也，宜天下归仁，万方奉命矣；区区蕞尔，同属分封藩臣，而供献频来，奔趋恐后，不欲高人以取辱，莫保宗社之灵长，惟期事人以自全，幸延苍生之残喘，亦非有小过人之智者，不能抑抑自下也，宜人心爱戴，天命来归矣。况乎人必有所志，而后有所欲。今大国欲兼畜人，小国欲入事人，两者所欲，一仁一智；已各得其所欲，而不流于人欲之私，足见大小诸邦，各循其理、安其分，而无敢越厥职者焉。虽然，小者自下，其理固然，彼大者尤宜居下，始见一人之端拱，为天下之依归。治世如此，治身又何异乎？

大国喻元神也，下流喻以神光下照于丹田，而阴精亦下流入丹田，神火一煅，精化气矣。此个丹田，即玄关也。夫人一身之总持，五气之期会，三花之凝聚，结丹成胎，出神入圣，无不于丹田一穴是炼焉，故曰天下之交，犹百川众流之朝宗于海也，炼丹之所在此。而合药之道，又贵以柔顺为主，故取象于天下之牝。牝，柔也，和也，即"太和所谓道"，又曰"专气致柔"。如此至柔至和，则元精溶溶，可以化气而生神。且元精在内，静摄肾气于其中，迨神火一煅，精化为气，于是行逆修之术，运颠倒之功，升而上之，饵而服之，送归土釜，以铅制汞，即以牝制牝，此河车以后之事。若在守中之始，心本外阳而内阴，肾本外阴而内阳。以后天身形而论，心之外阳为牡，肾之外阴为牝。今自离中虚而为阴，坎中满而为阳，即《悟真》云"饶他为主我为宾"，又曰"阳本男身女子身，阴虽女体男儿体"，此颠倒乾坤，离反为牡，坎反为牝矣。修炼之法，务令心之刚者化柔，动者为静，肾之柔者化刚，静者反动，是以离之柔和，温养坎之阳刚，此即"火中生木液，水里发金刚"。以心使气，以性节情，情不妄动，无非以默以柔，谦和忍下，以炼心性，故上田美液流入元海，液又化气而入丹田。大国下小国，即由上田到下田也。取小国者，采取丹田金水之气，逆运河车，上转天谷是也。小国下大国，又从下田上昆仑是也。取大国者，并合昆仑金液，共入黄庭也。或以上田甘津美液流入下丹田以生气，则取丹田之气者，是为大国之自下以取也。又或丹田之气逆上天谷以生液，则吞天谷之气，是为小国之以下而取也。此即金水上升，铅气合髓，精凝息调，片响间化为甘露神水，流于上腭，滴滴归源，即液化气之候也。待气机充壮，又运河车，送上昆仑，吞脑海髓精，复降下黄庭，是气又化液之时也。然大国者下流，以柔以静，休休有容，诚有大过人之度，此即神化气而气化精，于以充满丹田也，故有欲兼畜人之德。小国亦有内朗之智，自知势力不敌，甘愿入觐奉命，诚有小过人之量，此即精生气而气生神，亦以归依黄庭也，故有欲入事人之道。两者所欲，均无外慕，故丹成九转，道高九天，永与乾坤并寿焉，其德之交归为何如哉？修身妙诀，无出于此。得者宝之，勿轻泄焉。

【综按】本章主旨大言谦德之效也。《易经》六十四卦，六爻皆吉者，唯地山谦一卦，难怪《道藏》收《易经》及诸多注《易》之书。"大国者下流，天下之交""大国以下小国，则取小国""小国以下大国，则取大国",此是喻,以明谦下之效。"牝常以静胜牡,以静为下",此亦喻也,以明静德之效。故本章本旨,唯说谦静之效,以明修身养性功夫,全在谦静二字中求之也。

六十二章

道者万物之奥。善人之宝，不善人之所保。美言可以市尊，（美）行可以加人。人之不善，何弃之有？故立天子，置三公，虽有拱璧以先驷马，不如坐进此道。古之所以贵此道者何？不曰求以得，有罪以勉，故为天下贵。

三家注按

林希逸："道者万物之奥"，此提起一句，赞美言之也。此下却言道在天下，人人有之，无智无愚。其为善人者，有道之人固宝之爱之矣。其不善人者，有道之人亦保合容之。此即"中以养不中"之意。市人之相与以利交也，亦能为美言以相悦。一乡之间，才有一善可尊者，人亦推敬之，可以加于人之上。以此而观，则此性之善，何尝绝于天下？然则人之不善者，知道之士其可弃之邪？美言可以市，市者，自售也，如今药家有曰不欺广惠者，是以美言自售也。尊行可以加人，如乡落之间，或有长厚者，或有好善者，其乡人亦未尝不称尊之。此二句，盖谓虽庸人亦未尝不知此道之为善。拱璧以先驷马，聘贤之礼也。卑辞厚礼求贤，而致之三公之位，不若能虚能谦以求此道，故曰"不如坐进此道"。且古之以此道为贵者何也？求则得之，道本在我。为仁由己，由人乎哉。有罪以免者，言一念之善，则可以改过。即恶人斋戒沐浴，可以事上帝也。不曰者，如谓"诗不云乎"。道无贤愚，悟则得之。此所以为可贵，故曰"故为天下贵"。

【按】"道在天下，人人有之，无智无愚""求则得之，道本在我""道无贤愚，悟则得之"，皆不刊之论也。

释德清：此言道之为贵，诚人当勉力求之也。

"道者万物之奥"，奥者，室之西南隅。有室必有奥，但人虽居其室，而不知奥之深邃。以譬道在万物，施之日用寻常之间，人日用而不知，故如奥也。然道既在万物，足知人性皆同。虽有善恶之差，而性未尝异，以其俗习之偏耳，故善人得之以为宝。恶人虽失，亦赖此道保之以有生，故曰"所保"。苟非其道以保之，则同无情瓦石矣。

足见理本同也，所谓"尧、舜与人同"耳。由此观之，天下岂有可弃之人耶？且一言之美，则可以市。市，利也。一行之尊，则可以加于人之上。况大道之贵，岂止一言之美，一行之尊，且人之全具而不欠缺一毫者，斯则不善之人又何弃之有耶？

"故立天子，置三公，虽有拱璧以先驷马，不如坐进此道"，此古语也，老子解之曰："然天子三公，不足为尊贵。拱璧驷马，不足为荣观，总不如坐进此道。"

所以贵此道者何耶？岂不曰求道以得之，纵有罪，亦可以免之耶？是知桀、纣，天子也，不免其诛；四凶，三公也，不免其戮。非无拱璧驷马，而竟不能免其罪。故夷、齐谏武王而不兵，巢、许傲天子而不遣，岂非"求以得、有罪以免"耶？况夫一念复真，诸罪顿灭；苟求而得，立地超凡，故为天下贵也。

【按】"一念复真，诸罪顿灭"，故《易》曰"复，见天地之心"，本经曰"复归于婴儿"。圣凡一念耳，但肯回心，无不能圣。所以老子劝勉世人，无论善恶，无论智愚，皆可发心修道，皆能成圣成贤。

黄元吉：大道者，生于天地之先，混于虚无之内，杳冥恍惚，视不见，听不闻，搏不得，而实万物所倚以为命者也。子思子曰："君子之道费而隐。"无道无物，无物无道。大周沙界，细入微尘，不可以迹象求，不可以言语尽，诚至无而含至有，至虚而统至实，浩森无痕，渊深莫测。万物之奥，莫奥于此。善者知此道为人身所最重，故珍而藏之，炼而宝之，不肯一息偶离。不善者亦知有道则身可存而福可至，无道则命难延而祸亦多；保身良策，莫道若也。况本中庸之道以发为言，则为美言，犹美货之肆于市朝，人人知爱而慕之，且欲抚而有之；本寻常之道以见诸行，则为尊行，犹王公大人之身价，人人皆敬而礼之，且各尊而上之。若非言可为表，市之反以招辱；若非行可为坊，加之又以致谤。《诗》曰："天生烝民，有物有则。民之秉彝，好是懿德。"足见善恶虽殊，而其好德之心，则一而已。见有善者，吾当敬之，即有不善者，亦乌可恶之？不过气质之偶偏，物欲之未化，而有戾于道耳，而其源终未有或异也。人能化之导之，即极恶之人亦可转而之善。甚矣，天地无弃物，圣人无弃人也！如有弃人，是自弃也，岂有道者所忍出哉？天生民，而立之君，即作之师，将以君临天下，而置三公，无非统驭群黎，化导万姓，正一身以正朝廷，正朝廷以正天下，务使万邦协和，而四方风动，天子长保其尊，三公长享其贵而后已。假使不能奉若天道以与斯民维新，又安有永保天命以享无疆之福乎？虽有拱璧之贵，罗列于前，驷马之良，驰驱于后，亦不能一息安也。又何如日就月将，时时在道，朝乾夕惕，念念不忘，而坐进此道也哉？《楚书》曰："楚国无以为宝，惟善以为宝。"《尚书》曰："所宝惟贤，则迩人安。"是道也，自古帝王公卿所贵重者也。古之所以重此道者何？以道为人人固有之道，求则得之，其势最为捷便。人能奉持此道，则为人间一大丈夫；若违悖此道，则为天地一大罪人，岂但有过而不免入于邪途也耶？子思子曰："道也者，不可须臾离也。"人其勉之！

此言道为人生一件大事，无论天子三公，俱宜珍重，虽有拱璧驷马，不如坐进此道之为愈，切勿谓衰迈年华，铅汞缺少，自家推诿，可也。要知金丹玉丹，虽借后天精气神，而成仙证圣，此却一毫用不着。古云"太和所谓道"，又曰"虚无即道"，可见学道人，不悟虚无之理、太和之道，纵使炼精伏气，修入非非，亦与凡夫无别。所以吾道炼丹，必须以元神为主，元气为助神之用，以真呼吸为炼丹之资。若无元神，则无丹本，若无元气，则无丹助，是犹胎有婴儿，不得父精母血之交媾，亦是虚而无着。既得元神元气，不得真正胎息，则神气不能团凝一处，合并为一，以返于太素之初。吾更转一语曰：夫人修炼，既得元神元气，又有真息运用，使之攒五簇四，合三归一；然非真意为之主帅，必然纷纷驰逐，断无有自家会合而成丹也。虽然，真意又何自始哉？必从虚极静笃，无知无觉时，忽焉气机偶触而动，始有知觉之性，此即真意之意，非等凡心凡性也。故古云："仙非他，只此一元真性修之而成者。"然不得水中之金、精中之气，以为资助，则元性亦虚悬无著，不免流于顽空。既知金生，不得真息调摄，又安能采取烹炼而成丹？然则真息为炼丹之要具，而真意尤为真息之主宰。学道人，未得神气合一，安能静定？苟得神气归命，必要酝酿深厚，而后金丹使得成就。切不可起大明觉心，直使金木间隔，坎离不交也。吾借此以明道奥。后之学者，有得于中，尚其宝之慎之！

【综按】道，熟识无睹，先万物而存，既能生天生地生万物而又与天与地与万物合而为一，既是最高深玄远，视之不见，听之不闻，搏之不得，而又是最浅最近就在那平常日用之中，为万物之奥者，以此。《中庸》云："道也者，不可须臾离也；可离，非道也。"是故物无弃物，人无弃人。物物皆具道性，人人皆有道心，人人皆可成道，故至贵如天子三公可轻，至重如拱璧驷马亦可轻，而道不可不贵，不可不重，当"坐进此道"。盖道者，求则得之，一念回心，诸罪可灭，大道可成，"故为天下贵"也。

六十三章

为无为，事无事，味无味。大小多少，报怨以德。图难于易，为大于细。天下难事，必作于易；天下大事，必作于细。是以圣人终不为大，故能成其大。夫轻诺必寡信，多易必多难，是以圣人犹难之，故终无难。

三家注按

林希逸： 无为而后无不为，故曰"为无为"。无所事于事，而后能集其事，故曰"事无事"。无所着于味，而后能知味，故曰"味无味"。能大者必能小，能多者必能少，能报怨者必以德，能图难者必先易，能为大者必先于其细。自"味无味"以下，皆譬喻也。难事必作于易，大事必作于细，只是上意申言之也。圣人不自大，而能谦能卑，所以成其大。轻诺者多过当，故必至于失信。以易心处事者，多至于难成。此亦借喻语也，但添一"夫"字，其意又是一转。前言易矣，恐人以轻易之心视之，故如此斡转，曰易，非轻易也。圣人犹以难心处事，遂至于无难，况他人乎？此意盖谓前言易者，无为无事而易行也，非以轻易为易也。

【按】 "夫轻诺必寡信，多易必多难，是以圣人犹难之，故终无难"。林公释曰："添一'夫'字，其意又是一转。前言易矣，恐人以轻易之心视之，故如此斡转，曰易，非轻易也。圣人犹以难心处事，遂至于无难，况他人乎？此意盖谓前言易者，无为无事而易行也，非以轻易为易也。"可备一说。

释德清： 此言圣人入道之要妙，示人以真切功夫也。

凡有为，谓智巧。有事，谓功业。有味，谓功名利欲。此三者，皆世人之所尚。然道本至虚而无为，至静而无事，至淡而无味。独圣人以道为怀，去彼取此，故所为者无为，所事者无事，所味者无味。

故世人皆以名位为大，以利禄为多而取之。然道至虚微，淡泊无物，皆以为小少，故弃而不取。圣人去功与名，释智遗形，而独与道游。是去其大多，而取其小少。故以至小为至大，至少为至多。故大其小，而多其少也。试观世人报怨以德，则可知矣。何也？且世之人，无论贵贱，事最大而难解者，怨也。然怨之始也，偶因一言之失，一事之差，遂相构结，以至杀身灭名，亡国败家之祸。甚至有积怨深愤，父子子孙累世相报而未已者，此举世古今之恒情也，岂非其事极大且多哉？

惟圣人则不然，察其怨之未结也，本不有；始结也，事甚小；既结也，以为无与于己故无固执不化之心，亦无有我以与物为匹敌。其既往也，事已消之，求其朕而不可得。以此观之，则任彼之怨，在我了无报之之心矣。然彼且以为有怨，在我全无报复之心，彼必以我为德矣。是所谓"报怨以德"，非谓曲意将德以报怨也。孔子以直报怨，正谓此耳。

斯则怨乃事之至大而多，人人必有难释者，殊不知有至易者存焉。是所谓"为无为，事无事，大其小，而多其少"也。天下之事，何独于怨，而事事皆然。故天下之事至难者，有至易存焉。至大者，有至细存焉。人不见其易与细，而于难处图之，大处为之，必终无成。苟能图之于易，而为之于细，鲜不济者。以天下难事必作于易，天下大事必作于细，故也。作者，始起也。是以圣人虚心体道，退藏于密，迹愈隐而道愈光，泽流终古而与天地参。此所谓"终不为大，故能成其大"也。

老子言及至此，抑恐世人把"易"字当作容易轻易字看，故诫之曰："夫轻诺必寡信，多易必多难。"谓世人不可将事作容易看也。且容易许人，谓之轻诺。凡轻许者，必食言而寡信。见事之容易而轻为者，必有始而无终。是故易字，非容易也。世人之所难，而圣人之所易。世人之所易，而圣人之所难。故曰："圣人犹难之，故终无难。"犹，应作尤，古字通用，更也。谓世人之所甚易者，而圣人更难之，故终不难耳。观夫文王兢兢，周公业业，戒慎恐惧乎不睹不闻，皆圣人之所难也。

余少诵"图难于易，为大于细"二语，只把作事看。及余入山学道，初为极难，苦心不可言。及得用心之诀，则见其甚易。然初之难，即今之易；今之易，即初之难。然治心如此，推之以及天下之事皆然。此圣人示人入道之真切功夫也。志道者勉之！

【按】 德师此释，环环相扣，层层深入，直将入道精要和盘托出，令行者有所依从也。

黄元吉： 道本中庸，人人可学，各各可成，只因物蔽气拘，不力剪除，安能洞见本来面目？如浣衣然，既为尘垢久污，非一蹴能去，必须慢慢洗涤，轻轻拔除，始能整敝为新；若用力太猛，不惟无以去尘，且有破衣之患。修士欲洞彻本原，又可不循序渐进哉？始而勉强操持，无容卤莽之力，久则从容中道，自见本来之天。功至炼虚合道，为无为也；顺应自然，事无事也；平淡无奇，何味之有？既无其味，何厌之有？他如大往小来，衰多益少，以至报复者不以怨而以德，此皆极奇尽变，备致因应之常，然而称物平施，无厚薄也，以德报怨，无异情也。且德为人所共有之良，以德报之，即以自然清净之神施之。因物付物，以人治人，即以大小多少投报，亦皆动与天随，头头是道，处处无差，而于己无乖，予人无忤焉。噫，此道之至难而至易，至大而至细者也。无如世之修士，计近功，期速效，往往好为其难，喜务其大，不知图难于易，为大于细，鲜有不蹶者。夫易为难之基，故天下难事必作于细，细为大之本，故天下大事必作于细，况道为万事万物之根，可不由易而难，自细而大乎？不然，进之锐者退必速矣，又安望几于神化之域哉？是以古之圣人知道有由阶，学有由进，不思远大之图，惟期切近之诣，淘汰渣滓，涵养本源，如水之浸灌草木，自然日变月化，不见其长而日长，所以自微之著，由粗之精，从有为有事中而至于无为无事，愈淡愈浓，弥近弥远，而至于美大之诣。圣人终不为大，故能成其大也。今之学者，初起下手便望成仙，心愈大，事愈难，竟至半途而废者多矣。惟有坚固耐烦，矢以恒久不息之心，庶几易者易而难者亦易，细者细而大者亦细耳。愿学者，图难于易，为大于细，出以持重老成，不至暴躁浅率，得矣。不然，非但斯道之大，务以敦厚居心，始克有得，即此一应诺间，轻于唯者必寡信，后悔弥深，一进取内，好易者每多难，退缩在即，其事有必然者。故圣人修炼之始，虽从易从细以为基，而惟日孜孜其难其慎，此心终未已也，所以先为其难，而其后顺水推舟，行所无事，故曰终无难焉。

　　此"为无为"三句，是纯任自然功夫，以下"图难于易"一节，是欲造精深必由浅近之意。至于丹道言铅言汞，究是何物？不妨明辨之。要知此个物事，不外阴阳两端。以汞配铅，即如以女配男，交媾之后，化生元气出来，又将元气合阴气入中宫，然后成丹。在先天，离是纯阳之乾，坎是纯阴之坤，因气机一动，乾之中爻走入坤中，坤之中爻走入乾窍，乾遂虚而为离，坤遂实而为坎，故乾虽阳而有阴，坤虽阴而有阳，即非先天纯阴纯阳，太极浑沦之旧，然犹不失真正也。久之，神则生精，气则化血，而气质之性、气数之命，从此出矣，盖以有思虑知觉之心、气血形体之身，不似乾坤原物。至人以法追摄离中一点己汞，汞为心液，液虽属阴，却从离火中出，带有火性，下入坎宫，熏坎宫一点阴血，血为坎水，水虽属阳,却从坎水中生,实为寒体,古人谓"火入水乡,神入气里",犹冰凝之遇火,如炭火之热釜,自然温暖,生出阴蹻一脉动气来。虽然,火入水中,犹釜底加炭,热气熏蒸,蓬勃上腾,即真铅生也。自此以神运之而上升泥丸(主宰之而已),犹烤酒甑中,热气被火而升于天锅,则成露珠,滴入瓮中,此即吾教曰"真汞",又曰"忙将北海初潮水,灌济东山老树根",其实气化为液而已。复行归炉温养,液又化气,循环不已,一升一降,直将气血之躯,阴气剥尽,凡身化为金身,浊体变成纯体,仍还我太极虚无,不生不灭之法身焉。昔朱元育云:"对坎离言,身中离精坎气皆属凡铅;直到坎离交媾,真阴真阳会合生出一点真阳出来,才算先天真铅种子。"然未得明师口诀,纵使勉强把持,也只可以固色身,到得下元充壮,久必倾泄矣。学人得此阳生,只算一边功夫,安望结胎成圣?惟将此阳气引之上升,复合周身之阴精,更与泥丸绛宫之神髓灵液交合为一,此正谓"东家女(木汞也),西舍郎(金铅也),夫妻配合入洞房。黄婆劝饮醍醐酒,每日熏蒸醉一场"。此乾坤交而结丹,前只是坎离交而产药。有此真铅真汞一合,才可还丹,铅即水中所生之金,汞即火中所生之木。前只算凡铅凡汞,到此才算真铅真汞。学人照此用功,运神不运气,庶不至误事焉。

【按】圣性,人人本具,个个现成,圆满无缺(释教曰"一切众生皆具如来智慧德相"),而圣仍是圣,凡仍是凡,圣凡井然者,黄师以"物蔽气拘"四字释之,简洁明白。物者,物欲也;气者,气质之性也。

【综按】"为无为,事无事,味无味",其心已无分别、执着,清清静静也。"大小多少,报怨以德"即孔子"以直报怨"也,即朱熹所谓"于其所怨者,爱憎取舍,一以至公而无私,所谓直也",笔者所谓"在与有仇怨的人打交道时,本着该如何就如何的中正原则,既不要因仇怨而心存芥蒂,处事不公,也不要特别照顾予以恩惠"(见笔者《论语中道观》,学苑出版社,2019年,第416页)。

六十四章

其安易持，其未兆易谋，其脆易破，其微易散。为之于未有，治之于未乱。合抱之木，生于毫末；九层之台，起于累土；千里之行，始于足下。为者败之，执者失之。是以圣人无为，故无败；无执，故无失。民之从事，常于几成而败之。慎终如始，则无败事。是以圣人欲不欲，不贵难得之货；学不学，复众人之所过。以辅万物之自然，而不敢为。

三家注按

林希逸：方其安时，持之则易；及至于危，则难持矣。事之未萌，谋之则易；及其形见，则难谋矣。脆而未坚，攻则易破；及其已坚，则难攻矣。迹之尚微，攻则易散；及其已盛，则难散矣。事必为于未有之先，治必谋于未乱之始。合抱之木，其生也，必自毫末而始；九层之台，其筑也，必自一篑之土而始；千里之行，必自发足而始。凡此以上，皆言学道者必知几。此"几"字，有精有粗，如十三之一，亦几也；无始之始，亦几也；自然之然，亦几也。至于为至于执，则皆有迹矣，故曰"为者败之，执者失之"。圣人为以不为，执以无执，故无败无失。凡人之从事于斯世，其所为之事，皆有可成之几，而常败之者，不见其几而泥其迹也。不求事之终，而致慎于事之始，则无败之事矣。众人之所不欲者，圣人欲之；众人之所贵者，圣人不贵之。难得之货，借喻语也。众人之所不学者，圣人学之；众人之所过而不视者，圣人反而视之。复，反也。此亦借喻语也。圣人惟其如此，于事事皆有不敢为之心，而后可以辅万物之自然。

【按】林公释"其安易持"至"始于足下"一段为"言学道者必知几。此'几'字，有精有粗，如十三之一，亦几也；无始之始，亦几也；自然之然，亦几也"。其中以"无始之始""自然之然"为"几"，似得本章之真谛。

释德清：此释上章"图难于易，为大于细"之意，以示圣人之要妙，只在为人之所不为，以为学道之捷径也。治人事天功夫，全在于此。

安与未兆,盖一念不生,喜怒未形,寂然不动之时,吉凶未见之地,乃祸福之先,所谓"几先"也。持字,全是用心力量。谓圣人寻常心心念念,朗然照于一念未生之前,持之不失。此中但有一念动作,当下就见就知,是善则容,是恶则止,所谓"早复"。孔子所谓"知几其神乎"。此中下手甚易,用力少而收功多。故曰"其安易持"。兆,是念之初起。未兆,即未起。此中喜怒未形,而言"谋"者,此"谋"非"机谋"之"谋",乃戒慎恐惧之意。于此着力,图其早复,盖第一念为之于未有也。

若脆与微,乃是一念始萌,乃第二念耳。然一念虽动,善恶未著,甚脆且微。于此着力,所谓"治之于未乱"也。"合抱之木"以下三句,皆譬喻。毫末,喻最初一念。累土、足下,喻最初一步功夫也。

上言用心于内,下言作事于外。"为""执"二句,言常人不知着力于未然之前,却在既发之后用心。为之则反败,执之则反失矣。圣人见在几先,安然于无事之时,故无所为,而亦无所败。虚心鉴照,故无所执,而亦无所失。以其圣人,因理以达事耳。常民不知在心上做,却从事上做,费尽许多力气,且每至于几成而败之。此特机巧智谋,有心做来,不但不成,纵成亦不能久,以不知听其自然耳。

"慎终如始",始,乃事之初。终,乃事之成。天下之事,纵然盈乎天地之间。圣人之见,察其始也,本来不有,以本不有?故将有也,任其自然,而无作为之心。及其终也,事虽已成,观之亦似未成之始,亦无固执不化之念,此所谓"慎终如始,故无败事"也。

"是以"以下,总结圣人返常合道也。若夫众人之所欲者功名利禄,玉帛珍奇;所学者权谋智巧、火驰于此,往而不返,皆其过也。至于道德无为,皆以为贱而所不欲,以为无用而不学。故恃智好为,以伤自然之朴。圣人离欲释智,以复众人之过耳。以恃万物之自然,故终不敢为也。

庄子内圣外王学问,全出于此。吾人日用明此,可以坐进此道,以此用世,则功大名显,伊、周事业,特绪余耳。岂不至易哉?

【按】德师释本章全从如何用心上着手,与林公所释,殊途同归,而事更细,理更明,学者更易得受用也。

黄元吉:修身之道,遏欲为先。遏欲之要,治于未然则易,治于将然则难;治于将然犹易,治于已然则难,故太上云:其安易持,其未兆易谋。言人当闲居独处之时,心不役于事,事不扰于心,寂然不动,安止其所,其持己守身,最为易易;且不闻不睹,无知无觉,杳无朕兆可寻,于此发谋出虑，思闲邪以存诚，其势至顺，其机甚便。以凡气柔脆，凡心细微，未至缠绵不已、辗转无休，于此而欲破其邪念、散其欲心，以复天道之自然、至诚之无妄，又何难情缘遽断，立见本来性天？此岂别有为之哉？不过曰为之于未有而已。古君子，防患于未萌，审机于将动，所以烟云尽扫，荆棘不生。又如天下太平，偶有强梁小丑乘间作乱，亦不难单骑独出，立见投诚，治之于未乱，其便固如斯也。此炼己之功，犹易就耳；若欲修成九转，又未可以岁月计者。胡碌碌庸流不知：道为乾坤大道，人为宇宙真人，或有法会偶逢而一世竟成者，或有因缘不遇而数世始成者，或有重修数劫，历遇良缘，而功德未圆，性情多僻，势将成而又败，竟败而无成者。甚矣，大道之奥，未易几也！人不知道有由致，请观物所以成。彼夫合抱之木，其生也，特毫末耳，因阴阳煦妪，日变月化，而遂成大木焉；九层之台，其起也，仅累土耳，因人工凑集，日新月盛，而顿见为高台焉；又如一统山川，千里邦畿，欲造其途、底其境，岂容举足便至，计程可期者哉？其始也，无非足下一步一趋，由近及远，而始至其地焉。道而曰大，实具包天容地之量、生人育物之能，岂不劳层叠而至、曲折而前乎？惟知道之至人，不求速效，不计近功，金玉有磨而心志不磨，春秋有变而精进不变，庶由小而大，自卑而高，从近而远，一如合抱之木、九层之台、千里之行，而顿见奇观。虽然，道为自然之道，而功须自然之功，孟子"集义生气"，功在"勿助勿忘"，始合天地运行而造化维新也，同日月往来而光明如故也。若使有为而为，则为者败矣；有执而执，则执者失矣。夫天地日月，古今运转不停者，以其无心而成化也。倘天地有为以迭运，日月有执以推移，又安能万古不磨耶？俗云"天若有情天亦老，日惟无意日常明"，不其然乎？是以古之圣人，精修至道，妙顺天然，为而无为，功无败也，执而不执，德何失焉？奈今之从事于道者，为无为有，或作或辍，不知时行则行，时止则止，动静偶乖，与道远矣；又有几成而忽败，一败竟无成者矣。《书》曰"慎厥终，惟其始"，所以历亿万年而不替。至于难得之货，人所贵也，圣人混俗和光，与人无异，独欲道而不欲货，初不知人世间有此珍重者，故不贵之，其淡泊明志如此。他如视听言动，日用云为，其荡检逾闲者无论矣，即有从事于道，为虚为实，着有着无，皆为过失。兹独效法前人，遵行古道，特抒臆见，以为大道权衡，非不称卓卓者，第思道为我之道，学为我之学，我自有之而自得之，又何学之足云？况人多过举，我独无为。以我无为之道，补众人之过举，即正己以正人也；且以我无为之道，辅万物之不及，即整躬以率物也，其不敢为如此。此圣人重德而贱货，正己以化人，民日迁善而不知为之者。噫！此圣人之身，即道之所寄，民物之所依，讵可一息偶为哉？

开首言"其安易持"数句，是言玄关一窍，寂然不动，感而遂通，且不睹不闻之际，此中有无善无恶之真。佛曰那个，儒曰缉熙，皆是此物。如初日芙蓉，晓风杨柳，娇红嫩绿，嫣然可爱。《易》曰："天地絪缊，万物化醇。男女媾精，万物化生。"无非言初气至柔，去天未远。朱子诗曰："半亩方塘一鉴开，天光云影共徘徊。"此言道心人心，瞥眼分明，于此持志养气，立教割断牵缠，诞登彼岸。《礼》曰："人生而静，天之性也。感于物而动，性之欲也。"犹天地一元初复，万象回春，虽物交物感，情欲有动，犹是天性中事，出于虚静，本乎自然，只须些些把持，无容大费智谋，即可遏欲存诚，闲邪归正，以萌蘖脆嫩，根芽孱弱，人欲不难立断，天理即可复还。古人谓之玄关一窍，又曰生门死户，以人心退藏，天心照耀，皆由未有未乱之时而为之治之也。但一阳初动，其机甚迅，其势甚微，至于二阳三阳，则神凝气聚，真精自动，浩浩如潮生，溶溶似冰泮，要皆自微而著，由小而大，自近而远。至于进火退符，河车搬运，阳铅再生，阴汞复合，时烹时炼，渐结渐凝，神完气壮，药熟丹圆，更有六根震动、六通具足之盛，皆自玄关一动始也。惟此时初动，水源至清，古云"白虎首经至宝，华池神水真金"是也。此时一觉而动，把持得定，由此日运己汞包固阴精，恰如初三一痕新月，至上弦而半轮，至十五而盈满矣。是以圣人知天下事物，无不由卑及高，自近及远，俱有自然之道在，于是为而无为，执而无执，一若天不言而四时行、百物生，岂若民之隳乃事、败乃功者哉？若此者，皆由一片虚灵，浑然无间，自不知所欲，亦并忘为无欲，故曰欲不欲。至于黍珠之贵，实不曾有为，其自无而有，所以既有仍无，修道人素所自具，不待外求，即使有所学，仍是无所学，故曰学不学。他如以一己之纯，化天下之驳，合天下之驳，归一己之纯，其诱掖众人，辅相万物，亦本乎自然而已矣，岂同逞其私智者哉？

【按】黄师释本章从修身当以遏欲为先入手。他说："修身之道，遏欲为先。遏欲之要，治于未然则易，治于将然则难；治于将然犹易，治于已然则难。"诚哉斯言！

【综按】心体清静时，念未萌未动时，即起观照，念动即觉，觉即复归于清静澄明，故曰"其安易持，其未兆易谋，其脆易破，其微易散。为之于未有，治之于未乱"。若安时，念未萌时动时，不起觉照，任其萌动，终至成为执念，形成习气，习气一成，则难除也。故曰"合抱之木，生于毫末；九层之台，起于累土"。故修身养性，当在平日里，无事时，提起观照，不令私念欲念起现行，若已起现行，即所谓"为者"，已成执念，即所谓"执者"，则难图矣，即图之，亦难复其清静安宁不动心之自然状态也，故曰："千里之行，始于足下。为者败之，执者失之。"唯圣人效法自然，无为无执，以其无为故无败，无执故无失，孔子"天何言哉，四时行焉，百物生焉，天何言哉"以此。故曰："圣人无为，故无败；无执，故无失。民之从事，常于几成而败之。"若能至始至终，觉照不失，又何事不办，何道不成？故曰："慎终如始，则无败事。是以圣人欲不欲，不贵难得之货；学不学，复众人之所过。以辅万物之自然，而不敢为。"

六十五章

古之善为道者，非以明人，将以愚之。民之难治，以其多智。以智治国，国之贼；不以智治国，国之福。知此两者，亦揩（楷）式。常知揩（楷）式，是谓玄德。玄德深远，与物反，然后乃至大顺。

三家注按

林希逸：聪明道之累也。圣人之教人，常欲使之晦其聪明，不至于自累，故曰非以明民，将以愚之。"愚"字下得过当，秦之愚黔首，此语误之，故晦翁所以谓之劳攘也。智巧多，则民愈难治，故以智治国者，反为国之害。盖上下相寻，皆以知巧，则乱之所由生，故曰"以智治国，国之贼；不以智治国，国之福"。两者，智与不智也。能知智之为贼，不智之为福，则亦可以为天下法矣。能知此法，则可谓之玄妙之德。深矣远矣者，叹美之辞矣。反者，复也。与万物皆反复而求其初，则皆归于大顺之中矣。大顺，即自然也。

【按】林公释"大顺"为"自然"，于理亦通达。

释德清：此言圣人治国之要，当以朴实为本，不可以智夸民也。

明者，昭然揭示之意。愚者，"民可使由之，不可使知之"之意。夫民之所趋，皆观望于上也，所谓"百姓皆注其耳目"。凡民之欲蔽，皆上有以启之。故上有好者，下必有甚焉者也。故圣人在上，善能以斯道觉斯民，当先身以教之。上先不用智巧，离欲清净，一无所好，若无所知者，则民自各安其日用之常，绝无一念好尚之心，而黠滑之智自消，奸盗之行自绝矣。所谓"我好静而民自正，我无为而民自化"。故曰"非以明民，将以愚之"。此重在"以"字，前云"众人皆有以"，"以"，如《春秋》"以某师"之"以"，谓左右之也，此其上不用智，故民易治耳。

然民之难治者，皆用智之过也。足知以智治国者，反为害也，乃国之贼。不用智而民自安，则为国之福矣。人能知此两者，可为治国之楷式也。楷式，好规模也。苟能知此楷式，是谓之玄德矣。玄德，谓德之玄妙，而人不测识也。故叹之曰"玄德深矣远矣"，非浅识者所可知也。

民之欲，火驰而不返。唯以此化民，则民自然日与物相反，而大顺于妙道之域矣。《语》曰："齐一变至于鲁，鲁一变至于道。"犹有智也，况玄德乎？

【按】德师此释，余才思愚浅，不见高妙。

黄元吉：天下凡事尚智，惟道不尚智而尚愚，愚则近乎道矣。圣门一贯薪传，惟愚鲁之曾子得之。故古之圣人，以道治天下，与民相见以道，不若与民相化于道，浑浑噩噩，同归清静之天，而一时之耕田凿井者，日出而作，日入而息，忘帝力于何有，顺帝则于不知，休哉，何俗之醇欤？降及后世，士大夫不尚愚而尚智，则机械频生，人心愈坏，贪鄙日甚，风俗弥偷，斯民之败度灭礼，犯法违条，憨不畏死者，殊难枚举，要皆尚才华、重聪明之智者，希图取伪，斯民之愚者亦好阴谋，民之天真凿矣，诡谲多矣，而熙来攘往，彼诈此虞，为上者固有治之不胜治者焉，故曰：以智治，国国之贼；不以智治国，国之福。其故何哉？盖使民有知有识，已破其浑沌之真；若能不识不知，乃完其无名之朴。两者智愚分焉，利害判焉。与其尚智而有害，何如尚愚而获利？知此两者，非但治世如是，即修身亦然，均堪为楷式焉。知此楷式，则近道矣。大修行人，于不睹不闻之地，返其无思无虑之神，非屏耳目，黜聪明，不能归于定静也。苟有一毫计较，一念谋为，则太朴不完，混沌之天丧矣。知智之有损于己，愚之有益于身，不逞其智，乐守其愚，是即谓之玄德。大凡可名者非玄德，惟不可以名言，深无其极，远莫能知，乃可为玄德。虽与飞潜动植，蚩蚩蠢蠢之物，同一无欲无知，但物不能即绪穷原，终日昏聩而已；人则由粗及精，从原达委，以至于三元合一，太极归真，犹可底于神化，至于大顺，不诚与物反哉？

治国不尚智，而修道尤贵愚，诚以智为国之贼，愚为道之种也。夫愚何以为道种哉？试思，混沌中，无念虑，无知识，非所谓愚耶？忽焉一觉，即是我不生不灭之本来人。莫说把持此觉，修成无上正等正觉，方能免却轮回，不受阴阳鼓铸，不为鬼神拘滞，即此混混沌沌中，忽然一觉，我以真意守而不散，此一觉已到般若波罗蜜。果能拳拳服膺，常常把守，而轮回种子即从此断矣。若另起一念、生一见，就是后天识欲之神夹杂其中，所谓"无量劫来生死本，痴人唤作本来人"是也。要之，神一也，有欲则为二矣。二意三心，即是杂妄根尘，所以有生死之路。惟有一心，无二心，有正念，无邪念，道在是矣。若能并将此一心正念而悉化之，是为太极还于无极，金仙之成即在此炼虚矣。何谓炼虚？即如混沌之际，懵懵懂懂，如愚如醉，无觉无知，即虚也。坐到无人无我，何地何天，即炼虚也。又曰：学道之要，始而忘人，继而忘我，终而忘法，以至于忘忘之极，乃为究竟。人能以把此一刻为主，以真觉为用，道不远矣。然炼虚之法虽是如此，其功必自炼性始。炼性，古人名为铸镜也。若心有不炼，则昏昏罔罔，冥然无觉，虽近在目前，尚不能知，何况具六通者乎？若皆由私欲之杂乱其心志，而未至于虚也。如真觉之后，不许一丝半蒂存于胸中，即灵台之宝镜常放光明；而又非必功满行圆乃放毫光也，即此混混沌沌中，忽然一知，不复他知，忽然一觉，不更他觉，此一刻中，即洞彻光明，四达不悖。虽然，学人满腔私欲，忽期洁白晶莹，如玉如金，夫岂一念之虚静所能了哉？必要先铸雌雄二剑，以去有形无形之魔。此剑不利，则欲魔色魔天魔人魔，难以扫除净尽，现出乾元真面目也。盖人欲天理混杂多年，虽欲独立中流，势有难于抵敌者，以故明知之而明蹈之，皆由引之入人欲者众，引之入天理者少也。

今为学人告：欲成清净法身，必先有清净之神；欲成清净之神，必先有浩荡之气。所云铸剑，无他，即由平旦之气，直养无害，以至于浩然刚大，斯神剑成而锋芒利，可以斩妖断邪。斯时也，莫说淫声绝色入耳目而心不乱，即有美女同眠，亦不知也；莫说凶魔恶曜到身边而神自如，即有泰山崩前，而亦不畏也。此神剑之造成者，自有志气如神之一候。只恐功行不深，或作或辍，不肯当下立定脚跟耳。若能一刀两断，一私起即灭除，灭除不复再生，此断生死轮回之路矣。学道人别无他妙，只怕认不得明镜神剑耳。如能认得，此刻中有明镜普照，恶妄不容，慧剑长悬，欲魔立断，自此一念把持将去，然后神室可成，而仙丹可炼矣。此明镜慧剑，为修道人之要务。设剑锋不利，安能断绝邪魔？所以心愈制而愈乱也；宝镜无光，难以分别理欲，所以己弥克而弥多也。孟子言养气而不言养心，诚谓气足则心自定耳。彼徒强制夫心，而不知集义生气，去道远矣。李二曲云"人心本自乐，自将私欲缚。私欲一萌时，良知还自觉。一觉便消除，此心依旧乐。"拙翁云："光明寂照遍河沙，凡圣原来共一家。一念不生全体现，六根才动被云遮。断除烦恼重增病，趋向真如亦是邪。世事随缘无挂碍，涅槃生死等空华。"有心性学者，当三复斯言！

【按】黄师释文中的"李二曲"与孙奇逢、黄宗羲共为明末清初三大儒。二曲先生"以尊德性为本体，以道问学为功夫，兼尽姚江、考亭之旨"。其"悔过自新"之功夫，从自心体认"天理"；由"道""理"入手直至"悔过自新"，臻于"心与道一""心与理一"之境。二曲先生虽常论"孔颜之乐"，却并未作过《乐学歌》。黄师所引《乐学歌》前六句，实为明代心学家王艮所作。兹将全部歌词，引于后，供同道参考："人心本自乐，自将私欲缚。私欲一萌时，良知还自觉。一觉便消除，人心依旧乐。乐是乐此学，学是学此乐。不乐不是学，不学不是乐。乐便然后学，学便然后乐。乐是学，学是乐。呜呼！天下之乐，何如此学！天下之学，何如此乐！"

"拙翁"为禅宗青原五世湖南浏阳石霜寺庆诸禅师法嗣张拙秀才。张拙秀才因禅月大师指参石霜庆诸禅师有省而呈此偈。（宋代普济禅师《五灯会元·卷第六》中华书局，1984年，北京，第316页）

六十六章

江海所以能为百谷王,以其善下之,故能为百谷王。是以圣人欲上人,必以言下之;欲先人,必以身后之。是以圣人处上而人不重,处前而人不害,是以天下乐推而不厌。以其不争,故天下莫与之争。

三家注按

林希逸:百谷之水,皆归之江海。江海为百谷之尊,而乃居百谷之下,此借物以喻"自卑者人高之,自后者人先之"之意。以言下之,如曰"愚夫愚妇一能胜予"是也。以身后之,稽乎众,舍己从人是也。圣人非欲上民、欲先民而后为此也。其意盖谓虽圣人欲处民上民先,犹且如此,况他人乎?语意抑扬稍过当耳。圣人虽处天下之上,而民不以为压己。虽居天下之前,而民不以为害己。举天下皆乐推之而不厌者,以圣人有不争之道,故天下莫能与之争也。不重,不压也。一章三"是以",亦犹《系辞》一章数"是故"也。

【按】林公释圣人"言下之""身后之"之操守行持,纯乎自然,本乎天理,"非欲上民、欲先民而后为此也",可谓得老子之心也。若"欲上民、欲先民"而"言下之""身后之",则是"有为""有欲",背道远矣。

释德清:此教君天下者以无我之德,故天下归之,如水之就下也。

百川之水,不拘净秽,总归于江海。江海而能容纳之,以其善下也。此喻圣人在上,天下归之,以其无我也。

"欲上民,必以言下"者,言者,心之声也。故君天下者,尊为天子。圣人虚心应物,而不见其尊,故凡出言必谦下,如曰孤、寡、不谷,不以尊陵天下也。"欲先人,必以身后之"者,身者,心之表也。君天下者,贵为天子,天下推之以为先。圣人忘己与人,而不自见有其贵,故凡于物欲,澹然无所嗜好,不以一己之养害天下也。

重者,犹不堪也。是则圣人之心,有天下而不与,故虽处上,而民自堪命,不以为重。虽处前,而民自遂生,不以为害,此所以天下乐推而不厌。盖无我之至,乃不争之德也。此争非争斗之谓,盖言心不驰竞于物也。以其不争，故天下莫能与之争，庄子所谓"兼忘天下易，使天下忘己难"。此则能使天下忘己，故莫能与之争耳。

【按】德师释"无争"之"争"为"心不驰竞于物"，诚千秋不易之论也！

黄元吉：夫人莫不欲人之服己也，乃有不欲服而人服，益欲服而人愈不服者，无他，以其自高自大，而不肯低其心、下其气也。试观江海为百谷之所归往者，以其能下之故，所以为百谷王。设江海如百谷之自处于上，百谷虽有归往之势，奈彼无容受何？是以圣人早见及此，欲上人，必以言下之，如尧之咨于四岳，舜之询于四门，举凡教条号令，事事访于臣邻，而不自高其智，此所以愈下而人愈上也；欲先人，必以身后之，如禹、皋、伊、旦，虽属先知先觉，而在在让人以先，自处于后，此所以愈后而人愈先也。惟其自处于下与后，虽居帝王之位而无震慑之威，所以不重也，掌神灵之统而无凌厉之气，所以不害也，故天下乐推而为先，绝无厌恶之心焉。《诗》曰："在彼无恶，在此无斁。庶几夙夜，以永终誉。"此岂有他哉？以其不争人上、不争人先，而人自上之、先之，服教畏神，沐恩戴德之不已，又安忍争上争先，而与圣人角胜竞长也哉？

此喻炼丹之学，始以神火下入丹田，然后火蒸水沸，水底金生，长生之药始得而有。夫人受天地之中以生，原是完完全全；自有生后，气质拘之，物欲蔽之，所得于天之元气，悉散漫于一身尸气之间，不能荟萃一区者久矣。今欲攒簇五行，和合四象，会于中宫，归于玄窍，其必万缘放下，一私不起，垂帘塞兑，以目视鼻，由鼻对脐，降心火于丹田，不过片晌功夫，即见玄关窍开，一阳来复，周身之气自然齐集丹田，融融泄泄，乐不可名。但观照之初，火不紧则金不出矿，火太猛则又烧灼精血，窒塞灵机。惟有不粘不脱，若有若无，而下田之气自跃跃欲动。此犹江海之能下百谷，百谷所以归往，圣人能下天下，天下所以归心。夫人一身，心为至大至贵，百体皆小焉贱焉者耳。太上故以江海之大、圣人之贵，喻心；以百谷之小、万民之贱，喻百体、喻下田。修道者亦当以下为本，以贱为基，而不自处于高于贵，庶低下于人，所成自易。若论凡人，原以神为主，气则随之动静，所以生男育女而有生有死；至人则以气为主，而神则听之转移，《悟真》云"饶他为主我为宾"是。大修行人，于气机之动，逆施造化，颠倒乾坤，一听其上下往来，归炉封固，再候真信，循环运转，全不以神为主持，但观真气之冲和，逆施倒行，功成九转，丹熟珠灵，岂不高高乎在上、赫赫乎居先，而为万夫之仰、天下之观者耶？惟其处下居后如此，则一片恬淡之志、谦和之心，所以无倾丹倒鼎、汞走铅飞之害，故处上而人不重，居前而人不害，以其不争，故天下莫能与之争也。

【综按】本章首举"江海所以能为百谷王，以其善下之"以喻谦卑不争之效。再从圣王谦卑不争，因而"处上而人不重；处前而人不害""天下乐推而不厌"以明谦卑不争之功德作用。争与"不争"，德用天渊，欲修真见性者，当三致意焉。

六十七章

天下皆谓我大，不肖。夫唯大，故不肖。若肖，久矣其细！我有三宝，持而宝之：一曰慈，二曰俭，三曰不敢为天下先。夫慈，故能勇；俭，故能广；不敢为天下先，故能成器长。今舍慈且勇，舍俭且广，舍后且先，死矣。夫慈，以战则胜，以守则固。天将救之，以慈卫之。

三家注按

林希逸：大似不肖，当时有此语也，故老子举以为喻，亦前章"不谷孤寡"之意。天下皆谓者，言天下皆有此常语也。夫惟大，故似不肖。至大者，必以至小之心处之。肖，象也。慊然似无所肖象，自小之意也。若自以为有所肖象，则为细人矣，非大人之量也。此二句乃老子以当时俗语如此发明也。一本于"谓我"下添"道"字，"其细"下添"也夫"字，皆误也。三宝，其道可宝而用之也。我有者，人人有贵于己也。惟慈故能勇，惟俭故能广，惟能不敢先，故为天下之长。《左传》曰"晋公子广而俭"，正用此语。俭，收敛也。广，开豁也。亦小而后能大之意。器，形也。成器，即成形也。凡在地之成形者，我皆为之长，故曰"成器长"。今人舍慈而用其勇，舍俭而用其广，舍后而用其先，此非保身之道也，故曰"死矣"。战，交物而动也，犹庄子曰"与接为构，日以心斗"也。守，犹庄子曰"纯气之守也"。人能以慈为主，则外可胜物，内可自守，故曰"以战则胜，以守则固"。救，佑助也。卫，自卫其身也。能以慈卫，天所佑也。此语隐然有讥责今人不能之意。能者天诱其衷，则不能者天夺之监矣。前言三宝，此举其一，能慈，则二者在其中矣。

释德清：此章老子自言所得之道至大，世人不知，其实所守者至约也。

"道大"，如"巍巍乎惟天为大""荡荡乎民无称焉"，言其广大，难以名状也。"不肖"，如孔子云"不器"、太史公谓孟子"迂远而不切于事情"之意，即庄子所谓"大有径庭，不近人情"也。此盖当时人见老子其道广大，皆如下文所云，以勇、广、器长称之，且不得而名，故又为不肖，即若孔子称之"犹龙"也。

　　故老子因时人之言，乃自解之曰："天下人皆谓我之道大，似乎不肖，无所可用。惟其大，所以似不肖耳。"肖者，与物相似，如俗云一样也。"若肖"作一句，"久矣其细"作一句，倒文法耳。谓我若是与世人一样，则成细人久矣，又安得以道大称之哉？

　　下文释其大之所以，谓世人皆见其物莫能胜我，遂以我为勇；见我宽裕有余，遂以我为广；见其人皆推我为第一等人，遂以我为器长。器者，人物之通称也。以此故，皆谓我道大，其实似无所肖。殊不知我所守者至约，乃"慈""俭""不敢为天下先"，三法而已。

　　"慈"者，并包万物，覆育不遗，如慈母之育婴儿。"俭"者，啬也，有而不敢尽用。"不敢为天下先"者，虚怀游世，无我而不与物对。然以慈育物，物物皆己，且无己与物敌，物自莫能胜矣，故曰"慈，故能勇"。心常自足，虽有余而不用，所处无不裕然宽大矣，故曰"俭，故能广"。物我两忘，超然独立，而不见有己以处人前，故人皆以我为畸人，推为人中之最上者矣，故曰"不敢为天下先，故能成器长"。以此故，皆以我为道大似不肖耳。以我所守者如此，即前所云"我独异于人，而贵求食于母"也。以此三者，乃大道之要妙耳。

　　且今世人，舍慈而言勇，舍俭而言广，舍后而言先，死矣。此"死"字非"生死"之"死"，如禅家所云"死在句下"，盖"死活"之"死"，言其无生意也。以世人不知大道之妙，但以血气夸侈争胜做功夫，故一毫没用头，皆死法，非活法也。

　　且此三者之中，又以慈为主，不但学道，即治天下国家莫不皆然。若以战则胜，以守则固，故王师无敌，民效死而勿去，皆仁慈素有所孚，故为战胜守固之道。此所谓"道之真以治身，其绪余以为天下国家"。以天地之大德曰生，故天将救斯民，而纯以慈卫之。故圣人法天利用，而以慈为第一也，世俗恶足以知之？

　　故知治世能用老氏之术，坐观三代之化。所以汉之文、景，得糟粕之余，施于治道，迥超百代耳。此老子言言皆真实功夫，切于人事，故云"甚易知易行"。学人视之太高，类以虚玄谈之，不能身体而力行，故不得其受用耳。惜哉！

　　【按】德师释"道大似不肖"之"不肖"为"如孔子云'不器'"。"不器"是孔子对君子的定义，如此释"不肖"，诚可谓确极妙极。

六十七章

黄元吉：夫道，本无极而太极者也，无大无细，非大非细，即大即细，固有言思拟议所不以罄者。若强以大名之，则"浩然之气，至大至刚，充塞乎天地之间"是。如欲以细状之，则"无名之璞，至隐至微，藏于太空之际"是。其在人也，得之则生，失之则死。要皆自无而有，由微而著，盖以微者其原，而大者其委。与其言大以明道，不如言细以显道也，所以太上曰：天下皆谓我大。夫我即道也，道本无方无体，今以大称，是道有方体可拟，似不相肖。夫惟大莫名其大，故不肖人之所谓大。若欲形天之道，肖我之身，自开天以至于今，体天立极、阐教明道之圣人久矣乎，皆以无极之极，不神之神，至细至微，而为道也。顾道如此无声无臭，恍惚杳冥，学者又从何下手哉？

太上曰：我有三宝，持而守之，拳拳弗失，宝而珍之，念念不忘，则可返本还原，以复维皇之诞降。三宝者何？一曰慈，慈即仁也。仁慈蔼蔼，为天下元，君子体仁，足以长人，且统乎四端，兼乎万善，仁在其中，即道在其中，充之至极，可以包罗天地，贯注古今，此为金丹之本，修士所宜珍念也。顾其道及乎至大，其几起于至微，若不知万念俱忘，一灵内照，徒务广而荒，求博而泛，于仁无得，于道无有焉。惟反求诸己，笃守于心，欲立立人，欲达达人，守约施博，古所谓"得其一，万事毕"，非此俭欤？夫俭为求仁之方、修道之要，学者既知其慈，尤当养以俭，始可与道同归。虽然，使自高自大，不有谦和之度，则在内只知一己，在外渺视诸人，自诩聪明，矜言智慧，居然以先知先觉自命，往往视天下人无有能处己先者，究之，性不恬静，气不和平，而欲丹成九转、道极九天也，难矣。古云"修丹要诀，以灵觉为道之体，冲和为道之用"，庶在在处处不敢为天下先也。且夫慈也者，人心之良能也。尽一己之心以立万物之命，誓愿何其宏也！养寸衷之性以求万物之安，精力何其壮也！是守慈之人，即养勇之人。曾子谓子襄曰："自反而不缩，虽褐宽博，吾不惴焉；自反而缩，虽千万人，吾往矣。"非一片仁慈，毫无私屈者，能有如此之大勇乎？必所守者约，而后所施者博，是非约无以为博也。惟能慎举动，省思虑，致一心于方寸，收百体于丹田，绵绵密密，不二不息，继继绳绳，无怠无荒，自然修其身而天下平，非俭何由广乎？至若不敢为天下先，正"谦尊而光，安贞之吉"。其能柔顺乎天下，而天下莫与之争，即能顺承乎天道，而天道默与以成。非有冲和之德，不敢为天下先，焉能大器晚成如是乎？是知慈也、俭也、后也，皆求道之本始也；勇也、广也、先也，皆奉道之末效也。今之学者不然，舍慈且勇，必生忍心，舍俭且广，必怀贪念，舍后且先，必有争竞，皆取死之道；即或幸存，亦行尸走肉，滥厕人群，其与死又何异哉？总之，慈为人之生理，性所同然，惟能守之以约，出之以和，则慈惠恻怛，自出真诚，天下未有不心折而屈服者。惠足使人，仁者无敌，焉有战之不胜、守之不固，而贻羞于天下耶？《书》曰"惟天阴骘下民，相协厥居"，俾之以生以遂，永享无事之天，所谓"天将救之"者，此也。《诗》曰："维天之命，于穆不已。"足见清空一气，流行不息，发育无疆，夫亦曰"以慈卫之"而已矣。

道曰大道，其实无极而太极也。然非从无极之始，混混沌沌中，觅出津涯，又安知太极之根，能测其起止乎？学者须先明道原，于不睹不闻之中，寻出至隐至微之体，即所谓"虚而灵"者是。顾其细已甚，曰黍珠一粒，又若有可象者。总之，无形之形，无状之状，迎之不见其首，随之不见其后，即人心中蔼然一片仁慈是也。虽至顽至劣之夫，亦不泯仁慈之性。孔子曰："我欲仁，斯仁至矣。"修丹岂有他哉？不过守此仁慈而已。何谓仁慈？如齐王见牛之觳觫而不忍，乡人见孺子之坠井而恻然，此皆仁心发端，天心来复。由此思之，此个动机动念，无时不有，第恐人不及觉耳。学者从天真发动处，扩充行去，自然炼丹有基。但不可务博而荒，只须守约而微，一心皈命，五体投诚。古云："心要在腔子里，念不出总持门。"由此愈约愈博，愈微愈彰，其约之弥精者，其拓之愈广也。学者可不以俭为本乎？虽然，俭德为怀，固以约鲜失之良法，苟不出以谦和，又恐躁暴之性，起火伤丹，故守约尤须致和，在在自卑自小，不居人先，始为虚己下人，仁心常在，道气常存矣。若不尚慈而尚勇，不务俭而务广，不居后而居先，如此则心是凡心，气是凡气，人身虽存，天性已灭，其不死亡者，未之有也，安望我有三宝持而不失乎？且人有仁慈，尤足得人之欢心，以之出战战必胜，以之守城城必固，此即喻临炉进火，烧退六贼三尸，守城沐浴，则保固胎婴元神。是柔和之心，为炼丹养道之要。况天之生人，予之以生，无不予以仁慈。能克念归仁，长生永命之丹即在是矣。

【按】黄师释"慈"、释"俭"、释"不敢为天下先"，诚可谓深得修真养性之要义。

【综按】"我道大，似不肖"何其灵动活泼。道，无以言之，古德常谓：言语道断，心行处灭。禅门大德南岳怀让禅师谓"说似一物即不中"，与此何其相似乃耳。肖，象也，不肖即不象，即是说既不像任何事物和现象，又像一切事物与现象，此与《金刚般若波罗蜜经》"无所住"之精神主旨又何其相似啊。慈悲能容一切人和事，俭能令生活简洁，行持归一，不敢为天下先，即民国高僧印光大师"看一切人都是菩萨，唯我一人实是凡夫"。故老子说："我有三宝，持而宝之：一曰慈，二曰俭，三曰不敢为天下先。"

六十八章

　　古之善为士者不武，善战者不怒，善胜敌者不争，善用仁（人）者为下。是谓不争之德，是以用人之力，是谓配天古之极。

三家注按

林希逸： 士，士师之官也。武，犹曰健吏也。作士明刑，岂以健吏。战而怒，忿兵也。不与，不与物为对也。用人为之下，即前章"以下取国"之意。四者之善，皆不争之喻也。不争之德，可以配天，可以屈群力用天下，自古以来无加于此，故曰"古之极"。

释德清： 此言圣人善于下人，以明不争之德，释上"三宝"之意也。一章主意，只在"善用人者为之下"一句。

　　乃假兵家战胜之事，以形容其慈，乃不争之至耳。士者，介胄之士。武者，武勇。然士以武为主，战以怒为主，胜敌以争为主，三者又以气为主，况善于为士者不用武，善于战者不在怒，善于胜敌者不必争，即前所云"以慈用兵"也。意谓武、怒、争三者，独兵事所必用，若用之而必死，故善者皆不用，何况常人，岂可恃之以为用耶？乃骄矜恃气，不肯下人，故人不乐其用，乃不善用人耳。故古之善用人者，必为之下，即此"是谓不争之德"也。若以力驱人，能驱几何？若以下驱人，则天下归之。是以下用人，最有力也。所谓"上善若水，水善利万物而不争"，以其有力也。

　　"是谓配天古之极"者，乾天，坤地。若天地正位，则为否，而万物不生；若乾下坤上，则为泰。是知天在上而用在下也。圣人处民上而心在下，可谓配天之德。此古皇维极之道，置百姓于熙皞至乐之中。斯岂不争之德以治天下，而为力之大者与？

　　此章主意，全在不用气上做功夫，即前云"专气致柔，能如婴儿"。纯和之至，则形化而心忘。不见物为对，则不期下而自下矣。殆非有心要下，而为用人之术也。然学人有志于谦德，则必尊而光，况圣人无我之至乎？

【按】德师释"善用人者为下"为"不期下而自下""非有心要下",可为的释。

黄元吉:士,士师也。士师用兵,原是尚武。《易》曰"刚中而应,行险而顺""神武而不杀",是用武不武,士之善为士也。及大敌交锋,两军对垒,不得不陈师鞠旅,称干比戈,势奔山河,声震雷电,然究其心,只诛无道,非有恶于人也,虽战而无战,是为善战。纵师徒他出,士卒无多,而强敌忽然压境,不难弹琴退中原之寇,和曲解敌国之围,所谓"不怒而成于铁钺"者是。迨至班师振旅,奏凯言旋,人皆盈廷奏绩,而彼独逊谢不前,所谓"大树将军"者,可以无愧矣。即或上赏频加,而反躬常觉赧颜,此善胜敌者所由不争也。《书》曰"汝惟不争,天下莫与汝争能",其斯之谓欤?若此者,皆由推陈布公,集思广益,不自恃其才,善用众人之才以为才,不自矜其智,善用众人之智以为智,所谓"卑以下人"者此也。倘非察纳雅言,咨诹善道,虚怀若谷,谦尊而光,乌有此善战善胜之能王天下犹反掌耶?是皆无争之德有以服民心也。是皆用人之力有以威天下也,是皆下顺民心,上合天道,与天地参,而立万古之人极也。噫,非圣人至诚尽性,焉能于干戈扰攘之际,隐然寓太平揖让之风,用武不武,行怒不怒,相争不争如此乎?又况宽以御众,虑以下人,贤者在位,能者在职,天下之士皆效忠抒悃,而愿赴功趋事、舍生奉命于其间,一如天道不言,四时流行,万物献瑞,此所以配天地而立极也。《诗》曰:"思文后稷,克配彼天,莫匪尔极。"微斯人,其谁与归?

此寓药生进火,虽有猛烹急练法功,然亦因时为动,顺势而行,用武无武,所以无倾丹倒鼎之患也。纵气机之动、真阳之生,至大至刚,充塞乎两大,何异战者之赫然震怒,所向披靡?况采取进火,只因其气之浩然者而扩充之,非好为其强也,故一经洗练,而凡骨化为玉骨,凡身化作金身。所谓"一战而天下平",无非因民之怒,而已无与焉,所以取金丹于反掌,犹取天下如拾芥也。惟其神凝无凝,息调无调,纯任乎天,不杂以人,虽天人交争、理欲迭起,不得不存理以遏欲、尽人而合天,迨至学粹功深,义精仁熟,毫无胜私克己、争功争能之心,仁者所以无敌于天下也。若是者,皆由谦和柔顺,虚己下人,一听气机之动静而与为转移。故丹之成也,有不见而章,不动而变,无为而成者焉,何殊善用人者为之下乎?修炼之道,果能在在安和,时时柔顺,欲不用遏而自遏,理不用存而自存,是谓不争之德也。且以不争之心,顺理以施,随机而运,犹用人之力以成一己之功，是能范围天地之化而不过也。孔子曰："天何言哉？四时行焉，百物生焉。"圣人与道合真，正不啻天经地纬而立万世之人极也。

【按】黄师释"不争"为"纯任乎天，不杂以人""毫无胜私克己、争功争能之心"，可为"不争"正解。

【综按】本章以"善为士""善战""善胜""善用人"为喻，以明"不争之德"。天虽处上而其用却在地之下，《易》谓之"地天泰"。"泰，通也"，故万物无不通达，故能"裁成天地之道，辅相天地之宜"，故老子曰"是谓配天古之极"。

六十九章

用兵有言："吾不敢为主而为客；不敢进寸而退尺。"是谓行无行，攘无臂，仍无敌，执无兵。祸莫大于轻敌，轻敌几丧吾宝。故抗兵相加，则哀者胜。

三家注按

林希逸：用兵有言者，亦举当时之语以为喻也。用兵者，不敢为主而为客，重于进而易于退，以不行为行，以不攘为攘，以无求敌而引敌，以无执而为执，此皆兵家示怯示弱，以误敌之计。仍，引也，引敌致师也。如此用兵，方有能胜之道。若轻敌而自矜自眩，则必至于丧败。不争而胜，宝也；轻敌以求胜，则丧其宝矣。故两敌之国抗兵以相加，能自哀者常胜。哀者，戚然不以用兵为喜也。击鼓其镗，踊跃用兵，则非哀者矣。此章全是借战事喻道，推此，则书中借喻处，其例甚明。

释德清：此重明前章"不争之德"，以释上"三宝"以慈为本之意也。

然慈，乃至仁之全德也，所谓"大仁不仁"。以其物我兼忘，内不见有施仁之心，外不见有受施之地。故凡应物而动，皆非出于有心好为，盖迫不得已而后应，故借用兵以明慈德之至也。

何以知之？且如古之用兵者有言曰："吾不敢为主而为客，不敢进寸而退尺。"以此观之，足可知也。古之用兵，如涿鹿、孟津之师是也。兵主，如春秋征伐之盟主，盖专征伐，主于兵者，言以必争必杀为主也。客，如诸侯应援之师，本意绝无好杀之心，以兵主召之，迫不得已，惧之而后应也。"不敢为主"者，言其本无好杀之心，今虽迫不得已而应之，然亦听之待之，若可已则已。以无心于功利，故绝无争心，所以进之难而退之易，故曰"不敢进寸而退尺"，言身进而心不进，是以退心进也。

以无争心，故虽行而如不在行阵；虽攘而若无臂之人。仍，相仍，犹就也。言彼以我为敌，而我以彼为敌也。虽就，亦似无敌可对；虽执，犹若无兵可挥。

戒惧之至，而不敢轻于敌。由不敢轻敌，所以能保全民命，不伤好生之仁。然祸之大者莫大于轻敌。以轻敌则多杀，多杀则伤慈，故几丧吾宝矣。抗兵，乃两敌相当，不相上下，难于决胜。但有慈心哀之者，则自胜矣。何则？以天道好生，助胜于慈者也。

由是观之，兵者对敌，必争必杀以取胜。今乃以不争不杀而胜之，盖以慈为本故也。足见慈乃不争之德，施于必争之地，而以不争胜之，岂非大有力乎？用之于敌尚如此，况乎圣人无物为敌，而以平等大慈，并包万物，又何物而可胜之耶？故前云"不争之德，是谓用人之力。是谓配天，古之极"。

此章旧解多在用兵上说，全不得老子主意。今观初一句，乃借用兵之言，至轻敌丧宝，则了然明白，是释上"慈"字，以明"不争之德"耳。

【按】德师认为本章是"重明前章不争之德，以释上'三宝'以慈为本之意也"，甚是。而认为"慈，乃至仁之全德"，即"所谓大仁不仁"。具本而言则"物我兼忘，内不见有施仁之心，外不见有受施之地"。如此境界，亦即道门所谓无为，佛门所谓三轮体空是也。

黄元吉：古人用兵，著为战策，其有言曰："吾不敢为主而为客。"主犹君也，君主出令，得专其政；客犹臣也，臣主奉令，一听之君，所谓"饶他为主我为宾"是。是以吾为主，即以后天人心作主，而先天道心反退听焉。吾岂敢以后天人心为主，而先天道心反退听于后天人心也哉？其必以先天道心为主，而以后天人心为客，在在依之以为命也，可。"不敢进寸而退尺"者，盖谓战胜而进，即一寸也宜固守之；如败而退，即跬步也不可让之。若进有寸功而退以尺计，是得少失多，难成易败，在用兵，为不才之将，在修道，为无功之人，吾岂敢哉？亦惟让彼为主，逊我为宾，则彼有可乘之机，我无可抵之隙，所谓"制人而不为人所制"，庶无挫辱之虞矣。见可而进，知难而退，其进也，必鼓其迈往之神，其退也，不予以可攻之势，如此小心，其难其慎，无非凡事让人以先，而己独处于后焉。故其行军也，若人能行而己似不能行者然；及其挺身而往，攘臂而前，又若人有臂而己无臂者然；迨至对垒交锋，两军相仍而战，又若人能敌而我无能敌者焉。虽伐鼓渊渊，振旗阗阗，彼有所执，我岂独无兵哉？然而善用兵者，有如涉春冰，履虎尾，一似人有兵而己无兵者焉。如此进不轻进，退不轻退，诚知社稷存亡，国家成败，系于一战，敌其可轻视乎哉？试观古来慎敌者往往成功，轻敌者常常败绩，如管子之伐山戎，子玉之战城濮，可见矣。况朝廷之兴衰，视将帅之得失，如不临事审慎，逞己才，恃己智，而谓人莫己若，似孟明之超乘以过，高固之出贾余勇，未有不败国亡家、覆宗灭祀者。圣人之大宝曰信，轻敌者必丧人君之信。惟两敌相抗，两兵相加，而自弱自柔，至慈至惠，常以杀伐之气，有干天地之和为忧，不以兵革之威，得辟土地之利为乐，有时用兵疆场，亦出于万不得已，虽未哭泣徇师，而仁慈恻怛之心、哀痛迫切之情，早已流露于陈师鞠旅之间，而三军共沐其生成，万姓咸相为感激也。所以君子有不战，战必胜矣，非哀痛之心有以及人身而入人心也哉？

此喻真阳发生，气机充壮，方可进火行工。如不静候铅气之动，而慢以神火升降进退，循环运转，未有不邪火焚身、大遭困辱者。当其四候之际，必候坎气之自动，而离不得以专主，故曰：吾不敢为主而为客。修炼之道，进行则常，退后则灾，如天之运行不息、水之流行不停，始克蒸蒸日上；若时作时辍，一暴十寒，则是进寸而退尺，功少而过多，终身必无成功矣。若此者，由不知归根复命之道乃日用常行之道，不可以智计取，不可以作为得。惟逆修丹道，顺运自然，学如不学，功而无功，相因而造，顺势而前，无毫阻滞，无一把持，若禹之治水，行所无事而已。倘进火行符，轻于进退，犹行兵者之轻视敌人，未有不火起伤丹，炉残鼎败，以致铅汞一齐飞散者。噫，纯任自然，敬慎不败，固缊熙于光明；若妄作聪明，长生之宝必因此后天尸贼为之戕害无存，又安望其成丹而可大可久哉？惟仁慈一片，哀痛十分，而复出之以和平，行之以柔顺，自然所向披靡，战无不胜。学人慎毋以后天识神为主，而先天元气皆退听焉，庶几其不差矣。

【按】黄师释"吾不敢为主而为客"之"吾"为后天之人心。全句意为：后天之人心不敢以为主，而只能以之为客。以修养而言，于理亦通。

【综按】吾，私我、欲我，即人心也。修真养性者，当任其天理流行而听命之，却不起一丝一毫人欲之私也。天理岂可任人心而为之主宰乎！故曰"吾不敢为主而为客"也。虽欲听任其天理流行，若不时时提起觉照，日三省乎吾身，则人心乘隙而起，进一退九在所难免矣，而所修所养亦皆将付之东流，故曰"不敢进寸而退尺"，"祸莫大于轻敌，轻敌几丧吾宝"。"行无行，攘无臂，仍无敌，执无兵"，皆天理流行之谓也。哀，仁哀、慈哀，将帅慈哀，务全物命，主上仁慈，将士用命，故"抗兵相加，则哀者胜"。

七十章

吾言甚易知，甚易行。天下莫能知，莫能行。言有宗，事有君。夫唯无知，是以不我知。知我者希，则我者贵。是以圣人被褐怀玉。

三家注按

林希逸： 吾言甚易知，甚易行，而天下之人莫有知者，莫有行者，此叹时之不知己也。宗，主也。君，亦主也。众言之中有至言，故曰"言有宗"。举世之事，道为之主，故曰"事有君"。世无知至言至道之人，所以莫有知我者，故曰"夫惟无知，始不我知"。既言天下不我知矣，又曰"知我者希，则我贵矣"，此即前章"不笑不足以为道"之意。圣人之道，足于己而不形于外，犹被褐而怀玉，故人不得见之矣。

【按】 林公释"圣人被褐怀玉"，为道之为物，"足于己而不形于外"，可谓确矣。

释德清： 此章示人立言之指，使知而行之，欲其深造而自得也。

老子自谓我所言者，皆人人日用中最省力一着功夫，明明白白甚，容易知，容易行。只是人不能知，不能行耳。以我言言事事，皆以大道为主，非是漫衍荒唐之说。故曰"言有宗，事有君"。宗、君，皆主也。且如一往所说，绝圣弃智，虚心无我，谦下不争，忘形释智，件件都是最省力的功夫，放下便是，全不用你多知多解，只在"休心"二字，岂不最易知最易行耶？

然人之所以不能知者，因从来人人都在知见上用心。除却知字，便无下落。以我无知无识一着，极难凑泊，所以人不知我耳。故曰"夫惟无知，是以不我知"。然无知一着，不独老子法门宗旨，即孔子亦同，如曰"吾有知乎哉，无知也""有鄙夫问于我，空空如也"，此岂不是孔圣亦以无知为心宗耶？此夫子见老子后，方得妙悟如此，故称"犹龙"，正谓此耳。

然以无知契无知，如以空合空。若以有知求无知，如以水投石。所以孔、老心法，千古罕明，故曰"知我者希"。若能当下顿悟此心，则立地便是圣人，故曰"则我者贵"。则，谓法则，言取法也。圣人怀此虚心妙道以游世，则终日与人周旋，对面不识，故如披褐怀玉。永嘉云："贫则身常披缕褐，道则心藏无价珍。"

此一章书，当在末后结束。盖老子向上一往所言天人之蕴，至此已发露太尽，故著此语。后章只是要人在日用着力做功夫，以至妙悟而后已。

【按】德师此章，直将儒释道三家明道用功宗旨融为一体，益彰我华夏文明。道道途途，向上一路，无不消归心性，自然无为，诚所谓殊途同归，放下一切知见，即是本地风光，即能入"无"合"中"是"空"之境也。

黄元吉：夫道者，人心固有之良，日用常行之事，至近至约，不可须臾离也，离则无道，无道则无人，又何言之有？况吾之所言，虽累千累万，盈篋盈箱，不可胜数，要皆切于人心，近于日用，无有难知难行者。顾何天下莫能知、莫能行者也？岂吾言之不易知、不易行乎？盖言有宗也，即人所不学而知之良知也；事有君也，即人所不学而能之良能也。惟言知有宗，则近取诸身，而言皆善言；事知有君，则默窥其隐，而行皆善行。夫道若大路然，岂难知难行者哉？"反身而诚，乐莫大焉"。若不知言之有宗、事之有君，而求诸高远之地、广博之乡，是以玩物丧志，务广而荒，心为形役，性为气累，而本来天德之良，迷而不悟，竟以吾言之甚易者，转似大而莫之纪、远而无可稽，不良可慨欤？虽然，其知也，于我何加？其不知也，于我何损？况我之所以为我，初不因人之知不知也。知我者希，则我之贵乎我者仍自若也。是以圣人外被至贱之褐，内怀至贵之玉，晦迹山林，藏身岩穴，亦惟顺性命之理、参天地之道，以修其在己，而人之知否从违，概不问焉，此所以圣者益圣而愚者愈愚矣。

太上之言，头头是道，字字切身，即人以言道，即道以言身，易莫易于此矣，夫何难知难行者哉？顾人之昧昧者，良由道在迩而求诸远，事在易而求诸难，不务真常大道，反求糟粕绪余，如辞章记诵、刑名术数之类，学愈博而心愈荒，事愈繁而性愈劣，无怪乎太上道言，当时为人心所同，后世为太上所独也，良由不明言之有宗、事之有君耳。夫宗者、君者，即人身之"中"也。尧舜授受心传，无非"允执厥中"而已。后如文之"纯一"，参之"慎独"，轲之"良知"，莫非人身之一"中"。此个"中"字，所包甚广。其在人身，一在守有形之中，朱子云"守中制外"。夫守中者，回光返照，注意规中，于脐下一寸三分处，不即不离是。一在守无形之中，《中庸》云"喜怒哀乐之未发谓之中"，罗从彦教李延平"静中观喜怒哀乐未发气象"。此未发时，不闻不睹，戒慎恐惧，自然性定神清，方见本来面目，然后人欲易净，天理复明。自古圣贤仙佛，皆以此为第一步功夫。但始须守乎勉然之中，终则纯乎自然之中。三圣人名目各有不同，总不外此中字，为之宗、为之君。即如吾教以凝神调息为主，然后回观本窍，心无其心，气无其气，乃得心平气和，心平则神始凝，气和则息始调，其要只在心平二字。心不起波之谓平，能执其中之谓平，平即在此中也。心在此中，即丹经之玄关一窍。到得神气相依，玄关之体已立，此为大道根原，金丹本始。他如进火退符，搬运河车，有为有作，总贵谦和柔顺，以整以暇，勿助勿忘，有要归无，无又生有，至有无不立，方合天然道体，此即"得一而万事毕""吾道一以贯之"之旨也。学者知此，太上之经可解，庶不为旁门左道所惑也。若不知言之有宗、事之有君，未许升堂入室而迷于他往者。人能知此行此，自然有得于中，无慕乎外，如圣人之被褐怀玉，而融融泄泄不已焉。

【按】黄师释"言有宗，事有君"之"宗""君"为"良知""良能"，为人身之"中"。并为之发挥说："尧舜授受心传，无非'允执厥中'而已。后如文之'纯一'，参之'慎独'，轲之'良知'，莫非人身之一'中'也。"打通儒道，理据天然。

【综按】大道之修证，只需逆用生命程序，即老子所谓"反"（反者道之动）、所谓"归"（复归于婴儿）也，故曰"言甚易知，甚易行"。放下向外追求之心，放下念上生心之心，放下住心，认取现前当下一念求"道"之心，即观前当下一念术道之心亦不着，则能与虚与空与道合一，即是"反"，即是"归"，然则人莫之信，不肯认，更不能行，故曰"天下莫能知，莫能行"。

七十章

七十一章

知不知，上；不知知，病。是以圣人不病，以其病病，是以不病。

三家注按

林希逸：于其至知，而若不知，此道之上也。于不可知之中，而自以为知，此学道之病也。人能病其知之为病，则无此病矣。圣人之所以不病者，盖知此知之为病而病之，所以不病。此一章文最奇，或以"上"为"尚"，又于首句添两"矣"字，误矣。

【按】林公此释，随文敷演，似无实义。

释德清：此承上言"夫惟无知，是以不我知"，恐人错认无知，故重指出无知之地也。

然世人之知，乃敌物分别之知，有所知也；圣人之知，乃离物绝待，照体独立之知，无所知也。故圣人之无知，非断灭无知，乃无世人之所知耳。无所知，乃世人所不知也。世人所不知，乃圣人之独知。人能知其所不知之地，则为上矣。故曰："知不知，上"。

若夫臆度妄见，本所不知，而强自以为知；或错认无知为断灭，同于木石之无知。此二者皆非真知，适足为知之病耳。故曰"不知知，病"。若苟知此二者为知之病，则知见顿亡，可造无知之地，而无强知妄知之病矣。故曰："夫惟病病，是以不病。"圣人但无强妄之知，故称无知，非是绝然断灭无知也。故曰："圣人不病。"

此段功夫，更无别样玄妙。唯病其妄知强知是病而不用，是以不堕知病之中，而名无知。此无知，乃真知。若如此真知，则终日知而无所知，斯实圣人自知之明，常人岂易知哉？此所以易知易行，而世人不能知不能行也。

古云："知之一字，众妙之门；知之一字，众祸之门。"然圣人无知之地，必假知以入。若悟无知，则妄知自泯。此乃"知之一字，众妙之门"也。若执有知以求无知，则返增知障，此乃"众祸之门"，正是此中知之病也。"知不知，上"，最初"知"字，正是入道之要。永嘉云："所谓知者，但知而已。"此句最易而难明。学者日用功夫，当从此入。

【按】德师所释，全遵佛理，可谓别开生面，亦如醍醐灌顶，受用无穷。

黄元吉：睿智所照，自如明镜无尘，止水无波，物来毕照，毫无遁情。此神明洞彻，自然而知，因物为缘，如心而出，非亿度以为明、悬揣以为知者。其知也，由于性光之自照，而不是有前知之明，却能知人所不知，此上哲之士，非凡人所能及也。凡人，智不能烛理，明不能照物，往往拟议其人之诚伪，逆料夫事之兴衰，幸而偶中，人谓其明如镜，自亦诩其烛如神。此等揣摩之知，非神灵之了照，乃强不知以为知，虽有所知，其劳心苦虑，病已甚矣，是自作聪明者，自耗神气者也。夫惟以强知为病，于是病其所病，而穷理以尽性，修命以俟天，慧而不用，实智若愚，自然心空似水，性朗如冰，一灵炯炯，照彻三千，又何营回之苦、机巧之劳，以为患也哉？是以不病。圣人明烛事机，智周物理，自有先觉之明，绝无卜度之臆。故凡人有病而圣人不病焉者，以其能病所不知，病所不明，而于是一心皈命，五体投忱，尽收罗于玄玄一窍之中，久之，灵光焕发，烛照无遗，固随在皆宜，亦无往不利也。以其病病，是以不病。

此言慧照之知，是为上等；若矫情之知，实为大患。惟以强知之患为患，是以无患。圣人之得免于患者，常以此患为患，所以无患。大旨已明，兹不复赘。今再将道妙详言之：大凡打坐，必先从离宫修定，做一晌，而后自考自证，果然空空无物，于是始向水府求玄。夫离宫修定，是修性也，心空无物，即明心见性矣。所以吾尝云：静坐之初，此心悬之太虚，待身心安定，意气和平，然后徐徐以意收摄，回照本宫。到得了无一物介于胸间，从此一觉一照，即十方三界，无在而不入我觉照之中，然而觉性不生，觉性不灭，不过了了自了、如如自如而已。以此求玄，则水源至清，自可为我结丹之本。一霎时间，自然性光发现。何以见之？即吾前日所示"恍恍惚惚中，忽然一觉而动"是。修道之要，始而以性摄情，若不先讨出性真本来，突地下水府中求玄，不知既无性矣，何以摄得起情来？夫既有虚灵之性，能招实有之情，由此一阳萌动，自然肾间微痒，有氤氲蓬勃之机。要知：离非属心也，凡凝耳韵、含眼光，戒香味触法，皆是神火主事，故曰属离；坎非在肾也，一身血肉团子，无非是精，凡精所有，无非是气，精气所在，即是属坎。我以神入血中，火热水里，未必即有气机发动，务须左提右挈，摄起海底之金，上入丹田，久久烹炼，火功既足，忽然天机发动，周身踊跃，从十指以至一身，跳动不止，身如壁立，意若寒灰，丹田气暖，此即血之不老不嫩，合中之时。若非有此效验，尚是微嫩，不可行火；若久见此景，而不知起火，气已散矣，始行用火，是为药老无用，学者审之辨之。然微阳初动，未必即有此盛气，只要心安意适，气息融和，亦可行子午河车。盖人身有形有质之血，不经火煅，尚是污污浊浊一团死血。惟用神火之照，血中自生出一点真气出来，即佛所云"我于五浊恶世修行而得成道果"是，又古谓"鬼窝中取宝，黑山下求铅"是，皆不外浊精败血内，以神火煅出此一点真气来。气既动，阳即生，又当知子进阳火、午退阴符、卯酉沐浴诸法，方能采得此真阳，运行流通，内以驱除脏腑之阴私，外以招摄天地灵阳之真气，久久用功，气质亦变。此河车一法，有无穷妙义也。古有言"气明子午抽添"，抽即抽取水府之铅，添即添离宫之汞。汞即心中灵液，后天中先天，从色身浊精败血中，以神火煅出而成甘露者是；铅即血中之气，气即古人谓水中之金，此为后天之先，只可以固凡体，不可以生法身。此是坎离交而生出来的药物，犹不可以作神丹。必要以性摄情，以情归性，性情和合，同煅于坤炉之中，忽地真阳发动，此为乾坤交而结丹，始可炼神丹，为真仙子。总之，修炼别无他法，只是一个河车运转。初关河车，犹须勉强，中关河车，天人合发，到得上关河车，纯乎自然之天，不失其时而已。至于卯酉沐浴诸法，不过恐初学人心烦火起，行功不得不然，若到纯熟，不须法矣。总在学人，神而明之，可也。

【按】黄师所释，虽引佛陀于五浊恶世之说，然则仍是纯粹道家之言。

【综按】本章讲"知"。"知"之一字，诸家重视，禅家宗密禅师说"知之一字，众妙之门"（《禅源诸诠集都序·卷二》）。能知之性，所知之理，本自空寂故也。知性虽本空寂，然则人若无此知性，知，不知，上；不知，知，病。圣人不病，以其病病。夫唯病病，是以不病。

七十二章

民不畏威，大威至。无狭其所居，无厌其所生。夫唯不厌，是以不厌。是以圣人自知不自见，自爱不自贵。故去彼取此。

三家注按

林希逸：不畏刑者常遭刑，章首之言借喻也。居，广居也。生，长生久视之理也。人皆自狭其所居，自厌其所生，不安于退而务进，不观于无而惑于有，是自狭也，自厌也。无者，戒敕之辞，言不可如此也。夫惟不厌者而能久安，故曰"是以不厌"，只就下句抽译一"厌"字，不及"狭"字，文法也。虽圣人知道，而若不自见然，能晦也。虽爱其身，而若不自贵然，能谦能贱也。去彼者，去众人挟厌之心，而自取足于斯道也，故曰"取此"。

释德清：此章教人遗形去欲，为入道之功夫，以造圣人无知之地也。

凛然赫然而可畏者，谓之威，如云寒威、炎威是也。是则凡可畏者，皆谓之威。唯国之大罚，与天地之肃杀，乃大威也。此借以为戕生伤性者之喻。世人以为小恶不足戒，而不知畏，必致杀身而后已。此"民不畏威，大威至"矣。喻世人只知嗜欲养生，而不知养生者皆足以害生而可畏也。且若嗜酒色，必死于酒色；嗜利欲，必死于利欲；嗜饮食，必死于饮食，是则但有所嗜，而不知畏，必至于戕生伤性而后已，此"不畏威，故大威至"矣。

然人但知嗜而不知畏者，以其止知有身之可爱，有生之可贵，以此为足，而不知大有过于此者，性也。且吾性之广大，与太虚同体，乃吾之真宅也。苟以性视身，则若大海之一沤，太虚之一尘耳，至微小而不足贵者。人不知此，而但以蕞尔之身，以为所居之地，将为至足，而贵爱之，则狭陋甚矣。故戒之曰"无狭其所居"。狭其居者，将以此身此生为至足也。故又戒之曰"无厌其所生"。厌，足也。若知此身此生之不足贵，则彼物欲固能伤生，亦不足以害我矣，以其无死地也。故曰"夫惟不厌，是以不厌"。厌，弃也。

故圣人自知尊性，而不见生之可养；自爱遗形，而不见身之可贵。此圣人之所独知，世人之所不知也，故去彼众人之所知，取彼所不知，以为道之要妙耳。以此足见世人之所知者，皆病也。圣人病之而不取，故不病也。

后三章互相发明此章之旨。

【按】德师此释，虽全依佛法，然则以事理衡之，亦甚有益修身养性，珍之可也。

黄元吉：所谓威者，纲常名教之大，天理所最难犯者。使知慎独于衾影，畏天威于隐微，自然天锡纯嘏，眉寿无疆。《诗》曰："畏天之威，于时保之。"若天威俨在咫尺，而戒慎弗懔旦明，致令伦常渐灭，礼义消亡，则天良无存，天罚不贷，而凶灾不免，性命难全，是民之不畏威，而大威至矣。若是者，皆由不知仁为安宅，旷安宅而弗居；义以生气，舍生气而自丧也。呜呼！彼民不幸，未生太古之世，以德威惟畏、德明为怀，故愚昧外恣，天显罔顾，而旱干水溢、疫疠灾荒，种种祸患兴矣。惟在上者，导以天下之广居，使游心于太和之宇，无狭隘为居而日蹈于危亡也；引以浩然之正气，使直养于清虚之天，无厌弃其生而自罹于断绝也。夫惟自爱其生之理，自保其天之良，而不稍厌斁，即《诗》云"敬天之怒，无敢戏豫；敬天之渝，无敢驰驱"也。"天监厥德""俾尔炽而昌，俾尔寿而臧"，实有与天地同为悠久者焉，是以不厌。非圣人，其孰能之？古帝王，恭己无为，懋昭大德，日就月将，洗心涤虑，精参造化之妙，洞晰本来之天，惟自知之耳。至若德业文章，外之所著，圣人绝不以之表见于人，且朝乾夕惕，重道守身，一息不肯离乎仁，天下无有加于己，其自爱为何如哉？他如名位声华，人之所尊重者，圣人绝不以之足贵。虽圣人自知自爱之端，亦凡人共知共爱之端，特凡人知之而必见之，爱之而必贵之，圣人自知不自见，自爱不自贵，其慎幽独而不敢炫耀于人，重保养而不敢矜尚于世，岂凡人所可同日语乎？夫亦曰去欲取理，尽人合天，以至超凡入圣，绝类离群，而成亿万年不朽之神者，皆由此自知广居之安，自爱长生之乐，一于此，不二于彼，而民自迁善而不知为之耳。舍此，乌能若是哉？

此言无狭所居，其所居者必大，无厌所生，其所生者必长。虽然，用工之际，元神、识神，不可不知。夫人受气之初，从父母媾精时，结成一点黍珠，此时絪缊缊缊，只有一团太和之气，并无一点知识，然而至神至妙，极奇尽变，作出天下无穷事业出来，都由此一点含灵之气之神，从无知无识而有知有识，从无作无为而有作有为，莫非由此而始。此时，天人一理，物我同源，体用兼赅，显微无间，故曰元神，此是天所赋畀的。到得血肉之躯既成，十月胎圆，呱地一声，婴儿落生，此时识神始具。夫元神者，先天之元气，天地人物一样，都藏于太虚中，一到人身，则隐伏于人身虚无窍子之内，此是天所赋者。修行人欲成大道，夫岂可着空着色以求之哉？惟有一无所知，一无所有，扫却一切尘氛，而个中消息自现，灵妙自生。至若识神，乃人身精灵之鬼，劫劫轮回种子。必要五官具备，百骸毓成，将降生落地时，然后这精灵之魂魄方有依附，古人谓"后天识神因有形魄而生"者此也，此元神之大分别处也。但有生之后，元识两神交合一处，有时元神用事，识神退听，则后天之意气虽动，要皆由仁义礼智而发为喜怒哀乐，识神亦化为元神者此也；有时识神用事，元神隐没不见，虽仁义礼智之见端，亦皆变为私恩私爱私憎私嫌，元神亦化为识神者此也。总之，为口耳一身起见者，皆是识神。一到识神用事，焉有光明正大，可以对天地、质鬼神的事业出来？惟混混沌沌中，勿焉一感而动，此时天理纯全，毫不挟后天识见，如能稳立脚根，端然行去，即纯乎天理而无一毫人欲之私。吾故教人于无知无觉时寻玄关一窍，良以此时，与天地一体，与虚空一致，能从此处把握行将去，则天地之生生，不难自我而为生生，虚空之变化，不难自我而神变化。此时一觉，诚为天地人之根源。修士不从此下手，又从何处以为仙圣之阶哉？要之，无思无虑而出者，元神也；有作为见解，自色身而出者，识神也。元神无形，识神有迹，一自虚无中来，一从色身中出，二者大不相侔。既明得元神生于虚无，识神生于色身，我于是正本清源，务令内外三宝闭塞，不许一知一见从有形有象有思有虑而出，如此操持，如此涵养，久久尸魄之灵皆化为清净元神，八万四千毫毛亦转为护法灵神，所谓"化识为元，转阴成阳"者此也。此在人实力于虚无一边，不要为色身起见着想，得矣。

【按】黄师此释，分辨元神识神甚清，实有助于行人。非过来人，不足以言辨如此。

【综按】民，人之谓；威，畏惧者也。威之大者，莫过于天理、国法。不畏天理者，《尚书·太甲》"自作孽，不可活"之谓也；不畏国法者，作奸犯科、杀人越货，法不容情，犯者，皆当受法惩处。天惩、法惩，皆是"大威至"。"无狭其所居"者，炼性以天地为炉鼎也，无厌其所生者，寻求修证永生也。

七十三章

　　勇于敢则杀，勇于不敢则活，知此两者或利或害，天之所恶，熟（孰）知其故？天之道，不争而善胜，不言而善应，不召而自来，口（繟）然而善谋。天网恢恢，疏而不漏。

三家注按

林希逸： 勇于敢为者，必至于自戕其身。临事而惧，是勇于不敢也。活者，可以自全也。敢者之害，不敢者之利，二者甚晓然。天道恶盈而好谦，则勇于敢者，非特人恶之，天亦恶之也。而世之人未有知其然者，故曰"孰知其故"，叹世人之不知也。"圣人犹难之"者，言圣人于此，亦以此道为难能也。天惟不争，而万物莫得而胜之；天惟不言，而自有感应之理。阴阳之往来，不待人召之而自至，坦然简易也。乾以易知，坤以简能，即坦然善谋之意也。天道恢恢，譬如网然，虽甚疏阔，而无有漏失者，言善恶吉凶，无一毫不定也。圣人之于道，虽以无为不争，而是非善否，一毫不可乱，此数句又以天喻道也。

【按】林公以"是非善否，一毫不可乱"释"天网恢恢"句，诚是。

释德清： 此言天命可畏，报应昭然，教人不可轻忽也。

　　勇者，决定之志也。敢者，不计利害而决于为也。杀、活，死、生也。谓凡世人做事，不顾利害，不怕死生，而敢为之。然敢乃必死之地，故曰"勇于敢则杀"。若用志于不敢为，是足以保身全生，故曰"勇于不敢则活"。此天道必然之理也。且此二者，亦有敢而生、不敢而死者。

　　至若颜子夭，而盗跖寿，此乃当害而利、当利而反害者，何耶？况天道好谦而恶盈，与善而恶恶，是则为恶者当恶而不恶，斯岂报应差舛耶？世皆疑之。故解之曰："天之所恶，孰能知其故？"故，所以然也。孔子曰："无求生以害仁，有杀身以成仁。"由此观之，生存而仁害，虽生亦死；身灭而仁成，虽死亦生。斯则跖非寿，颜非夭矣。此乃天道所以然之妙，而非世人所易知。是以圣人于此犹难之，不敢轻忽，而敬畏之，所谓"畏天之威，于时保之"也。

故下文历示天道之所以。逆天者亡，故不争而善胜；感应冥符，故不言而善应；吉凶祸福如影响，故不召而自来。然报愈迟，而恶愈深，祸愈惨，故繟然而善谋。以报速者有所警，报缓则不及悔，必至尽绝而后已，此所谓"善谋"也。是则天道昭昭在上，如网之四张，虽恢恢广大，似乎疏阔，其实善恶感应，毫发不遗。此所谓疏而不失也。

世人不知天命之如此，乃以敢以强以争竞于名利之场，将谓一身之谋，不顾利害死生而为之，自谓智力以致之。盖不知命之过，皆取死之道也。可不畏哉。

【按】 德师以"天命可畏，报应昭然，教人不可轻忽"释本章章旨，承上章"民不畏威"而来，以文法论，确极妙极。

黄元吉：《诗》曰："维天之命，于穆不已。"人盗天地之气以为丹，即盗于穆不已之天命。此命，在天即清虚一气，在人即太和一气，惟由平旦直养，至于浩然充塞乎两大，即反本复命，上下与天地同流矣。养之维何？一在于死妄心，死妄心贵于刚，刚则不屈于物而令正气常伸；一在于生真心，生真心贵于柔，柔则能悦诸心而令浩气常凝。此两者，一往无前，奋其果敢之力者，死机也；逡巡不进，甘为懦弱之材者，生气也。勇于敢则杀，勇于不敢则活，此进为退基，负为胜本。《易》曰"日中则昃，月盈则蚀""天地盈虚，与时偕行"，或利或害，往往与世相反，故人之所喜，天之所恶也。且夫天亦何所恶哉？好生者彼苍之心，有时不用生而用杀，尚德者上帝之意，有时不以德而以刑，此间生中寓杀，杀中有生，其意深微，有非人所能测度者。天之所恶，孰能知其故耶？是以修道之圣人，知福为祸基，柔为刚体，酌经权而用其中，忘利钝而守其正，不与凡人争利害，惟于一己辨从违。至于降灾锡福，惠吉逆凶，虽圣人犹难测其微矣，况下焉者乎？夫圣之道，亦天之道也。圣人纯任自然，而进退升降，自运转于一身之中；天道无为自然，而生长收藏，常流行于太虚之表。所以不与万物争强，而修短频临，究无一夫之能傲，是不争而善胜矣；不与下民言理，而祸福所及，卒无一地之或逃，是不言而善应矣。虽其中或迟或速，或重或轻，暗中自有权衡，有不由人谋者在，故曰：不召而自来，坦然而善谋。任他才智过人，奸巧绝世，而肺肝洞见，虽张皇掩饰，有何益乎？天网恢恢，疏而不漏，洵不诬也。

遏欲贵果，不果则人心放纵，人欲缠绵，故勇于敢则杀，所以杀人心也；存理贵柔，不柔即凡气暴躁，元气动摇，故勇于不敢则活，所以活元神也。然死心所以活神，害中有利；活神方能死心，利中有害；或利或害，两者相济，人心易死，道心易生。顾其中有天道焉。天有好恶，刑与德并施，生与杀共用，人或知之矣；而具生机于杀机之中，伏活机于死机之内，世人未易窥测焉。天之所恶，孰知其故哉？圣人身同天地，知恶之正所以好之，且非恶无以成好，此中循环妙用，虽圣人犹难知之。然而圣之道，亦即天之道也。天不与凡民争是非，而发育万物，无有不荷其煦妪而驾而上之者；不与凡民言感孚，而阴阳迭运，无有不相为默契而悖而驰之者。盖天人一道，寂然不动，感而遂通，化何神也？物我同源，廓然大公，物来顺应，措何当欤？至人以无思无虑之真，默运神功于生杀之舍，暗袭天机于造化之宫，入水府，造金乡，踵希夷，绝视听，杀者生之，生者杀之，初不知其何以相胜相应，如子母夫妇，不召自来，不谋自合，如此其感孚之捷而神耶？至灾祥予夺，祸福贞淫，天网恢恢，诚无有逃而脱之者，以虚空即道，道即天，不能逃虚空，即不能逃天。人不违道，即不违天，天休不于以滋至哉？

【按】余读此章，值五一国际劳动节，见游客随手所拍一视频——蛮横游人与僧互殴，心甚戚戚焉。黄师于本章谓修养之道曰："一在于死妄心，死妄心贵于刚，刚则不屈于物而令正气常伸；一在于生真心，生真心贵于柔，柔则能悦诸心而令浩气常凝。"仍不失其现实意义矣。

【综按】勇，果决。敢，据《康熙字典》载"《仪礼·士虞礼》敢用絜牲刚鬣。《注》敢，冒昧之辞。《疏》凡言敢者，皆是以卑触尊，不自明之意"，有果决之志，而又冒昧自用，触犯尊上，非致之死地而何？故曰"勇于敢则杀"。杀，死也，逆也。虽有果决之志，而无冒失之行，自不作奸犯科，故曰"勇于不敢则活"。活，生也，顺也。然则，寻道修真之事，甚难以言，不经磨难不发心，一帆风顺反背道者多，顺境发心求道者反少，故曰"此两者或利或害，天之所恶，孰知其故""是以圣人犹难之"。

七十四章

民不畏死，奈何以死惧之？若使常畏死，而为奇者，吾执得而煞（杀）之，熟（孰）敢？常有司煞（杀）者煞（杀）。夫代司煞（杀）者，是谓代大匠斫。夫代大匠斫，希有不伤其手。

三家注按

林希逸：此章言人之分别善恶，自为好恶，至于泰甚者，皆非知道也，故以世之用刑者喻之。言用刑者不过以死惧其民，而民何尝畏死。使民果有畏死之心，则为奇邪者，吾执而刑之，则自此人皆不敢为矣，故曰"吾得执而杀之，孰敢"。今奇邪者未尝不杀，而民之犯者日众，则民何尝畏死哉？司杀者，造物也。天地之间为善为恶，常有造物者司生杀之权，其可杀者造物自杀之，故曰"常有司杀者杀"。为国而切切于用刑，是代造物者司杀也。以我之拙工，而代大匠斫削，则鲜有不伤其手者。此借喻之中又借喻也。此章亦因当时嗜杀，故有此言，其意亦岂尽废刑哉？天讨有罪，只无容心可矣。

释德清：此承上章天道无言，而赏罚不遗，以明治天下者，当敬天保民，不可有心尚杀，以伤慈也。

治天下者，不知天道，动尚刑威，是以死惧民也。老子因而叹之曰："民不畏死，奈何以死惧之耶？"以愚民无知，但为养生口体之故，或因利而行劫夺，或贪欲而嗜酒色，明知日蹈死亡，而安心为之，是不畏死也。如此者众，岂得人人而尽杀之耶？若民果有畏死之心，但凡有为奇诡之行者，吾执一人而杀之，则足以禁天下之暴矣。如此，谁又敢为不法耶？民既不畏死，杀之无益，适足以伤慈耳。

夫天之生民，必有以养之。而人不知天，不安命，横肆贪欲以养生，甚至不顾利害，而无忌惮以作恶，是乃不畏天威。天道昭昭，必将有以杀之矣。是居常自有司杀者杀，无庸有心以杀之也。所谓天生天杀，道之理也。今夫人主操生杀之权，乃代天之威以保民者。若民恶贯盈，天必杀之。人主代天以行杀，故云"代司杀者杀"，如代大匠斫也。

且天鉴昭明，毫发不爽。其于杀也，运无心以合度，挥神斤以巧裁，不疾不徐，故如大匠之斫，运斤成风而不伤锋犯手。至若代大匠斫者，稀有不伤手矣。何也？夫有心之杀，乃嗜杀也。嗜杀伤慈。且天之司杀，实为好生。然天好生，而人好杀，是不畏天而悖之，返取其殃，此所以为自伤其手也。

孟子曰："不嗜杀人者能一之。"此语深得老子之余意。故轲力排杨、墨，而不及老、庄，良有以焉，至哉仁人之言也。

黄元吉：古之治天下者，必因乎民情之所易动而预为之防，不因人君之喜忧，惟视民情之好恶，顺其势而利导之，所以其教不肃而成，其政不烦而治。若民之灭纪败伦，干犯名分，而毫无畏死之心，我以五刑之设，悬于象魏，读之月吉，是徒劳其设施，而无补于国计民生也，岂不枉费心力哉？惟因民之贪生而惧死，有敢为奸邪奇诡者，吾乃从而杀之，正所谓"制一以警百，少惩而多诫"，斯民自父训其子，兄勉其弟，不敢职为乱阶，以自戕生而就死。然杀之虽在乎上，而所以杀之亦视乎其人。惟至仁杀至不仁，则民自杀之而不怨，死之而亦甘，孟子谓"惟天吏则可以杀之"是。夫天吏乃可以杀人，是常有司杀人者矣。若非天吏，而以暴诛暴，是以乱治乱，不惟民乱益甚，而且代司杀者杀，犹之代工匠而运斤成风，挥斧斫轮，其能神乎技而妙于成哉？历观古今匠士，其身不能大匠而代大匠斫者，奚有不伤其手耶？彼民不幸，不获生于有道之世，是以寇贼奸宄殊无忌惮；又不幸不遇司杀之人，则启沃无从，反还奚自？以至薄者愈薄，而厚者亦薄矣，不亦大可伤乎？

以畏死喻慎独。人惟慎独功深，则天人辨白，理欲分明。欲寡过而未能，思免愆而不得，于此兢兢业业，汲汲皇皇，省察其几微，克治其伪妄，不难欲净理纯，立见本来面目。若于不睹不闻之地，平日无操存涵养之功，而于欲动情胜时，思拔除恶孽，顿见性天，势必不除恶而恶多，愈洗心而心乱，太上曰：民不畏死，奈何以死惧之？理势乃相因也。惟能慎几于幽独，既有以知欲念之非，乃克遏欲于临时，庶可以还天心之正，一念扫除，一念清净，自不萌芽再生于其际。此民常畏死，而为奇者，吾得执而杀之，孰敢颠越不恭，败坏伦常？盖以有道驱无道，犹人君抚绥万姓，统驭群黎，以至仁杀不仁，以大义诛不义，自然没者顺而存者安，近者悦而远者来，不至有倒戈相向，反戟相攻，而为仇为害也。学者欲去伪存诚，反本归根，其必杜之以渐，守之以恒，庶一窍通而窍窍俱灵，元神安而神神听命。所谓"人能常清净,天地悉皆归",又曰"人能一正其神,则诸邪自不敢犯",此与司杀者从而杀之不怨、死之亦安,同一自然之道、希有之效焉。

【综按】本章三家所阐,大意尽同,无余蕴矣。

七十五章

民之饥,以其上食税之多,是以饥。民之难治,以其上有为,是以难治。人之轻死,以其生生之厚,是以轻死。夫唯无以生为者,是贤于贵生。

三家注按

林希逸: 食税之多,言取于民者太过也。上之有为,言为治者过用智术也。上贪利则民愈饥,上好智则民愈难治,此两句亦借喻也。凡人过于自爱,反以丧其身,饮食过多,亦能生病,此其一也。过于自爱自养,欲以谋身,故曰"求生之厚"。轻用其身以自取死,故曰"轻死"。忘其身而后身存,故曰"无以生为者,贤于贵生"。贵生,犹前章曰"益生",求生之厚者也。贤,犹胜也。

【按】 林公此释,随文释义,疏释句读,功莫大焉。其言"凡人过于自爱,反以丧其身,饮食过多,亦能生病,此其一也",尤具现实意义。

释德清: 此释上章"民不畏死"之所以,教治天下者当以淡泊无欲为本也。

凡厥有生,以食为命。故无君子莫治野人,无野人莫养君子,是则上下同一命根也。然在上之食,必取税下民。一夫之耕,不足以养父母妻子。若取之有制,犹可免于饥寒。若取之太多,则夺民之食以自奉,使民不免于死亡。凡贼盗、起于饥寒也。民既饥矣,求生不得,而必至于奸盗诈伪,无不敢为之者。虽有大威,亦不畏之矣。

是则民之为盗,由上有以驱之也。既驱民以致盗,然后用智术法以治之,故法令兹彰,盗贼多有,此民所以愈难治。虽有斧钺之诛,民将轻死而犯之矣。由是推之,民之轻死,良由在上求生之厚以致之,非别故也。厚,重也。此句"影"前,当有一"上"字,方尽其妙。

然重于求生,以但知生之可贵,而以养生为事,不知有生之主。苟知养生之主,则自不见有身之可爱,有生之可贵。欲自消而心自静,天下治矣。所谓"我无为而民自化,我好静而民自正,我无事而民自富,我无欲而民自朴",故曰"夫惟无以生为者,是贤于贵生"。贤,犹胜也。

此中妙处,难尽形容,当熟读庄子《养生主》《马蹄》《胠箧》诸篇,便是注解。又当通前四章反复参玩,方见老子吃紧处。

【按】 德师本章以庄子思想而释之,是明庄子亦深知老子者也。

黄元吉: 从来民为邦本,食为民天。国无民,则国谁与辅?民无食,则民何以生?是在为人上者,有以开田辟土,浚其源于未食之先,制礼谨度,节其流于已食之后,而复省耕以补不足,省敛以助不给,民自家给人足,而无庚癸之呼,饥馑之叹矣。即干旱不一,饥馑荐臻,而仓箱有畜,自凶荒无忧。无如世之人主,骄淫不靖,糜费日繁,或珍奇玩好以为娱,或琼楼瑶室纵其欲,往往仓廪一空而用度不减,正贡尚缺又加以重征,始而添租益税,犹胥畏乎民岩,继则暴敛横征,并不顾乎天命,声色是尚,奢华并臻,取万民之脂膏,纵一己之淫荡,即至国帑空虚,而诛求不稍贷焉。夫天地生财,只有此数,若此苛求不已,取民无度,即大有频书,丰年屡庆,而欲其不饥也,得乎?郅隆之世,衣衣食食,宅宅田田,各亲其亲,各长其长,其君子无礼义之防而自居仁由义,其小人无忠厚之好而自乐业安居,盖上以无为为治,下以无为自化,俗不期淳而自淳,风不求古而自古,懿铄休哉,何其盛欤?迨其后,科条愈设而风俗益偷,法令频彰而盗贼弥炽,其在暴虐之君无论矣,甚至英睿之主,奋发有为,励精图治,政愈繁而伪愈多,法愈严而奸愈出,是岂气数之难回、天心之莫易乎?抑以不知穷源固本,而徒求之于末流,不惟无补于民生,反有累于世道焉。盖民心本无事也,而上以政令扰之;民情本无欲也,而上以章程乱之。朝廷多一政令,百姓多一奸欺;朝廷多一章程,百姓多一奇巧:无怪乎世道之大非、民情之日变,而愈治愈难也。惟在上者端拱垂裳,斯在下者自安分守命,上与下相安于无为之天,不亦乐乎?且民以谋衣谋食,多欲多累,为求生之计,不知逐末即以忘本,重外乃致轻内,其劳心也日繁,其损精也愈甚,而神气因之消亡,身命因之殒灭,愈贪生,愈速死矣,是以求生之厚,反轻死也。惟不以生为荣,且不以求生为重,衣食随缘自奉,用度与物无争,则心安而身泰,自性复而命延,永享无疆之福也。养其太和,自邀天眷,较之以生为贵者,不贤于万万倍耶?

君喻神也,民喻精也。顺行常道,以神为主,而精随之以行,故神一驰,精即泄。精之消耗由神之飞扬,喻民之饥由上食税之多,其事不同,其理则一。心为身主,天君泰然,百体从令;天君不宁,则一身精气耗矣，岂但下田倾倒已哉？是以神仙有返还之术，以气为主，而神听其号令，犹君从人欲、顺民情，庶气足神完，而民安国泰。此以上奉下，以上之有余补下之不足者，即以一人事天下，不以天下事一人之意也。丹道虽曰有为，亦要从无为而有为，有为仍还无为，方是先天之神气，可以入圣超凡。若一概有为，则神不静而气亦弱，势必不炼而气不聚，愈炼而气愈纷。惟因其势而利导之，顺其时而措施之，修身治民皆作如是观。若恐货财不足，身命难存，于是竭精疲神，希图养后天之命，日夜焦劳，寤寐辗转，神气之消灭者多矣。又况维天有命，非人所求，吾恐求生者，不惟无以幸生，且促其生于死地。惟不贵后天有限之生，而隐以持先天无穷之命，庶性全而命固，身形亦足贵矣。

【按】黄师本章前半段释理，有如抽蕉剥心，层层深入，发挥得淋漓尽致矣。

【综按】本章义不难明，三家之释尽矣，而吾仍有说者，以其现实意义之深且远也。世界治理格局，上食税多而民饥者多有，上有为而国乱者比比皆是，此乃政治家所研求之范围，吾不涉。唯吾之本职为医，"求生之厚"而反病者，亦比比皆是，其理为何？此吾不得不说者也。当今养生乱象丛生，各种保健品天天食，各种养生法日日行，而病益多。医院大楼虽年年新增，住院托朋友找熟人而难成者，时或有之，更有甚者，等一号需一周、半月或更久者，病患之多，难以想象，皆"以其养生之厚"之致也。今之养生者，愈养而愈不生者何？盖不知老子无为之理，不知养生以清心寡欲为最上也，果能随缘饮食，无欲无求，生不养而自生，如广西巴马、河南夏邑，虽穷乡僻壤，衣食难继，然其民淳朴，粗茶淡饭，少欲知足，正合老庄养生之妙旨，故皆寿且康也。

七十六章

人生之柔弱，其死坚强。万物草木生之柔脆，其死枯槁。故坚强者死之徒，柔弱者生之徒。是以兵强则不胜，木强则共。故坚强处下，柔弱处上。

三家注按

林希逸：柔弱、坚强，皆借喻也。老子之学主于尚柔，故以人与草木之生死为喻。徒，类也。"是以"而下，又以兵与木而喻之。兵之恃强者必不胜，木之初生者皆柔，久而坚强，至于拱把，则将枯矣。故知道者以柔弱为上，坚强为下。"共"，犹"冢上木拱"之"拱"也。

【按】林公谓此章皆借喻，甚是。

释德清：此章伤世人之难化，欲在上者当先自化，而后可以化民也。结句乃本意，上文皆借喻以明之耳。

经曰："此土众生，其性刚强，难调难化。"故老子专以虚心无为不敢为立教之本。全篇上下专尚柔弱而斥刚强，故此云"坚强者死之徒，柔弱者生之徒"，乃借人物草木为喻，是以兵喻戒惧，木喻心虚。言兵若临事而惧，不敢轻敌，故能全师以自胜。是以全生为上，而多死为下也。木之枝条，以冲气为和，故欣欣向荣，而生意自见。是以虚心柔弱在上。若成拱把，则粗干坚强者在下矣。以此足知戒惧虚心、柔弱禽受者，方可处于民上也。若夫坚强自用，敢于好为，则终无有生意矣。此语大可畏哉。

【按】德师谓"坚强自用，敢于好为，则终无有生意"，证之现世，亦皆如此。

黄元吉：人禀阳和之气则生，阴寒之气则死。一当阳和气聚，则四体柔顺，一身苏绵，而生机不息矣；一当阴寒气结，则肌肤燥燠，皮毛槁落，而死气将临矣。试观釜甑之间，蒸蒸浮浮，则阳气氤氲，物融而化；到寒凉时候，物冷而坚。又观天地，春夏之交，阳气炽而万物畅茂，无不发荣滋长；迨至秋冬之会，阴气盛而万物飘零，无不枯槁难荣。是知，人之生也，逢阳气之温和则柔；人之死也，遇阴寒之凝固则刚；其生也柔脆，其死也枯槁，人物一源，无分彼此。是知，天下万事万物，无不以坚强为死之徒，柔弱为生之徒也。譬诸用兵，往往强者取败，弱者取胜，如子玉过刚败绩、伯比羸师胜随是也。其故何耶？盖以强者衰之渐，弱者兴之几，宜其不胜矣。再观诸木，木至坚也，阴气盛而阳气衰，宜其大止拱把而无由滋育焉。夫强大者，生气尽而死气临，诚物之至下者也；柔弱者，阴气消而阳气盛，乃物之至上者也。人奈何不自弱而自强，不处上而处下哉？

　　修炼之道，最重玄关一窍，是为天地人物生生之始气。此气，至柔而刚，至弱而强，且刚柔强弱俱无所见，惟恍惚杳冥中，忽焉阴里含阳，杀里寓生，似有似无，若虚若实，此真无声无臭、上天之载之始气也。人能盗此虚无元始之气，则先天生生之本已得，而位证天仙不难矣。即盗得玄关始气以为金丹之宝，然二候采药，亦当专气致柔，如稚子骨柔体弱而握固，始得初气以为丹本；四候行火，又要知一身苏软如绵，美快无比，方是先天纲缊蓬勃之机，冲和活泼之象。有此阳气，可炼仙丹。再于退符之候，归炉封固，入鼎温烹，犹当绵绵密密，了了如如，无怠无荒，如痴如醉，神懒于思，口懒于语，所谓"天上春云如我懒，谁知我更懒于春"。如此之柔之弱，方是先天阳气，可以长存而不敝。总之，十月怀胎，三年乳哺，九年面壁，无非先天柔弱之气为之丹成而仙就耳。修士当寻此柔脆之气，始不空烧空炼，枉劳精神也。

　　【综按】老子贵柔，贯穿本经始终。此章借人与物之生柔软、死坚强枯槁之不同现象，以喻而明其贵柔。

七十七章

天之道，其犹张弓！高者抑之，下者举之；有余者损之，不足者与之。天之道，损有余而补不足；人道则不然，损不足，奉有余。熟（孰）能有余以奉天下？其唯有道者。是以圣人为而不恃，功成不处，斯不见贤。

三家注按

林希逸： 天之道恶盈而好谦，犹弓之张者，不久则必弛也。高者必至于自抑，有余者必至于自损，而自下者必举，自屈者必伸，自损者必益，是天之于物，每每然也。而人之为道，何为而不然，乃欲损人而益己，欲以天下之不足，而为一己之有余，失天意矣。唯有道之人，乃能损我之有余以奉天下？故曰"孰能有余以奉天下？唯有道者"。《易》言损益，亦是此意。此亦借以喻道也。圣人所以虽有为于天下，而不以自恃，虽功成而不居其功，虽有至贤之行，而不欲以此自见。此为道日损，必至于损之而又损也。

【按】林公随文演义，简洁，明白，晓畅。

释德清： 此言天道之妙，以明圣人法天以制用也。

弓之为物，本骈高而有余，弰下而不足，乃弛而不用也。及张而用之，则抑高举下，损骈有余之力，以补弰之不足。上下均停，然后巧于中的。否则，由基、逢蒙，无所施其巧矣。

天之道亦由是也。以其但施而不受，皆损一气之有余，以补万物之不足，均调适可，故各遂其生。人道但受而不施，故人主以天下奉一己，皆损百姓之不足，以补一人之有余，哀寡益多，故民不堪其命。

谁能损有余以奉天下哉？唯有道者，达性分之至足，一身之外皆余物也。故尧、舜有天下而不与，即以所养而养民，乃能以有余奉不足也。是以圣人与道为一，与天为徒。故法天制用，虽为而不恃其能，虽成而不居其功，此损之至也。损己至，故天下乐推而不厌。虽不欲见贤，不可得也。其不欲见贤耶一句，谓我心本不欲见贤，而人自以我为贤矣。此益也，由损而至。故"唯天为大，唯尧则之"，此之谓也。

【按】德师谓此章"言天道之妙",圣人法天则地与道为一,故末后释之曰"唯天为大,唯尧则之"。

黄元吉:天道流行,发育万物,无非一阴一阳,往来迭运,大中至正,无党无偏而已,故阴极生阳,阳极生阴,阴盛阳衰则抑阴扶阳,阳盛阴衰则抑阳扶阴,消息盈虚,与时偕行,庶生生化化,以成自在无为,万年不敝之天。何异张弓者然?持弓审固,内志既正,外体复直,务令前后手臂平正通达,高者抑之,下者举之,有余者损之,不足者益之,然后顺手而发,随机自中,不患其或失。况天之道,亏盈而益谦,损有余以补不足;人则多奸多诈,不若天道之自然,取民脂膏,饱其囊橐,往往损不足以奉有余。孰能以君上之有余而奉天下之不足哉?惟有道之圣人,法天道而顺人情,损者损之,补者补之,不使小民有怨咨之叹也。虽为者自为,亦顺承天道而已,绝不矜所为焉;成者自成,亦至诚尽性而已,绝不居其功焉。斯人也,殆与天道无为而化成,同归自然运度,不欲见有为之迹、成物之功,赫赫照人耳目,非贤而不欲以贤见耶?此所以"为天无极,惟圣合天"也。

人生之初,原是纯阴纯阳,至平至正,无有胜负参差,故日征月迈,骨弱体柔而滋长焉。迨有生后,火常居上,水常居下,水火不交,是以阴常有余,阳常不足,阳水每为阴火所灼,故人心益多,凡气愈炽,而天心所以日汩,真气所以渐亡,生生之机无有存焉者矣。惟天之道,火居上而必照下,水居下而必润上,如张弓者之高者抑、下者举,则水火平矣;使阴火之有余,下补阳水之不足,既补阳水之不足,仍制阴火之有余,如张弓者然,有余者损,不足者补,则阴阳正矣。此皆水火自运,阴阳自交,而天亦不知其为之也。夫人道以有为而累,天道以无为而尊,修炼岂有他哉?惟以后天阴阳返还先天阴阳,流行不息,自在无为,得矣。

【综按】本章以"张弓"喻天道之妙用。老子"天之道,损有余而补不足"与《尚书》"福善祸淫"有异曲同工之妙,意在教化万民,奉天道以享真善美慧之福乐人生。故老子自问自答曰:"孰能有余以奉天下?其唯有道者。是以圣人为而不恃,功成不处,斯不见贤。"

七十八章

天下柔弱莫过于水，而攻坚；强莫之能先。其无以易之。故弱胜强，柔胜刚，天下莫能知，莫能行。故圣人云："受国之垢，是谓社稷主；受国不祥，是谓天下王。"正言若反。

三家注按

林希逸：水为至弱，而能攻坚强，世未有能胜之者。千金之堤，败于蚁穴之漏，是弱之胜强者，无以易于水也，故曰"其无以易之"。弱能胜强，柔能胜刚，如水之易见，人莫不知之。而至道在于能柔能弱者，莫之能行也。故古之圣人常有言曰："能受一国之垢者，方可为社稷主；能受一国之不祥者，方可为天下王。"此即"知其荣，守其辱"之意。不祥者，不美之名也。盖位至高者，不可与天下求胜，须能忍辱，则可以居人之上。垢与不祥，不可受之受也，似反一世之常言，其实正论，故曰"正言若反"。"圣人云"三字自佳，一本以云为言，误也。

释德清：此结通篇柔弱之意，欲人知而能行也。

"无以易之"，易，轻易也。即《左传》训师"无易敌"之"易"。谓师之柔弱，则敌人有以料而易之以取胜。至若水之柔弱，则人莫能料。莫能料，故无以易之。而卒莫能以取胜。此所以攻坚强者莫之能先。莫能先，谓无有过于此也。世人皆以柔弱为不足取，率轻易之，故天下皆知之而莫能行，以柔弱为垢辱不美之称故也。

祥，犹嘉美也。是以凡称人君，则曰乾刚，能断有为，遂以为明君。若夫无为，则国人皆以柔弱为耻辱而不美矣。故圣人云："果能以柔弱处上，恬澹无为，能受一国之耻垢者，则为社稷真主。能受一国不美之名者，则为天下明王矣。"如尧之垂拱无为，则野老讴曰："帝力何有于我哉。"此受国之垢也。然柔弱无为，乃合道之正言，但世俗以为反耳。

【按】德师引史以证"弱胜强，柔胜刚"，经史合参，令人信服。

黄元吉：太上前章言"柔弱者生之徒，坚强者死之徒，是以柔弱处上，坚强处下"，可知至柔而至刚，至弱而至强，人当日夜行习，在在以柔弱为重，而不以刚强自用矣。不知人身，试观诸水。夫水，至柔而至弱，善利万物而不争，常处污下而不厌，虽一滴之微，人得侮之，一勺之多，人得轻之，及其积而为渊，汇而为海，则汪洋浩瀚，能载舟亦能覆舟，能成物亦能戕物，不惟天下无以胜之，即善攻坚强者，无坚不破，无强不摧，亦莫与之抗衡。是知天下之至柔能御天下之至刚，天下之至弱能驱天下之至强。水哉水哉！何其柔弱如此，而刚强如彼哉？且夫天下之事，无有易于攻水者，而坚强卒莫能胜，人何以不居柔而居刚、不为弱而为强者，随在皆是也？岂不知柔之胜刚、弱之胜强乎？盖以天良之动，莫不有知，而一动之后，顿为情欲所染，习俗所移，故悻悻自雄，不肯安于柔弱，是以机巧熟而义理生，嗜好偏而天真没，致令道心离，人心起，客气盛，正气消，生理无存，生机已灭，欲其生生不息也，难矣。圣人云受国之垢，是为社稷主，如成汤言："朕躬有罪，无以万方；万方有罪，罪在朕躬。"退步即为进步，所以受天命于无穷也。"受国之不祥，是为天下王"，如武王曰："受克予，非朕文考有罪，惟予小子无良。"自后即为自前，所以荷天休于勿替也。岂同后世之卧薪尝胆、蒙垢纳污者，所得而拟议哉？此真常不易之理，万古不磨之经，是为天下正言，而圣人则反求诸己，又何尝以此苛求于人耶？

水喻一阳初动，真精始生，其机至弱，其势至柔，而渐采渐结，日益月增，以至于浩然之气，至大至刚，塞乎两大，统乎万汇，而无坚不入、无强不破者焉。《悟真》云："白虎首经至宝，华池神水真金。上善若水利源深，不比寻常药品。"顾气之柔弱有似于水，至柔而寓自刚，至弱而兼至强，实有擎天顶地，捧日举月，呼风唤雨，驱雷掣电之威，是天下之坚强者，虽曰浩气，其实真精。须以至柔至弱之神养之，而无为为为、无功为功，庶几得矣。其曰受国之垢，是为社稷主；受国之不祥，是为天下王者何？即古人反躬自责，"朕实不德，民有何辜"之意也。学者求之于人，何若反修诸身之为得耶？

【按】黄师本章析理部分，条分缕析，层层深入，最是清楚明白。

【综按】水，至柔至弱，遇物即退，随圆就方，无孔不入，善利万物而不争功，常就下而不怨。诚如黄元吉仙师所言："一滴之微，人得侮之，一勺之多，人得轻之，及其积而为渊，汇而为海，则汪洋浩瀚，能载舟亦能覆舟，能成物亦能戕物，不惟天下无以胜之，即善攻坚强者，无坚不破，无强不摧，亦莫与之抗衡。"此老氏所以言"天下柔弱莫过于水，而攻坚；强莫之能先。其无以易之"之所由也。老子贵柔，以水为喻，绝妙绝妙。

七十九章

和大怨，必有余怨，安可以为善？是以圣人执左契，不责于人。故有德司契，无德司彻。天道无亲，常与善人。

三家注按

林希逸：恩怨两忘，方知至道。人有大怨于我，而必欲与之和，虽无执怨之心，犹知怨之为怨，则此心亦未化矣。虽曰能与之和，此心未化，则余怨尚在，安得谓之善道？此诚至理之言，亦借喻也。左契者，如今人合同文字也，一人得左，一人得右，故曰"左契"。此契在我，则其物必可索，圣人虽执此契，而不以索于人，忘而化也，此亦借喻之语。有德者则司主此契，而无求索之心，无德者则以明白为主。彻，明也。犹今人言必与之讨分晓也。有德司契者，善人也。天虽无私亲，而此等有德之人，天必佑之，故曰"常与善人"。

【按】林公"恩怨两忘，方知至道"，诚为至理名言。

释德清：此言圣人无心之恩，但施而不责报。此为当时计利者发也。然恩生于怨，怨生于恩。当时诸侯两相构怨，霸者主盟而为和之。大怨既和，而必责报，报之不至，而怨亦随之，是有余怨也。庄子云："贼莫大于德有心。"故曰"安可以为善"。

是以圣人无心之德，但施而不责报。故如贷之执左契，虽有而若无也。契，贷物之符券也。合同剖之，而有左右，贷者执右，物主执左，所以责其报也。

有德司契，但与而不取，徒存虚契。无德司彻，不计彼之有无，必征其余，如赋彻耳。彻，周之赋法，谓时至必取于民，而无一毫假借之意。

然上责报而下计利，将谓与而不取为失利也，殊不知失于人而得于天，故曰"天道无亲，常与善人"。且施而不取，我既善矣，人不与而天必与之，所谓"自天佑之，吉无不利"，岂常人所易知哉？

【按】德师所释，契理契机，后之释者，无以易之。

黄元吉：修身之道，惟善为宝。为善之道，自治为先。盖道在内而不在外，修在己而不在人。惟事事内观，时时返照，过则改之，善则加勉，庶明善诚身，永为天地之肖子，圣贤之完人，而不至有所缺矣。足见为善者，只问己之修省，不问人之从违。如责人而不自责，观外而不观内，虽一时小忿，积而至于大怨，纵能十分解散而不至于成仇，然内无返躬自责之道、惩忿窒欲之功，虽能解之于外，而不能释之于隐微，安能清净无尘，潇洒自乐，而复乎本然至善之天也哉？故和大怨必有余怨，安可以为善？惟圣人，持身接物，处己待人，一以修己为主，而人之是非好恶，概不计较。譬如合同约契，分左右而执之，永以为凭，明尔无我虞、我无尔诈之意。圣人执德如执左契，只修诸己，不责诸人，此所以与天地同其大也，是谓有德者司契。无德之人，重外轻内，常以察察为明，而人之恩怨必较，此为无德者司彻。夫司彻者，以考过为事，全不自省，而民弗从，何若司契者，责己重，责人轻，而人无不相孚以信。可知，责人者轻己，己之善难完；责己者轻人，己之善克复也。人底于至善，而天心眷顾，自亿万年而不朽。《书》曰"皇天无亲，惟德是辅"，即太上"天道无亲，常与善人"之谓欤？

圣人之学，惟洗心退藏于密，以外之善恶好丑，是非从违，一概不计，所以汰虑沉思，凝神默照，以至于心明性见，欲净理纯，上与天合德，历万古而不磨。其功始于守中，其成由于胎息，人亦知之乎？古人言胎息，学人莫看是外气，的是凡息停时，那丹田中真阴真阳，元神元气，融会一团，混成一气，氤氤氲氲，蓬蓬勃勃，若开若阖，若有若无，视不见，听不闻，想像之而有迹，恍惚之而有形者，此殆人生之始气，心得之而有体，性得之而有用；人非此气不能生，欲成上品之仙，亦离不得此气为之主。古云"人生之始，因理有气，因气有形"，此天地生人之顺道也。返还逆修者，实从形形色色中，慢慢的运起阳火阴符，收归五明宫内，而以太乙祖气、天然神火烹之，即可化形而为一气，又由此气一炼，即可化气成神，于此固守虚无，保养灵阳，即还于无极之初，可以出则成形，入则无迹。道有何异于人哉？总之，此个胎息，即返到父母媾精，一团气血之候。人能养此胎息，日夜以无为有为、无思有思之真意，保守之，团聚之，即结成灵胎而为元神。迨至十月形全，脱壳而出，上透顶门，直冲霄汉，可以骖鸾鹤，上云霄，遨游天外，飞升玉京，直顷刻间事耳。然此胎息，虽从凡人色身中炼出，却又不是凡精凡气凡神结成。炼丹者虽离不得后天有形有色之精气以为本，却又不全仗于此也。盖后天精气，皆有形质，便有气数，生死轮回，势所不免，又况粗精粗气，尽属蠢钝之物，乌能有灵？要不过借此凡人色身中所有之顽物，千烧万炼，取出那一点清净无尘、至灵至神之精气神，以为真一之气，而返之于我，以成仙胎神丹耳。所谓抽铅添汞之说，不过如此；其余着形着色，皆非道之正宗。古之云："胎从伏气中结，气从有胎中息。"是知，欲结神丹，成就不老之躯，非养胎息不能；欲得胎息凝聚虚无丹田中，非结得有胎，他亦不肯来归，而纯纯乎动静与俱；若有一点凡气夹杂，凡神外驰，则神必外游，气必外泄，不能如子母夫妇，聚而不散也，知否？

【按】"为善者，只问己之修省，不问人之从违"，黄师本章之释，只此一句，足为修学者终其身而践履之也。

【综按】嗔怨，罪根之大者也。有嗔怨而为善，则其所为之善皆有漏之善也。有漏之善不是真善，故有嗔怨之心者，皆不可以为真善也。"和大怨，必有余怨，安可以为善"？良有以也。嗔怨之源，在有我、有私，在私见、私欲。逆我见、违我愿、损我利，则嗔怨起，嗔怨起则障门开，障门开则业障起、善德失，离道则愈远矣。禅宗六祖大鉴禅师曰："若真修道人，不见世间过。"无私无我，方能不见世间过，不见世间过，方能无嗔怨，无嗔怨，心方能自平直、自清静。直心是道，清静是道，故"圣人执左契，不责于人"。无私无我，无嗔无怨，心平正直，清静无为，与道为一，所愿自遂，所求自应，所行自成，故曰："天道无亲，常与善人。"

八十章

小国寡人，使有什佰之器而不用，使人重死而不远徙。虽有舟舆，无所乘之；虽有甲兵，无所陈之。使民复结绳而用之。甘其食，美其服，安其居，乐其俗，邻国相望，鸡狗之声相闻，民至老死，不相往来。

三家注按

林希逸：小国寡民，犹孟子言"得百里之地，皆可以朝诸侯，一天下"之意。老子盖曰：有道之人若得至小之国，不多之民，并而居之，使有什伯，如今人之保伍也，人人皆有可用之器，而不求自用。是人皆有士君子之行，而安于自退也。重死而不远徙，小人皆畏罪不为恶，而各安其居也。虽有舟舆，无所乘之，不致远以求利也。虽有甲兵而不陈列，不恃力以求胜也。舍书契而用结绳，复于素朴也。甘食美衣，安居而乐俗，邻国虽近，鸡狗之声虽相闻，而老死不相往来，各自足而不相求也。此老子因战国纷争，而思上古淳朴之俗，欲复见之也。观其所言，亦有自用之意。

【按】林公谓本章为"老子因战国纷争，而思上古淳朴之俗，欲复见之也"，于事无差，启后世老子为解决"周文疲惫"而创道家学说之一说。

释德清：此结通篇无为之益，施于治道，可复太古之化也。

什伯之器，并十曰什，兼百曰伯。器，材也。老子自谓以我无为之治，试于小国，纵使有兼十夫百夫之材者，亦无所用之，以民淳而无事故也。若国多事，烦扰于民，或穷兵致乱，重赋致饥，民不安其居，则轻死而去之。今一切无之，故使民重死，而不远徙。舟舆，水陆之具。不远徙，故虽有舟车无所用。不尚争，故虽有甲兵无所陈。陈，列也。不用智，故可使结绳而用之如太古矣。民各自足其足，绝无外慕之心。不事口体，故以寻常衣食为甘美，以平居里俗为安乐，日与邻国鸡狗相闻。至近之地，民至老死而不相往来。如此，则淳朴之至，乃太古之化也。

老子所言，疾当时之弊皆有为用智，刚强好争，尚利自私，奉己而不恤于民。故国乱民贫，而愈难治。所以治推上古，道合无为，全篇所论，不出乎此，盖立言之本旨也。故终篇以此，请试而行之，可以顿见太古鸿荒之化。言取效之速如此也。所谓"一日克己复礼，天下归仁"，深有味乎此言也。老氏之学，岂矫世绝俗之谓哉？

【按】德师谓本章"疾当时之弊，皆有为用智，刚强好争，尚利自私，奉己而不恤于民。故国乱民贫，而愈难治。所以治推上古，道合无为，全篇所论，不出乎此，盖立言之本旨也"，与林公大意同，然以"老氏之学，岂矫世绝俗之谓哉"作结，则又否定以上之言说也。此间有深意，宜细细把玩焉。

黄元吉：小国寡民，地僻人稀，欲成丰大之邦，敦上礼之俗，似亦难矣。然能省其虚费，裁其繁文，使有什佰人之器而不用，则縻费少而器物多，国家之富可致也。且不纵欲而轻生，营私而罹死，远游他乡，贸居人国，而惟父子相依，兄弟是恋，重死而不远徙，则康乐和亲之世可臻也。以故媚我君王，念兹土宇，虽有舟舆，不肯远适异国以离父母邦焉。朝廷深仁厚泽，沦肌浃髓，恩同父子，谊若弟昆，是以畔乱顽徒悉化为良善，虽有甲兵，亦无所陈之矣。如此上恬下熙，民安国泰，使复行结绳之政，乐太和之风，亲亲长长，宅宅田田，甘其饮食，美其衣服，于以安居而乐俗，敦厚以成风，又何患国小民寡，难以惇大成裕，仁厚可风哉？第见民爱君如父母，君视民如子弟，中心耿耿，系念殷殷，纵顷刻之别离亦不忍也。虽邻国在即，举目能窥，鸡犬相闻，倾耳可听，而民则自少至壮，自生及死，不与邻国一相往来，此盖民之感恩戴德、沐化涵情于君上者深矣，是以安无为之治，享有道之天，而不肯一步稍离。如此，则国岂犹患小，民岂犹患寡哉？势必声教四讫，风声远播，而天下归仁，万国来同也。

此喻年老精衰者修炼之法。夫人到老来，精气耗散，铅汞减少，欲修金丹大道，亦似难乎其难。不知金丹一事，非属后天精气，乃是先天铅汞。苟得其至一之道，采而取之，饵而服之，不论年老年少，皆可得药于一时半刻，成功于十月三年。特患不闻先天真一之气，徒取服于后天有形之精，不惟老大无成，即少壮之士，亦终无得也。惟下手之初，勉强支持，使手不妄动，足不轻行，目不外视，耳不他听，口绝闲言，心无妄想，自朝至暮，涤虑洗心，制外养中，退藏于密，不使一丝之牵，不令半毫之累，积之久久，诚至明生，自然目光内照，耳灵内凝，舌神内蕴，心灵内存，四肢舒徐，头头合道。此喻什佰人之器而不用，然后用之无不足也。民比身也。人到老来，莫不畏死情极，好生心深，然畏死而不知求生，徒畏亦无益耳。惟谨慎幽独，时时内观，刻刻返照，不离方寸之中，久则致中致和，虽天地可位，万物可育矣，何况近在一身，而有不位不育者乎？此立玄牝，养谷神，绵绵若存，用之不勤，惺惺常在，守之不败，寂而常照，照而常寂，即常应常静，无文无武，所谓"动观自在，静养中和"者此也，固不事河车运转，斗柄推迁，亦无须戡乱以武，野战则宜，守城以文，浴沐为尚，取喻于临炉进火，用师克敌也。此清净而修之法，非阴阳补益之工，不但老人行持，可得药还丹，即少年照此修持，亦可绵绵密密，不二不息，上合夫于穆之天。第躁进无近功，急成非大器，惟优游餍饫，如水之浸润，火之熏蒸，久则义精仁熟，道有成矣。故虽有舟舆，无所乘之，虽有甲兵，无所陈之也。且夫进退升降、朝屯暮蒙之法，太上前已喻言"兵者不祥之器，圣人不得已而用之""师之所处，荆棘生焉。大兵之后，必有凶年"。足见临炉采药行火，特为后天气拘物蔽之深者立一法程，倘不如此，则凡气无由化，真金不可还也。若能静养为功，不施烹煎之术，惟守虚静之中，则不知不觉、无为无思，自然浑浑沦沦，纯乎以正，默然合天，不待言思拟议，而与天地流行无间。此即使民复结绳而用之，不立文字，不假言诠，而善记不用筹策也。甘其食，美其服，即精贯于中，气环于外，内甘而外美，有不可名言者。安其居，乐其俗，则中心安仁，随其所之，无不宜也。修炼至此，了了常明，如如自在，对境可以无心，遇物何能相染？虽有所见所闻，亦若无见无闻，绝不因色声而生其心，故曰：邻国相望，不相往来。此无上上乘，无下下乘，玄之又玄，妙而又妙之功。呜呼！学至于此，与道大适矣。

若论修道，古人有两等修法，有清净而修者，有阴阳而补者。清净而修，即炼虚一着，不必炼精炼炁为也。然非上等根器，不能语此。若果根蒂不凡，从此一步做去，都是顺天地自然之道，不似吾师今日之教，尚多作为也。盖人身之中，原有阴阳坎离，乾坤阖辟，日月水火，升降进退之机，犹天之运行，皆自然而然，无须为之推迁，但只一正其元神，使之不知不觉，无思无虑，那清空一炁，浩浩荡荡，自然一呼一吸，上下往来，如乾坤之阖辟，日月之往来，水火之升降，阴阳之否泰进退，如此而已矣；虽有火候，不过清心寡欲，主静内观，使真炁运行不息而已；虽有进退升降，不过以真水常升，真火常降而已；纵道沐浴，亦不过惩忿窒欲，涤虑洗心，令太和在抱而已；虽有得药成丹，亦不过以神为父，以炁为母，两两扭结一团，融通无间，生出天地生我之初一点真灵，即所谓离宫之真精，又谓人身之真汞；以我神炁炼此一个真汞，结胎成婴，日后生出阳神，官骸血脉，五脏六腑，毛发肌肤，灵明知觉，无一件不与人肖，分之可化为万身，合之仍归于一炁，要皆自神父炁母两两交媾而煅出者个真汞之精，以为阳神者也。然此真汞，须有生发之候，盖心为五脏之中炁，中炁一升，五脏之炁随升，中炁一降，五脏之炁随降，其生也由于真汞之动，其息也由于真汞之静。要之，动静升降，皆属自然之道，惟顺其自然之运用，可矣。但此步工法，自古神仙少有从此一着下手者。盖以清静之道，听其自然，顺之不逆，非上等根器不能，且亦见效最迟，不若阴阳而补为较易也。何谓阴阳而补？必先识得太极开基，先天一阳发生，然后将我者一点真阳之炁，投入丹田之中，犹父母交媾，精血合做一团，入于胞胎之内，此为先天真种，种在乾家交感宫，日运铅汞，渐生渐长，他日出胎，方成脱壳神仙。若无此个真种，是空炼也，虽有所得，亦不过保固色身，不能生出法象也。知之否？有此一点真阳之炁，入于胞胎，然后加以神光下照，久久真阳有动机，不妨将坎中之水，引之上升，离宫之火，导之下降，直将色身所有阴滓尸炁炼化，只取得一味真炁，配我灵阳，合而为丹，养之为神，可以飞升变化。然此亦自然之道也。凡人落在后天，神炁多耗，年华又老，犹走路之人，离家已远，不得不从远处回来，所以必要费力也。夫以神炁两分，不能合而为一，日间打坐，必用一点意思，几分炁力，将我神炁两两入于丹田之中，不许一丝外走，一息出，一息入，我惟顺其呼吸之息，自一而十，自十而百，而千而万，在所不拘。如此紧闭六门，存神丹扃，作一阵，然后外息暂停，真息始动。我于此又温养一阵，然后真阳之炁蓬蓬勃勃，真如风涌云腾一般，我急忙开关，引之上升，其升也以神不以炁，但须凝神了照尾闾一路之上，足矣。到得真炁冲冲，温养片刻，然后下降。总之，真阳初动，必须用点炁力，然后可升可降。盖以凡身浊炁太重，必十分鼓荡，乃能祛其尘垢，而后有清清白白之神炁，为我炼成丹本。所以古人云："始而采药，非用武火猛烹急炼，则真金不能出矿。"此武火所以名为野战也。至于升降已毕，丹田炁满，心神安泰，然后以炼虚之法，顺其气机而为之，足矣。此虽勉强，亦是自然当如此勉强者。生须照此行持，可也。

【综按】德师谓本章为"结通篇"之作，深有见地之言也。所谓"结通篇"者，谓老子从"道可，道非，常道"一路说来，又以"观窍""观妙"之法，而入道证道。一路说来，即一路修来，说至此，道者之日常生活状态、精神境界，自当摆出来；修至此，证道者之生活状态、精神境界亦自然显现出来。"小国寡人，使有什佰之器而不用，使人重死而不远徙。虽有舟舆，无所乘之；虽有甲兵，无所陈之。使民复结绳而用之"者，道者之生活状态也。"甘其食，美其服，安其居，乐其俗。邻国相望，鸡狗之声相闻，民至老死不相往来"者，道者之精神状态也，"人重死而不远徙"，生死之事大也。欲超越生死，当向内求，故"不远徙"也。

八十一章

信言不美，美言不信。善者不辩，辩者不善。知者不博，博者不知。圣人不积，既以为人，己愈有，既以与人，己愈多。天之道，利而不害。圣人之道，为而不争。

三家注按

林希逸：真实之言，则无华采；有华采者，非真实之言也。庄子曰："言隐于荣华。"即此意也。善，纯也。纯德之人则无所容言，又何辩乎？好辩，则非纯德者矣。知道之知，不以博物为能。以博物为夸，非知道者也。圣人之道，虚一而已，何所积乎？未尝不为人也，而在己者愈有；未尝不与人也，而在己者愈多。其犹天道然，虚而不出，动而愈出。为人、与人，言以道化物也。天之道虽有美利，而不言所利，则但见有利而无害。才有利之名，则害亦见矣。圣人之道无为而无不为，而未尝自恃其有，故不与物争，而天下莫能与争。一书之意，大抵以不争为主，故亦以此语结之。

【按】林公曰："好辩，则非纯德者矣。"诚哉，斯言！日本国高僧白隐禅师，寺邻女孩未婚先孕，女孩为保情人、保自己与胎儿性命，构陷高僧，以为高僧德高望重，无人能取其性命。村中老少无不目高僧为淫僧而贱视之，高僧不顾。子出生后，女孩之父，将婴儿掷于寺中，高僧遂尽心抚育之。一年后，女孩思儿心切，加以不忍高僧受此奇辱，遂向父陈明实情，入寺抱回婴儿。从始至终，高僧未辩一言。至今日本仍流传一首家喻户晓之讴歌："过骏河者有二，一是富士，一是白隐。"高僧之德，在日人心中，如日本国最美富士山一样，令人景仰。高僧不辩之美谈，可为本章注脚。

释德清：此结通篇立言之旨，以明老氏立教之宗也。

"信言不美"者，斯乃释疑之辞，以明道本无言，因言显道之意也。首章云"道可道，非常道"，以可道之道，乃言说也，老子自谓道若可言，即非真道矣。今上下五千余字，岂非言耶？既已有言，则道非真矣。因于终篇以自解之，以释后世之疑耳。然信，旧注实也。谓真实之言，即由衷之言也。美言，华美之言，乃巧言也。老子意谓道本无言，因言以显，但我所言者，字字皆从真实理中流出，第借之以彰道妙，故信实而不美，非若世人夸诞浮辞，虽美而不信也。

且世衰道微，人心不古，当时学者不达无言之旨，乃哓哓好辩尚博，各擅专门。如杨朱、墨翟、御寇、公孙之徒，祖述相传，以辩博为宗，自以为善。殊不知以多歧亡羊，多方丧真，去道转远。老子因而斥之曰："孰知不言之教，不辩之辩哉？"以彼辩者，则不善于道，果善于道，则自不辩矣。

且道本无言，乃至约也，但了悟于心，可目击而喻，妙契无言，自不容声矣，何事于博哉？故曰"知者不博"。时人不知出此，徒事多闻，增益知见，以博为知，其实不知，多言数穷，故曰"博者不知"。

以彼不知大道体虚，运而不积。而彼以积为务，故愈增障碍。殊不知有积则有散，有散则有穷；无积则无散，无散则无穷。由圣人体虚合道，忘言任真，了无所积。由其不积，则不穷，所谓"虚而不屈，动而愈出"，如枢得环中，以应无穷，故既已为人己愈有，既已与人己愈多也。

且天乃无言之圣，圣乃有言之天。以天道不积，其体至虚，故四时运而不竭，利尽万物而不伤其体，故曰"天之道，利而不害"。害，非害物之害，乃不伤己之意。圣人法天利用，故终日运用，为物作则，而了然无物可当于情，故曰"为而不争"。争，谓与物竞也。斯盖虚心游世，超然独立于万物之上矣。

老子学问功夫，真实直捷处，尽在于此。故结全书立言之旨，妙尽于是矣。学者勉哉！

【按】 德师释"天之道，利而不害"之"害"，为"非害物之害，乃不伤己之意"；释"为而不争"之"争"为"与物竞也"，即所谓"虚心游世，超然独立于万物之上矣"，妙极确极。

黄元吉： 此章总结通部，示人《道德》一经，皆真实无妄之言，不得以文词不美，将此经置之高阁而不论不议也。须知，道本无名，强名曰道，道本无言，有言皆障，然为化众生，不得不权立虚名，以为后学津梁。既有言矣，则言必由衷，发皆中节，此诚笃实之论，酌于古而不谬，准之今而咸宜，无虚饰，无妄吐，不须文采，何事繁多？单传直指，立见性天。言而信也，不求美焉。若夫文章绚烂，词旨风流，殆文人举士之言，尚虚华以悦世，不足以为信也。彼言既信而为善，不求穿凿以惑人，又有何辩哉？其辩之者，殆聋耳目之聪明，饰闻见于伦类，掩耳盗铃，不足以云善也。夫善在一己，知在一心，岂必多乎？孔子曰"吾道，一以贯之"，孟子曰"夫道，一而已矣"，有何博欤？其博之者，殆道不明其统宗，语不知其归宿，泛滥于诸子百家，此记诵词章之学，非圣人博学于文，约之以大中至正之礼，不足以言知也。要之，道也者，浑于杳茫之际，悬于清空之中，流通于天地人物之内，无时不有，无物不然，取之无禁，用之不穷者。圣人空而不空，有而不有，不啻明镜高悬，清波朗照，何积之有？若有所积，是镜有尘垢之污，水有沙泥之染，非圣人空洞了灵之本体，不足言"廓然而大公"也。惟其空灵若此，则因应随缘，虽万姓纷纭，善难遍及，而一夫得咎，辄引为辜，其为人也，无复加矣；纵九州并列，惠有难周，而一地未沾恩，此心常抱痛，其与人也，何多让焉？故曰：既以为人而己愈有其功，既以与人而己愈多其德。亦犹镜光之物来则照，物去则已，初无成心于其间也，圣人之心亦如是焉耳。且夫圣人之心，即天之心也；圣人之道，一天之道也。夫天以默运为生成，虽有消长盈虚，总属生养之机，有利而无害；圣以无心为造化，虽有损益予夺，仍属仁慈之应，亦为而不争。假使天地有利有害，则天地亦私而不公，又焉能万年如一耶？圣人有为有争，则圣人亦积而不散，又安能至诚不息哉？呜呼！天地大矣，圣人大矣，虽有信言，亦因心作则，无假借也，无思为也，本诸身，征诸庶民，亦天德之良知，人心所同具，为人即为己，与人亦与己，所谓"物我一致，天人一源"者是。圣人与天合德，于此见其量焉。

此经注毕，呼群弟子而告之曰：目今大道危如累卵，所赖尔学道诸人以撑持天地，救正乾坤。纵说奸匪之徒将有兵戈之动，然天有安排，总不至令尔等有不测之虞也。只怕尔等，执德不宏，信道不笃，二意三心，或作或辍，斯亦自绝于天，不能上与天通，天纵有十分仁爱，欲生尔等于休养安恬之天，而无如其不能承接天休何也。生等近已见道明，体道力，自家确有把持，惟有一言一动，息息与天相流通，天自爱之重之，保抱之而不置也。夫以道在即天在，重道即重天，爱道即爱天，如此默契潜孚，自臻休祥，天道原与人道通也。试观古今来，只有悖道而为天厌者，未有遵道而不获天休也，生等可恍然悟矣。总之，各行其是，各尽其诚，那以外之是非祸福，概有天作主张，生等切勿作越俎代庖之忧，可也。夫大道之要，不过神气二者而已，但有先后天之别，修士不可不知。古经云："先天元神，体也；后天识神，用也。无先天元神，大道无主；无后天识神，大道无用。"尔等用功修炼，必要于混混沌沌，无知无觉时，养得先天元神以为主宰，然后一惊而醒，一觉而动，发为后天识神。此个识神，非朋从尔思，憧憧往来之私识，乃是正等正觉之元神，因其发动而有知觉，故曰识神。只怕此识一起，即纷纷扰扰，恶妄杂念纷至沓来而不已者，就堕于私，流于欲，而不可以炼丹也。惟有一心了照，矢志靡他，如此用志不纷，乃凝于神，神凝而息可调，息调即丹可结，故曰"一心只在丝纶上，不见芦花对岸红"。如此一心，虽曰识神，其实即元神也，所以古云"天心为主，元神为用"，巧使盗机，返还造化，何患不立跻圣神？尔等亦明之否？总要于天心发动之后，常常蕴蓄，不许一念游移，一息杂妄，庶几天心常在，道心常凝，虽有识，亦若无识也。

　　学者修真，下手之际，贵乎一心制服两眼，并口耳身意之妄识，于是集神于丹扃，调息于丹田，务使凡息断灭，然后元气始来归命。既得元气来归，氤氲活泼，宛转悠扬，如活龙动转，十分爽健，此元气之充壮，可以运行河车矣。苟气机大动，不行河车化精为气、化气为神之功，仍然凝聚丹鼎，奈未经火化，阴精难固，不能长留于后天鼎中，一霎时，凡火一起，必动淫根，生淫事而倾矣。即或强制死守，不使他动，奈后天精气皆属纯阴，未经煅炼，不强制他必泄，即强制他亦必泄也。夫以此诀一行，即可以夺天地鬼神之权，参造化阴阳之法，而自主自夺，我命由我不由天矣，实为长生不老之仙，所谓"阎罗老子亦无奈我何"者此也，所以不许匪人得门而入，使神天无善恶报应之权。尔生属知道者，谅亦深明厥旨，切须稳口闭舌，莫妄泄天机密钥，可也。既有元气于丹田，而行河车功法，尤须假后天凡气为阳火阴符，逼迫而催促之，使之上升下降，往来无穷，鼓舞而煅炼之，使之化凡成真，变化莫测。苟徒有元气之发生、活子之现象，而无后天凡气，则先天元气岂能自上自下、自煅自化？此金丹，虽先天的元气为本，然亦必需后天凡气为之功用也。至于金丹始终，全仗火候，古人临炉，十分慎重，惟恐一息偶乖，有干阴阳造化，故曰进火行符。犹之煮饭，火缓则生，故贵惺惺常存；火急则焦，故贵绵绵不绝。生于此二语，可知用火之微矣。到得地下雷鸣，火逼金行，此时若非武火，金气安能上升？然必善于用武，任他烈焰万丈，光芒四射，我则以一滴清凉水遍洒十方，足矣。此即"气壮而心亨"之道也，亦即清净恬淡为本之妙术也。故曰："龙虎相逢上战场，霎时顷刻定兴亡。劝君逢恶须行善，若要争强必损伤。"诚哉其势可畏，其机甚微，而其心不可不临炉审慎也。生既明得此旨，永无倾泄之患焉。

虽然，此行河车之法当如是耳，若一概施之于守中，气机未畅，心神未宁，一以纯任自然之法行之，则神气安能打成一片，有何药物可采哉？此必于玄关初现之时，肾气上升，心液下降，用起数息之武火，不许一念走作、一息纷驰，如此紧催慢鼓，鼓动橐龠机关，然后凡息方停，真息始见，人心乃死，道心乃生。否则，慢说自然，必无自然也。故曰：虽有生知之圣人，亦必下困知勉行功夫始得。古云："西山白虎正猖狂，东海青龙不可当。两手捉来令死斗，化成一块紫金霜。"又曰："降龙须要志如天，伏虎心雄气似烟。痴蠢愚人能会得，管教立地作神仙。"此种武火，施之于龙虎不交、水火不济之时，则可；若行河车，则已龙吟虎啸，夫唱妇随，于此仍用此个法则，又恐迫逐真气散乱，孟子云"如追放豚，既入其苙，又从而招之"，此为大错矣。吾将全功毕露，生等须努力修持，以慰为师之望焉。切勿妄泄，自干罪咎。

【按】黄师总结本章章旨为："总结通部，示人《道德》一经，皆真实无妄之言，不得以文词不美，将此经置之高阁而不论不议也。"一片慈悲，于此尽现。

【综按】德师谓本篇为"结通篇立言之旨"，黄师谓本篇为"总结通部"。本章之所以为"总结通部"，皆从"信言不美，美言不信"处立说，即道本离言说，有所言说，皆非真实，而老子却横说竖说，说了五千言，故在此申言。老子之所说，皆为布道而强为之说，但无不皆是真而又真之真实也。老子一路讲来，受者依之修持，假以时日，皆能证圣，唯证之与未证，皆当堪验焉。"善者不辩，辩者不善。知者不博，博者不知"，此堪验之一途也，不得不知。既已证道，则与道为一。自己超越一切限制与弱点，自会"不积"，自能成为完人、真人，自能表现其真正的救世精神，成为有界一切表相之拯救者。故能达到"既以为人己愈有，既以与人己愈多"的理想境地，自然成就"利而不害""为而不争"的真真正正的圣人。